인문정신의 역사

인문정신의 역사

서양은 어떻게 인문학을 부흥시켰는가

루돌프 파이퍼 지음 · 정기문 옮김

도/서/출/판

옮긴이 **정기문**은 1967년 전남 순천에서 태어나 서울대 역사교육과를 졸업하였다. 같은 대학교 대학원 서양사학과에서 「디오클레티아누스 대제의 경제 정책」으로 박사학위를 받았다. 현재 군산대 사학과 교수로 재직 중이다.

저서로 『역사보다 재미있는 것은 없다』(신서원, 2000), 『역사를 알면 세상이 달라 보인다』(아름드리미디어, 2000), 『내 딸들을 위한 여성사』(푸른사, 2004), 『한국인을 위한 서양사』(푸른역사, 2004), 『역사란 무엇인가』(민음인, 2010), 『로마는 어떻게 강대국이 되었는가』(민음인, 2010), 『왜 유다는 예수를 배반했을까』(자음과모음, 2010), 『왜 로마 제국은 기독교를 박해했을까』(자음과모음, 2010) 등이 있으며, 역서로는 『공간과 시간의 역사』(그레이엄 클라크, 푸른길, 1999), 『종말의 역사』(공역, 루이스 H. 라팜, 청어람미디어, 1999), 『그림으로 보는 세계 고대 문명』(앤 밀라드, 기린원, 1999), 『성인 숭배』(피터 브라운, 새물결출판사, 2002), 『교양, 다시 읽기』(커크 헤리엇, 이마고, 2006), 『청소년의 역사』(장 클로드 슈미트, 새물결출판사, 2007), 『지식의 재발견』(커크 헤리엇, 이마고, 2009), 『고대 로마인의 생각과 힘』(이디스 해밀턴, 까치, 2009), 『세계고대문명』(앤 밀라드, 루덴스, 2009), 『역사, 시민이 묻고 역사가가 답하고 저널리스트가 논하다』(리처드 에번스, 민음사, 2010) 등이 있다.

인문정신의 역사
서양은 어떻게 인문학을 부흥시켰는가

2011년 6월 20일 제1판 제1쇄 인쇄
2011년 6월 30일 제1판 제1쇄 발행

지은이 | 루돌프 파이퍼
옮긴이 | 정기문
펴낸이 | 박우정

기획 | 이승우
편집 | 조율아트

펴낸곳 | 도서출판 길
주소 | 135-891 서울 강남구 신사동 564-12 우리빌딩 201호
전화 | 02)595-3153 팩스 | 02)595-3165

등록 | 1997년 6월 17일 제113호

ISBN 978-89-6445-033-8 93100

| 머리말 |

이 책 제1권*의 머리말에서 나는 과거의 고전 연구사와 지나간 시절의 학자들을 연구하는 데 수반되는 특이한 문제에 대해서 몇 가지 언급하였다. 많은 독자들이 제1권보다 13세기에서 우리 시대와 매우 가까운 19세기까지의 시대를 다룬 이번 책에 더 많은 매력을 느낄 것이다.

나는 또한 제1권의 머리말에서 이 책을 쓰는 데 여러 가지로 고마운 도움을 주신 분들에 대해서 언급하였다. 가장 먼저 현재 바이에른 국립 도서관(Bavarian State Library)의 필사본 부서에서 일하고 있는 아놀트(Mr. E. Anold)에게 다시 한 번 감사드린다. 내가 80대에 접어들어 힘이 떨어지기 시작했을 때 그는 이번 책을 출간할 수 있도록 성심성의껏 도와주었다. 바이에른 학술원과 영국 학술원이 수년간 연구비를 제공하여 이 소중한 도움에 대해서 경비를 충당할 수 있었다.

옥스퍼드와 뮌헨의 많은 친구들이 도움을 주었는데, 다른 누구보다도 신세를 많이 졌기에 가장 먼저 에두아르트 프렝켈(Eduard Fraenkel)에게

---

* 호메로스 시대로부터 헬레니즘 시대까지의 서양 고전문헌학의 역사를 다룬 같은 저자의 다음 책을 말한다. R. Pfeiffer, *History of Classical Scholarship: From the Beginnings to the End of the Hellenistic Age*, Oxford: Clarendon, 1968.

감사드리고 싶다. 그는 내가 제2권을 쓰는 데 아우구스투스 시절에서 바로 이탈리아 르네상스 시대로 건너뛰라고 제안*하였다. 나는 오랜 머뭇거림 끝에 그의 주장을 받아들였는데 중세 문헌 연구에 대한 나의 성향이나 양적으로 거대하게 이루어진 중세 학문 연구에 대한 나의 지식으로는 고대의 학문 연구나 근대의 학문 연구를 다룬 책에 필적하는 연구 성과를 낼 수 없다는 것을 인정했기 때문이다. 1971년 프렝켈이 뜻밖에 세상을 떠난 것은 고전 연구 세계에 거대한 슬픔이었고, 고전 연구의 역사에 대한 나의 연구에 큰 손실이었다.

클래런던 출판사(Clarendon Press)의 존 코디(John Cordy)가 원고의 교정을 기꺼이 계속 맡아준 것은 큰 축복이었다. 무한한 인내와 뛰어난 능력을 보여준 그에게 깊이 감사드린다. 그리고 예전에도 그랬듯이 편집자들의 능숙함과 철저함에 경탄했음을 다시 밝혀둔다. 교정을 보면서 나의 동료 교수인 막스 트로이(Max Treu)는 내가 미처 발견하지 못한 많은 오류를 바로잡아주었다. 또한 뮌헨 대학 노르디스크(Nordisk) 문헌 세미나의 보조자(assistant)인 루프레히트 볼츠(Ruprecht Volz)는 인용문과 교정문들을 검토해주었다.

제1권의 머리말에서 그랬듯이 이번에도 아내에게 책을 헌정하는 것으로 이 글을 마치고 싶다. 너무나 유감스럽게도 이 책을 그녀의 영전에 바칠 수밖에 없는데, 그녀가 오랜 투병 끝에 1969년 2월에 영면하였기 때문이다. 그녀는 마지막 날까지 내 연구의 진척에 열정적인 관심을 기울었다.

뮌헨에서

1976년 1월

저자

---

* 로마에서 르네상스 시대까지의 서양 고전문헌학의 역사는 아직까지도 연구의 사각지대로 남아 있다.

• 차례 •

머리말   5

제1부 이탈리아 르네상스 시기에 이루어진 고전문헌 연구의 부활

제1장 이탈리아에서 이루어진 인문주의 이전 시기의 연구와 인문주의의 시작 11
      ─페트라르카와 보카치오
제2장 제2세대와 제3세대─살루타티, 브루니, 니콜리, 포조   46
제3장 로렌초 발라   62
제4장 폴리치아노   72
제5장 이탈리아 학문 연구의 종합 그리고 알프스 이북 국가들로의 확산   80

제2부 네덜란드와 독일의 인문주의와 학문 연구

제6장 근대의 경건(Devotio Moderna)   113
제7장 로테르담의 에라스뮈스   115
제8장 에라스뮈스의 주변   132

제3부 프랑스 르네상스에서 독일의 신헬레니즘 시대까지

제9장   프랑스 르네상스의 인문주의자와 학자들   157
제10장 홀란트, 르네상스 이후의 프랑스·이탈리아·독일의 고전 연구   195
제11장 리처드 벤틀리와 잉글랜드에서의 고전 연구   223
제12장 벤틀리의 동시대인과 후계자들   248

제4부 독일의 신헬레니즘

제13장 빙켈만, 신헬레니즘의 창시자   257
제14장 프리드리히 아우구스트 볼프   266
제15장 볼프의 젊은 동시대인과 제자들   273
제16장 19세기의 시작─니부어에서 드로이젠에 이르는 독일 고대학   280

해제   서양 인문학의 전통과 그 수용 과정 | 안재원   292
옮긴이의 말   304
인명 찾아보기   309
지은이 소개   319

제1부

이탈리아 르네상스 시기에 이루어진 고전문헌 연구의 부활

제1장

이탈리아에서 이루어진 인문주의 이전 시기의 연구와 인문주의의 시작

─ 페트라르카와 보카치오

이탈리아의 시인인 위대한 프란키스쿠스* 페트라르카(Franciscus Petrarca, 1304~74)가 근대 초 고전 연구의 부활에 최초의 추진력을 제공했다. 물론 그가 르네상스 전체를 움직이는 주동력은 아니었고, 더욱이 여기에서 르네상스의 기원이라는 큰 문제를 다루는 것은 불가능할 것이다. 그러나 페트라르카가 이 책의 주제인 고대 문헌에 접근하는 새로운 방법을 개척했다는 데 이의를 제기할 사람은 아무도 없을 것이다. 이는 고전 연구가 발흥한 알렉산드리아에서 초기 헬레니즘 시대의 시인들이 수행했던 결정적인 역할을 떠올리게 한다.[1] 그때와 마찬가지로 14세기에도 시(詩)의 부활이 학문의 부활을 선도하였다. 더욱이 헬레니즘 시대의 고전 연구가 어느 정도 소요학파에 힘입었지만 근본적인 논쟁점들에서 그 학

---

* 뒤에서는 이탈리아식으로 프란체스코로 나오지만 여기서는 라틴식으로 표기되어 있으므로 이렇게 표기했다. 이렇게 이 책에 등장하는 인물들의 이름은 두 가지로 표기되는 경우가 많다. 이 경우 표기된 방식에 따라서 읽는 법을 채택하였다.

1 『역사』(I) 87ff.(=*History of Classical Scholarship From the Beginnings to the End of the Hellenistic age*, Oxford: Clarendon, 1968)를 보라.

파에 반대했듯이, 르네상스 시대의 연구는 아리스토텔레스의 영향을 받은 스콜라 철학, 전통적인 교양 교육(artes liberales) 체계, 그리고 부활한 로마법 연구에 힘입었음에도 불구하고 근본적으로 그것들에 반대하였다.[2] 그러나 페트라르카와 알렉산드리아의 '학자-시인'(poeta doctus)들은 한 가지 점에서 크게 달랐다. 페트라르카와 그의 동시대인들, 그리고 그 이후의 학자들은 비록 필사본의 결함에도 불구하고, 대체로 잘 확립된 텍스트를 이용하고 몇몇 경우에는 고대 학자들의 주석서들을 참고해가며 고대 작가들의 작품을 연구할 수 있었다는 점이다. 가령 베르길리우스에 대한 세르비우스(Marius Servius Honoratus)의 주석서는 내가 이 책의 제1권에서 추적했던, 호메로스에 대한 모범적인 연구의 소중한 단편들을 포함하고 있었다.[3]

페트라르카가 선구자라는 것을 인정하는 데서 짚고 넘어가야 할 것이 있다. 이미 13세기 후반과 14세기 초 이탈리아에서 비중 있는 시인과 학자들이 매우 집중적으로 고전문헌들을 연구하고 있었고, 좀 더 정확한 고전 라틴어로 글을 쓰기 위해서 노력하고 있었다. 또한 여러 측면에서 서로 상이했다고 해도 같은 경향의 운동이 다른 나라들에서도 진행되었다. 우리는 그것들을 모두 인문주의 전 단계(prehumanistic) 운동이라고 부를 수 있을 것이다.[4] 인문주의라는 말은 다양한 의미로 사용되지만 페트라르카 이전에는 오늘날 우리가 정의하는 의미의 인문주의는 없었다.

"동시에 앞과 뒤를 쳐다보며 두 문명의 경계에 서 있는 것 같다"라는 그의 말에서 나타나듯이 페트라르카는 두 시대 사이에 살았다.[5] 그는 선배들 가운데서 두 명의 파타비움* 사람, 즉 로바토 로바티(Lovato Lovati,

---

2 이 책 30~31쪽을 보라.

3 『역사』 [I] 105ff.를 보라.

4 인문주의의 '새벽'이라고 부르고 싶지는 않은데, 새벽이라는 말에는 밤의 암흑이 전제되어 있기 때문이다.

5 Petrarca, *Rerum memorandarum libri*, ed. Giuseppe Billanovich(Ed. nazionale delle Opere XIV, 1943) 119. 4.

* 북부 이탈리아의 도시로 현재의 파도바이다. 역사가 리비우스의 고향이기도 하다.

1241~1309)[6]와 알베르티노 무사토(Albertino Mussato, 1261~1329)[7]의 문학
적 업적을 제대로 인정했던 것 같다. 로바티는 중세에 잘 알려져 있던 몇
몇 로마의 권위 높은 시인들을 모델로 삼아 라틴어로 시를 썼다. 무사토는
동향이었던 티투스 리비우스(Titus Livius)의 방식으로 자기 시대의 역사
를 쓰고, 세네카(Seneca)의 방식으로 비극을 쓰려고 했다. 그는 심지어 세
네카에 대해 운문으로 논문을 썼고, 후기 고대의 '논문'(ὑποθέσεις) 방식
으로 세네카 희곡의 내용을 기술하였고, 세네카 비극들의 도덕적 성격을
극찬하였다.[8] 무사토와 로바티는 역사적 사실들을 바로잡고 그것을 중세
식 라틴어가 아니라 고전 라틴어에 가까운 언어로 쓰기 위해서 분투하였
다. 그들은 앞 세대들보다는 다소 뛰어났지만 그들의 성취는 크지 않았고
일시적인 것이었다. 따라서 그들이나 베네치아 · 비첸차 · 밀라노 · 피렌체
에서 비슷한 활동을 한 사람들이 이탈리아에서 인문주의를 출범시켰다고
이야기하는 것은 옳지 않다.[9]

페트라르카[10]는 고대 작가들에 접근하는 데 유능하고 시적인 재능을 보

---

6 Ibid., II 61.

7 Ibid., IV 118. 2.

8 A. C. Megas, 'The pre-humanistic circle of Padua(Lovato Lovati-Albertino Mussato) and the tragedies of Seneca', Ἀριστοτέλειον Πανεπιστήμιον Θεσσαλονίκης, Ἐπιστημονικὴ Ἐπετηρὶς Φιλοσοφικῆς Σχολῆς, Παράρτημα ' Αρ. II(1967) = 'Fourteenth-century Glosses and Commentaries on the Tragedy *Octavia* and on Seneca's tragedies in general, First part'. Summary pp. 229~33. 이는 파두아인들이 가장 일찍이 세네카에 대해서 행했던 연구에 대한 매우 환영할 만한 전문 연구로, 새로운 필사본 자료들에 근거하고 있고 철저한 서지 사항을 달고 있다. A. Mussato, *Argumenta tragoediarum Senecae, Commentarii in L. A. Senecae tragoedias fragmenta nuper reperta*, ed. A. C. Megas, 1969로 이어졌다.

9 Roberto Weiss, *The Dawn of Humanism in Italy*, Inaugural Lecture(London 1947) *passim*, esp. pp. 3, 21. 그리고 'Il primo secolo dell umanesimo', *Storia e Letteratura* 27(Roma 1949), Stuid e Testi, again on Padua, but also on Florence; 'Lovato Lovati', *Italian Studies* 6(1951) pp. 3~28는 전문 연구로 참고 문헌을 포함하고 있다. G. Billanovich, *I primi umanisti e le tradizioni dei classici Latini* (Friburgo 1953). 이는 중요한 새로운 자료와 복사물을 포함하고 있다.

10 G. Foleno, 'Überlieferungsgeschichte der altitalienischen Literatur' in *Geschichte der Textüberlieferung* II(1964) pp. 500~03('Giorgio Pasquali zum Gedächtnis')는 페트라르카 작품의 편집본들에 대한 참고 문헌을 가장 잘 제시하고 있다. 페트라르카의 작품(Opera)에 대해

여주었다. 그는 고전의 형식을 찬양하고 문제의 핵심을 꿰뚫으면서 성공적으로 그들을 되살려내서 그의 세대와 미래 세대가 이용할 수 있게 했다. 페트라르카가 노년에 한 이야기 하나가 유명하다.[11] 프란체스코*는 1304년 추방당한 피렌체의 법률가의 아들로 아레초에서 태어났고 1312년 교황청이 있던 아비뇽으로 이주하여 살았다. 그의 아버지가 로마 민법 공부

서는 지금까지도 1554(1965년 재인쇄)년과 1581년 두 개의 바젤 편집본이 최고이다. 1904년 (페트라르카 탄생 600주년 기념)에 '페트라르카 작품의 국가편집위원회'가 설립되어 지금까지 성공적으로 Vol. I(1926) Africa; II(1964) De viris illustribus I; X~XIII(1933~42) Le Familiari; XIV(1943) Rerum memorabilium libri를 출판하였다. 개별 권과 그 편집자들에 대해서는 이하 주를 보라. La Letteratura Italiana, Storia e Testi 7(1955) : Prose(1205 pp.)는 산문 작품들과 편지들의 매우 환영할 만한 발췌물을 제공한다. 이 텍스트들은 각각의 편집자들에 의해서 교정되었고, 종종 축약되었다. E. H. Wilkins, The Prose Letters of Petrarch, A Manual(1951)은 편집본들의 미로와 편지들의 연대에 대해서 필수적인 사항에 대한 안내를 제공한다.

11 Lett. senil. XVI 1 ed. Fracassetti, 1869/70 = Ed. Bas. 1581 p. 946(cf. 1044)(to Luca della Penna); W. Rüegg, Cicero und der Humanismus. Formale Untersuchungen über Petrarca und Erasmus(Zürich 1946) pp. 8ff.는 올바르게도 이 자전적인 문장에 대한 해석으로 시작하고 페트라르카 저술의 특이한 '형식'과 그것의 키케로 문체와의 연관성에 집중하고 있다. 그러나 이 때문에 그는 사상과 학문 연구를 완전히 배제해야 했다. 또한 Karl Otto Apel, 'Die Idee der Sprache in der Tradition des Humanismus von Dante bis Vico', Archiv für Begriffsgeschichte 8(1963) pp. 13ff. 참조. 페트라르카에 대한 이 부분은 도움이 될 것이지만, 398쪽에 이르는 그 거대한 책 전체가 그런 것은 아니다. E. H. Wilkins, Life of Petrarch(1961)는 전거를 제시하지 않고 단순한 방식으로 페트라르카의 생애 전체를 연대기식으로 이야기하고 있다. 그러나 윌킨스는 자료와 문헌에 대한 완벽한 지식을 갖추고 권위 있게 저술했을 뿐만 아니라 페트라르카의 위대함을 매우 잘 감지하고 그의 인성을 흠모하여 그에게 동감하면서 썼다. P. de Nolhac, Pétrarque et l'humaisme(2 vols. 2nd ed. 1907, reprinted 1959)은 우리의 연구에 필수적인 저술이다. 그는 1890년에 파리 국립 도서관(Bibliothèque Nationale de Paris)과 다른 도서관들에 있는 필사본들 가운데서 페트라르카의 자필본들과 그가 고전 작가들의 작품 여백에 단 주석을 조사한 것을 발표하기 시작하였다. 현재 이 분야에서 가장 뛰어나고 성공적인 연구자는 주세페 빌라노비크(Giuseppe Billanovich, 리비우스에 대해서 다룬 아래 주 29를 보라)이다. 그는 놀하크(Nolhac) 탄생 100주년을 연구서와 논문 목록을 포함하고 있는 '놀하크와 페트라르카' (Nolhac e Petrarca)로 기념하였다. 이 작품에서 놀하크의 위대한 작품이 새로운 발견들에 의해서 확대되었다. Atti e Memorie della Accademia Petrarca di Lettere, Arti e Scienze, N. S. 37, Anni 1958~64(1965) pp. 121~35. 또한 R. Sabbadini, Le scoperte dei codici Latini e Greci ne' secoli XIV e XV(2 vols. 1905~14, reprinted 1967), 그리고 아래 주 106에 제시된 수 많은 다른 작품들 목록을 보라. E. Kessler, 'Petrarcas Philologie', Petrarca, 1304~74 Beiträge zu Werk und Wirkung, hrsg. v. F. Schalk(1974) pp. 97ff.

* 페트라르카의 이름.

를 강제했기에 프란체스코는 1319년 몽펠리에 대학에서 공부를 시작했지만 결국 1326년 볼로냐 대학에서 그만두었다.[12] 이 젊은 학생은 채무나 채권에 대한 법이나 그와 같은 종류의 것에는 전혀 관심이 없었고, 라틴 시인들과 키케로(Marcus Tullius Cicero, 기원전 106년~기원전 43년)의 작품을 구하여 안전한 곳에 숨겨놓고 읽는 것을 좋아하였다. 어느 날 그의 아버지가 그것들을 발견하고는 불 속에 던져버렸다. 프란체스코가 큰 소리로 울며 눈물을 흘리자 아버지가 불 속에서 두 권의 책을 꺼냈다. 베르길리우스 복사본과 키케로의 수사학 책 한 권(아마도 『발견에 대하여』 De inventione)이었다.[13] 이 이야기를 하면서 페트라르카는 소년으로서 자신이 느꼈던 것을 토로하였다. "그 시절에 나는 아무것도 이해할 수 없었다. 오직 그 말들의 어떤 달콤한 매력과 아름다운 화음이 나를 사로잡았다."[14] 아무도 수세기 동안 '그 말들의 달콤한 매력과 아름다운 화음'을 들을 수 있는 귀를 가지고 있지 않았다.

페트라르카는 자신의 서정시 「명성의 행진」(Trionfo della Fama, III 21)에서 로마의 두 유명한 작가에 대해서 "저들은 우리 언어의 눈이다"라고 이야기했다. 이 인상적인 은유에서 특별히 강조된 것은 '우리'라는 단어이다. 그들은 '우리의' 언어를 사용하였고, '우리의' 조상들이다. 이미 베르길리우스는 단테가 재발견하였다. 이제 페트라르카는 그의 서사시 『아프리카』(Africa)에 베르길리우스의 육보격을 울려 퍼지게 함으로써 그에게 훨씬 더 가까이 다가갔다.[15] 이 시에 대해서 주석을 쓴다면,[16] 그 시의 언

---

12 G. G. Forni, 'F. Petrarca scolare a Bologna', Atti e Memorie(위 주 끝 부분에 인용됨), pp. 83~96.

13 P. de Nolhac, I² 221. 1.

14 Augustin, Confess. V 13 참조. 소년(실제로는 30세의 청년이었다 — 옮긴이) 아우구스티누스는 암브로시우스의 '라틴어'를 듣고 이렇게 말했다. "나는 그의 말에 빨려 들어갔지만, 내용에는 관심이 없었고 …… 소리의 달콤함에 매료되었다."

15 Petrarca, L'Africa, ed. N. Festa, 1926(Ed. nazionale delle Opere I), cf. Fraenkel, Gnom. 3(1927) pp. 485~94.

16 페스타(Festa)는 이 텍스트를 비판적으로 편집하면서 '설명하는 주석'(note explicative)을 달

어가 베르길리우스·리비우스·키케로, 그리고 다른 로마 작가들에게 얼마나 많이 빚졌는지를 반드시 보여주어야 할 것이다. 페트라르카는 고대자료들을 축자적으로 베끼는 것을 피했다. 그는 단어를 풍부하게 구사하면서 한 구절이나 한 문장에 새로운 전환을 가했다. 가령 『아프리카』 II 544에서 그는 "당신의 공적을 먹칠한다"라고 말하지 않고(베르길리우스의 『아이네이스』 X 851 "나는 내 잘못으로 당신의 이름을 먹칠한다"에서 처럼), 의도적으로 뒤틀어서 "당신의 공적을 헛되게 한다"라고 말했다.[17] 이런 특징은 그의 산문에서도 관찰된다.[18]

서사시 『아프리카』의 주인공은 스키피오 아프리카누스이다.[19] 그는 '영원한 도시'*의 위대함을 대표하는 인물이었고, 사실 이 시 전체의 주제는 바로 로마였다. 페트라르카는 키케로가 쓴 『스키피오(연소年少 스키피오)의 꿈』의 모티프를 자신의 스키피오(연장年長 스키피오)에 대한 꿈으로 가져갔지만 1~2권 가운데 의도적으로 구별하고 다른 문체를 사용한 부분들에서 로마의 과거와 미래의 영광을 펼친다. 그 끝 부분에서 스키피오의 개선식과 엔니우스(기원전 239~169년)의 대관식이 로마에서 거행된다. 그러나 『아프리카』의 마지막 권 또한 꿈의 전승에서 영감을 받았다. 스키피오의 친구이고, 페트라르카의 시에서 아프리카 원정의 동반자로 등장하는 시인 엔니우스는 로마로 귀향하는 길에, 호메로스의 영혼이 등장하여 자신이 '제2의 호메로스'가 될 운명을 타고났다고 이야기하는 꿈을 꾸었

지 않았다. 그의 *Saggio sull' Africa del Petrarca*(1926)는 주석의 대체물이 아니다. F. 코라디니 (F. Corradini)가 *Padova a Francesco Petrarca*(1874) pp. 409~74에 실린 그의 편집본에 첨가한 '아프리카에 대한 주석'(Adnotata ad Africae libros)은 지금도 매우 유익하다.

17 '먹칠한다-헛되게 하다'(maculare-vastare)의 다양한 독법(varia lectio)에 대해서는 페스타의 편집본에 있는 비판 주석을 보라. 그는 이 텍스트의 올바른 독법을 선택했지만 요점을 파악하지 못했다. 페트라르카 문체라는 이 중요한 문제에 대해서는, Corradini, op. cit. pp. 100f.를 보라.

18 이 책 30~32쪽을 보라.

19 Aldo S. Bernardo, *Petrarch, Scipio and the 'Africa'*(Baltimore, Md. 1962).

* '로마'를 말한다.

다고 말한다. 헤시오도스가 그의 『신통기』 서문에서 최초로 무사이 (Mousai)의 부름을 받은 시인을 묘사하였고,[20] 칼리마코스(Callimachos)* 가 무사이와 자신이 나눈 대화의 도입부에서 최초로 꿈을 영감의 원천으로 제시하였다. 엔니우스는 꿈의 모티프를 물려받아 이용하면서도 무사이를 신적인 호메로스의 영혼으로 대체했다(『아프리카』 IX 159ff). 페트라르카는 이 만남을 다시 이야기하면서 몇 개의 알려져 있는 엔니우스의 단편들과 자신의 생각을 결합하였다. 특징적인 문장 두 개를 살펴보면 다음과 같다. 호메로스가 엔니우스 이후 1,500년이 지난 후에 '프란체스코**라는 이름을 가진'(IX 233) 시인이 다시 저 위대한 스키피오를 합당하게 찬양할 것이라고 예언했고, 엔니우스는 진실에 근거해서 시를 지어야 한다고 권고했다. "사실의 가장 확고한 기반에 근거해서 글을 써야 한다"(IX 92ff)(스키피오 아버지의 영혼은 이 미래의 시인의 첫 번째 꿈에서 '오로지 사실에 대한 찬양만이 오로지 진실에 대한 사랑만이'라고 이야기 했다. II 453).

이는 헤시오도스에 등장하는 무사이가 했던 말인 '사실을 이야기하기'(ἀληθέα γηρύσασθαι)를 습관적으로 되풀이하는 것이 아니라 페트라르카의 원칙을 주장하는 것이다.[21] 페트라르카는 리비우스 역사의 제21~30권을 확고한 기반으로 삼아 『아프리카』를 썼다.[22] 그가 리비우스를 얼마나 열심히 연구했는지는 리비우스의 텍스트 사본의 여백에 달아놓은 주석뿐

---

20 Hes. *Th.* 22ff.; Call. fr. 2 Pf. ; Enn. fr. A 5ff. Vahlen ; cf. A. Kambylis, *Die Dichterweihe und ihre Symbolik*, Bibliothek der klassischen Altertumswissenschaften(1965).

* 기원전 310~240년경에 활동했던 그리스의 시인.

** 페트라르카를 말한다.

21 특히 로마와 현대의 시에서 진실의 문제에 대해서는 E. Zinn, 'Wahrheit in Philologie und Dichtung', *Die Wissenschaften und die Wahrheit*(1966) pp. 134ff.를 보라.

22 리비우스 『로마사』의 이 부분은 또한 실리우스 이탈리쿠스(Silius Italicus, 1세기 후반에 활동했던 로마의 시인—옮긴이)의 『포에니 전쟁』(*Punica*)의 자료였다. 1417년에야 포조가 이 책을 재발견했기에 페트라르카에게는 알려지지 않았다. 모국어를 사용하는 평범한 시인과 고대어를 사용하는 타고난 시인을 비교하는 것은 페트라르카에게 유용했을 것이다. 이탈리쿠스에 대해서는 M. v. Albrecht, *Silius Italicus* (1964) pp. 118ff.를 보라.

만 아니라 그의 산문 『위인들에 대하여』(De viris illustribus)에 의해서도 입증된다.[23] 그는 『아프리카』 집필에 착수하기 직전에 『위인들에 대하여』를 쓰기 시작했고 두 작품의 집필을 병행하였다. 그는 이 작품에서도 스키피오를 로마의 전통적인 덕목에 맞는 전범(典範)으로 열광적으로 찬양하면서 기념하였다. 페트라르카는 자신의 로마사를(로물루스에서 트라야누스까지 쓸 생각이었다) 위대한 정치가와 군인들의 전기 형태로 쓰려고 했는데, 그것은 그가 오직 개별 인간만을 중요하게 생각했기 때문이다. 우리는 그의 이런 경향을 죽은 자들에게 보낸 그의 편지 가운데 위대한 문인들에게 보낸 것들에서 확인할 수 있다.[24] 그가 전기(傳記)의 사실과 연대에 대해서 비판적인 관심을 기울였다는 것은 오로시우스(Orosius)가 희극 시인인 테렌티우스 아페르(Terentius Afer)와 테렌티우스 쿨레오(Terentius Culleo)를 혼동하여(IV 19.6) 범했던 오류를 바로잡은 것에서 확인할 수 있다. 페트라르카는 아엘리우스 도나투스(Aelius Donatus)*가 쓴 테렌티우스에 대한 주석서의 발견으로 그 오류가 확인되기 이전에 수에토니우스(Suetonius)가 쓴 테렌티우스(Terentius)의 『생애』(Vita)를 참고하여 이 오류를 바로잡았다.[25]

페트라르카는 최초로 중세의 연대기, 연보(annals) 및 전기물의 문체를 버렸고, 또한 고대 원 자료의 발췌 구문과 쉽게 풀어쓴 표현(paraphrase)을 축자적으로 인용하지 않고 때때로 스스로 첨가하거나 바로잡은 것과 결합시켰다. 이 점에서 이후 약 3세기 동안 로마사를 쓰는 작가들은 그를 따랐는데 17세기 말까지 역사를 새로 써서 리비우스를 대체하겠다는 생각은 전혀 등장하지 않았기 때문이다.[26] 페트라르카의 기억력은 놀라울 정

---

23 Opere, ed. nazionale II(1964) ed. Martellotti, on chronology pp. ix ff.
24 이 책 21~23쪽을 보라.
* 4세기 중엽에 활동한 로마의 유명한 문법학자.
25 Nolhac, I 191, II 34를 보라.
26 A. Momigliano, 'Contributo alla storia degli studi classici', Storia e Letteratura 47(1955) p. 75.

도로 비범했다. 그의 '파비우스 막시무스의 생애, 35'[27]는 유명한 그리스인의 말을 저자를 밝히지 않고 언급한 '리비우스 XXII 29'에서 발췌한 한 구절을 담고 있다. 페트라르카는 "시인 헤시오도스의 저 유명한 문장"(Op. 293ff)이라고 덧붙였다. 그가 그렇게 할 수 있었던 것은 아리스토텔레스의 『니코마코스 윤리학』(Ethika Nikomacheia)의 라틴어판에 인용된 그 문장의 맥락을 기억했기 때문인 것 같다.[28]

그러나 페트라르카는 자신의 역사책을 집필하면서 리비우스의 주요 주제들을 고르고, 베껴 쓰고, 보충하는 데서 머물지 않았다. 페트라르카가 직접 쓴 필사본이 발견되면서 그가 텍스트의 원본에 문제가 있다고 확신할 때면 텍스트 자체를 복원하기 위해서 노력했다는 사실이 밝혀졌다.[29] 그는 텍스트의 비판-편집(editio critica)*의 부활을 선도하였다. 텍스트의 여백에 그가 단 주석은 다른 작품과 달리 단순한 예증이나 설명에 멈추지 않았다. 두 필사본을 대조할 기회가 있을 때마다 그는 다양한 독법(讀法)을 인내심 있게 기록하였고 여러 문장을 기교 있게 교정하였다. 그의 시대 학자 누구도 이런 작업을 해낼 재능이나 행운을 갖지 못했다.[30] 거의 믿기

---

27 *De vir. ill.*, ed. Martellotti, *Opere*, ed. naz. II 102.

28 Rzach's *ed. maior* of Hesiod에 있는 증언들, 그리고 Aristot. *Eth. Nic.* I 2 p. 1095 b 9ff.를 보라. 페트라르카가 『니코마코스 윤리학』과 그 주석서들을 잘 알고 있었다는 것에 대해서는 Nolhac, II 149ff.를 보라. 이 책은 자신의 도서관의 첫 번째 책이었다, ibid., I 42f.

29 G. Billanovich, 'Petrarch and the textual tradition of Livy', *Journal of the Warburg and Courtauld Institutes* 14(1951) pp. 137~208. cf. E. Fraenkel, *JRS* 42(1952) p. 311. 빌라노비치는 대영박물관에 있는 cod. Harl. 2493에 대한 분석으로 출발하였다. Liv. ed. A. H. MacDonald, OCT v(1965) pp. viii, xix~xxv 참조.

* 이 말을 옮긴이는 '비판-편집'이라고 옮겼다. 이 말에 가장 가까운 우리말은 '교감'(矯監)이다. 그러나 동양 문헌학에서의 교감의 실제와 서양 고전문헌학에서의 비판-편집 행위는 원문 텍스트의 교정(矯正) 시도라는 점에는 상호 유사하지만, 텍스트-편집에서는 근본적인 차이를 보인다. 동양의 교감은 텍스트 원문의 범위를 교감된 텍스트로 보는 반면, 서양의 비판-편집은 비판 장치에 기록된 전승 문헌 텍스트까지를 포함하고 원문과 비판 장치의 전승 텍스트를 독자가 상호 비교해서 자신이 옳다고 생각하는 방식으로 텍스트를 읽으라는 의미를 담고 있다. 이런 이유에서 'ars-critica'를 '교감'이라 옮기지 않고, 낯설지만 '비판-편집'이란 용어를 새롭게 제안하였다.

어려운 우연으로 페트라르카가 가지고 있던 필사본이 1세기 뒤에 로렌초 발라의 손에 들어가게 되었는데, 그는 페트라르카의 주석에 자신의 주석을 첨가하였다. 발라의 유명한 『리비우스 교정』(Emendationes Livianae)이 출판되었고,[31] 15세기에 이미 인쇄본으로 유통되었기 때문에 페트라르카의 필사본을 손에 넣기 이전에도 리비우스에 대한 발라의 비판은 잘 알려져 있었다. 그러나 우리는 저 위대한 문헌 편집자가 수행한 비판-교정과 그것의 역사적인 수용 과정을 이제 우리 자신의 눈으로 직접 확인할 수 있다.

베르길리우스와 페트라르카의 『아프리카』로 시작한 이 단락을 되돌아 보자. 우리는 시(poetry)가 이탈리아에서 새로운 역할을 하기 시작했고 페트라르카의 시인으로서 작업과 학자로서 작업이 나란히 진행되었음을, 그리고 그가 산문 저술뿐만 아니라 운문 저술에 똑같이 필요했던 문헌 자료를 비판적으로 다루었음을 알 수 있다. 페트라르카는 일찍부터, 즉 『아프리카』 집필을 시작하기 약 20년 전인 약 1318년부터 리비우스를 공부하기 시작했던 것 같다.[32] 그러나 그가 어떤 것을 먼저 시작했든, 시와 진정한 학문 연구를 그보다 뛰어나게 결합시킨 사례를 찾기는 힘들 것이다. 그는 결코 단순한 시인이 아니었다.

그가 직접 필사한 베르길리우스 작품을 점검해보면 그가 시인들뿐만 아니라 고대 주석가들과 끊임없이 접촉하면서 살았음이 명백히 드러난다. 그의 필사본은 마리우스 세르비우스*의 주석서의 내용을 가득 담고 있기 때문이다.[33] 그것은 휴대용 판본이 아니라 매우 크고 무거운 필사본

---

30 또한 히에로니무스의 에우세비우스 번역에 대한 페트라르카의 비판적인 주석을 보라. 아래 주 52를 보라.

31 이 책 63~65쪽을 보라.

32 Billanovich, op. cit. pp. 194ff.

* 4세기 로마에서 활동한 문법학자로 베르길리우스에 대한 해설서를 쓴 것으로 유명하다.

33 *F. Petrarcae Vergilianus Codex* [in bibliotheca Ambrosiana]. Giovanni Galbiati, 1930이 편집하여 완벽하게 재생하였다. E. Fraenkel, *Gnom.* 6(1930) pp. 552f.의 짧지만 열정적인 비판을 보라.

이었다. 페트라르카는 프랑스·플랑드르·이탈리아를 여행하면서도 이것을 가지고 다녔고, 여백에다가 수많은, 그리고 때때로 놀라울 정도로 깊이 있는 주석들을 달았다.[34] 그는 스콜리아(Scholia)*의 출처를 색인이나 참고 서적의 도움 없이 지적할 수 있었다. 가령 그는 세르비우스가 『아이네이스』 II 254를 주석하면서 리비우스 XXXII 17. 11을 따와서 "팔랑크스라는 말은 마케도니아 말로 군단을 뜻한다"(폴리오 78 앞면)라고 언급한 것을 기억하였다.** 그리고 『아이네이스』 I 29ff.에 대한 주석, 즉 "시칠리아인의 왕 이탈루스는 시칠리아에서 출발했고 …… 그의 이름으로부터 이탈리아라는 명칭이 유래했다"에 대해서(폴리오 52 뒷면) "'아우소니아인들의 무리가'라고 언급한 『아이네이스』 VIII〔즉 제8권 328절〕, 그리고 투키디데스(VI 2.4)를 따른 것'이라고 언급하였다. 이는 그가 세르비우스의 이 문장을 암기하고 있었을 뿐만 아니라 그보다 더 이른 시기의 그리스 증거들도 지적할 수 있었음을 보여준다. 현대 편집자들은 이런 증거들을 주목하지 않고 있다.[35] 페트라르카의 『베르길리우스 필사본』은 그가 사랑했던 고대 로마 작가들을 매우 세밀하게 연구했다는 것을 가장 설득력 있게 보여주는 증거이다.

페트라르카의 리비우스와 베르길리우스에 대한 지식이 매우 깊기는 했지만 그것은 다른 학자들이 닦아놓은 연구 기반에 근거했다. 그렇지만 키케로를 재발견한 것은 전적으로 그의 업적이다. 그는 1333년에 리에주(Liège)에서 키케로의 연설문 「시인 아르키아스를 위한 변론」(Pro Archia

---

34 Nolhac, I 140ff.; G. Billanovich, *IMU* 3(1960) 44. 2는 안토니에타 테스타(Antonietta Testa)가 페트라르카 주석의 편집본과 그에 대한 주석서를 준비하고 있다고 말하였다.

* 원래는 필사본의 여백에 쓴 문법적·비판적·설명적 주석이었는데, 후에 책으로도 묶였다. 라틴어로는 'commentarius'이다.

** 중세 서양인들은 양피지 여러 장을 포개어 놓은 후에 반으로 접어서 묶었고, 그렇게 해서 생긴 양피지 반장을 '폴리오'라고 불렀다. 이때 폴리오의 앞면에만 번호를 매겼기 때문에 인용을 할 때면 내용이 앞면(혹은 오른쪽)에 있는지 뒷면(혹은 왼쪽)에 있는지를 밝혀야 한다.

35 나는 더 좋은 예를 찾을 수 없기에, 세르비우스의 주석서에 대한 하버드 편집본을 비판적으로 검토한 E. Fraenkel, *JRS* 39(1949) p. 147에서 이 사례들을 취하였다.

poeta)을 발견했고, 더욱 중요하게도 1345년에는 베로나에서 『아티쿠스에게 보내는 서신들』(Epistulae ad Atticum), 『동생 퀸투스에게 보내는 서신들』(ad Quintum fratrem), 그리고 『브루투스에게 보내는 서신들』(ad Brutum)(6~18)의 필사본을 발견하였다. 비록 피곤하고 병들었지만 그는 손수 복사본을 만들었고,[36] 키케로에게 보내는 편지 형식으로 자신의 놀라운 발견을 세상에 알렸다.[37]

르네상스 시기에 개인주의가 성장하면서 나타난 새로운 특징 가운데 하나는 학자들이 고대 작가들의 인성에 열정적인 관심을 보였다는 것이고, 그 관심은 그리스 문학을 통해서가 아니라 로마 문학을 통해서 충족될 수 있었다. 그리고 페트라르카와 그의 동료들에게 새로이 발견된 키케로의 이런 서신들보다 더 매력적인 것은 없었다. 비록 페트라르카는 키케로가 정치적 혼란기에 문필 활동을 접어두고 많은 시간을 정치 활동에 쏟아부었다는 사실을 최초로 깨닫고는 적잖이 실망하였지만, 아티쿠스에게 보낸 편지는 키케로 인성의 진정한 모습을 보여주었다.[38]

페트라르카가 키케로의 서신 가운데 큰 비중을 차지하는 다른 작품, 이른바 『친지들에게 보내는 서신들』(Epistulae ad familiares)에 대해서 조금이라도 알고 있었을까?[39] 1355년 페트라르카가 샤를 4세에게 보낸 편지(Ep. fam. IX 4)와 키케로가 카이사르에게 보낸 편지(Cic. Fam. VII 5)의 내용과 어법이 놀라울 정도로 닮았다는 사실이 지적되어왔다. 그러나 페트라

---

36 Ep. fam. XXI 10. 16(ed. naz. vol. XIII). "그는 건강이 좋지 않았음에도 불구하고 직접 자기 손으로 …… 책을 필사하였다." 유실된 베로나 필사본(Veronensis)이 현존하는 두 무리의 필사본들의 원형이었는지 입증할 수 없으며, 또한 현존하는 가장 오래된 필사본, Ambros. E 14 inf.가 페트라르카와 어떤 연관이 있는지도 입증할 수 없다. Cic., Letters to Atticus ed. D. R. Shackleton Bailey I(1965) pp. 77ff. 참조.

37 Ep. fam. XXIV 3; ibid. letters 4~12는 고대의 여러 작가들에게 보내는 것인데 4는 키케로에게, 가장 양이 많은 12는 호메로스에게 보내는 것이었다.

38 살루타티의 다른 견해에 대해서는 이 책 47~48쪽을 보라.

39 B. Kytzler, 'Petrarca, Cicero und Caesar', Lebende Antike, Symposion für R. Sühnel(1967) pp. 111ff.

르카는『친지들에게 보내는 서신들』을 자신이 발견했다는 언급을 전혀 하지 않았으며 그의 시대 다른 사람들도 마찬가지였다. 우리가 확실히 아는 것은 1392년에 콜루치오 살루타티가『친지들에게 보내는 서신들』16권 전체를 포함하고 있는 베르첼리 필사본을 자신이 쓰기 위해서 필사시켰다는 것이다.[40] 이전에 누군가가 이 모음집의 일부를 보았을 가능성이 전혀 없는 것은 아니지만 현재 우리는 페트라르카가 실제로 보았는지 여부를 알 수 없다.

페트라르카가 편지를 쓸 때 도덕에 대한 주제를 다룰 때면 많은 경우 전통적인 방식으로 세네카를 모델로 삼았지만, 좀 더 개인적인 주제에 대해서는 그 무렵 새로이 발견된 키케로 문체의 영향을 점점 더 많이 받았다. 페트라르카는 그의 편지들에 자신의 삶을 구현하려고 했다. 그는 자신의 '불멸'을 위해서 편지들의 복사본을 간직하였고,[41] 14세기 50년대와 60년대 간간히 모음집을 준비하였다. 지금까지 보존되어 있는 수백 통의 그의 편지에서 우리는 그의 성품의 가장 매력적인 측면, 즉 우정에 대한 그의 열정을 읽을 수 있다.[42] 비록 에라스뮈스를 예외의 인물로 말할 수 있을지라도, "누구도 페트라르카만큼 우정을 풍요롭게 형성하고 키워가지 않았다."[43] 그는 종종 서로 간의 헌신을 매우 감동적으로 표현하였다. 페트라르카는 생애 내내 이탈리아 전역에 퍼져 있던 세속 후원자들과 교계(敎界) 후원자들의 호의와 후원으로 생계를 유지했는데, 그는 그들을 가슴에서 우러나는 참된 애정의 손길로 대하였다. 우정 문제에 대해서 강렬한 애정을 갖는 것은 진정한 인문주의자들과 모든 시대 학자들의 특징이다.

그가 노년에 쓴 편지들의 최고봉은 '후손에게'라는 제목의 편지이다.[44]

---

40 Sabbadini, *Scoperte* II 214.

41 *Ep. fam.* V 16. 1~2, XVIII 7. 8.

42 *Ep. fam.* vol. IV=*Opere* ed. naz. VIII(1942) pp. 375f. Indice s.v. amicizia.

43 Wilkins, *Life*, p. 252.

44 P. G. Ricci in *La Letteratura Italiana*, Storia e Testi 7(1955) *Prose* pp. 2~19 'Posteritati'= *Senilium rerum libri*, XVIII에 의해서 재인쇄되었다.

틀림없이 그의 자부심이 강력하게 드러나는 제목은 오비디우스의 자전적인 편지(*Trist.* IV 10. 2)를 모델로 했을 것이다. "내가 어떤 사람인지를 …… 자네는 읽어 알게 될 것이네. 후대여 〔이름〕 받게나." 일련의 편지들에서 그의 조상들인 로마인에게 이야기했던 페트라르카가 이제 그의 후손들에게 이야기하고 있다. 이렇게 시인·철학자·문헌학자였고, 또한 교황 및 황제와 서신을 주고받았던 페트라르카는 과거와 미래를 연결하는 중심에 주도적인 인물로 서게 되었다.

우리가 키케로의 잊혀져왔던 작품 발견에 가장 큰 비중을 부여하고픈 충동을 느끼는 것은 자연스러운 일이다. 그러나 페트라르카는 그의 책들 가운데 이미 중세에도 알려져 있었던 키케로의 철학 논고들 또한 소중히 여겼다. 페트라르카는 때때로 한 부 이상의 복사본에 직접 주석을 달았고, 자기의 많은 저작에 그것들을 빈번히 인용하였다. 그는 청소년기 초기에 먼저 로마 시와 산문의 형식적 아름다움에 매료되었지만 단순히 형식을 사랑하는 것에 머물지 않고 진정한 지혜를 갈구하였다. 그러나 페트라르카는 스콜라 철학 후기에 아리스토텔레스의 학문이 재생하면서 이용할 수 있게 된 논리학·형이상학·자연과학이 아니라, 인간의 영혼과 인간의 가치에 대한 지식을 갈망하였다. 페트라르카는 스콜라 철학자들이 숭배했던 아리스토텔레스에 대응하기 위해서 키케로와 위대한 키케로주의자인 성 아우구스티누스에게 호소하였다. 아우구스티누스는 그의 저작에서 천 번 이상 언급되었다.[45] 그는 1325년 아비뇽에서 책을 구입할 여유가 생기자 가장 먼저 『신국론』을 구입하였고,[46] 늘 『고백록』의 소형 필사본('휴대용')[47]을 가지고 다녔다. 그것은 아우구스티누스 수도회의 수도사 디오니지(Dionigi de' Roberti)가 선물한 것이었다. 페트라르카는 심지어 몽

---

45 P. P. Gerosa, *Umanesimo Cristiano del Petrarca. Influenza Agostiniana*(1966).

46 G. Billanovich, 'Nella biblioteca del Petrarca', *IMU* 3(1960) p. 2.

47 P. Courcelle, *Les Confessions de St. Augustin dans la tradition littéraire. Antécédents et Posterité*(1963) pp. 329~51. '고백록을 열렬하게 사랑한 인문주의자 : 페트라르카.'

방투(Mont Ventoux)*에 올랐을 때도 그 책을 가지고 갔고,[48] 정상에 올라서 무작위로 제10권 제8장을 펼쳐 읽고는 깜짝 놀랐다. 페트라르카는 『신국론』을 구입하고 약 12년이 지난 후에 아우구스티누스의 「시편」에 대한 방대한 주석서[49]의 일부를 손에 넣었다. 후에 1350년대 중엽에 보카치오가 그 필사본 전체를 선물하였다. 페트라르카의 가장 개인적인 작품인 『비밀』[50]은 칠대 죄악**에 대한 '프란키스쿠스'와 '아우구스티누스'의 대화 형태로 이루어져 있다. 이 작품에서 아우구스티누스가 혐의를 부정하거나 유죄를 인정한 참회자를 점검한다. 일종의 기독교의 자기 분석이라고 할 수 있는 이 대화편은 고대에 대한 언급으로 가득 차 있다. 페트라르카가 고전 작가(classicus)들[51]과 교부들을 차별하지 않았고 똑같은 열정으로 그들의 텍스트를 수집했기 때문이다. 페트라르카는 교부들 가운데서 그가 늘 가장 소중히 여겼던 아우구스티누스 다음으로 특히 암브로시우스와 히에로니무스를 존경하였다.[52] 그는 고대 작가들이 아카데미아 학파, 스토아 학파, 기독교 어디에 속하든 구별하지 않고 도덕에 대한 그들의 공통적인 가르침을 따르고자 노력했다. 그가 가장 늦게 쓴 작품 가운데 하나에서(1363년 이후) 진술했듯이 학문을 연마하는 데 목표는 오직 하나밖에 없었기 때문이다. "주여 당신은 제가 글로부터 선한 사람이 되는 것 그 이

---

* 프랑스 프로방스 지역에 있는 1,909미터 높이의 산.

48 *Ep. fam.* IV 1.

49 *Enarrationes in Psalmos*, Billanovich, 'Nella biblioteca del Petrarca', pp. 5ff.를 보라.

50 *Prose* pp. 22~215, 'De secreto conflictu curarum mearum' ed. Carrara(pp. 1162f.의 비판 주석을 보라).

** 지옥에 떨어질 일곱 가지 죄악으로 오만(pride)·탐욕(covetousness)·정욕(lust)·노여움(anger)·대식(gluttony)·시기(envy)·나태(sloth)를 말한다.

51 '고전 작가에 대해서는' 이 책 제8장의 주 17을 보라.

52 G. Billanovich, 'Un nuovo esempio delle scoperte e delle letture del Petrarca, L' '"Eusebio-Girolamo-PseudoProspero"', *Schriften und Vorträge des Petrarca-Instituts Köln* 3(1954). 페트라르카의 열정, 배움, 기억력을 보여주는 가장 놀라운 사례 가운데 하나는 히에로니무스가 번역한 에우세비우스의 『연대기』(*Chronicon*)를 그가 직접 필사한 것에 달아놓은 주석들이다. 빌라노비치는(p. 14) 이 사실을 다음과 같이 온전히 인정하였다. "페트라르카는 그가 시의 역사에서 했던 것만큼이나 문헌학의 역사에서도 중요한, 혹은 그보다 더 중요한 역할을 했다."

상의 그 어떤 것을 구하지 않는다는 것을 아십니다. 오로지 당신 한 분만을 내 마음속에서 유일한 분으로 삼는 것이 아니라면 지식 혹은 다른 어떤 것도 결코 추구하지 않았습니다. 글을 통해서 제가 간 길을, 당신의 안내를 받아서 나갔던 그 길을 제가 진실로 명예롭고 분명하고, 유쾌한 길이라고 확신하고 있다는 것을 당신은 아십니다. 다른 어떤 길도 결코 아니지요. …… 저는 결코 그렇게 헛된 영광을 욕심내지 않았고 …… 진실로 저는 학식있는 자가 되기보다는 선한 자가 되기를 더 원했습니다."[53]

　페트라르카는 자신의 풍부한 상상력과 열정을 몇 명의 뛰어난 작가들을 연구하는 데 한정하지 않았다. 그는 자신의 조상들이라고 여겼던 고대 로마인들의 문학적 보고를 모두 찾아내기 위해서 도서관들을 뒤지기 시작했다.[54] 추방당한 다른 이탈리아인들이 남프랑스에서 살고 있었고 그래서 별 어려움 없이 프랑스 수도원들의 도서관에, 특히 대성당들의 도서관에 접근할 수 있었던 것은 그에게는 행운이었다. 그와 그의 동료들은 그곳에 감추어져 있던 필사본들을 조심스럽게 만든 복사본들을 통해서 볼 수 있었다.[55] 페트라르카는 종국에는 그의 시대에 알려져 있던 로마 고전들을 거의 모두 직접 수집하고, 읽고, 여백에 거의 가득 차게 주석을 달았다. 그는 근대에 이런 종류의 개인 도서관을 조성한 최초의 문헌학자였다.[56] 그러나 페트라르카는 여기에 머물지 않았다. 그는 고대의 알렉산드리아 도서관이나 로마 도서관을 염두에 두고 1362년에 미래 공공 도서관의 핵심 장서가 되기를 희망하면서 자신의 책들을(자신의 "딸"이라고 했다) 베네치

---

53 'De sui ipsius et multorum ignorantia' ed. P. G. Ricci in *Prose* 716(cf. pp. 1173ff.).

54 G. Billanovich, 'Il Petrarca e i classici', *Studi Petrarcheschi* 7(1961) p. 24.

55 *Opere*, ed. naz. vol. XIII(1942)에 있는 편지들에 대한 매우 유용한 색인 참조. 349쪽에는 Libri di Petrarca가, 384쪽에는 copisti가, 401쪽 이하에는 libri di degli antichi perduti, ritrovati 등이, 419쪽에는 s. v. scrittore: antichi scrittori classici가, 423쪽에는 studi dell'antichità가 있다.

56 *Ep. fam.* III 18. 2. "나는 책에 있어서 만족할 줄 모르고, 우연히 적절한 것보다 더 많은 책을 갖고 있다 …… 하나를 찾는 데 성공하는 것은 또 다른 것을 추구하도록 자극한다." Nolhac, I 163ff. poets, II 1ff. prose authors을 보라.

아 공화국에 기증한다는 매우 독창적인 생각을 해냈다.[57] 그러나 페트라르카의 책들은 종국에는 매우 다른 운명을 겪게 되었다. 1370년 그의 유언장에서 책들에 대한 언급은 없었다. 페트라르카의 책들은 아르쿠아(Arquà)로 옮겨졌는데, 그가 1374년에 그곳에서 죽자 뿔뿔이 흩어져 버렸다. 그렇게 페트라르카의 바람은 무산되었다. 그럼에도 불구하고 상당한 양의 책들이, 특히 파비아(Pavia)를 거쳐 파리로 갔던 책들이 남아 있고,[58] 서유럽에 흩어져 있던 다른 많은 책들이 현대 학자들[59]의 신중한 탐색 작업에 의해서 확인되었다.

페트라르카는 본인이 고백했듯이 고전 라틴어의 '달콤한 매력과 아름다운 화음'을 깨달았다. 형식의 아름다움을 서체의 아름다움과 상응시켜야 한다는 느낌이 퍼져나가기 시작했다. 페트라르카와 그의 추종자들은 고전 필사본들을 추적하면서 중세 초의 서체를 접하게 되었다.[60] 그것은 카롤루스 왕조 때에 쓰이던 소문자 흘림체였다. 그들은 그것을 유서 깊은 고대의 것으로 아름답다고 생각하여 부활시키자고 주장했다. 나는 〔제1권에서〕 기원전 3세기 '학자-시인'들의 미적 감각이 서체의 특색 있는 변화를 가져왔다고 추정하였다.[61] 이제 다시 한 번 서체의 느린 변혁이 시작되었는데 이른바 고딕체[62]에서 인문주의체로의 변화 조짐들은 페트라르카가 복사한 필사본들에서 발견된다.[63] 자국어로 텍스트를 쓰거나 근대 라

---

57 *Petrarch's Testament*, edited and translated by Theodor E. Mommsen(1957) pp. 42~50 of the introduction.

58 E. Pellégrin, *La Bibliothèque des Visconti et des Sforza*(1955) ; Martellotti(위의 주 23을 보라), p. XV n. 6 참조.

59 P. de Nolhac와 G. Billanovich에 대한 많은 언급을 보라.

60 페트라르카와 살루타티가 소장하고 있던 것으로 현재 알려져 있는 필사본들의 약 3분의 1은 9~12세기 사이의 것이었다.

61 『역사』〔I〕 103을 보라.

62 발라가 '고딕'이라는 말을 만들어낸 것에 대해서는 이 책 63쪽을 보라.

63 J. Wardrop, *The Script of Humanism. Some Aspects of Humanistic Script 1460~1560* (1963) pp. 5f. and pl. I. 이 강연들은 1953년에 행해졌고 저자가 죽은 후에야 출간되었다. 인문주의 흘림체의 등장에 대한 제1장은 울만의 책이 나오기 훨씬 이전에 쓰여졌다. 아래 주

틴어로 시를 쓰는 데서는 변화가 없었다. 그러나 고전 텍스트들을 필사하거나 학자들이 글을 쓰는 데 페트라르카가 "다듬어지고 명백한"이라고 언급한 '안티쿠아 서체'(littera Antiqua)[64]가 많든 적든 꼭 사용되었다. 살루타티의 실험 이후에 포조(Poggio)가 새로운 양식의 필체를 확정했던 것 같다.[65]

페트라르카는 본질적으로 로마 문학을 선호했고 그가 촉발시킨 운동은 수 세기 동안 로마 문학에 초점을 맞추었다. 그리스어와 그리스 문학은 환상, 꿈의 세계에 지나지 않았다. 페트라르카가 여행 중에 작업용으로 사용했던 수에토니우스 작품의 꽤 큰 필사본[66]이 남아 있는데, [페트라르카의] 서기가 그리스어로 인용문과 덧붙이는 말을 쓰기 위한 빈 공간을 놓아두었고, 페트라르카가 이 공간을 상당히 서툰 그리스어로 직접 채웠던 것 같다. 여기에 쓰인 글들을 보면 우리는 그가 초보 수준이나마 그리스어를 익히기 위해 분투했다는 것을 알 수 있다. 그러나 그는 생이 끝나는 날까지 그 분투를 멈추지 않았다. 그는 아우구스티누스에서뿐만 아니라 키케로에서도 플라톤이 자주 인용되고 격찬되는 것을 보았다. 그리고 베르길리우스, 마크로비우스와 세르비우스의 주석서에 대한 작품을 쓸 때는 집요하게 호메로스를 참조했는데, (앞에서 살펴보았듯이) 호메로스가 이미 『아프리카』의 중요한 문장을 안내하였다.[67] 그의 시대의 거드름 피우는 아

65를 보라. H. Hunger in *Geschichte der Textüberlieferung* I(1961) p. 143. 'Gothico-Antiqua' …… 'Petrarca-Schrift' 참조. Giuseppe Turrini, *Millennium scriptorii Veronensis dal IV al XV secolo*(1967)에 고대·중세 그리고 인문주의 시대의 서체를 보여주는 뛰어난 도판들이 있다.

64 *Ep. fam.* XXIII 19. 8. "각자 제멋대로 이고 각자의 멋을 추구하는 문자(그것이 우리 시대의 문자이다)가 아니라, 다른 진실로 '간결하게 다듬어지고 보기에 분명한' 문자이다."

65 B. L. Ullman, 'The Origin and Development of Humanistic Script', *Storia e Letteratura* 79(1960) pp. 21ff.; pl. 4 Petrarch's script.

66 R. W. Hunt, 'A Manuscript from the Library of Petrarch'(Oxford, Exceter College 186), *Times Literary Supplement*(23 Sept. 1960) p. 619; G. Billanovich, 'Nella biblioteca del Petrarca', *IMU* 3(1960) pp. 28~58(Un altro Suetonio di Petrarca).

67 이 책 15~17쪽을 보라.

리스토텔레스주의자들과 아베로에스주의자들*은 플라톤에 대해서 전혀 몰랐지만 페트라르카는 "나는 집에(즉 보클뤼즈Vaucluse에 있는 그의 도서관에) 16권 혹은 그 이상의 플라톤 책을 가지고 있다"고 자랑스럽게 주장하였다.[68] 칼키디우스(Chalcidius)의 주석을 포함하고 있는 라틴어판 『티마이오스』(Timaios)[69]에 페트라르카가 주석을 단 필사본이 아직도 현존하며, 페트라르카는 또한 헨리쿠스 아리스티푸스(Henricus Aristippus)가 라틴어로 번역한 『파이돈』(Phaedon)을 갖고 있었던 것으로 알려져 있다.[70] 페트라르카는 그의 『역사적 모범들』 I 25에서 '철학자들의 제1시민'*에 대해서 깊은 존경을 표현하였다. 페트라르카는 바실레이오스 수도회 수도사였고 주교였던 바를람(Barlaam)의 도서관에서 훨씬 더 많은 플라톤의 책을 보았다.[71] 바를람은 페트라르카에게 그리스어를 약간 가르치기 시작했고(아마도 1342년) 심지어 호메로스에 입문시켰다. 1354년에 비잔티움 황제의 사절로 아비뇽의 교황청에 온 니콜라스 시게로스(Nicolas Sigeros)[72]가 페트라르카에게 『일리아스』 복사본을 선물했고,[73] 페트라르카는 그것을 열광하며 좋아하였다. 그러나 페트라르카는 "호메로스여, 당신이 아무 말도 없이 나의 손 안에 있나이다. …… 그토록 간절이 당신의 소리를 듣기를 원했건만"이라고 고백해야 했다.[74] 4년 혹은 5년 이후에야

---

* 아베로에스는 12세기 아라비아 철학자이다. 그의 영향을 받은 아베로에스주의자들은 과학과 신학을 분리하여 과학의 법칙은 신앙과 독립적으로 그 자체가 진리라고 보았다.

68 'De ignorantia' ed. Ricci in Prose, p. 756; cf. Nolhac, II² 134ff.

69 R. Klibansky, The Continuity of the Platonic Tradition(1939) p. 30.

70 L. Minio-Paluello, 'Il Fedone Latino con note autografe del Petrarca', Atti della Accademia dei Lincei 1949, Ser. VIII, Rendiconti, Classe di scienze morali, storiche e filologiche, IV 107ff.

* 플라톤을 말한다.

71 Eur. cod. Laur. XXXII 2를 가지고 있던 바를람의 도서관에 대해서는 B. Hemmerdinger, REG 69(1956) pp. 434f.를 보라.

72 A. Pertusi, 'Leonzio Pilato fra Petrarca e Boccaccio', Civiltà Veneziana, Studi 16(1964) pp. 43~72.

73 페트라르카는 그에게 또한 헤시오도스 · 헤로도토스 · 에우리피데스의 복사본을 부탁하였다.

74 Fam. XVIII 2(10 Jan. 1354) ; Pertusi, op. cit. pp. 65ff.는 페트라르카의 호메로스를 cod. Ambros. gr. I 98 inf와 동일한 것으로 여겼다.

페트라르카는, 바를람처럼 칼라브리아 출신으로 그리스어를 모국어로 사용했던 레온치오 필라토(Leonzio Pilato)가 라틴어로 직역한 판본으로 호메로스를 실제로 읽을 수 있었다. 필라토는 피렌체에서 페트라르카와 보카치오가 호메로스의 서사시 두 편 전부를 번역해달라고 설득하기 이전에 이미 『일리아스』를 제5권까지 라틴어로 번역했다.[75] 노년의 페트라르카는 필라토가 번역한 『일리아스』와 『오디세이아』의 아름다운 사본에 떨리는 손으로 채식 작업을 했다. 『일리아스』 작업은 완료되었지만 『오디세이아』는 제2권 242행(Par. 7880)까지 진행되었다. 피에르 칸디도 데쳄브리오(Pier Candido Decembrio)의 주석에 따르면 페트라르카는 1374년 7월 23일 필라토의 번역본 『오디세이아』에 주석을 달다가 죽었다.[76]

그리스어를 배우려는 페트라르카의 노력은 허사로 끝났지만 누구나 그가 로마 문학의 그리스적 배경을 열렬히 알고자 했다는 것을 느낄 수 있을 것이다. 따라서 그의 시도는 다른 사람들을 자극했다. 전체적으로 이것이 페트라르카의 특징이다. 심지어 그의 노력은 성공하지 못했을 때도 후배들을 자극하는 역할을 했다.

페트라르카는 키케로에게서 로마인이 그리스인을 단지 학문의 모델로만 생각하는 것이 아니라 '가장 사람다운 사람'(genus humanissimum)이라고 생각했다는 것을 배웠다. 로마인에 따르면 그들은 모든 시대 모든 종족에게 타당한, 교양(παιδεία)의 모범을 수립하였다. 로마인이 '사람다움'(humanitas)이라고 했던 이 새로운 개념은 키케로의 작품 모든 곳에서 발견되지만,[77] 페트라르카가 이 단어를 자주 썼던 것은 아니다. 그러나 1366년 『고독한 삶에 대하여』(De vita solitaria)[78]의 초고를 쓴 지 20년 후

---

75 1398년 이전에 무명의 작가가 『오디세이아』를 라틴어로 번역하였다. Pertusi, op. cit. pp. 53ff. 를 보라.

76 Nolhac, II² 167.

77 Thes. Linguae Lat. s. v. humanitas; Humanitas Erasmiana(1931) pp. 2ff.를 보라. F. Klingner, 'Humanität und Humanitas', Römische Geisteswelt 5. Aufl.(1965) pp. 704ff., esp. pp. 718ff. and notes and pp. 741ff. on Cicero.

에 그 책을 카바이용의 주교 필리프(Philip of Cavaillon)에게 헌정하면서
쓴 편지에는 눈에 띄는 문장이 있다. "사람다움을 익혀서 동물적 본성을
극복하는 것이 하느님의 고귀한 선물이라는 것을 …… 인간이 배우지 못
한다면, 인간은 파괴적이고, 변덕스럽고, 믿을 수 없고, 이중적이며, 야만
적이며, 잔인한 동물에 불과합니다." 나는 "사람다움을 익혀서 동물적 본
성을 극복하기"라는 구절을 처음 접하고,[79] '사람다움'이 '야만스러움'과
대조되어 있기 때문에 틀림없이 고대 문헌, 아마도 키케로에게서 차용했
을 것이라고 생각했다.[80] 그러나 그것은 잘못된 생각이었는데 그 구절 전
체는 다른 어디에서 차용한 것이 아니라 페트라르카가 고안해낸 것이기
때문이다. 그는 키케로의 『아티쿠스에게 보내는 편지』 XIII 2. 1에 나오는
"우리는 모든 사람다움을 …… 저버리고"(cf. Lig. 14)와 오비디우스의 『로
마의 축제일』(Fasti) IV 103의 "야만스러움(즉 황소)이 …… 제거되어"를
천재적으로 결합하였다. 시와 산문을 쓸 때 이렇게 변용하고 결합하는 것
은 페트라르카가 보여준 전형적인 방식이었다.[81] 이곳에서 그리고 다른 몇
개의 문장에서[82] '사람다움'이라는 말은 인간적인 감정, 동료 인간에 대한
온정적인 태도, 인간에 대한 사랑(φιλανθρωπία)을 의미한다. 그러나 페
트라르카는 그가 연마했던 학문이 도덕 가치와 진정한 지혜에 이르는 길
을 닦는다고 확신했다. 따라서 학문과 사람다움은 서로 명백히 연계되었
다. 페트라르카는 '고대'에 대한 자신의 사랑과 지식을 종종 이야기하곤
했다.[83] '후손'에게 보낸 편지[84]에서 그는 "나는 많은 것 중에서 고대에 대

---

78 Ed. G. Martellotti in *Prose*, p. 294. 1; cf. pp. 1166ff.
79 그 후 E. 아놀트(E. Arnold)가 위에서 언급한 문장에서 대해서 G. Pararelli, 'Feritas, humanitas,
   divinitas, le componenti dell'Umanesimo', *Biblioteca di cultura contemporanea* 68(1960) pp.
   31~47를 소개하였다. 그러나 파파렐리는 이 문장과 키케로와 오비디우스의 연관을 파악하지
   는 않았다.
80 Klingner, 위의 주 77을 보라. p. 743. 66. "인간다움에 대조되는".
81 이 책 16~17쪽을 보라.
82 *Ep. fam.* VI 3. 3(Ter. *Haut.* 11. 25에 대한 언급과 함께), *Ep. fam.* XII 2. 28, *Sen.* XIII 15.
83 이 책 20~22쪽을 보라.

한 지식을 특별히 소중히 하였다"[85]라고 고백했고, 자신의 열정적인 사랑에 전염성이 있다는 것을 잘 알고 있었다. "오랜 세월 동안 무시되어왔던 이 학문에 대한 우리의 연구는 이탈리아 전역에서, 그리고 아마 이탈리아를 넘어서 수많은 재능 있는 사람들을 자극할 것이다."[86] 따라서 페트라르카는 죽기 바로 전해인 1373년 보카치오에게 보낸 매우 감동적인 편지에서 늙었다는 이유로 공부를 중단해서는 안 되는 이유들을 설명했다.[87] 이 예언적인 문장에 담겨 있는 자신의 연구가 지속적으로 효력을 발휘할 것이라는 확신은 그의 가장 충실한 다음 세대 추종자들에 의해서 확인된다. 1401년 레오나르도 브루니의 『대화』(Dialogi)[88]에서 니콜로 니콜리

---

84 *Prose* p. 6. 9.

85 'Invectivae contra medicum quendam'(어떤 박식자를 비방하는 자들)(*Opera*, ed. Basil, 1554, reprinted 1965, p. 1199) : "고대보다 내게 소중한 것은 없다. 우리 시대에 고대를 존중하는 사람보다 더 위대한 사람은 없음이 틀림없다."

86 *Senil. rer.* l. XVII 2 = *Prose* p. 1144. 14.

87 *Prose*, pp. 1134ff., 1156. 24f. "너는 진실로 '사람이 끝났다고 생각하는 순간에 그분은 시작하시며, 사람이 쉬어야겠다고 생각하는 순간에 그분은 일을 시작하신다'(cum quieverit, aporiabitur)는 저 집회서의 구절을 들어보지 못했느냐." 마르텔로티(Martellotti)는 그의 비판에서 「집회서」 18:6을 "사람이 쉬어야겠다고 생각하는 순간에 그분은 곤경에 빠진다"(……cum quieverit, aporiabitur)라고 지적하였다. 이 주석은 잘못된 것인데 "곤경에 빠진다"(aporiabitur)가 불가타의 전통적인 텍스트에 입각한 것이라고 전제하고 있기 때문이다. 그러나 그것은 클레멘티나(Clementina)판이 만들어진 해인 1598년부터 1955년에 새로 편집된 『신성한 성경』(*Biblia sacra*), p. 917까지의 판본에 따른 것이다. 그러나 (마르텔로티가 이용할 수 없었던) 불가타 신(新)편집본인 *Biblia sacra iuxta Lat. vulg. versionem* XII (1964) Sirach 18:6이 보여주듯이 그리고 *Vetus Latina*의 중요한 판본(현재 보이론Beuron에서 준비되고 있다)이 확인해주듯이 30여 개 이상의 필사본들에 "일을 시작하신다"(operabitur)라고 씌어 있다. 나는 뮌헨 *Thesaurus Linguae Latinae*의 W. 부흐발트(Dr. W. Buchwald)의 친절한 도움에 특히 감사드린다. 나는 "곤경에 빠지신다"(aporiabitur)라는 표현이 그리스어 텍스트로 'ἀπορήσεται'에 상응하며 Ambros. *Expos. psalmi* 118(*CSEL* 62) serm. 8. 17. 3에도 남아 있지만 이 표현과 "일을 시작하신다"(operabitur)는 표현 둘 중에 어느 것이 불가타 원본에 해당하는지 결정하지 않겠다. 페트라르카가 중세에 통용되던 텍스트를 인용했다는 것을 지적하는 것으로 충분할 것이다.

88 L. Bruni, 'Ad Petrum Paulum Histrum dialogus', hg. von Th. Klette, *Beiträge zu Geschichte und Literatur der italienischen Gelehrtenrenaissance* 2(1889) p. 80., W. Brecht in K. Brandi, *Das Werden der Renaissance*(1908) pp. 22ff.는 이 중요한 문장을 처음으로 언급하였다. 이 책 54쪽을 보라.

(Niccolò Niccoli)는 페트라르카에 대해서 "이 사람은 지금까지 소멸되어 왔던 인간에 대한 학문을 부활시켰다"라고 말했다. 몇 달 뒤에 살루타티 또한 "인간에 대한 학문"(studia humanitatis)이라는 표현을 사용하였다.[89] 이 표현은 이 시기 피렌체 학자들의 활발한 토론 속에서 인간에 대한 연구라는 의미가 확고해진 것 같다. 우리는 종종 인문주의가 이탈리아의 새로이 강화된 도시국가들의 사회 경제적 조건에서 유래했다고 이야기한다. 이런 조건이 페트라르카의 사상이 발전하고 퍼져나가는 데 점점 더 우호적인 환경을 조성했던 것은 사실이다. 그러나 그 생각은 페트라르카의 마음에서 유래했지 그 시대의 사회 정신에서 나오지는 않았다. 오히려 페트라르카는 그의 시대를 늘 경멸하였다("이 시대는 항상 나를 실망시킨다"[90]). 페트라르카가 부활시킨 문헌학적 학문 연구가 이후 모든 세대에서 '사람다움'이라는 개념과 융합된 것은 고대에 대한 그의 연구가 피렌체의 학계를 이끌던 사람들에 의해서 즉시 '인간에 대한 학문'이라고 명명되었기 때문이다. 이는 학문 연구의 어떤 다른 분야에서도 찾기 힘든 일이다. 앞으로 살펴볼 바와 같이 두 개념의 결합은 시간이 경과하면서 많은 문제들을 수반하였다. 우리가 지금까지 설명하기 위해서 노력해왔듯이 그것은 독창적인 시인의 재능이 있는 한 사람의 개인적인 자극에 기인하였다.

페트라르카가 사망한 직후에 '인간에 대한 학문'을 부활시킨 최초의 사람으로 추앙되었기에 우리는 '인문주의'(humanism)[91]라는 근대의 용어를 마땅히 이 복원의 시대에 대해서 적용할 수 있다. 페트라르카 자신의

---

89 C. Salutati, *Epist.* III p. 599 ed. Novati: "어디에서 인간에 대한 학문을 연구할 것인가."

90 'To Posterity', *Prose* 6. 10 etc.

91 인문주의에 대한 근대의 연구를 개관하는 것은 바람직할 것이다. 그것을 텍스트나 주석에 한 정해서는 안 될 것이다. 원텍스트에 대한 접근은 짧은 소개 글과 부록을 포함하고 있는 Denys Hay ed., *The Renaissance Debate*(1965) 속의 발췌물 목록에 의해서 좀 더 쉽게 이루어질 수 있게 되었다. 헤이(Hay)의 개관은 물론 고전 연구 역사를 다루는 이 책의 범위에 한정되지 않는다. W. K. Ferguson, *The Renaissance in Historical Thought. Five centuries of interpretation*(Cambridge, Mass. 1948)은 르네상스의 개념과 해석에 대한 모든 변동을 추적하

어법에서 '사람다움'은 인간에 대한 사랑을 의미했지만, 살루타티와 브루니는 페트라르카의 학문 연구를 묘사하기 위해서 그 단어를 사용하였다. 유사하게 19세기의 독일어 신조어인 '인문주의'(Humanismus)는 교육 이론을 지칭하기 위해서 만들어졌고(1808),[92] 그 후에는 '스콜라주의'에 대조되는 문화 운동을 지칭하는 데 이용되었고(1841),[93] 최종적으로는(1859) 게오르크 포이크트(Georg Voigt)에 의해서 고전 학문을 부활시킨 특정한 시대를 가리키는 데 사용되었다.[94] 포이크트의 책은 '인문주의의 첫 세기'라는 부제를 달고 있었다.[95] 이 책은 한 세기 동안 이탈리아에서 이루어진 고전 학문의 부활을 연구하는 모든 학자들의 표준서였다.[96] 그것은 이제 여러 가지 점에서 시대에 뒤떨어진 책이 되었지만, 견실하고 단단하며, 읽을 만한 자료 모음집으로 지금도 유용한 정보를 제공한다. 그렇지만 이 책은 포이크트가 이탈리아 인문주의자들의 경향과 업적에 대한 그 자신의 관점을 표현하려고 시도했기에 여러 위험을 안고 있다. 포이크트는 독일 신교도 자유주의자의 관점에서 이탈리아 인문주의자들의 업적을 되돌아보면서 그들의 학문적·교육적·종교적 목표를 유치하고 환상적이라고 평가

였다. 특히 pp. 386ff.를 보라.

92 F. Niethammer, *Der Streit des Philanthropinismus und Humanismus in der Theorie des Erziehungsunterrichts unserer Zeit*(1808). 이 제목에서 첫 번째 'ismus'(Basedow의 'Philanthropinum'에서 유래했다)가 두 번째 'ismus'를 자극했던 것 같다. 이 새로운 형태는 19세기가 경과하면서 모든 유럽어에 의해서 받아들여졌다. 이렇게 많은 논의가 있었던 단어의 기원이 자주 망각되어왔기에 그것을 되짚어보는 것은 지나친 일이 아닐 것이다. W. Rüegg, *Cicero und der Humanismus*(1946) pp. 2ff. 그리고 W. Kaegi, *Humanismus der Gegenwart*(1959) pp. 24ff., 58ff.('인문주의에 대하여')를 보라.

93 K. Hagen, *Deutschlands literarische und religiöse Verhältnisse im Reformationszeitalter* I(1841). 나는 오직 2판(1868)만을 이용할 수 있었다. ch. I, p. 39 '인문주의의 대표자들'과 p. 79 '인문주의에 접근' 등을 보라.

94 Georg Voigt, *Die Wiederbelebung des classischen Alterthums oder das erste Jahrhundert des Humanismus*, 1st ed. 1859.

95 4th ed.(3쇄를 고치지 않고 재출간했다), Berlin 1960, W. de Gruyter.

96 J. A. Symonds, *The Renaissance in Italy*, vol. II 'The Revival of Learning'(1877, 2nd ed. 1882); J. E. Sandys, *Harvard Lectures on the Revival of Learning*(1905).

하고, 독일적 정신이 결여되어서 유감스럽다고 이야기했다. 그런 견해를 가진 사람이 아무런 실질적인 이해나 동감을 갖지 않고 매우 세밀하고 포괄적인 연구를 해야겠다고 느꼈던 것은 기묘한 역설이다. 그의 아이네아스 실비우스 피콜로미니(Aeneas Sylvius Piccolomini)에 대한 두꺼운 전문 연구서도 마찬가지로 평가되어야 할 것이다.[97]

포이크트의 『재생』(Wiederbelebung)이 출간된 지 1년 후에, 19세기에 씌어진 가장 찬란하고 영향력 있는 연구물 가운데 하나이고 완벽한 독일 어로 역사를 재구성한 대작, 야코프 부르크하르트(Jacob Burckhardt, 1818~97)의 『이탈리아 르네상스 문화』(Die Kultur der Renaissance in Italien)가 출간되었다. 작가는 초판[98]을 겸손하게 "하나의 시도"라고 했다. 상대적으로 분량이 적은 단락인 '고대의 재발견'은 이탈리아의 학문 역사를 다루지 않고[99] 문학과 삶에서 고대의 재생, 그리고 재탄생한 로마 정신과 이탈리아의 민족적 성격의 융합에 대해서 다루었다. 부르크하르트는 이 이탈리아의 민족적 성격에 대해서 마음에서 우러나오는 지속적인 애정을 느꼈다. 아마도 쥘 미슐레(Jules Michelet)가 근대 역사가로서 최초로 고대 문화의 재생기 전체를 '르네상스'라고 했을 것이다.[100] 그러나 비록 이 용어를 만들어내지는 않았다고 해도 그것을 대중화한 사람은 부르크하르트였고, 그의 논문은 이후 '르네상스'의 시작과 개념에 대한

---

97 G. Voigt, *Enea Silvio Piccolomini als Papst Pius der Zwiete und sein Zeitalter*, 3 vols.(1856~63).

98 제1판(Bâle 1860)과 제2판(1869)만이 원래 작가의 것이다. 그 후(두 권으로 1877~1919년 사이에 출간된) 제10판까지에는 주석과 설명이 첨가되었고, 계속해서 확대되었다. 제13판 때에 원본으로 돌아갔는데, 이는 총 14권으로 된 총서(Gesamt-Ausgabe, Stuttgart 1929~34)의 다섯 권이었고, 캐기(Kaegi)가 중요한 소개 글을 달았다.

99 그는 '훌륭하고 자세한 문헌학 역사를' 참조할 수 없는 것을 유감스럽게 생각하였다.

100 Burckhardt p. 219.1에 인용된 *Histoire de la France* vol. VII(1855). 아마도 *Le Moyen Âge et la Renaissance*라는 제목의 모음집, …… Direct. litt. Paul Lacroix, 5 vols.(Paris 1848~51)가 우선권을 주장할 수 있을 것이다. 내가 알고 있는 한 그것은 전체 토론에서 언급되지는 않았다. 이 단어의 역사에 대해서는 B. L. Ullman, 'Renaissance, the word and the underlying concept', in *Studies in the Italian Renaissance*(1955) pp. 1ff.를 보라.

모든 논의의 출발점이 되었다. 부르크하르트의 열렬한 적대자는 콘라트 부르다흐(Konrad Burdach)였는데,[101] 그는 새로운 시대의 진정한 기원은 콜라 디 리엔초(Cola Di Rienzo)의 환상·비전·황홀경, 그리고 로마(리엔초를 필두로 하는)의 재생에 대한 생각이라고 믿었다. 그러나 역사의 전통적인 시대 구분을 따르면 부르다흐와 그의 추종자들이 발표하고 해석한 풍부한 자료들은 리엔초의 의사(擬似)-종교적 신비주의가 중세의 혼란스러운 해체기의 전형적인 특징이지 새로운 시대를 선도하는 것이 아님을 보여준다. 부르크하르트 이후에 르네상스의 주요 문제들을 가장 가치 있게 다룬 새로운 연구는 에른스트 발저(Ernst Walser)의 『르네상스 정신사 논총』(Gesammelte Studien zur Geistesgeschichte der Renaissance, 1932)이다.[102] 이는 역사가의 작품이 아니라 이탈리아의 모든 것에 대해서 순수한 애정을 갖고 로망스 제어(諸語)를 바젤에서 연구했으며 포조의 전기 작가로서 르네상스 문학에 대하여 조예가 깊었던 교수의 작품이었다. 그는 부르크하르트 추종자들의 단순화와 과장들을, 특히 르네상스가 비종교적이고 이교적이며 개화된 시대이기에 중세와 날카롭게 대조된다는 일반적인 주장에 맞섰다. 그는 교회의 상태에 반대하고 스콜라 철학에 맞섰기에 반중세적 진술들이라고 명명된 것들을 새로이 조심스럽게 재해석할 필요성이 있다고 역설하였다. 1891년 이후 씌어진[103] 빌헬름 딜타이(Wilhelm Dilthey)의 『르네상스와 종교개혁 이후 세계관과 인간에 대한 분석』(Weltanschauung und Analyse des Menschen seit Renaissance und Reformation)은 여러 가지 뛰어난 보편적인 생각들을 제시하였다. 사실

---

101 Vom Mittelalter zur Reformation, II vols.(1893~1937).

102 캐기는 발저가 요절한 후에 그의 연구들을 수집·편집하였고, 폭넓은 도론(導論)인 '발저의 르네상스 연구에 대하여'를 추가하였다. 이 모음집에는 1926년 케임브리지에서 행한 여섯 개의 강연 'Human and artistic problems of the Italian Renaissance', 독일어 번역으로는, pp. 211~326도 포함되었다. 특히 'Das antike Ideal'과 'Homo et Humanitas' pp. 308ff.를 보라.

103 W. Dilthey, Gesammelte Schriften II²(1921) pp. 19ff., pp. 322~26 and passim.

페트라르카에 대한 단락에서 살펴보았고 페트라르카와 에라스뮈스 사이의 시기에 대해서 앞으로 살펴볼 것처럼 르네상스는 반가톨릭적이거나 반기독교적이거나 무신론적이지 않았으며, 단지 사람들이 새롭고, 좀 더 개인적인 신앙심을 찾고 종교적 생각을 새로운 방식으로 표현하고자 노력했던 시대였다. '가톨릭 교회' 안에서 개혁을 추구하지만 과거를 부정하지는 않는 변화가 느리게 진행되었다. 이런 생각 혹은 이와 유사한 생각들이 발저의 '르네상스 시대의 정신사'라는 위대한 연구 계획의 중심에 있었다. 그것은 『이탈리아 르네상스 문화』의 종결 장을 실질적으로 향상시켰을 것이다.

두 이탈리아 학자의 연구가 부르크하르트 작품을 중요하게 보충하였다. 주세페 토파닌(Giuseppe Toffanin)은 인문주의에 대한 그의 책들에서 이탈리아 르네상스를 '이교주의'로 파악하는 경향에 대해서 강렬하게 반대하였고,[104] 에우제니오 가린(Eugenio Garin)은 부르크하르트의 책에서 르네상스의 철학을 다루는 단락의 결루를 훌륭하게 보충하였다.[105] 또한 우리의 주제에서 고전 필사본들의 발견에 대한 레미지오 사바디니(Remigio Sabbadini)의 자주 인용되는 저서 『발견』(Scoperte)뿐만 아니라 이탈리아 인문주의에 대한 그의 다른 많은 저작들 또한 필수적으로 중요하다. 불행하게도 이 저작들은 아직 재인쇄된 모음집이 없다.[106] 파울 크리스텔러(Paul O. Kristeller)는 이탈리아 및 다른 나라의 문헌 가운데 존재하

104 G. Toffanin, Storia dell'umanesimo dal XIII al XVI secolo, 2nd ed.(1940) with bibliography pp. 369~88(Nuova edizione 1964, 4 vols). 때때로 엉뚱하게 흐르는 그의 생각의 흐름을 따라가는 것은 쉽지 않다. 그는 '문헌학의 탄생'을 16세기 말 이후라고 주장했지만(pp. 329ff.), 이는 페트라르카에서 발라까지 이용할 수 있는 증거들을 볼 때 잘못된 것이다.

105 E. Garin, L'umanesimo italiano. Filosofia e vita civile nel Rinascimento', Biblioteca di cultura moderna, No. 493, 2nd ed. 1958(특히 pp. 11f, 64, 82ff.를 보라).

106 Fontes ambrosiani II(1933) 그리고 R. Sabbadini, Storia e critica di testi latini(2nd ed. 1971), bibliography pp. xi~xli from 1873 to 1936에 실려 있는 1878년부터 1932년까지 그의 책들과 논문들의 서지 사항을 보라. 그러나 재인쇄본 모음집은 없다. 하지만 사바디니는 Storia e critica의 제2판 p. x에서 모든 소작품들이('alcuni volumi', Opere minori) 모음집 Medioevo e Umanesimo에 수록될 것이라고 약속하였다.

는 르네상스기의 인문주의적 필사본들의 목록을 만들었다.[107] 고대·중세, 그리고 르네상스기 문서 전문가이고 고문서 학자인 베르톨트 루이스 울만(Berthold Louis Ullman)은 『이탈리아 르네상스에 대한 연구』(Studies in the Italian Renaissance, 1955)에 많은 새로운 자료를 수집하였고, 페트라르카에 대한 특색 있는 연구로 시작했던[108] 발터 뤼에크(Walter Rüegg)는 연구를 르네상스 시대 전체로 계속 확대하고 있다.[109]

조반니 보카치오(Giovanni Boccaccio, 1313~75)는 페트라르카보다 아홉 살 어렸고, 그가 죽고 나서 몇 달 뒤에 죽었다.[110] 그는 열정적으로 페트라르카에게 헌신했으며 그의 명성을 높이고 넓히는데, 특히 피렌체에서 열심이었다.[111] 페트라르카는 페트라르카대로 보카치오의 성품과 관심, 업적이 그와 크게 달랐음에도 불구하고 그의 문학적·학문적 자질을 제대로 알아보고 높이 평가했다.

보카치오는 한 프랑스 여인과 체르탈도(Certaldo) 출신의 이탈리아 상인 사이에서 사생아로 파리에서 태어났고 상인으로 그리고 교회법 학생으로서는 실패했지만, 『데카메론』(Decameron)이라는 유명한 제목으로 수집한, 일정 부분 경박하면서도 일정 부분 교훈적인 짧은 이야기들의 이

---

107 P. O. Kristeller, *Iter Italicum* I(1964), II(1967); *Gnomon* 42(1970) pp. 217ff.에 실려 있는 빌라노비치(G. Billanovich)의 권위 있는 비판을 보라.

108 위의 주 11을 보라.

109 특히 *Erasmus-Bibliothek* 'Das Trecento'(1960) pp. 139ff. 그리고 추가의 참고 문헌을 달고 있는 'Das Erbe der Antike'(1963) pp. 95ff.에 실려 있는 취리히의 연속 강연(Züricher Ringvorlesungen)을 보라. Ch. Trinkaus, *In Our Image and Likeness. Humanity and divinity in Italian humanist thought*, 2 vols.(1970)는 인문주의와 이탈리아 르네상스 문제를 재검토하였다.

110 *Gesammelte Studien zur Geistesgeschichte der Renaissance*(1932) pp. 38ff.에 발저가 쓴 짧은 전기가 있다. 그의 수많은 저작의 복잡한 전승, 특히 그의 자서전에 대해서는, Pasquali, *Storia*, pp. 443ff. 그리고 G. Folena in *Geschichte der Textüberlieferung* II(1964) pp. 503ff.를 보라. 'Epistularum quae supersunt' in *Opere Latine minori*, ed. A. F. Massèra(Bari 1928), pp. 109~227.

111 G. Billanovich, 'Petarca letterato I. Lo scrittoio del Petrarca', *Storia e Letteratura* 16(1947) pp. 57~294: '가장 위대한 제자'(즉 보카치오).

야기꾼으로 성공을 거두었다. 그의 예술성은 10일째의 진지한 이야기에서 절정에 달했다. 페트라르카는 이 이야기에 크게 감명을 받고 보카치오와 서신을 주고받으면서 문제 전체를 토론했고, 종결 부분인 그리셀다(Griselda)*의 이야기(「아내의 뛰어난 복종과 정절에 대하여」 De insigni obedientia et fide uxoria)를 라틴어로 옮겼다. 전하는 바에 따르면 보카치오는 나폴리에서 베르길리우스의 묘지를 방문하고 고대 시에 대해서 지속적인 열정을 갖게 되었다.[112] 그러나 그가 베르길리우스와 단테, 페트라르카를 좋아했음에도 불구하고, 그리고 모국어로 상당히 많은 서정시와 서사시를 썼음에도 불구하고 그는 천성적으로 현실주의자였기 때문에 말보다는 실제 일들에 몰두하였다.

이는 그가 고대의 신화 · 역사 · 지리학에 관련된 재료들을 체계적으로 수집한 것을 보면 명백하다. 그의 『신족의 계통도』(Genealogie [sic] deorum gentilium)[113]는 중세 후기의 이른바 바티칸 신화 작가(Mythographus Vaticanus III)[114]**에 근거했지만 칼라브리아(Calabrian)의 그리스인인 레온치오 필라토(Leonzio Pilato)의 도움에,[115] 그리고 그가 호메로스 시의 라틴어 번역판에 단 주석에 의지하였다. 『계통도』의 내용은 신화를 연구하는 학자들에게는 무한한 보고였고, 또한 16세기 중엽 나탈리스 코메스(Natalis Comes)의 『신화』(Mythologia)가 등장하기 전까지 르네상스 시기

---

* 『데카메론』의 마지막 일화에 나오는 여주인공.

112 F. Villani, *De civitatis Florentiae famosis civibus*, ed. G. C. Galletti(1847) p. 17.

113 최근 편집본인 V. Romano(Bari 1951, Scrittori d'Italia 200-1)는 보카치오의 개인적인 복사물의 텍스트(Cod. Laur. plut. LII 9)를 제공한다.

114 O. Gruppe, 'Geschichte der klassischen Mythologie und Religionsgeschichte', *RML*, Supplement(1921) pp. 22ff., H. Liebeschütz, 'Fulgentius Metaforalis', *Studien der Bibliothek Warburg* 4(1926) pp. 20f., J. Seznec, 'The Survival of the Pagan Gods', *Bollingen Series* 38(1953) pp. 220ff.

** 중세 후기에 그리스 신화 연구에 큰 영향을 끼친 필사본을 쓴 익명의 작가이다. 1831년 안젤로 마이(Angelo Mai)가 그 필사본이 바티칸 도서관에 있다는 사실에 근거하여 그를 바티칸 신화 작가라고 불렀다. 이후에 연구자들이 그 필사본의 작가가 3명이라는 것을 밝혀냈다.

115 Petrusi(위의 주 72를 보라) pp. 295ff.; 그는 철자를 'genologie'로 하는 것을 좋아했다.

의 시인[116]과 예술가들에게 영감을 제공하였다.[117] 보카치오의 책은 스토
아주의[118]의 비유 전통에 따라서 이루어진 후기 고대와 중세의 신화에 대
한 설명을 보존하였다. 그는 고대의 신화와 기독교의 전설을 비교하면서
르네상스 시대 이전에는 상상할 수 없게도 고전에 유리하게 강조점을 미
묘하게 변화시켰다.

두 세기 간 유행했던 한 작품 속의 오류들이 때때로 기이한 결과를 낳
았다. 가령 보카치오는 자신의 책 제1권에 신들의 계보를 묘사하면서 신
들의 우두머리를 우라노스의 아버지 '데모고르곤'(Demogorgon)[119]이라
고 묘사하였다. 매우 오래되어 보이는 이 신비스러운 명칭은 보이아르도
(Boiardo)의 「사랑에 빠진 오를란도」(Orlando innamorato)와 아리오스토
(Ariosto)의 「5편의 노래」(Cinque canti)(「격분한 오를란도」가 아니다)에서
카르두치(Carducci)와 단눈치오(D'Annunzio)에 이르기까지의 이탈리아
시들에,[120] 그리고 아놀 그레방(Arnoul Greban)의 『수난의 신비』(*Mystère
de la Passion*)에서 프랑수아 라블레(François Rabelais)와 볼테르에 이르

---

116 보카치오가 죽은 지 얼마 되지 않아서 초서가 이 책을 참조하였다. Chaucer, *Complete
Works*, ed. W. W. Skeat III(1894) pp. xl, 345f., cf. II li를 보라.

117 J. Micyllus, 1532가 보카치오의 『계통도』를 재인쇄하였고, 적잖이 논평하였다. L. G.
Gyraldus, *De deis gentium varia et multiplex historia*(1548)는 불행하게도 콘티(Conti)의 『신
화』(*Mythologia*)보다 영향을 끼치지 못하였다. 이 둘에 대해서는 Gruppe pp. 32 ff. 그리고 K.
Borinski, 'Die Antike in Poetik und Kunsttheorie' II, *Das Erbe der Alten* 10(1924) pp. 29f.,
Seznec, 'The Survival of the Pagan Gods', pp. 229ff.를 보라.

118 『역사』[I] 237f.

119 *Geneal.* ed. Romano(Bari 1951, Scrittori d'Italia 200~1) I 12. 19ff. "나는 참으로 데모고르곤
을 모든 신들의 아버지이자 우두머리라고 생각한다."; p. 14. 27은 락탄티우스 플라키두스
(Lactantius Placidus)를 언급하고 있다.

120 데모고르곤에 대한 전반적인 사항과 자세한 것들에 대해서는 훌륭한 전문 저서인 C. Landi,
Demogòrgone, con saggio di nuova edizione delle 'Genealogie Deorum Gentilium' del
Boccaccio e silloge dei frammenti di Teodonzio(Palermo 1930)를 보라. 이탈리아의 시에 대해
서는 pp. 7ff.를 보라. 프랑스 문학에 대해서는 M. Castelain, *Bulletin de l'Association
Guillaume Budé* 36(1932) pp. 28ff.를 보라. Don Cameron Allen, *Mysterious Meant. The
rediscovery of pagan symbolism and allegorical interpretation in the Renaissance*(1970) pp.
216f., 223, 230.

기까지의 프랑스 문학에, 그리고 훨씬 더 강력한 활력을 가지고 16세기에서 19세기 사이에 발표된 영국 시의 대작들에 등장한다.[121] 에드먼드 스펜서(Edmund Spenser)*는 그의 『요정 여왕』(Faery Queene)에서 후에 밀턴이 "데모고르곤이라는 끔찍한 이름"이라고 부른 것을 처음으로 도입했던 것 같다.[122] 그러나 데모고르곤은 후르리인의 신(Hurrian god)으로 최근에 발견된 무시무시한 쿠마르비(Kumarbi)와 전혀 관련이 없다. 쿠마르비는 헤시오도스의 크로노스와 어떤 관련이 있는 것 같지만[123] 데모고르곤은 유령 같은 단어로 누군가 펜을 잘못 움직여 생겨났다. 한 중세 서기가 스타티우스의 『테베인들의 역사』(Thebais) IV 516에 대한 (이른바 락탄티우스 플라키두스의) 난외주(欄外註)에[124] '데미우르곤'(demiurgon)을 '데모고르곤'(demogorgon)으로 잘못 썼고, 보카치오가 그것을 자료로 이용했던 것 같다.[125] 이 경우와 마찬가지로 보카치오가 사용하고 있는 낯설고 독특

---

121 Castelain, loc. cit. in the Oxford English Dictionary III(1933) s.v. Demogorgon 그리고 Seznec, 'The Survival of the Pagan Gods' p. 312에서 스펜서(Spenser), 로버트 그린(Robert Greene), 말로(Marlowe), 드라이든(Dryden), 밀턴(Milton), 셸리(Shelley)에 대한 언급이 이루어졌다. 여기에 나는 시대가 다소 뒤지고 덜 엄숙한 맥락에서 이루어진 조지 메러디스(George Meredith)의 초기 소설 『에반 해링턴』(Evan Harrington)(제1판 1859/60), 미클햄(Mickleham) 판(1922), p. 26, "백작 부인이 기꺼이 불렀듯이, 재봉사의 왕국, 혹은 데모고르곤"을 첨가하고 싶다.

* 16세기 영국의 시인.

122 Paradise lost II 965; cf. 'Prolusiones oratoriae', Opera Latina(1698) p. 340.

123 『역사』〔I〕 22. 4.

124 P. Wessner, RE XII(1925) pp. 356ff., 358. 61 on Boccaccio. 위의 주 119를 보라. 나는 보카치오가 그가 인용했던 락탄티우스를 직접 이용했는지 아니면 테오돈티우스(아래 주 126을 보라)로부터 간접적으로 지식을 얻었는지 판단할 수 없다. 이렇게 와전된 명칭은 중세 후기의 모음집인 Schol. Lucan. ed. C. F. Weber(1831) pp. 497f.에 남아 있다.

125 이 텍스트를 최초로 복원한 것은 L. G. Gyraldus, De deis gentium …… historia(1548)의 'epistola nuncupatoria', pp. 2ff.에서 였다. 이는 주목받지 못했지만, 다른 사람들(Th. Gale, C. G.Heyne)과 똑같은 추측을 독자적으로 해냈고, 이것이 현재 Stat. Schol.의 최고의 필사본에서 'demoirgon'으로 판독됨으로써 확인되었다. Jahnke의 편집본(1898)과 F. Cumont, RE V(1905) I 참조. 이 교정을 받아들이지 않는 회의론자들은 틀렸다(Lobeck, Aglaophamus I〔1829〕 600 n., the Oxford English Dictionary 그리고 G. Highet, The Classical Tradition(1949) p. 678, in his misleading note 51이 이렇게 주장하고 있다).

한 이름과 언급의 실체를 늘 확인할 수 있는 것은 아니다. 그러나 그가 그것들을 꾸며냈다거나 위조했다고 생각할 이유는 없는데, 지금은 없어진 신화 자료들을 그가 사용했을 수 있기 때문이다.[126]

보카치오는 페트라르카의 『위인들에 대하여』의 모범을 따라서 두 개의 전기 모음집, 즉 『뛰어난 여성들에 대하여』(De mulieribus claris)와 『위인들의 타락에 대하여』(De casibus virorum illustrium)를 지었다.[127] 여기서 보카치오는 역사적 진실보다는 재미에 더 많은 관심을 기울여서[128] 여성들의 무미건조한 목록에 재미있는 이야기들을 섞었고, 아담과 하와에서 자기 시대에 이르기까지 유명한 사람들의 비극적인 타락을 여담과 도덕적 숙고를 덧붙여서 예증하였다. 약 100년 이후에 프랑스의 위대한 화가 장 푸케(Jean Fouquet)와 그의 제자들이 『위인들의 타락에 대하여』의 프랑스어 번역본 하나를 22개의 장대한 세밀화로 장식했던 것은 행운이었다.[129] 좀 더 규모는 작지만 1세기 혹은 2세기 동안 인기리에 이용되었던 편집물은 비비우스 세퀘스테르(Vibius Sequester)에 근거했고 알파벳 순서로 작성한 지리학 사전인 『산·숲·샘·호수·강·늪 또는 습지와 바다의 이름에 대하여』(De montibus, silvis, fontibus, lacubus, fluminibus, stagnis seu paludibus, et de nominibus maris)이다. 이 책에서 보카치오는 고대 작가들이 틀릴 리가 없다는 자신의 순진한 믿음을 드러냈는데,[130] 이탈리아에서 몇몇 표시들이 잘못되었다는 것을 자신의 눈으로 직접 확인하고는 "나는 나의 눈을 믿기보다는 고대 작가들의 권위를 믿고 싶다"라고 주

---

126 특히 테오돈티우스에 대한 Landi, *Demogôrgone*(위의 주 120을 보라) p. 23 그리고 Call. fr. 〔818〕에 대한 나의 주석을 보라. 그러나 나탈리스 코메스(Natalis Comes)를 똑같이 신뢰할 수는 없다. Call. fr. 378 그리고 이제 Jacoby, *FGrHist* III, Supplement I(1954) pp. 240f.를 보라.

127 라틴어로 쓴 소작품들의 모든 필사본과 편집본들에 대해서는 *Geschichte der Textüberlieferung* II, 522f.를 보라.

128 이 책 17~18쪽을 보라.

129 이 책의 원본은 바이에른 국립 도서관의 자랑거리 가운데 하나였다(Cod. gall. 6). 번역하고 주석을 단 복사본이 1965년 W. 플라이스터(W. Pleister)에 의해서 발표되었다.

130 『역사』〔I〕 232.3을 보라. 책이 갖고 있는 폭군의 성질에 대해서는 『역사』〔I〕 p. 32를 보라.

석을 달았다.

페트라르카와 달리 보카치오는 문헌 비판 전통 이전의 전승을 중시하였다. 그는 리비우스와 사랑에 빠졌을 때[131] 텍스트를 복원하는 것이 아니라 제21~30권, 그리고 제31~40권을 번역하고자 노력하였다. 그리고 보카치오는 로마 작가들의 분실된 필사본들을 찾는 작업을 계속하면서도 텍스트 비판의 공적을 세울 노력은 전혀 하지 않고 필사본을 회복하는 데 만족했다. 몬테 카시노 수도원에서 발견된 타키투스의 저작들(『연대기』 XI~XVI 그리고 『역사』 I~V)은 일반적으로 보카치오가 늦게 발견한 것 중에 가장 뛰어난 것으로 간주되고 있지만,[132] 그가 발견했다는 확실한 증거는 전혀 없다. 보카치오는 틀림없이 『연대기』와 『역사』 가운데 14세기까지 알려져 있지 않았던 부분들의 사본을 가지고 있었고[133] 자신의 책 『뛰어난 여성들에 대하여』를 보충하는 데, 그리고 말년에 단테에 대한 주석을 쓰는 데 사용하였다. 그러나 비록 그가 편지나 저술을 통해서 이야기하기를 상당히 좋아했음에도 불구하고 보카치오 자신도, 당대의 믿을 만한 자료 가운데 어떤 것도 그가 그것들을 발견했다고 주장하지 않았다. 그가 발견했다는 믿음은 두 이야기가 결합되어 생겨났다. 먼저 보카치오의 제자였던 벤베누토 람볼디(Benvenuto Ramboldi da Imola)가 단테의 『신곡』에 대한 그의 매우 박학한 주석에서,[134] 보카치오가 몬테카시노 수도원의 쇠

---

131 G. Billanovich, *Giornale storico di letteratura italiana* 130(1953) pp. 311ff. 그리고 M. T. Casella, 'Nuovi appunti attorno al Boccaccio traduttore di Livio', *IMU* 4(1961) pp. 77~129. *Geschichte der Textüberlieferung* II, 520f. 참조.

132 R. Sabbadini, *Le scoperte dei codici Greci e Latini* I(1905) pp. 29f., II(1914) p. 254; Tacit. ed. Koestermann I²(1965) pp. vif.

133 K. J. Heilig, *Wiener Studien* 53(1935) pp. 95ff.는 파울리누스 베네투스(포추올리의 주교로 1344년 사망)가 cod. Med. II에서 그의 『세계 지도』(*Mappa mundi*)를 위해 『연대기』 XIII~XV를 발췌했을 가능성을 확립하였다. 그는 보카치오에 대해서는 회의적인 태도를 취했다.

134 "나의 존경스러운 스승 보카치오가 체르탈도에 대해서 나에게 재미있는 그 말을 하셨다." *Comentum super Dantis Comediam*, ed. J. Ph. Lacaita V(1887) pp. 301f.; 그는 1372년 피렌체에서 보카치오가 단테에 대해서 강의하는 것을 들었다. Sabbadini, *Le scoperte dei codici greci e Latini* II 154. 25를 보라. F. Corazzini, *Le lettere edite e inedite di Messer Giovanni*

락하는 도서관을 방문했고 소중한 필사본들이 방치된 것을 보고는 눈물을 흘렸다는 낭만적인 이야기를 전했다. 두 번째, 몬테카시노에서 가져온 11세기 롬바르드 서체로 이루어진 타키투스의 필사본[135]이 1427년 이전에 니콜로 니콜리의 수중에 있었다.[136] 그러나 보카치오가 이 필사본을 몬테카시노에서 몰래 가지고 나왔고 그 절취에 대해서 침묵을 지켰다는 것은 순전히 추측에 불과하다.[137] 마찬가지로 현재 다양한 필사본들이 존재하는 마르쿠스 테렌티우스 바로(Marcus Terentius Varro)의 『라틴어에 대하여』(De Lingua Latina)(Cod. Laur. 50. 10)의 원형을 보카치오가 몬테카시노에서 가지고 나왔다는 이야기도 가설에 불과하다.[138] 그러나 그가 마르쿠스 발레리우스 마르티알리스(Marcus Valerius Martialis), 데치무스 마그누스 아우소니우스(Decimus Magnus Ausonius), 오비디우스의 『이비스』(Ibis), 『베르길리우스 부록시집』(Appendix Virgiliana)과 『프리아페이아』(Priapeia)*의 일부, 파비우스 플란키아데스 풀겐티우스(Fabius Planciades Fulgentius), 락탄티우스 플라키두스를 최초로 획득했던 것은 정말 확실하다.[139] 『신곡』의 첫 열일곱 편들에 대한 그의 주석은[140] 대개 로마 작가들에

    Boccaccio(1877) pp. xxxvf.를 보라.

135 로스탸노(E. Rostagno)(Leiden 1902)의 서문과 함께 Codices Graeci et Latini phototypice depicti VII 1, 2에 복사본이 들어 있다.

136 Poggio, Epist. III 14; 이 필사본은 피렌체의 산마르코 수도원을 거쳐 라우렌치아나 도서관(Laurentian Library)에 도착하였다. 현재 cod. laur. 68. 2는 Mediceus II이다.

137 Cornelia C. Coulter, 'Boccaccio and the Cassinese manuscripts of the Laurentian Library', Class. Philology 43(1948) pp. 217ff.는 아마도 보카치오가 아니라 니콜로 아치아이우올리(Niccolò Acciaiuoli)가 이 절도를 했을 것이라고 주장했다. 이 정치적인 모험가이자 책 수집가에 대해서는 Voigt, Wiederbelebung I 452ff.를 보라.

138 Sabbadini, Scoperte I 30f.는 보카치오의 주장에 대해서 다소 긍정적이다. 이 코텍스에 대해서는 Varro, De Lingua Latina, ed. G. Goetz-F. Schoell(1910) pp. xivff.를 보라.

* 프리아푸스에 대한 외설적인 시 약 80편.

139 Sabbadini, op. cit. p. 83.

140 Il comento alla Divina commedia, ed. D. Guerri, Scrittori d'Italia 84~6(1918). 호메로스에 대해서는 II 24ff., 호라티우스와 다른 로마 시인들에 대해서는 II 29f.를 보라. 또한 G. Padoan, L'ultima opera di G. Boccaccio, 'Le Esposizioni sopra il Dante', Publicazioni della Facoltà di Lettere e Filosofia, Università di Padova 34(1959)에 의한 구에리(Guerri) 판본에 대한 강력한

대한 전기적 정보를 학문적으로 모아놓은 것으로, 근대에 최초로 로마 문학의 '역사'를 써보려는 조심스러운 시도라고 할 수 있다.[141] 그는 자신을 로마 문학에 한정하지 않았다. 보카치오는 '시인의 군주 호메로스' (Omero poeta sovrano)라는 행에 대한 주석에서 '호메로스의 기원·인생·연구들'에 대해서 그가 읽었던 모든 것을 발췌해서 쏟아내었다. 보카치오는 그리스의 것들에 대한 그의 얼마 되지 않는 지식을 레온치오 필라토에게서 얻었다.[142] 보카치오는 다소 쌀쌀맞은 이 사람을 1360년경 그리스어를 가르치도록 피렌체로 초청함으로써 고전 연구에 실질적으로 매우 중요한 공헌을 했다. 보카치오는 결코 재력가가 아니었고 공직자들의 무리에 영향력 있는 인물도 아니었지만 그에게 환대를 베풀어 자신의 집에 3년간 머물게 했다. 그는 보카치오의 집에 머무는 동안 근대 최초로 호메로스를 라틴어 산문으로 옮기는 데 전념하였다.

비판과 새로운 편집본 출간 약속을 보라.

141 다음 세대에 Sicco Polentonus, 'Scriptorum Illustrium Latinae Linguae Libri XVIII', ed. B. L. Ullman, *Papers and Monographs of the American Academy in Rome* 6(1928)이 뛰어난 라틴 작가들을 폭넓게 다루었다. 그러나 그의 대작은 보카치오의 시도에 영향을 받은 것 같지는 않다.

142 위의 주 72를 보라.

제2장

제2세대와 제3세대
─ 살루타티, 브루니, 니콜리, 포조

1350년에 페트라르카와 보카치오가 처음으로 만난 곳, 약 2년 뒤에 호메로스의 번역자가 보카치오의 손님으로 머물렀던 곳, 1373년 보카치오가 단테에 대한 첫 강의자로 선택된 곳, 그곳은 바로 피렌체였다. 또한 보카치오가 최종적으로 100개 이상의 필사본들을 남긴 곳은 피렌체의 수도원인 산토 스피리토(Santo Spirito)였다. 페트라르카와 보카치오는 순수한 학자로서 사회에서나 정치에서 어떤 공식적인 직책을 갖지 않았다. 그들은 편력(遍歷) 문인으로서 의식 있는 후원자들에게 의존해야 했다. 그러나 다음 세대에 피렌체 도시국가가 확고하게 기반을 수립하자 페트라르카의 추종자들은 최고의 사회적·정치적 직책에 올랐다.

콜루치오 살루타티(Coluccio Salutati, 1331~1406)는 루카 근처에서 태어났고 페트라르카의 친구였던 피에트로 다 무글리오(Pietro da Muglio)가 운영하는 볼로냐의 수사학 학교에서 공부했으며, 페트라르카와 보카치오가 죽은 직후인 1375년 피렌체의 서기장(Chancellor)이 되었다.[1] 그는

---

[1] B. L. Ullman, 'The Humanism of Coluccio Salutati', *Medioevo e Umanesimo* 4(1963); Salutati, *Epistolario*, ed. F. Novati, 4 vols. 1891~1911. 또한 이 책 아래 주 13을 보라.

페트라르카 및 보카치오와 빈번히 접촉하였지만 한 번도 페트라르카를 직접 만나지는 않았다. 그들은 서신을 통해서 우정을 주고받았다. 페트라르카가 좀 더 학문적이고 추상적인 로마 민족주의를 견지했던 데 반해서 살루타티는 피렌체의 현실적인 애국자였고 30년간 현실 정치가로서 활동하였다. 그의 소작품(이 작품의 집필은 그의 아내가 갑자기 죽었을 때 중단되어서 재개되지 못하였다)의 제목 『어울려 함께 하는 활동적인 삶에 대하여』(De vita associabili et operativa)[2]는 그의 특징을 보여주며 페트라르카의 『고독한 삶에 대하여』에 대한 응답으로 보인다.[3] 그는 아내가 갑자기 죽었을 때 이 책의 집필을 중단했고 끝내 완성하지 못했다. 그러나 살루타티는 '인문학'(studia humanitatis) — 그가 즐겨 사용했던 새로운 표현[4] — 을 새로운 도시국가를 위해 일하는 '활동적인 삶'과 연결시켜 15세기 피렌체의 정신을 형성하는 데 결정적으로 기여하였다. 지금도 남아 있는 그의 편지 수백 통에서 이 사실을 명백히 파악할 수 있다. 서기장[5]으로서 공적인 편지를 많이 썼기에 그가 피렌체 시(市)를 위해서 쓴 편지들과 사적으로 쓴 편지들(노바티Novati의 편집본에 344통)을 같이 살펴보아야 하지만 아직 그가 공적으로 쓴 편지들은 완벽하게 모아지지 않았다.[6] 1390년에 시작된 피렌체와 밀라노 사이의 전쟁 기간에 밀라노의 그란 갈레아초 공작(Gran Galeazzo Visconti)은 "피렌체 천 명의 기병도 살루타티의 편지들만큼 내게 손실을 입히지 않았다"라는 유명한 말을 남겼다.[7]

---

2 *Epistolario*, I 156(1371년 말 보카치오에게 보내는 편지). *Prosatori*, p. 3에서 이 정치적인 논고 (노바티의 편지들 편집본 p. 156에 인용됨)를 살루타티가 보카치오에게 보낸 전원의 노래 (*Bucolicon carmen*)(노바티의 편지들 편집본 p. 157에 인용됨)와 동일하게 생각하는 것은 기묘한 오류이다.

3 이 책 30쪽을 보라.

4 이 책 제1장 주 89를 보라.

5 E. Garin, *La cultura filosofica del Rinascimento Italiano*(1961) pp. 3ff. 'I cancellieri umanisti della Repubblica Fiorentina da Coluccio Salutati a Bartolomeo Scala.'

6 Ullman, op. cit. p. 19를 보라.

7 Ibid., p. 14.

흔히 주장되는 것처럼[8] 이렇게 많은 편지를 썼던 살루타티가 키케로의 이른바 『친지들에게 보내는 서신들』의 발견자는 아니었지만, 최초로 그 책의 16권 전체를 보유했던 것은 사실이다. 그것은 1392년(Laur. 49. 7) 베르첼리 필사본(Laur. 49. 9)을 바탕으로 그를 위해서 만든 것이었다.[9] 키케로의 이 서신 전집이 인문주의 시대의 서간 문학에 끼친 영향은 아무리 강조해도 지나치지 않는다. 페트라르카와 달리[10] 살루타티는 키케로가 시민 정신을 발휘하고 문필 활동이나 철학 연구에 은거하지 않고 자유를 위한 투쟁에 참가한 것에 경의를 표했다.

살루타티는 직접 필사본들을 찾아다니지는 않았지만 그런 작업을 하는 수많은 친구와 제자들의 도움을 받았기에 1355년 이후로 장서가 800권 이상인 거대한 개인 도서관을 갖출 수 있었다. 그 가운데 111권이 현존하는 것으로 확인되었다.[11] 그는 엄청난 다독가였고 고대 로마 작가들에 대한 상당한 지식을 갖추었다. 그의 편지들과 책들을 보면 그가 종교 및 철학뿐만 아니라 텍스트 비판[12]에도 관심을 기울인 사려 깊은 독서가였음을 알 수 있다.[13] 그는 다작하는 학자는 아니었지만, 그의 도서관 보고들과 자신의 학식을 개인적인 접촉을 통해서 다른 사람들이 이용할 수 있게 했다. 그는 산토 스피리토 수도원과 '알베르티가의 낙원'(Paradiso degli Alberti)에서 열렸던 피렌체 지식인들의 모임에 자주 참가했으며, 토론하는 무리

---

8 E. F. Jacob, *Italian Renaissance Studies*(1960) p. 30조차 이런 전통적인 오류를 되풀이하고 있다.

9 Sabbadini, II 214; Ullman p. 146, n. 14. 이 편지들의 이 일부는 이전에도 알려져 있었다. 이 책 21~22쪽을 보라.

10 이 책 22쪽을 보라.

11 Ullman pp. 129~209; cf. pp. 263~80, 살루타티의 책과 필사자들.

12 Ullman pp. 97ff., 특히 『운명에 대하여』 II 6에 있는 문장에 대하여 pp. 100f.를 보라.

13 E. Kessler, 'Das Problem des frühen Humanismus. Seine philosophische Bedeutung bei Coluccio Salutati', *Humanistische Bibliothek, herausgegeben* von E. Grassi, Reihe I, Abhandlungen Bd. I(1968)은 '덕'(virtus)의 길을 여는 살루타티의 '서신들' 연구의 철학적 요소들을 자세히 점검하였다. E. 케슬러(E. Kessler)가 그의 논문을 친절하게 알려주기 이전에 살루타티에 대한 나의 장이 이미 끝났다. 살루타티의 철학적 면모를 생각한다면 그 또한 근본적으로 페트라르카의 원칙을 발전시켰던 것 같다. 이 책 26쪽을 보라.

중에서 젊은 세대의 교사로서 매우 사랑받았다.

살루타티는 다른 젊은이들처럼 시로써 문학에 입문했고, 그의 시들은 그 자신의 편지들 속에 인용되어 고작 그 제목이나 시들의 몇 행만이 전해지고 있다. 이렇게 그의 시들이 얼마 남아 있지 않기에 크게 설득력 있게 들리지는 않을지라도 그는 생애 내내 시가 본질적으로 연설보다 우월하다고 주장하였다. 그는 산문 저술에서 큰 재능을 보여주지 못했기에 산문으로 된 그의 책들은 널리 유포되지 않았고, 그 가운데 일부는 근대에 와서야 처음으로 인쇄되었다.[14] 그의 주요 작품은 헤라클레스의 업적을 비유적으로 해석한 것인데, 그는 1378년에서 1383년 사이에 그 책의 개요를 잡았고 후에 네 권으로 확대하였지만, 결국 완성하지는 못했다.[15] 그 책의 신화 부분은 그가 크게 찬미했던 보카치오에게서 힘입었다. 그러나 그가 모든 예술 가운데 최고라고 생각했던 시에 대한 길고 열정적인 토론을 삽입한 것은 페트라르카의 천재성을 존경했기 때문인 것 같다. "…… 시를 의당 다른 어떤 것보다 뛰어난 위엄으로 빛나는 것이기에."[16] 인문주의 시대의 특징인 이 관점은 안젤로 폴리치아노(Angelo Poliziano)에 의해서 특별히 강조되었다. 살루타티는 시 이론과 문학 평론에 대해서 쓴 르네상스 시대 최초의 작가로 간주될 수 있을 것이다.[17]

살루타티의 도서관에 그리스어 필사본은 한 권도 없었으며,[18] 그는 그리스 글자와 단어에 대해서 매우 초보적인 지식을 가졌을 뿐이다. 그가 레온치오 필라토에게 배웠다는 증거는 전혀 없다. 그러나 이탈리아에서 그리스에 대한 연구가 서서히 발전하는 가운데 한 단계 더 나아갈 수 있었던

---

14 Ullman pp. 19ff.; 'Prosatori latini del Quattrocento', *La Letteratura Italiana*, Storia e Testi 13(1952) pp. 5f. 서지 사항 참조. 'Invectiva in Antonium Luschum'의 주요 부분만이 pp. 7~37에 재인쇄되었다. p. 1127 참조.

15 C. Salutati, *De laboribus Herculis*, ed. B. L. Ullman(1951). 두 편집본이 모두 인쇄되었다.

16 *De laboribus Herculis*, p. 19.32.

17 B. Weinberg, *A History of Literary Criticism in the Italian Renaissance*, 2 vols., 1961을 보라.

18 Ullman pp. 118ff.

것은 살루타티의 정열과 부단한 점검 때문이었다. 그는 1396년에서 1400
년 사이에 피렌체에서 그리스어를 가르칠 선생으로 남이탈리아에 살던
바실리우스파의 한 수도사가 아니라 콘스탄티노플 출신의 그리스 학자
마누엘 크리솔로라스(Manuel Chrysoloras)[19]를 초청하는 것을 주도하였
다. 그의 제자들은 마누엘의 열성적인 학도가 되었다. 아마 그중에 가장
재능이 뛰어난 자는 아레초 출신의 레오나르도 브루니(Leonardo Bruni,
1370?~1444)일 것이다. 그는 살루타티처럼 1427년에 '시뇨레*의 서기장'
에 임명되었다.[20] 그가 그리스어 작품들을 라틴어로 최초로 대량으로 번역
하였다.

감찰관(censor)이었던 아피우스 클라우디우스 카이쿠스(Appius
Claudius Caecus)가 기원전 3세기 초에 그리스 격언을 라틴어로 번역한
이래 그리스 문헌의 번역은 로마 문화에 절대적으로 중요했다. 로마인은
유럽에서 최초의 번역자들이었고 탁월한(κατ᾽ ἐξοχήν) 번역자들이었다.
그리스 작품을 라틴어로 번역하는 일은 그리스어에 대한 지식이 아직 확
고하게 기반을 잡지 못했던 초기에, 또한 로마 제국이 라틴어와 그리스어
를 공용어로 쓰던 시기를 지나 서방에서 그리스어 사용이 점차 소멸되어
가던 4~5세기에 다시 절대적으로 중요했다.[21] 일부 귀족 집단들은 번역

---

19 G. Cammelli, *I dotti Bizantini e le origini dell'Umanesimo I: Manuele Crisolora*(1941) pp. 28ff.

* 중세 말 근대 초 이탈리아 도시국가들의 지배자들이다. 대개 혈통이 아니라 무력이나 재력으
  로 지배자가 되었지만 종신 왕처럼 통치하기도 했고, 그의 가문이 권력을 세습하기도 했다.

20 서지 사항과 『대화』(*Dialogi*)(이 책 54쪽을 보라)의 텍스트 일부를 포함하고 있는 E. Garin,
  'Prosatori latini del Quattrocento', *La Letteratura Italiana*, Storia e Testi 13(1952) pp. 39ff.;
  Epistolarum libri VIII, ed. L. Mehus, 1741; L. Bruni Aretino, 'Humanistisch-philosophische
  Schriften', mit einer Chronologie seiner Werke und Briefe. hrsg. und erläutert von H. Baron,
  Quellen zur Geistesgeschichte des Mittelalters und der Renaissance I(1928). 자료를 수집한 것
  은 유용하지만 텍스트에 대한 편집과 설명이 없는 것은 유감스럽다. L. Bertalot, *Archivium
  Romanicum* 15(1931), pp. 284~323을 보라. 후에 베이런(Baron)이 출판한 것에 대해서는
  Garin, loc. cit 그리고 W. K. Ferguson, *Journal of the History of Ideas* 19(1958) pp. 14~25 그
  리고 베이런의 대답 ibid., pp 26~34를 보라.

21 Marrou 262; cf. P. Courcelle, *Les Lettres grecs en occident de Macrobe à Cassiodore*, 2nd ed.
  1948.

작업이 완전히 소멸하는 것을 막는 것이 일종의 애국적 의무라고 생각했다. 귀족 정치가이자 철학가였던 보이티우스(Boethius)는 아리스토텔레스 저작 전부와 심지어 플라톤 저작 전부를 번역할 거대한 계획을 구상하였지만, 그 계획은 524년 그가 처형됨으로써 좌절되었다. 중세 후기의 라틴 번역, 특히 12세기의 번역은 고전기 로마 문학의 '발음법'(sonoritas)에 익숙했던 페트라르카와 다른 인문주의자들의 귀에 기이하게 들렸기에 그들은 권위 있는 번역 문체를 확립하기 위해서 더욱더 노력하였다. 불행하게도 때때로 '라틴어로 번역하다'라는 말은 하급의 그리스 작가들을 라틴어로 번역하고, 비(非)그리스적 문체로 번역한다는 것에까지 적용되었다. 그러나 의심할 나위 없이 그런 변형물들은 원작이 할 수 있는 것보다 이탈리아인의 마음을 훨씬 더 크게 움직였다.

브루니는 신중하고 조심성 있어서 거의 전적으로 그리스 산문만을 번역하였다. 두 가지 예외가 있는데 첫째는 그가 보기에 '연설에 거의 완벽한' 호메로스를 칭송한 시[22] 한 편과 함께 『일리아스』 IX 222~263에 나오는 세 연설을 '연설가의 문체'로 라틴 산문으로 번역한 것이다. 브루니가 그리스어를 할 줄 아는 학자였기에 호메로스에 친숙했음이 틀림없다.[23] 그러나 두 번째 예외는 뜻밖의 것인데 아리스토파네스의 『플루토스』(Plutos)의 1~269를 라틴 산문으로 번역한 것이다.[24] 고전기 아테네의 시 가운데 가장 늦은 시기에 속하는 이 시는 도덕적이고, 풍유적인 작품으로 헬레니즘 초기부터 늘 다른 모든 희곡보다 선호되었는데,[25] 이런 작품이

---

[22] Baron(1928) pp. 132~34; cf. Pertusi, *Leonzio Pilato*, p. 532.

[23] 바를람과 레온치오 필라토에 대해서는 이 책 29~30쪽을 보라.

[24] D. P. 록우드(D. P. Lockwood)가 *Classical Studies in Honor of J. C. Rolfe*(1931) pp. 163ff.에 이 텍스트를 발표하였다. 크라이제나흐(Creizenach)는 Koch, *Studien zur vergleichenden Literaturgeschichte* IV(1904) pp. 385f.에서 이미 브루니의 번역을 언급하였다. 또한 W. Süß, 'Aristophanes und die Nachwelt', *Das Erbe der Alten* 2/3(1911) p. 23을 보라. Baron(위의 주 20을 보라)은 불행하게도 이 사실을 간과하였다.

[25] 『역사』 [I] 161.

이제 최초로 서구 세계에 소개된 것이다. 브루니가 이 작품을 언제 라틴어로 번역했는지는 알 수 없다. 그러나 그것은 『플루토스』의 다른 부분이 라틴어로 '쉽게 풀어 씌어진 것'(paraphrase)과 어떤 관련이 있을 것이다. 후에 늙은 포조와 젊은 발라에게 약간의 그리스어를 가르쳤던 리누치(Rinucci)가 1416년 혹은 1417년에 크레타에 살고 있던 친구들에게 한 이야기를 들려주었는데, 그 가운데는 『플루토스』 400~626행을 쉽게 풀어쓴(paraphrase) '가난의 우화'(Penias fabula)가 포함되어 있었다. 그 이야기를 들은 사람 가운데 한 명인 크리스토포로 데 부온델몬티(Cristoforo de' Buondelmonti)가 가장 이른 고고학 여행기라고 할 수 있는 그의 『크레타에 대한 묘사』(Descriptio Candiae)에 그 이야기를 담았다.[26] 부온델몬티는 그 책을 자신의 선생이고, 브루니의 위대한 친구였던 니콜로 니콜리에게 헌정하였다.

이 시대의 번역가가 중세 서구에 전해지지 않았던 플루타르코스의 작품들에 이내 관심을 갖게 되는 것은 당연한 일이었다.[27] 그의 『영웅전』은 개인, 특히 위대한 로마의 개인들을 추구하고 있던 이탈리아 르네상스인의 감성에 강한 호소력이 있었기 때문이다. 정도는 조금 덜하지만 그의 『도덕론』(Moralia) 또한 이 시대의 도덕 철학 문제에 관심을 갖고 있던 사람들에게 매력적이었다. 우리는 살루타티가 플루타르코스에 비범한 관심이 있었고 그 관심을 크리솔로라스와의 서신 교환에서 자주 표명했다는 것,[28] 그리고 젊은 세대에게 영향을 끼쳐서 그들을 자극했다는 것을 잊어서는 안 된다. 그는 특히 브루니를 신뢰하였다.[29] 브루니의 플루타르코스

---

26 Flam. Cornaro, *Creta sacra*(1755) I 94. D. P. Lockwood, *Harvard Studies in Classical Philology* 24(1913) pp. 52, 72ff. 그리고 E. Jacobs, 'Zu Buondelmontis kretischen Reisen', *Stephaniskos für E. Fabricius*(1927) p. 60을 보라.

27 베이런(Baron)과 가린(Garin)의 연구에도 불구하고 정확히 연대적 순서를 추적하는 것은 불가능하다.

28 Novati, *Epistolario* IV 336. 1 그리고 682(색인); D. P. Lockwood, 'Plutarch in the 14th century', *TAPA* 64(1933) pp. lxvif. 참조.

라틴어 번역판은 유럽 여러 나라 학자들이 각국어로 번역하는 데 기초를 제공했으며, 따라서 플루타르코스의 저작이 알려지고 수 세기 동안 인기를 끌었던 것은 그 덕분이었다. 브루니는 특별히 '각별한 애정으로' 크세노폰의 작품을, 그리고 여러 연설가들과 철학가들의 작품을 번역하였다. 1405년에서 1435년 사이에 그는 플라톤의 대화편 여섯 개는 물론 그의 서신 일부를 번역하였다. 그는 코시모 데 메디치(Cosimo de' Medici)에게 그 번역물들을 헌정하면서 개인적으로 그 고대의 작가와 접촉하면서 기쁨을 느꼈다고 말했다.[30] 그가 번역한 아리스토텔레스의 『정치학』과 『윤리학』은 매우 많은 논란을 일으켰다. 그는 번역물들의 서론에서뿐만 아니라 별도의 논문 『올바른 해석에 대하여』(De interpretatione recta)[31]에서 자신의 두 언어에 대한 정통한 비교 연구에 근거하여 중세 번역가들을 격렬하게 공격하고 자신의 방식을 정당화하려고[32] 하였다.

고대 산문의 리듬을 재발견하고 키케로의 이론과 실천에 대해서 상세하게 토론한 것도 브루니였다. 이전 세대들은 키케로의 라틴어를 인문주의 방식으로 모방하기 위해서는 '산문 리듬'(numerosa structura)이 매우 중요함에도 불구하고 무시하였다.[33] 그는 또한 산문 리듬에 대한 아리스토

---

29 R. Hirzel, 'Plutarch', *Das Erbe der Alten* IV(1912) pp. 102ff., esp. pp. 106f.; K. Ziegler, *RE* XXI(1951) p. 953. 또한 인문주의 시기의 개요(특히 피에르 칸디도 데쳄브리오), 『영웅전』의 엄청난 인기, 살루타티의 고유한 장점에 대해서는 G. Resta, 'Le epitomi di Plutarco nel quattrocento', *Miscellanea erudita* V(1962)를 보라.

30 E. Garin, 'Medioevo e Rinascimento', *Biblioteca di cultura moderna* 506(1954) 122,21. "번역…… 그것은 나에게는 너무나 큰 기쁨이었다."

31 Baron, op. cit. pp. 70ff.가 이 서론과 논고를 재인쇄하였다.

32 히에로니무스가 번역에 대한 자신의 원칙을 이야기한 St. Jerome's *Epist.* 106 *CSEL* 55(1912, reprinted 1961)과 비교해보면 흥미롭다. "좋은 번역의 원칙은 이렇다. 다른 언어의 고유한 관용 표현을 자기 언어의 고유함을 살려 표현하는 것이다."

33 Bruni, 'De studiis et litteris liber', Baron, op. cit. p. 10. "모든 문장은 각각의 박자(pedibus)를 따라야 한다. 글을 쓰면서 이를 무시한다면 암흑 속에 헤맬 수밖에 없을 것이다." Zielinski, *Cicero im Wandel der Jahrhunderte*[2](1908) p. 424. 샌디스(Sandys)가 *Harvard Lectures*(1905) p. 158에서 "코르테시(Cortesi)가 *De hominibus doctis*, ed. Galletti, p. 23에서 키케로 산문의 구성에서 리듬 있는 구조(rhythmical structure)의 중요성을 발견했다"라고 말한 것은 오류이다.

텔레스의 언급도 조명하였다.

피렌체에서 서기장직을 맡기 오래전인 1404년에 브루니는 『피렌체 인민의 역사』(*Historiarum Florentini populi libri*) 열두 권을 쓰기 시작했지만 1444년 죽을 때까지 마지막 권을 마치지 못했다.[34] 이 위대한 작품은 합당하게 "인문주의의 역사 서술"이라고 불려왔다. 그것은 페트라르카와 살루타티의 새로운 학문의 영향을 강하게 받았고, 브루니가 라틴 문학뿐만 아니라 그리스 문학에 대해서도 폭넓은 지식이 있음을 보여주었다. 이 책은 또한 정치적 자유의 원칙을 열정적으로 옹호하였다. 브루니는 『피에르 파올로 베르게리오에게 보내는 대화』(*Dialogi ad Petrum Paulum Histrum*)에서 키케로 대화편의 문체를 되살리면서 학식 있는 피렌체 친구들의 모습을 매력적으로 그렸다. 우리는 이미 앞에서 니콜로 니콜리가 페트라르카를 '인문학'의 복원자로 찬미했던 인상적인 문장을 살펴보았다.[35]

니콜로 니콜리(1363~1437)는 피렌체 인문주의자 중에서 가장 뛰어난 사람 가운데 한 명이다. 그는 살루타티나 브루니처럼 공직에 진출한 적이 없고 오히려 은거의 삶을 선택하였다. 감별력이 매우 뛰어난 심미가였던 그는 고대의 모든 것들의 아름다움을 조용히 즐겼다. 그의 문체 감각은 너무나 고상해서 라틴어의 품격을 떨어뜨릴 것을 우려해서 스스로 라틴어로 쓰거나 말하는 것을 삼갔다. 그는 편지를 쓸 때 모국어를 사용했고, 이 때문에 그가 쓴 유일한 학문적인 논고는 라틴어 정서법에 대한 것이었다. 사실 그런 완벽주의의 필연적인 결과는 라틴어를 사어(死語)로 만드는 것이었다. 니콜리는 필사본들을 수집하고 직접 자기 손으로 필사하는 작업을 끈질기게 수행했을 뿐만 아니라[36] 수집한 필사본들을 대조했고, 상이한

---

34 *Rerum Italicarum Scriptores* XIX 3(1914~26), ed. E. Santini e C. di Pierro에 있는 비판적인 텍스트를 보라. B. L. Ullman, 'L. Bruni and humanistic historiography' in *Studies in the Italian Renaissance=Storia e Letteratura* 51(1955) pp. 321~44.

35 이 책 제1장 주 88을 보라.

36 인문주의 시대의 서체에 대해서는 이 책 27~28쪽을 보라.

필사본들의 텍스트를 비교하여 문단별로 배열하였고, 거기에 표제를 달았다. 하지만 이 작업은 텍스트 비판이라기보다는 애서가의 일(bibliophily)이라고 불려야 할 것이다.[37] 니콜리는 위대한 여행가는 아니었지만 여행하는 친구들과 메디치가의 대리인들에게 유용한 지침을 제공하였다. 그의 목록집 가운데 하나가 우연히 보존되었는데,[38] 그것은 니콜리의 시대에도 여전히 찾지 못했던 타키투스의 소작품들을 담고 있기에 매우 흥미로운 문서이다. 그 작품들은 헤르스펠트(Hersfeld) 수도원의 한 수도사가 니콜리에게 보낸 '헤르스펠트 수도원 수도사의 도서목록'(Inventarium monachi Hersfeldensis)에 들어 있었고, 니콜리는 풀다(Fulda)*의 거대한 도서관에서 타키투스 필사본을 가져오도록 사절을 독일에 보냈다.[39] 따라서 그것은 흔히 헤르스펠트 필사본이라고 불리지만 풀다 필사본이라고 불려야 할 것이다. 우리에게 중요한 것은 해외에서 고전 필사본들을 구하기 위해서 니콜리가 주도적으로 일했다는 것이기 때문에 이 필사본에 얽힌 모험적인 이야기를 여기서 말할 필요는 없으리라 생각한다.

머지않아 포조 브라치올리니(Poggio Braccolini, 1380~1459)가 해외 필사본 수집의 대가로 명성을 얻었는데 그는 서유럽에 산재해 있는 필사본들을 가장 적극적으로 운 좋게 수집했을 뿐만 아니라 또한 동시에 위대한

---

37 H. Rüdiger, *Textüberlieferung* I 1552는 니콜리의 텍스트 비판을 과대평가하고 있는 것 같다.

38 *Commentarius Nicolai Niccoli.* 이 텍스트의 존재에 대한 최초의 암시는 E. Jacob's, *Wochenschrift für klassische Philologie*(1913) p. 701에 의해서 제시되었다. 현재 원본은 뉴욕 모건 도서관(Pierpont Morgan Library)에 보관되어 있고, R. P. Robinson, 'De fragmenti Suetoniani de grammaticis et rhetoribus codicum nexu et fide', *University of Illinois Studies in Language and Literature* VI 4(1922)에 의해서 출판되었다.

* 독일 중부 헤센 주에 있는 도시.

39 L. Pralle, 'Die Wiederentdeckung des Tacitus', *Quellen und Abhandlungen zur Geschichte der Abtei und der Diözese Fulda* 17(1952) pp. 15ff.가 이를 입증하였다. 풀다에서 이탈리아로 가져온 이 코덱스에 대해서는 'Heinrich von Grebenstein 〔monachus Hersfeldensis〕 und die Entdeckung der kleinen Tacitus-Schriften', 특히 p. 42 이하를 보라. E. 아르놀트(E. Arnold)가 나에게 언급했던 이 책의 다른 부분들은 불행하게도 조잡한 범풀다주의(Panfuldaism)에 의해서, 그리고 기묘할 정도로 지식과 비판 정신이 결여되어 있어서 손상되었다. 이 특별한 사항에 대해서 그가 옳을 것이라는 나의 추측은 비쇼프(Bischoff)에 의해서 입증되었다.

서신 작가이고 짧은 이야기들의 이야기꾼으로서 그 시대에 가장 활발히 활동한 사람 가운데 한 명이었다.[40] 포조가 살루타티와 브루니보다 훨씬 더 오랫동안 차지했던 교황 비서의 직책은 그에게 매우 중요했다. 그는 이 직책 때문에 1414~18년에 열린 콘스탄츠 공의회에 참가해야 했고, 교황청이 비어 있던 2년 반 동안 네 번의 긴 여행을 자유롭게 할 수 있었다. 그는 두 번째, 세 번째 여행에서는 서유럽의 중심부에 있는 콘스탄츠에서 겨우 24킬로미터밖에 떨어져 있지 않는 상트 갈렌(St. Gallen) 수도원, 그리고 아마도 아인지델른(Einsiedeln)에 갔고, 첫 번째와 네 번째 여행에서는 프랑스와 독일의 수도원들과 성당에 갔다. 그는 그때까지 찾지 못했던 로마 작가들의 필사본들을 매우 많이 발견했고 그것들을 전리품으로 가져오거나 최소한 텍스트를 필사해 왔다. 보카치오[41] 이후 두 세대 만에 이탈리아 인문주의자가 소홀히 방치된 필사본들을 보고 눈물을 흘리며 그것들을 그 감옥 같은 보관소에서 끄집어내는 것을 자신의 의무로 여기는 것은 거의 일반적인 일이 되었다. 사바디니[42]는 포조의 네 번의 여행이 갖는 의미를 올바르게 부각시켰고, A. C. 클라크(A. C. Clark)는 포조가 첫 번째

---

40 E. Walser, *Poggius Florentinus, Leben und Werke*(1914). 전기(1~324쪽), 이후에 '기록'과 '미편집물'(326~560쪽)이 이어진다. A. C. Clark, 'The Reappearance of the Texts of the Classics', *The Libary* 4th ser. 2(1921) p. 36에서 언급되었듯이, 그가 죽을 때까지 모은 책의 목록은 '고전 텍스트의 전승에 대한 매우 중요한 기록'이다. 중요한 보충이 포조가 공식적인 서체(bookhand)로든(10개 항목) 혹은 좀 더 비공식적인 서체로든(13개 항목) 필사한 필사본 목록에 의해서 이루어졌다. 이에 대해서는 B. L. Ullman, *Studies in the Italian Renaissance*(1955) pp. 315ff.를 보라. 발저는 포조 편지들의 새로운 비판 편집본을 준비하고 있다(이 책 제1장 주 102를 보라). W. 뤼에크(W. Rüegg)의 제자인 헬레네 하르트(Helene Harth)가 이 중요하고 거대한 기획을 완성할 것으로 예상되고 있다(Prosatori, p. 1129를 보라). 그동안 우리는 Poggii, *Epistolae*, ed. Th. de Tonellis, 3 vols., 1832~61를 이용할 수 있다. 이는 1964년에 Tomus III of Poggio's 'Opera omnia'=*Monumenta politica et philosophica rariora*, Ser. II, no. 6으로 재인쇄되었다. Ibid. vol. I, pp. Xiii ff. the 'premessa' of R. Fubini on the 'epistolario'를 보라. 방금 언급한 'Opera omnia'의 재인쇄는 1538년 바젤 편집본을 다시 출간한 것이다. *Prosatori*, ed. Garin(1951) pp. 215ff.에 편지와 저작 발췌물이 있다. R. Sabbadini, *Scoperte* I 77ff. 참조.

41 이 책 43~44쪽을 보라.

42 *Scoperte* I 77; Walser, op. cit. pp. 49ff.는 사바디니에 동의하였다. A. C. Clark, 'The Reappearance of the Texts of the Classics', *The Libary*, 4th ser. 2(1921) pp. 26f.는 그렇지 않다.

여행에서 부르고뉴 마콩 근처에 있는 클뤼니 수도원을 방문했을 가능성에 대해서 의문스러워했지만 "내가 키케로의 연설문들을 …… 클뤼니 수도원에서 가지고 왔다"[43]라는 포조 자신의 명백한 진술을 부정할 설득력 있는 증거는 전혀 없다. 이때 가져온 키케로의 연설들은 「밀로를 위하여」(Pro Milone), 「클루엔티우스를 위하여」(Pro Cluentio), 「무레나를 위하여」(Pro Murena), 「섹스투스 로스키우스를 위하여」(Pro Sexto Roscio), 「카엘리우스를 위하여」(Pro Caelio)이다. 이 필사본들은 "클뤼니 수도원 고문서"(Vetus Cluniacensis)[44]라고 불렸고 포조가 니콜리에게 보낸 첫 번째 것으로 1415년 말 이전에 이탈리아에 도달했음이 틀림없다. 두 개의 새로운 연설문인 「무레나를 위하여」와 「섹스투스 로스키우스를 위하여」는 큰 반향을 일으켰고, 다른 세 연설문의 텍스트도 기존에 알려져 있던 텍스트 교정에 큰 도움을 주었다. 네 번째 여행에서는 키케로의 연설문 여덟 개 이상을 발견했는데 「카에키나를 위하여」(Pro Caecina)는 랑그르(Langres)에서, 나머지는 쾰른 성당의 '작은' 도서관에서 발견하였다. 포조가 클뤼니 수도원에서 발견한 것들의 원본은 후에 분실되었고, 그 텍스트는 여러 명이 만든 필사본에 의해서 재구성되어야 했다. 포조는 이 두 번째 위대한 발견을 통해 찾아낸 키케로의 저작들을 직접 필사하였지만, 이것들 역시 유실되었다. 그러나 A. 캄파냐(A. Campana)가 그 사본을 매우 최근에 바티칸 도서관에서 다시 발견하였다.[45]

이 필사본에 담겨 있는 포조의 글씨체는 '안티쿠아 서체'라는 새로운 양식을 확정하는 데 결정적인 역할을 했던 그의 아름다운 필체를 보여주는 뛰어난 견본이다.[46] 포조는 전반적으로 텍스트를 읽을 수 있게 만들고 서기들의 명백한 오류를 교정하고자 했다. 그는 그의 편지에서 이 작업을

---

43 *Epist.* I 100, cf. 153.

44 A. C. Clark, 'The Vetus Cluniacensis of Poggio', *Anecdota Oxoniensia*, Class. Ser. 10(1905).

45 Cic. *In Pisonem*, ed. R. G. M. Nisbet, Oxford 1961, p. xxv, Cod. Vatican. Lat. 11458; Campana. "그 자신이 적절한 경로를 통해서 온전하게 설명하려고 했다."

46 이 책 28쪽, 제1장 주 65를 보라.

자랑스럽게 "교정하다"(emendare)라고 했지만 이 점에서 살루타티와 니콜리를 넘어서는 성취를 이루지는 못했다.[47] 그는 1416년 두 번에 걸친 상트 갈렌 여행에서 여러 새로운 보고(寶庫)들을 가지고 왔다. 이탈리아의 키케로 추종자들에게 특별한 관심을 받았던, 키케로에 대한 아스코니우스(Asconius)*의 주석서, 퀸틸리아누스의 저작 전체를 담은 최초의 필사본, 발레리우스 플라쿠스의 『아르고호 이야기』(Argonautica)의 일부가 그것들이다. 1417년 프랑스와 독일로 간 네 번째 여행에서는 루크레티우스(Lucretius),[48] 실리우스 이탈리쿠스(Silius Italicus),** 마닐리우스(Manilius), 그리고 스타티우스(Statius)의 『숲』(Silvae)의 필사본들을 가지고 왔다. 그러나 다른 어떤 것보다 키케로의 작품이 높이 평가되었다. 포조가 일련의 새로운 연설들을 발견한 직후인 1421년 로디(Lodi)의 주교인 란드리아의 게라르두스(Gerardus Landriani)가 키케로 수사학 작품의 삼부작[49] 『연설가에 대하여』(De Oratore)의 전체, 『연설가』(Orator), 『브루투스』(Brutus)를 발견하였다. 현재 전하는 키케로의 작품 약 절반은 페트라르카와 포조가 재발견한 것이다. 그리고 이런 값진 새로운 책들은 문헌적 지식을 확대해주는 것에 그치지 않고 삶에 활력을 넣어주는 힘으로 작용하였다.

1418년 5월 콘스탄츠 공의회가 끝났을 때 포조는 약간 주저한 끝에 윈체스터의 주교인 추기경 헨리 보퍼트(Henry Beaufort)를 따라서 잉글랜드로 갔고, 4년간 여러 곳에서 살았지만 결코 옥스퍼드에 살지는 않았다. 따

---

47 이 책 48쪽 이하를 보라. H. W. Garrod, *Scholarship*(1946) p. 23은 포조를 '근대 학문 연구의 창시자'라고 주장하고 그의 '뛰어난 비판적 분별력'을 칭찬했는데, 이는 포조를 과도하게 칭찬한 것 같다. 균형 잡힌 판단을 위해서는 H. Rüdiger, *Textüberlieferung* I 553을 보라.

* 1세기에 살았던 로마의 문법학자이자 역사가.

48 루크레티우스에 대해서는 Konrad Müller, 'De codicum Lucretii Italicorum origine', *Museum Helveticum* 30(1973) pp. 166~78을 보라.

** 1세기 라틴 서사시인.

49 J. Stroux, *Handschriftliche Studien Zu Cicero De Oratore*(1921). 연대에 대해서는 p. 8을 보라. 이 코덱스는 1428년 사람들의 눈에서 사라져버렸기에 그것을 필사했던 작품들로부터 재구성되어야 했다.

라서 그는 귀양살이하는 느낌이 들었고 안개 낀 하늘과 미개한 사람들 때문에 너무나 우울했다. 그는 영국인들에 대해서 "그들의 하느님은 위장(胃臟)이다"라고 말했다.[50] 그는 페트로니우스(Petronius)의 '단편'(particula)을 제외하면[51] 고전 필사본을 전혀 발견하지 못했고 우울증 상태에서 교부들을 연구하는 데 착수하였는데 이는 고전 연구보다는 후에 도덕 철학에 대한 논고들을 쓸 때 도움이 되었다.[52] 바티칸 교황청 상서원(尙書院)으로 돌아왔을 때 그는 다시 활기를 되찾았고 고고학에 관심을 두기 시작하였다.[53] 그는 1453년에 살루타티나 브루니처럼 서기장으로서 그 자신의 도시, 피렌체에 행복하게 정착하였다.[54] 그리고 브루니처럼 공직을 수행하면서 마지막 수백 년 동안의 『피렌체 역사』(Historia Florentina)를 저술하는 데 전념하였다.

그러나 그는 생애 내내 뛰어난 라틴어 산문 작가였고, 그가 『익살스러운 것들』(Liber facetiarum)에 실은 일화들은 매우 인기가 높았다. 그가 라틴어에 능통했음은 그의 편지들 속에서도 명백히 드러난다. 온천 휴양지 스위스 바덴에서의 유쾌한 사교 생활에 대해 니콜리에게 쓰면서 보여준 명백한 즐거움 속에도, 그리고 프라하의 히에로니무스(Hieronymus von Praha, 1365?~1416)*의 재판과 처형을 브루니에게 생생하게 묘사하면서 보여준 깊은 감정 속에도 고전의 메아리가 가득 울려 퍼졌다.[55] 포조는 대부

---

50 *Epist.* I 64.

51 그는 이탈리아로 돌아오는 길에 쾰른에서 또 다른 코덱스를 발견하였다. 발췌물을 포함하고 있는 두 필사본들에 대해서는 콘라트 뮐러(Konrad Müller)의 페트로니우스 비판적 편집본 (1961) pp. viiif.를 보라.

52 Walser, *Poggius*, pp. 79ff.

53 이 책 84~85쪽을 보라.

54 N. Rubinstein, 'Poggio Bracciolini, cancelliere e storico di Firenze', *Atti e Memorie della Academia Petrarca* N. S. 37(1965) pp. 215ff.; 위의 주 5를 보라.

* 서방 교회를 휩쓴 종교개혁을 지지함으로써 중부 유럽의 초대 종교개혁 지도자 가운데 하나가 되었다. 종교개혁과 얀 후스의 영향을 많이 받았다.

55 *Prosatori*, p. 238. "그는 두려움을 모르고, 흔들리지 않으며, 죽음을 두려워하지 않았을 뿐만 아니라 사람들이 [자신을] 제2의 카토라고 불러주기를 갈망하였다. 오, 사람들의 기억에 영원

분 대화편의 형태로 수많은 논설들을 썼고, 니콜리, 브루니와 다른 사람들을 위한 추도 연설을 작성하였다. 그가 주로 리누치에게서 약간의 그리스어를 배웠을 때[56] 번역가의 길에 들어섬으로써 브루니의 모범을 따랐다. 그는 교황 니콜라우스 5세의 의뢰를 받아서, 1449년 8월까지 디오도로스(Diodoros)의 첫 다섯 권을 라틴어로 번역하는 작업을 마쳤다.[57] 다소 논쟁적인 사람이었던 그는 몇 가지의 학문적 논쟁에 참가하였고 때때로 분노에 차서 격렬한 비난을 퍼붓는 글을 썼다. 포조는 결코 키케로의 문체를 따르지도 않았고, 심지어 문법적으로 정확한 라틴어를 구사하기 위해서 열심히 노력하지도 않았다. 그는 라틴어를 살아 있는 언어처럼 취급했고 이 때문에 생의 말년에 다음 세대의 정신을 주도했던 로렌초 발라와 반목하였다.

포조는 니콜리에게 보내는 그의 편지 모음집을 매우 자랑스럽게 여기고 있었는데, 1451년 발라의 제자 가운데 한 사람이 그 사본 하나의 여백에 그의 라틴어 어법에 대해서 상당히 비판적이고 비꼬는 논평을 휘갈겨 놓은 것을 발견하고는 발라가 한 짓이라고 여기며 너무나 분노하여 그를 살해하려고 시도하였다.[58] 만약 그가 성공했다면 "세상의 일반적인 역사와 달리 학문과 예술의 역사는 …… 늘 죄 없이 그리고 유혈 없이 진행된다"[59]라는 아르투어 쇼펜하우어(Arthur Schopenhauer)의 말은 극적으로 부정되었을 것이다. 그러나 결국 포조는 학자에게 좀 더 어울리는 방식으로 복수하기로 마음을 바꾸어 먹고 격렬한 비방의 글을 썼다. 그 못지않게

히 기억될 이여 …… 스토아 학파의 어느 누구도 그토록 초연하게 그토록 강인하게 죽음을 건너내지 못하였습니다."

56 이 책 52쪽을 보라.

57 *Bibliotheca historica* of Diodorus Siculus가 존 스켈톤(John Skelton)에 의해서 번역되었고, 이제 F. M. Salter and H. L. R. Edwards, II(1957) pp. xxff. 'Poggio's translation'에 의해서 최초로 편집되었다.

58 Walser, *Poggius*, pp. 273ff.

59 A. *Schopenhauers Sämtliche Werke*, hrsg. v. A. Hübscher〔vol. 6:〕 'Parerga und Paralipomena' 2. Bd.(1947) p. 79.

전투적이었던 발라가 반발하였고 팸플릿의 전쟁이 벌어졌다. 양측에서 각각 다섯 번씩 공방을 주고받은 이 논쟁은 그 촉발 원인은 사소했지만 전체적으로 매우 중요한 영향을 남겼다.

제3장
로렌초 발라

로렌초 발라(Lorenzo Valla, 1407~57)[1]는 로마에서 태어난 것으로 추정
되는데, 이탈리아의 여러 도시를 떠돌기도 하고 1435~48년에는 가에타
(Gaëta)와 나폴리에서 아라곤 및 시칠리아의 왕 알폰소(Alfonso)를 위해
일하기도 하다가 결국에는 로마로 돌아와 정착하여 죽을 때까지 그곳에
서 교황 서기(scriptor)이자 비서로 일했다. 그의 학문 연구 중심에는 오랫

---

1 L. Valla, *Oper omnia*, con una premessa di E. Garin(Torino 1962) I: Scripta in ed. Basilensi
anno MDXL collecta. II: I. De rebus a Ferdinando gestis-63. De mysterio Eucharistiae-73.
Opuscula quaedam(1503)-131. Opuscula tria ed. J. Vahlen 1869: Oratio in principio sui studii-
De professione religiosorum-Praefatio in Demosthenem-339. Encomium S. Thomae-353.
Epistolae et documenta-465. Oratio ad Alphonsum regem-475. Epistulae. 재인쇄된 『작품집』
(*Opera*) II의 pp. 353~454에 'Documenta'라는 제목으로 들어 있는 R. Sabbadini, 'Cronologia
documentata della vita di Lorenzo della Valle, detto il Valla', Firenze 1891의 재인쇄본이 특히
중요하다. 우리는 발라의 『작품집』을 새롭게 비판하여 편집한 책이 나오기를 열렬히 기다리고
있다. 이 새로운 편집본에 근거하여 새로운 전기가 씌어지기 이전에는 사바디니의 연대기를
받아들여야 할 것이다. 『품위 있는 라틴어에 대하여』, 『자유 의지에 대하여』, 『수도사의 서약
에 대하여』의 작은 발췌물이 E. Garin, *Prosatori Latini del Quattrocento*(1952) pp. 521~631에
소개글과 함께 인쇄되었다. 또한 전문 저서인 F. Gaeta, *L. Valla, Filologia e Storia nell'
Umanesimo Italiano*(1955) esp. ch. III 'La nuova filologia e il suo significato'를 보라.
Salvatore J. Camporeale, *Lorenzo Valla*(1972).

동안 집중적으로 라틴어를 연구하여 1440년경에 완성한 『품위 있는 라틴어에 대하여』(Elegantiae Latini sermonis)가 있다. 이 책은 1471년에서 1536년 사이에 59쇄를 발행하였다. 발라는 이 책의 서문에서 그때까지의 누구보다 더 열렬히 라틴어를 찬양하였다.[2] 그는 라틴어는 로마처럼 영원할 것으로 믿었고, 진실로 로마 제국은 사라졌지만 라틴어는 여전히 살아 있다고 확신하였다. 그러나 라틴어도 고트족이 이탈리아를 침입한 이후로 많이 퇴화하였다(문체를 다루는 문맥에서조차 '고딕'이라는 말이 경멸의 의미를 갖게 된 것은 발라 때문이다).[3] 그는 로마의 옛 광영을 복원하기 위해서 라틴어를 복원해야 한다고 생각했다. 이는 페트라르카의 민족주의 노선과 상통한다. 그러나 그는 키케로에서 퀸틸리아누스에 이르는 시기의 '어법'(usus loquendi)을 엄격하게 확인하여 정의하고, 당대와 앞으로 모든 시대가 그렇게 인정된 '진리', 즉 진실한 어법을 지키도록 해야 한다는 새로운 생각을 펼쳤다.[4] 포조는 자신이 사랑했던 라틴어를 그런 요구에 맞게 조정하는 것을 결코 꿈꾸지 않았기에 둘 사이에 분쟁은 피할 수 없는 것이었다. 둘 사이에 오고간 상스러운 비방을 가장 잘 보여주는 것은 발라의 이른바 '우화'(apologus)이다. '우화'의 극적인 장면에서 이탈리아의 위대한 교육자인 과리노(Guarino da Verona)가 포조의 라틴어 편지를 낭독하고, 그의 요리사와 아내가 포조의 라틴 어법을 판단하도록 했다. 그들은 포조가 '주방의 언어'를 사용하기에 요리사에게서 라틴어를 배웠고, 요리사가 그릇을 깨뜨리듯이 문법에 맞는 라틴어를 깨뜨렸다고 이야기했다. 틀림없이 라틴어와 프랑스어, 그리고 독일어의 '주방의 라틴어'(Latinum culinarium, Latin de cuisine, Küchenlatein)라는 말은 종교개혁 시기에 수도원의 주방을 비난하는 풍자에서 유래한 것이 아니라 이 흥미로운 인문

---

2 로고스(λόγος)에 대한 고르기아스의 찬양 참조, 『역사』 [I] 49.

3 Elegantiae lib. III praef. 발라와 고트족에 대해서는 Erasmus, ep. p. 182. 79ff.를 보라.

4 G. Funaioli, Studi di letteratura antica I(1951) p. 278에서 취한 "나는 위대한 [고대의] 권위자들이 인정했던 것이면 무엇이든 법으로 받아들인다."

주의 시대의 창작물일 것이다.[5]

이런 논쟁들을 숙고하는 이유는 두 가지이다. 첫째, 그것이 근대 라틴어 역사의 전환점에 위치하기 때문이다. 우리는 이 논쟁들에서 말하기와 글쓰기에서 정확한 라틴어 용법을 찾기 위한 연구의 시작을,[6] 그리고 통제받지 않고 자유롭게 살아 있는 언어로서 라틴어의 임박한 종언을 명백히 볼 수 있다. 둘째, 발라는 그의 거의 모든 저작에서 좋은 라틴어를 참으로, 조잡한 라틴어를 거짓으로 구분하는 일에 열정적이었다. 이른바 그의 비판은 늘 라틴어의 문제에서 출발했는데, 현대 독자들이 이 점을 늘 제대로 이해하는 것은 아니다.

로마 작가들에 대한 그의 텍스트 비판-편집에서 이 사실은 쉽게 확인된다. 그러나 그의 문헌적 비판-편집과 역사적 비판-편집에서는 그것을 파악하기가 매우 어렵다. 최근 발견된 사료 덕분에 우리는 발라가 페트라르카가 주석을 달아놓은 리비우스 필사본에 그 자신의 비판적인 주석을 첨가하는 독특한 장관을 정확하게 볼 수 있다.[7] 이 필사본은 『리비우스 교정』(Emendationes Livianae)을 흥미롭게 보충하는데, 그 속에 담겨 있는 주석들이 궁극적으로 『리비우스 교정』 속에 기록될 발라의 추정들의 근거가 되기 때문이다. 수년간의 전쟁 끝에 통치권을 확고하게 수립한 알폰소 왕은 나폴리에 있는 그의 궁정에 시인과 학자들을 불러 모았다. 우리는 헬레니즘 시대에 프톨레마이오스 왕조의 왕들이 호메로스 작품 속의 난제들에 대해서 질문을 던지고 그 해답을 듣고 즐거워했다는 것을 알고 있다.[8] 이제 다시 이 호기심 많은 알폰소 왕은 고대의 텍스트들에 대해서 질

---

5 R. Pfeiffer, 'Küchenlatein', *Philologus* 86(1931) 455ff. =*Ausgewählte Schriften*(1960) pp. 183ff.

6 이 책 60쪽을 보라.

7 이 책 20쪽을 보라. 빌라노비치의 논문 도판 30-2에 페트라르카와 발라의 필체가 있다. 또한 Billanovich and others, 'Per la fortuna di Tito Livio nel Rinascimento', *IMU* I(1958) pp. 245ff. and pl. XVI 참조.

8 『역사』 [I] 70을 보라.

문하고, 그가 불러 모은 학식 있는 무리의 토론에 참가하는 것을 좋아하였다. 발라는 그 학식 있는 무리 가운데 가장 뛰어났고, 리비우스가 토론에서 애호되는 주제였다. 그 얼마 전에, 즉 1444년 말에 코시모 데 메디치가 알폰소 왕에게 리비우스 제1~10권, 제21~30권, 제31~40권의 아름다운 필사본, 즉 이른바 '군주의 필사본'(Codex Regius)을 선물했기 때문이다.[9]

늘 전투적이었던 발라는 다른 사람들의 손을 거치면서 왜곡·변형된 텍스트를 복원하기 위해서 헛된 노력을 경주하는 것을 조롱했고, 그러고 나서 종종 승리의 분위기 속에서 자신의 교정을 내놓았다. 그가 의기양양하게 내놓은 교정은 놀라울 정도로 대부분 옳은 것으로 입증되었다. 리비우스 제21권에서 발라가 내놓은 교정 약 20개가 일반적으로 받아들여지고 있다.[10] 또 그는 리비우스 제23권 34. 17에서 '그것들이 제거된다'(refiguntur)는 표현 대신에 '그것들이 복원된다'(reficiuntur)로 읽었다. 그렇지만 제23권 30. 3에서 '익숙한'(suetaeque) 대신에 '방패들의'(scutorum)이라고 대담하게 교정한 것은 현대 학자들에 의해서 거부되었다.[11] 새로운 텍스트와 그의 『리비우스 교정』에 대한 주석서를 이용할 수 있다면 발라가 리비우스 텍스트를 비판하면서 보여주었던 각각의 단계들을 제대로 평가할 수 있을 것이다.[12] 그러나 포조의 작업이 아니라[13] 그의 작업이 텍스트 비판의 재도입에서 결정적인 기여를 한 것은 명백한 사실이다.

발라는 리비우스를 다루면서 "당신들은 …… 군주의 필사본을 …… 망가 뜨리고 있다"[14]라는 그의 말에서 알 수 있듯이, 그가 텍스트를 퇴락시키는 자들이라고 여겼던 당대인들을 향해 호전적 기질을 발휘하였다. 그는

---

9 *IMU* I(1958) pp. 245ff. and pl. XVI를 보라.

10 R. Sabbadini, 'Il metodo degli umanisti', *Bibliotechina del 'Saggiatore'* 3(1920) p. 59.

11 Valla, *Op.* pp. 603~20. 'Emendationes in Livium'; pp. 612f.에 위 두 문장이 인용되었다.

12 마리아나젤라 페라리스(Marianagela Ferraris)가 『리비우스 교정』의 새로운 판을 준비하고 있다. G. Billannovich, *IMU* I(1958) 275. 2를 보라.

13 이 책 제2장 주 47을 보라.

14 *Op.* p. 612.

또한 불가타판 신약성경을 연구하면서[15] 성 히에로니무스의 라틴어판과 그리스어 원판을 대조하고 히에로니무스의 실수 목록을 만듦으로써 후기 고대의 위대한 번역가인 성 히에로니무스와 전쟁을 펼쳤다. 그는 이 기독교 교부의 라틴어 문체를 혹독하게 비판하였다. 발라는 비잔티움 전통의 영향을 받아서 성경 비판 분야에 입문했고, 특히 그의 친구인 트라페주스의 베사리온(Bessarion of Trapezus)이 요한복음 제21장 21절 이하의[*] 그리스어 텍스트와 라틴어 텍스트를 비판적으로 다룬 것에 의존했다고 추정되어왔다.[16] 그러나 발라는 1440년대 아마도 1448년에 그의 『주석집』 (*Adnotationes*)을 썼지만, 베사리온의 논문을 편집한 학자는 그 논문이 1455년 이후에 씌어졌다고 파악했기에(다른 이들은 훨씬 더 뒤에 씌어진 것으로 봄) 극복할 수 없는 연대상의 문제가 발생한다. 두 사람의 접근 방식 또한 근본적으로 달랐다. 추기경이었던 베사리온은 전통적인 신학적 토론의 방식으로 문장에 접근했던 데 반해서 『품위 있는 라틴어에 대하여』의 저자인 발라는 번역자인 히에로니무스의 문장이 얼마나 '진실'과 조화를 이루는지,[17] 얼마나 빈번히 그렇지 못한지를 검증하기 위해서 그의 라틴어를 검증하는 새로운 경로를 채택하였다.

도서관에서 '사냥을 하던' 에라스뮈스[18]가 루뱅 근처에 있는 프라이몬

---

15 *Op.* pp. 801~95, 'Adnotationes'.

* 여기서 논쟁은 이 문장에 맞는 단어가 'sic'(영어의 so)인가 아니면 'si'(영어의 if)인가를 놓고 벌어졌다. 신부들은 구교의 전통에 따라 sic를 고집했고, 발라는 si를 주장했다.

16 L. Mohler, 'Kardinal Bessarion als Theologe, Humanist und Staatsmann' Bd. 3, *Quellen und Forschungen aus dem Gebiete der Geschichte*, hg. von der Görres-Gesellschaft 24(1942, repr. 1967) pp. 70~90 Text. 몰러(Mohler)는 "이 논문이 발라에게 신약성경〔원문에 대한〕『주석집』을 작성하도록 자극하였다"라고 말하였다. Mohler, BD. I= *Quellen* 20(1923) p. 403 참조. 피렌체 공의회(1439) 이후에 이탈리아에 머물렀던 그리스 이민자 가운데 가장 중요한 인물이었던 베사리온은 로마 교회로 개종하였으며 추기경이 되었다. 그는 또한 마닐리우스(Manilius)를 최초로 편집했고 프톨레마이오스를 번역했던 레기오몬타누스(Regiomontanus)에게 자신이 가지고 있는 그리스 천문학 필사본들을 볼 수 있도록 해주면서 1461년에 그를 동료로서 로마로 데려와서는 과학의 부활을 촉진하였다. 1538년 최초의 인쇄본에 대해서는 이 책 218쪽을 보라(카메라리우스).

17 '진리'에 대해서는 이 책 63쪽을 보라.

스트라텐시아 수도원(Praemonstratensian Abbey of Parc)에서 발라의『주석집』의 필사본을 발견했고, 1505년 그의 영국인 친구로 당시 교황의 최고 기록관(protonotary)이었던 크리스토퍼 피셔(Christopher Fisher)의 권유를 받아서 그것을 파리의 한 인쇄업자에게 넘겼다. 한편으로 화려하면서도, 또 한편으로는 아이러니한 문체로 쓰인 에라스뮈스의 서문은 여전히 발라에 대한 단연 최고의 논설로, 그는 여기서 자신도 발라의 입장에 동의한다는 견해를 표명했다. 에라스뮈스에게 발라의 비판적 주석에 담긴 지식은 매우 가치 있는 것이었다. 비록 1516년까지 출판 준비가 끝나지는 않았지만, 그가 그의 가장 위대한 작품인 신약성경의 라틴어 번역과 그리스어 텍스트 편집을 준비하면서 '성경의 진리'(veritas evangelica)를 발견하기 위한 첫걸음을 이미 내딛고 있었기 때문이다.

발라는 그리스의 시와 산문을 라틴어로 번역하는 데 상당한 경험이 있었다. 1428/29년에 그는『일리아스』[19] 제1~4권을 산뜻한 라틴 산문으로 번역하기 시작하였고, 1442년에서 1444년 사이에 그 책의 3분의 2를 라틴어로 번역하였다. 이 작업은 그가 죽은 이후에 제자였던 프란체스코 아레티노(Francesco Aretino)에 의해서 완수되었다. 그리스 역사가들을 매우 좋아했던 교황 니콜라우스 5세는 여러 학자들에게 그리스 역사책을 라틴어로 번역하라고 요청하였다.[20] 발라는 가장 어려운 투키디데스의 번역을 맡았다. 1452년 약 4년간 열심히 작업한 덕분에 번역을 끝마쳤을 때 교황은 헤로도토스 또한 번역해달라고 요청하였다. 발라는 1457년 죽기 직전

---

18 Erasm. *ep.* 182. 1 ff. Allen: "매우 오래된 도서관에서 무언가를 사냥하고 있었는데(숲에서 하는 어떤 사냥도 이보다 즐겁지 못하다) 내 덫에 대단한 포획물, 즉 발라의 신약성경 주석이 걸려들었다." 에라스뮈스의 편지들 가운데서 발라에 대한 수많은 언급에 대해서는 *Opus epistularum* XII(1958) p. 180을 보라. 가장 전형적인 언급으로 가장 이른 것은 *ep.* 29. 18f. "나는 내 판단에 따르면 다른 어떤 것보다 옳다고 생각하는 그(발라)의 원칙을 지켜야 한다고 생각한다"이다.

19 G. Finsler, *Homer in der Neuzeit*(1912) pp. 28f. 브루니에 대해서는 이 책 51쪽 이하를 보라.

20 포조의 디오도로스에 대해서는 이 책 60쪽을 보라.

에 이 작업을 마쳤지만 교정을 보지 못했고 서문도 쓰지 못했다.[21]

발라가 투키디데스를 깊이 연구하면서 그의 마음에 '역사적 판단'이라는 새로운 힘이 생겨났으며, 그리하여 그의 가장 유명한 책, 즉 『위조되어 잘못 믿어지고 있는 콘스탄티누스 기증에 대한 논고』(*Declamatio de falso credita et ementita Constantini Donatione*)를 쓸 수 있었다는 추정은 유감스럽게도 울리히 폰 빌라모비츠 묄렌도르프(Ulrich von Wilamowitz Moellendorff)의 실수였다.[22] 무엇보다 여기서도 연대상의 어려움이 있다. 발라는 투키디데스 번역을 생의 후반기에, 아마도 1448년 이후에 시작했지만, 『논고』는 늦어도 1440년 이전에, 즉 그가 알폰소 왕을 위해서 일하고 있을 때 썼다. 그리고 투키디데스는 비교-검증(εἰκάζει)과 근거와 증거 (τεκμήρια 및 σημεῖα)를 통해 주의 깊게 추정함으로써 비판적인 판단을 내렸지만 발라는 『논고』에서 콘스탄티누스 기증의 진정성을 검증하기 위해서 문서에 사용된 라틴어를 분석하였다. 콘스탄티누스 기증장에 사용된 라틴어는 진정 저급한 것이었다. 결국 발라의 '방법'은 그가 다른 저작들에서 사용한 것과 같지만 투키디데스의 것과는 판이하게 다르다.

그의 방법은 또한 몇 년 전 바젤 공의회에서 「콘스탄티누스의 기증장」 (Constitutum Constantini)*을 공격했던 한 당대인의 것과도 매우 달랐다. 그는 쿠자의 니콜라스(Nikolaus von Cusa)로서 1433년 말에 완성된 그의

---

21 Giovan Battista Alberti, 'Tucidide nella traduzione Latina di L. Valla', *Studi italiani di filologia classica* 29(1957) pp. 1~26; G. A. Alberti, 'Erodoto nella traduzione Latina di L. Valla', *Bollettino del Comitato per la preparazione della Edizione Nazionale dei Classici Greci e Latini*, N. S. 7(1959) pp. 65~84. 이솝·데모스테네스·크세노폰의 작은 발췌물들의 번역에 대해서는 L. Valla, *Opera omnia*, ed. E. Garin (위의 주 1을 보라) p. v를 보라.

22 Wilamowitz, 'Antike und Hellenentum', *Reden und Vorträge* II(4th ed. 1926) p. 115. "우리가 이 역사가에 관심을 기울이면 즉시 그가 투키디데스와 접촉하면서 이런 역사적인 판단력을 갖추게 되었다는 것을 명확히 알 수 있다. 그의 번역자 발라는 콘스탄티누스 기증장의 허구를 명확히 밝혔다." 'Geschichte der Philologie', *Einleitung in die Altertumswissenschaft* 11(1921) p. 12 참조.

* 「콘스탄티누스의 헌장」으로 옮기는 것이 더 적절하나 이 헌장의 주요 내용이 교황령을 기증한다는 것이기에 「콘스탄티누스의 기증장」으로 옮겼다.

위대한 작품 『가톨릭의 일치 문제에 대하여』(De concordantia catholica) 제3권 제2장에서 「콘스탄티누스의 기증장」을 비판하였다.[23] 발라가 이 글을 보았을 가능성을 배제할 수는 없지만, 두 사람이 우호적인 관계를 맺고 있었음에도 불구하고 발라가 직접적인 영향을 받았다는 것을 뒷받침하는 확실한 증거는 전혀 없다.[24] 니콜라스는 「콘스탄티누스의 기증장」을 교회사와 신학의 관점에서 점검하였다. 반면에 발라는 필사본의 전승을 면밀히 검토하여 『교령』(Decreta)*의 가장 오래된 필사본에 콘스탄티누스가 기증했다는 문장이 없으며 그것은 명백히 후대에 삽입되었다는 것을 발견하였다. 또한 그는 기증장에 사용된 퇴락한 라틴어가 콘스탄티누스 시대의 것이 아니라 훨씬 후대의 것임도 알아냈다.[25] 그는 이런 결론을 얻고는 격정을 참지 못하고 위조한 무뢰한에 대해서 분노를 퍼부었다. "오 불경하고 사악한 자여"(p. 34. 26 Schwahn) …… "어떤 어리석고 …… 뚱뚱하고 비둔하고 …… 포도주에 취해 이런 문장과 말들을 토하는 수도사의 …… 문체(p. 57.9 Schw.) …… 거칠고 사납게 울려대는 이 당나귀에게…… (p. 37.7 Schw.)."

울리히 폰 후텐(Ulrich von Hutten)이 1517년 종교개혁 초기에 교황제에 반대하기 위한 논박의 일환으로 발라의 『논고』를 인쇄하였다.[26] 이는

---

23 Nicolai de Cusa, *Opera omnia* XIV(1939) 'De concordantia catholica', ed. G. Kallen, pp. 328ff.

24 G. Laehr, 'Die Konstantinische Schenkung in der abendländischen Literatur des ausgehenden Mittelalters', *Quellen und Forschungen aus italienischen Archiven und Bibliotheken* 23(1931/2) pp. 157ff., H. Fuhrmann, 'Zu Lorenzo Vallas Schrift über die Konstantinische Schenkung', *Studi medievali*, Ser. 3, anno 11(1970) pp. 913ff. 아래 주 26을 보라.

* 「콘스탄티누스의 기증장」을 포함하고 있던 중세 문서집으로 정식 명칭은 'Decretum Gratiani'이다.

25 "이 날조된 소리가 콘스탄티누스의 시대가 아니라 후대에 만들어졌다는 것을 그 야만스러운 어법이 입증하지 않는가"(p. 51. 32 Schw.).

26 A. C. Clark, *Cl. R.* 38(1924) p. 88은 1506년 보들리 도서관에서 '알로이시오의 무명인'(Anonymum de Aloysio)에 의해 인쇄된 『논설』의 복사본이 발견되었다. 그러나 이 연대가 정확한가? 클라크는 C. B. Coleman, *The Treatise of Lorenzo Valla on the Donation of Constantine*, Text and transl. into English(1922)에 대한 비판에서 통용되는 주장과 달리 쿠자

후텐의 전형적인 실수 가운데 하나였고 발라와는 아무런 관련이 없었다. 발라는 교황의 세속권에 대한 위험스러운 오해를 제거하고, 그 직책의 진실에 도달하려고 했다("진실을 배워 알고 있는" p. 82. 9 Schw.). "그리하여 그는 교황(papa)이라고 불릴 것이며 신성한 아버지, 모든 자의 아버지, 교회의 아버지가 될 것이다. 그는 기독교인 사이에 분쟁을 일으키지 않을 것이며 이교도들의 비판도 사도의 권위와 교황의 위엄으로 잦아들 것이다" (p. 82. 21ff. Schw.). 이것이 너무나 자주 풍자적이고 공격적인 태도를 취했던 논설의 엄숙하고 평화로운 결론이다. 따라서 발라가 교황청과 좋은 관계를 계속 유지했고 교황 비서로 죽음을 맞았던 것은 놀라운 일이 아니다.

문헌의 진본 논의가 중요하지 않게 다루어지는 이유와 관련해서 발라는 다음의 두 가지 문제를 제기하였다. 그는 디오니시우스 아레오파기타 (Dionysius Areopagita)의 이름으로 발표된 저작들이 사도 바울의 제자의 작품이라는 일반적인 믿음에 대해서 의문을 제기하였다. 요셉 유스투스 스칼리게르(Joseph Justus Scaliger)가 이에 대해서 결정적인 증거를 제시하였다.[27] 발라는 또한 사도 바울과 세네카가 주고받은 유명한 서신("우리는 그 날조된 …… 편지들에 대해서 다른 작품에서 논의하였다")[28]에 대해서도 논설을 썼는데, 이 논설에서 그 서신들이 진짜가 아니라고 최초로 주장했던 것 같다. 그러나 이 작품은 유실되었고 아직까지 발견되지 않고 있다.

발라의 학문적 성취는 순수한 학문 연구 작품들에 한정되지 않았다. 지금까지 살펴보았듯이 그는 천성적으로 일관성 있는 사상가였고, 틀림없

의 니콜라스가 "발라로부터 차용한 것이지 그 반대가 아니라고" 주장하였다. 그러나 젊은 발라가 후에 우호적인 관계를 맺게 되는 니콜라스에게 영향을 끼쳤을 가능성은 거의 없는 것 같다.

27 Valla, 'Annotationes in N. T.', Opera p. 852.; G. Mancini, Vita di L. Valla(1891) p. 312 참조.

28 Valla, 'In errores Antonii Raudensis adnotationes', Opera, p. 428. "나는(세네카가) 바울에게 보낸 편지, 그리고 바울이 세네카에게 보낸 편지를 다른 작품에서 논의하였다." A. Momigliano, 'Contributo alla storia degli studi classici' [I] [1955]=Storia e letteratura 47, pp. 28f. 그리고 조반니 콜로나와 보카치오에 대한 언급을 담고 있는 'Secondo contributo' [1960]=Storia e letteratura 77, pp. 106f. 참조.

이 생의 초기에 했던 철학 연구가 그의 타고난 이런 재능을 강화시켰을 것이다. 그는 1431년 『쾌락에 대하여』(De voluptate)를 써서(에피쿠로스학파와 기독교의) 윤리 문제를 다루는 것으로 이 분야에 입문하였다. 그는 그 책을 1433년, 그리고 후에 다시 써서 증보하였다. 그리고 『아리스토텔레스 학파에 반대하는 변증법적 논증』(Dialecticae disputationes contra Aristotelicos)을 통해 (1433~38년 사이에) 논리학에 입문했다. 그러고 나서 1442년 이전에 쓴 『자유 의지에 대하여』(De libero arbitrio)와 『수도사의 서약에 대하여』(De professione religiosorum)에서 윤리와 종교의 문제를 다루었다.[29] 비록 그의 모든 작품에 천재성이 배어 있었다고 해도 그보다 더 위대한 철학가들이 있었다. 그러나 15세기 중엽에 발라만큼 뛰어난 학자는 없었다. 발라가 후대의 학자들에게 남긴 가장 소중한 유산은 합리성과 권위와 전통에 대한 도전인데, 이는 그의 모든 작품에 명백히 나타난다. 그의 이런 태도는 1455년 생의 말엽에 했던 짧은 수사적인 질문, 즉 "이성보다 더 뛰어난 작가가 있겠는가"라는 물음에 훌륭하게 요약되었다.[30]

---

29 나는 좀 더 신중해야 한다고 생각하지만 J. Vahlen, Laurentii Vallae Opuscula tria(1869) p. 58(Opera omnia II 184에 재인쇄)의 연대기를 따른다.

30 'Confutatio prior in Benedictum Morandum Bononiensem', Op. p. 448, l. 16. 다소 어리석게도 리비우스에 대한 발라의 역사적 해석 가운데 하나를 공격했던 베네데토 모란디(Benedetto Morandi)에 대해서는 Vita di L. Valla, p. 318을 보라.

제4장

폴리치아노

폴리치아노는 15세기 말의 빛나는 인물이다. 그의 출생지인 몬테 풀치아노(Monte Pulciano)의 지명을 따서 폴리치아노라고도 불렸던 안젤로 암브로지니(Angelo Ambrogini)[1]는 열 살 때 고아이자 신동으로 피렌체에

---

1 *Prosatori*, pp. 867f. Poliziano. E. 가린(E. Garin)이 짧은 전기와 참고 문헌을 제시하고 있다. 그의 작품을 새로이 비판적으로 편집한 것이나 현대의 전기는 아직 나오지 않았다. 우리는 1498년의 알두스 편집본(Aldine edition)으로 출판된 최초의 그의 작품 모음집, 『작품』(*Opera*)에 의존해야 한다. 이후의 다른 편집본들(Flor. 1499, Lugd. 1528, Lugd. 1537~39, reprinted 1971, Bas. 1553)에는 약간의 첨가가 이루어졌다. 여전히 가장 중요한 모음집은 *Prose volgari inedite e poesie Latine e Greche edite e inedite* di A. Poliziano, raccolte ed illustrate da Isidoro Del Lungo(1867)이다. 이 모든 편집본과 모음집을 이다 마이에르(Ida Maier)가 모았다. A. Politianus, *Opera omnia*(I: Scripta in ed. Basilensi anno MDLIII collecta; II: Opera ab Isidoro Del Lungo edita. Florentiae anno MDCCCLXVII; III: Opera miscellanea et epistulae), Rist. anast. 1970/1. E. Garin, op. cit. pp. 869~925는 두 개의 작은 작품과 세 통의 편지로 이루어진 작은 발췌물만을 재인쇄하였다. A. Poliziano, *Miscellaneorum centuria secunda*, Edizione critica per cura di Vittore Branca e Manlio Pastore Stocchi, 4 vols.(Firenze 1972). *Mostra del Poliziano nella biblioteca Medicea Laurenziana*(1954), Manoscritti, libri rari, autografi e documenti, 12 plates, Catalogo a cura di A. Perosa는 가장 위대한 전문가의 거의 모든 '설명을 붙인 참고 문헌'을 포함하고 있기에 근본적으로 중요하다. 우리는 페로사(Perosa)가 『잡록』(*Miscellanea*)에 대해서 주석서를 써주기를 기대한다. 폴리치아노에 대한 다른 중요한 논문들을 담고 있는 *Atti del IV convegno*를 언급하고 있는 아래 주 18을 보라. 여러 곳에서 출판되었

왔고, 그의 위대한 후원자이자 친구로 1469년에서 1492년까지 권력을 장악하고 있던 로렌초 데 메디치가 죽은 후 1494년에 그곳에서 죽었다. 그는 라틴어로 쓴 송시[2]와 야코포 안티쿠아리오(Jacopo Antiquario)에게 보내는 장문의 감동적인 편지에서 로렌초의 죽음을 격정적으로 애도하였다.[3] 폴리치아노는 메디치가의 후원을 받으며 그리스·로마 문학을 연구하던 뛰어난 학자들의 가르침을 받았고, 그 자신은 로렌초의 아이들을 가르쳤고, 1480년 이후 이탈리아인과 외국인으로 구성된 폭넓은 학자들에게 그리스와 로마 문학을 강의하였다.

개인적으로 매력이 넘쳤던 폴리치아노는 르네상스 시대 활발하게 작품 활동을 했던 이탈리아 학자들 가운데 마지막 세대, 즉 제5세대의 대표적인 인물이다. 나는 이미 페트라르카에서 폴리치아노에 이르기까지 자유롭게 연계되어 있는 이탈리아 학자들 다섯 세대를 필리타스(Philitas) 및 제노도토스(Zenodotos)에서 아리스타르코스(Aristarchos)에 이르기까지 위대한 알렉산드리아 학자들의 다섯 세대와 비교하였다.[4] 시인이자 동시에 문헌학자로서 폴리치아노는 알렉산드리아 도서관의 필리타스에 가까웠다. 무엇보다도 그는 자국어로 글을 쓴 진정한 이탈리아 시인이었다.[5] 그러나 그는 「오르페오」(Orfeo), 「마상시합을 위한 시」(Giostra)와 같은 시들에서 이탈리아 인민의 정신과 고대의 격식을 차린 힘을 긴밀히 연계시켰다. 「오르페오」는 '성극'(sacra rappresentazione)*의 전통을 세속 연극에 적용한 이탈리아 최초의 희곡들 가운데 하나라고 여겨지고 있다.[6] 음

거나 간행되지 않은 편지들에 대해서는 A. Campana, 'Per il carteggio del Poliziano', *La Rinascità* 6(1943) pp. 437~72를 보라. 여전히 우리는 이 논문이 캄파냐(Campana)의 연구와 그의 비판자들에 대한 논쟁을 위해서 무한한 원천이 될 것이라고 기대한다.

2 Del Lungo, p. 274 *Odae* XI.

3 *Prosatori* pp. 886ff.

4 『역사』 [I] 233. 90 그리고 90, 170 참조.

5 *Stanze*, ed. V. Pernicone(1954); *Geschichte der Textüberlieferung* II(1964) pp. 529ff.를 보라.

* 프랑스와 영국의 신비극 및 에스파냐의 성찬 신비극과 비슷한 15세기 이탈리아의 교회극을 말한다.

악으로 연출된 몇 개의 노래와 합창은(지금은 유실되었다) 근대 오페라로 나아가는 길을 열었다.

이 위대한 시인은 또한 고대의 시를 이해하고 해석하는 데 필수적이라고 생각하여 사실들에 대한 정보를 열정적으로 추구하였다.[7] 그는 박식에 대한 열정(ardor eruditionis)으로 로마 세계뿐만 아니라 그리스 세계에 대해서도 폭넓은 지식을 갖추었다. 물론 그의 작품 대부분은 당연히 로마 세계에 대한 것이었다. 그는 아우구스투스 시대의 시인들뿐만 아니라 에라스뮈스 이래로 '은 시대'(Silver Age)의 작가들이라고 불렸던 스타티우스(Statius),[8] 루카누스(Lucanus), 세네카, 아우소니우스(Ausonius)에 대해서도 다루었다. 그는 로마의 법률 텍스트에까지 손을 뻗쳐서, 그 시대에 가장 중요한 필사본을 가지고 있었다.[9] 폴리치아노 이전에 이탈리아의 위대한 학자들 가운데 아무도 형식적 키케로주의자는 아니었다. 심지어 발라도 '위대한 학자들을 만족시키는 것'을 받아들이곤 했다. '키케로 제일주의'(Ciceronianism)[10]*라고 불리는 운동은 뛰어난 교사들이었던 가스파리노 다 바르치차(Gasparino da Barzizza, 1431년 사망)와 과리노 다 베로나(1460년 사망)에 의해서 창설되고 보급되었다. 그 학파의 추종자 가운데 한 명이 비(非)키케로적인 문체를 구사한다고 폴리치아노를 비난했을 때, 폴리치아노는 파올로 코르테세(Paolo Cortese)에게 쓴 편지에서 '키케로의 원숭이들'에 대해 이야기하며 작심하고 그를 비판하였다. 누군가가 "당신은 키케로식으로 표현하지 않습니다"라고 말한다면, 그는 "그것이 어쨌단

---

6 *Oxford History of Music* IV(1968) p. 786.
7 해석에 대한 필수적인 장인 *Misc.* ch. IV. '그는 시인들을 해석하였다'를 보라.
8 Stat. *Silv.* ed. A. Marastoni(1961) pp. lvi~xc A. Politian Silvarum emendator.
9 *Misc.* ch. XLI and *passim.* 이른바 『학설휘찬』의 피사누스 코덱스(codex Pisanus)에 대해서는 A. Perosa, *Mostra del Poliziano*, Catalogo n. 47을 보라. 각주 48~50 그리고 82 참조.
10 R. Sabbadini, *Storia del Ciceronianismo*(1885).
* 키케로가 활동했던 고전고대의 언어적 정확함을 되살리는 것을 가장 중요시하는 주의로 키케로를 기계적으로 추종하는 경향을 보였다.

말인가? 진실로 나는 키케로가 아니다. 다만 내 생각대로 나를 표현할 뿐
이다"라고 대답할 것이다.[11] 시인으로서 그는 산문을 쓸 때도 매우 민감한
문장가였고 필요하다면 고전 라틴어와 대단히 오래된 시대의 단어들을
섞는 것을 주저하지 않았다.

폴리치아노는 10세에 그리스어를 배우기 시작하였다. 16세에 그리스
어로 시를 쓸 수 있었고 18세에 『일리아스』 제2~5권을 장려한 라틴어 육
보격으로 번역하여 브루니와 발라의 시도를 넘어섰다. 폴리치아노는 고
대 그리스어에 대한 지식으로 그리스계 이민자들과 경쟁할 수 있었던 최
초의 서양 학자였다. 이 점에서 그는 이탈리아의 모든 선배 학자들보다 뛰
어났다. 그는 또한 그리스어 텍스트를 교정하고, 필사본에 결루(缺漏)된
단어들을 보충하려고 시도했던 최초의 이탈리아인일 것이다.[12]

폴리치아노는 호메로스, 헤시오도스, 테오크리토스(Theocritos)에 대해
서 강의하였다. 강의를 위해서 쓴 소개문들은 전기(傳記) 정보, 혹은 서지
정보를 무미건조하게 모아놓은 것이 아니라 라틴어 육보격으로 쓴 진짜
시들이다. 그는 그 시들을 스타티우스를 기념하여 '숲들'(silvae)이라고
불렀다.[13] 가령 그는 호메로스에 대한 소개글(1485)[14]을 고대에 쓰어진 『호
메로스의 삶』(Βίοι 'Ομήρου)[15]에 대한 정확한 지식에 근거하여 썼지만,
그 모든 지식을 아름다운 시로 변형해 표현하였다.[16] 서구의 숙련된 학자–
시인이 그리스 서사시를 로마 서사시와 대조하면서 찬양한 것은 최초의

---

11 *Epp.* VIII 16(Politiani epistolae, Amstelodami 1642, pp. 307f.); Th. Zielinski, *Cicero im Wandel der Jahrhundert*[2](1908) p. 425.
12 이 책 76쪽 이하를 보라.
13 '곰팡이 낀 숲'(Silva in scabiem)은 네 개의 소개 글인 '숲들'(Silvae)보다 명백히 덜 중요하다. 복사본 하나가 매우 최근에야 발견되어 A. Perosa in *Note e Discussioni* 4(1954)에 의해서 폴리치아노의 라틴 시들의 전승에 대한 중요한 소개 글과 함께 발표되었다.
14 *Prose volgari … e poesie Latine e Greche* …, raccolte e illustrate da Isidoro Del Lungo(1867) pp. 333~68. 이 책 p. 360에는 호메로스에 대한 찬양이 들어 있다.
15 『역사』 (I) 11.
16 그는 그의 'Oratio in expositione Homeri', *Opp.*(Basel 1553) pp. 474~92에서 〔Plut.〕 *De Hom. posei*를 각색하였다.

일이었다. 그는 로마 문학에서 그랬듯이, 그리스 문학에서도 테오크리토스, 칼리마코스(Callimachos)와 같은 고전 시대 이후의 시인들과 『선집』(Anthology)의 경구 작가들도 연구하였다. 그는 심지어 상당수의 경구를 그리스어로 작성하는 모험을 감행하였다.[17]

폴리치아노는 그의 짧은 생애 내에 하나의 편집본도 완성하지 못하였다. 자신의 책 여백에 그가 쓴 주석들, 그의 '자필 잡록(雜錄)'(Zibaldoni autografi)에 담겨 있는 발췌문들, 인쇄된 그의 『잡록』(Miscellanea)*이 우리의 자료이다. 그는 많은 책을 읽은 다독가로 자신이 갖고 있는 책뿐만 아니라 피렌체의 도서관들에서 구할 수 있는 많은 책을 읽었고, 주석을 다는 데도 지칠 줄 몰랐다.[18] 그는 자신이 읽은 거의 모든 책에 연구의 흔적을 남겼다. 그는 명백히 최초로 필사본들을 완벽하게 대조하였고[19] 자신의 복사본에 독법(讀法)을 주의 깊게 주석하였다. 심지어 그는 필사본들에 특별한 기호 일람표(sigla)[20]를 사용했던 것 같으며, 이는 후대에 점차 일반화되었다. 폴리치아노는 당대인들의 성급한 추측에 반대하기 위한 방어물로 최고의 필사본에 대한 지식이 중요하다는 것을 다른 누구보다도 역설하였다.[21] 그의 필사본들과 일찍 인쇄된 책들에는 지금도 수집되지 않은 주석이 셀 수 없이 많다.[22] 그러나 그것들을 수집하는 것은 매우 어려운 작업이 될 터이다. 그가 요절한 후에 그의 책들이 사방으로 흩어졌고,[23] 현재

---

17 Poliziano, *Epigrammi Greci*, Introduzione, Testo e Traduzione di A. Ardizzoni, Biblioteca di Studi superiori 12(1951); cf. E. Bignone, *Studi di filol. class.* N.S. 4(1925) pp. 391ff.

* 토론에 쓰기 위해 본문들을 모아놓은 것을 말한다.

18 A. Campana, 'Contributi alla biblioteca del Poliziano', *Il Poliziano e il suo tempo, Atti del IV convegno internazionale di studi sul rinascimento*, Firenze 1954(1957) pp. 174ff.

19 G. Billanovich, *Journal of the Warburg and Courtauld Institutes* 14(1951) p. 178. 때때로 그의 대조가 결여되어 있는 것에 대해서는 Pasquali, *Storia*, pp. 74f.를 보라.

20 Campana, (위의 주 18을 보라) p. 202.

21 S. Timpanaro, *La genesi del metoto del Lachmann*(1963) pp. 4ff.

22 Perosa, *Mostra del Poliziano*는 주석이 달린 복사본들에 특별한 관심을 기울였다. M. Gigante, 'De A. Politiani notis in Cic. *de or.*', *Charisteria F. Novotny oblata*(1962) pp. 62ff.가 중요하다.

23 Campana, (위의 주 18을 보라) p. 174. "대부분 아직도 찾아야 한다."

여러 도서관[24]에 보관되어 있지만 도서 목록조차 없기 때문이다.

그는 자신의 『자필 잡록』(*Zibaldoni autografi*)[25]에서 발췌구들과 텍스트에 단 주석들을 모으기 시작했던 것 같으며, 그 가운데 많은 것들이 거대한 규모로 계획되었던 『잡록』의 준비물인 요강(Pandects)을 언급했다. 1489년 훌륭하게 인쇄되었고 로렌초 데 메디치에게 헌정된[26] 그의 『잡록』의 첫 백 항(centuria)은 그가 텍스트의 주변에 문법적 · 연대기적 · 호고 (好古) 연구에 관련된 주제에 대하여 토론하여[27] 첨가한 주석들의 최종 모음, 인용문들과 라틴 모방문들을 통해 유실된 그리스 원본들을 재구성한 것(매우 대담한 조처), 그리고 텍스트 비판과 함께 그리스어 문헌들을 라틴어로 번역한 것들을 포함하고 있었다. 폴리치아노[28]는 칼리마코스의 『헤칼레』(*Hecale*)[29]의 몇 가지 단편들 및 단편 전거들*과 가이우스 발레리우스 카툴루스(Gaius Valerius Catullus)가 라틴어로 번역한(66년) 칼리마코스의 시 「베레니케의 머리타래」(Βερενίκης πλόκαμος)의 단편들을 최초로 모았다.[30] 그는 또한 『사연들』(*Aetia*)에서 그리스 후기 문학과 로마 문학에서 너무나 자주 인용되었던 부분들에도 손을 대었던 것 같다.[31] 그의 서클에서 칼리마코스의 『송가』(*Hymns*)는 매우 열성적으로 복사되었고,[32] 그

---

24 나는 옥스퍼드 보들리 도서관과 뮌헨 국가 도서관에서 폴리치아노의 주석이 담긴 복사본들을 검사할 기회가 있었다. 또한 이 책 214~15쪽과 그곳의 주 79를 보라.

25 Carmine di Pierro, 'Zibaldoni autografi di A. Poliziano', *Giornale storico della letteratura Italiana* 55(1910) pp. 1~32.

26 그는 이 헌정사에서 책의 제목을 '잡록'(Miscellanea)이라고 말했다. 그가 다양한 내용의 문학 작품을 모아놓은 것을 가리키기 위해서 잡록이라는 말을 처음으로 사용했을까?

27 J. Bernays, *Gesammelte Abhandlungen* II(1885) pp. 331ff.는 폴리치아노가 3세기 뒤에나 인쇄될 희귀한 그리스 텍스트(Johannes Lydus)를 인용한 눈에 띄는 사례를 제시한다.

28 Call. II. p. xliii.

29 *Misc.* ch. XXIV.

* 베네치아의 알두스가 발행한 것.

30 *Misc.* chs. LXVIII 그리고 LXIX.

31 V. Branca, 'La incompiuta seconda centuria dei "Miscellanea" di A. Poliziano', *Lettere Italiane* 13(1961) pp. 137~77 with 7 plates. 『사연들』(*Aetia*)에 대해서는 이 논문의 pp. 149, 161을 보라. *centuria secunda*(1972)(위의 주 1을 보라)의 편집본을 보라.

32 Call. II p. lxvii.

는 직접 「팔라스의 목욕」(Bath of Pallas)을 번역하였다.[33] 그는 이 시에 대한 주석에서 "원본의 작은 전와〔轉訛〕들을 바로잡는 것을 두려워하지 않았다"라고 고백하였다.[34] 그러나 그가 한 문장에서(136행) 스스로 칼리마코스의 진정한 텍스트를 추정해냈다고 생각했지만,[35] 이후 그의 추정이 완전히 틀렸다는 것이 밝혀졌다. 폴리치아노가 이용했던 그리스어 필사본에는 오직 끝맺는 단어만이 남아 있었는데, 그는 라틴어로 번역하면서 그가 맞다고 생각하는 의미에 따라서 오보격(pentameter)을 보충하였다. 폴리치아노의 추정이 맞는 것으로 확인되는 듯했는데 프란체스코 로보르텔로(Francesco Robortello)가 칼리마코스의 『송가』를 편집하면서(1555), 사용했던 텍스트에 그리스어로 씌어진 문제의 그 행이 폴리치아노가 라틴어로 번역한 것과 완벽하게 일치했기 때문이다. 그러나 불행하게도 사실은 정반대로 밝혀졌다. 로보르텔로의 필사본은 16세기에 많은 내용이 삽입된(interpolated) 것이었다. 그 필사본의 원형에 존재했던 모든 결루들이 근대에 보충되었으며, 문제의 그 행은 폴리치아노의 라틴어 문장을 그리스어로 조잡하게 번역한 것에 지나지 않았다. 문제의 행에서 오보격의 앞 네 음절들을 담고 있는 다른 무리의 필사본들이 후에 발견되었는데 이것들은 이 행의 내용과 그리스어 단어들에 대한 폴리치아노의 추정이 틀렸다는 것을 보여주었다. 그러나 이렇게 몇몇 실수를 했다고 해도 학자–시인으로서 폴리치아노의 업적은 불후의 명성을 얻기에 충분하다. 그 자신이 시에서 중심 주제로 삼았던 죽음이 나이 사십에 그에게 찾아왔다. 그 해는 끔찍했는데, 피에로 디 로렌초가 프랑스의 침입에 맞서 싸웠지만 패배하여, 메디치 정권이 종식을 고하였다. 그의 시대에 폴리치아노가 그리

---

33 *Misc.* ch. LXXX. 델 룽고(Del Lungo)(1867)(위의 주 1을 보라) pp. 529ff.에 의해서 재인쇄되었다.

34 이 책 75~76쪽을 보라. 내가 편집한 『송가』의 비교 자료(apparatus criticus)에서 폴리치아노가 교정한 것을 쉽게 파악할 수 있다.

35 Del Lungo, op. cit. p. 538. L. Ruberto, 'Studi sul Poliziano filologo', *Riv. fil. cl.* 12(1883) 224. 6.

스 서사시의 세계로 진출했던 것은 하나의 에피소드에 지나지 않았다. 다음 세대의 이탈리아 학자 가운데 아무도 그를 따르지 않았기 때문이다. 그러나 앞으로 살펴볼 것처럼 오래지 않아 프랑스 학자들이 그가 정찰하였던 분야에 본격적으로 착수할 터였다.

제5장

이탈리아 학문 연구의 종합 그리고 알프스 이북 국가들로의 확산

　지금까지 우리는 14~15세기에 이탈리아 인문학의 발달을 선도자들에 국한하여, 그것도 주로 피렌체와 로마의 선도자들을 중심으로 살펴보았다. 이는 당연히 역사적 과정을 단순화했고, 그에 따라 여러 중요한 것들을 살펴보지 않고 지나쳐버렸다는 것을 의미한다. 선도적인 인문주의자들이 공공 도서관의 수립, 고유물들의 수집, 학교와 학원의 창설과 같은 일을 자극하고 가능하게 만들었을지라도, 그것들을 그들의 직접적인 업적이라고 말할 수는 없기 때문이다. 따라서 이 장에서는 이런 결루들을 보충하고 이탈리아 학문 연구의 업적을 전체적으로 살펴본 후에,[1] 그것이 유럽의 다른 나라들에 끼친 영향을 고찰해보자.

　나는 학문 연구에 책이 갖는 독특한 중요성을 강조했다.[2] 그러나 동방 세계 및 중세 유럽 세계와 달리 그리스·로마의 고대 세계에서는 책의 '독재'나 단순히 기록되었다는 이유로 기록된 단어를 숭배하는 현상은 전혀

---

1 R. Sabbadini, 'Il metodo degli umanisti', *Bibliotechina del Saggiatore* 3(1920) 참조. 텍스트 비판에 대해서는 발라와 폴리치아노에 대한 장을 보라.
2 『역사』〔1〕 17, 102f.

없었다. 그리스의 학자들은 비판적 성향의 심성을 갖고 있었고, 비슷한 비판적 태도가 이탈리아 르네상스에서도 발견된다.

학자-시인들에게는 좋은 텍스트가 필요했다. 우리는 그들이 좋은 텍스트들을 찾고 교정하기 위해 노력한 것을 살펴보았다. 그러나 그들의 심성에는 이뿐만 아니라 처음부터 또 다른 성향이 있었다. 그들은 수도원과 성당의 도서관에서 책을 처음에는 개인적으로 가져가다가 종국에는 거대한 새로운 도서관으로 가져가서, 어떻게든 학문과 배움에 관심을 가진 모든 사람이 이용할 수 있게 만들고자 노력하였다.

우리는 페트라르카 이후에 많은 학자들이 라틴어 필사본을 찾아서[3] 중부 유럽과 서부 유럽을 뒤지고 다녔음을 살펴보았다. 그러나 앞선 시대의 학자들은 아무도 참가하지 않았지만, 그리스 필사본을 찾아서 동방과 서방을 오고간 여행 또한 많았다. 조반니 아우리스파(Giovanni Aurispa)[4]와 프란체스코 필렐포(Francesco Filelfo)는 학문 연구를 통해서가 아니라 그리스어 필사본들을 매우 성공적으로 거래함으로써 명성을 얻었다. 아우리스파는 1405~13년과 1421~23년 두 번에 걸친 동방 여행에서 매우 큰 소득을 올렸다. 그가 모두 300여 개의 그리스어 필사본을 수집했다고 전해지는데, 그중에서 눈에 띄는 것은 다음과 같다. 먼저 아리스타르코스(Aristarchos)의 상당히 많은 문장과 함께[5] 텍스트와 난외주를 담고 있는, 『일리아스』의 필사본이 있었는데 이는 베네치아에 있는 성 마르코 도서관으로 보내졌다(Codex Venet. Marc. 454). 소포클레스의 희곡 일곱 편, 아

---

3 이 책 21~22쪽 그리고 여러곳, 특히 54쪽 이하를 보라. 또한 필사본들로부터 구한 새로운 자료들을 담고 있는 S. Prete, 'Die Leistungen der Humanisten auf dem Gebiete der lateinischen Philologie', *Philologus* 109(1963) pp. 258ff.를 보라.

4 Giovanni Aurispa, *Carteggio*, ed. R. Sabbadini, Fonti per la storia d'Italia 70(1931); Sabbadini, 'G. Aurispa, scopritore di testi antichi', *Historia* I(1927) pp. 77~84 참조. 또한 추기경 케사리니(Cesarini)가 1434년 바젤 공의회에서 동방의 사절들에게 행한 라틴어 연설에 대한 아우리스파의 그리스어 버전을 보라. 그것은 B. Wyss, *Mus. Helv.* 22(1965) pp. 1ff.에 중요한 주석과 함께 출판되었다.

5 『역사』 (I) 213f.

이스킬로스의 희곡 여섯 편, 아폴로니오스 로디오스(Apollonios Rhodios)의 『아르고 호 이야기』를 담고 있는 10세기 혹은 11세기의 필사본은 현재 피렌체의 라우렌치아나 도서관에 있다(Codex Laurentianus XXXII 9).[6] 그리고 아마도 후에 유실되었을 그리스 시들의 위대한 모음집(호메로스, 칼리마코스, 오르페우스, 프로클로스)의 원형(archetype),[7] 그리고 엘레기들을 모은 『그리스 시 선집』(Anthologia Graeca) 필사본도 있었을 것이다(Codex Palatinus 23).[8] 1420년에서 1427년까지 베네치아 대사의 수행원으로 콘스탄티노플에 머물렀던 필렐포는 약 40명에 이르는 그리스 작가들의 필사본들을 가지고 돌아왔다.[9] 우리는 앞에서 니콜리가 라틴어 고전들이 숨겨져 있는 곳을 메디치가의 대리인들에게 알려주었다는 것을 살펴보았다.[10] 로렌초의 동방 대리인으로 가장 중요한 사람은 야누스 라스카리스(Janus Lascaris, 1445~1535)였는데,[11] 그는 1491년 약 200개의 그리스 필사본들을 아토스 산에서 피렌체로 가져왔다. 심지어 그가 여행 중에 쓴 일기조차도 보존되어 있다.[12] 그는 귀환 후 1494년에서 1496년 사이에 그리스어 대문자로 처음으로 장대한 편집본 다섯 권을 펴냈다. 피렌체에서 메디치 정권이 종식된 후 그는 파리로 갔고,[13] 이후 로마로 가서 메디치가 출신 교황인 레오 10세의 보호를 받았다.

---

6 가장 대표적인 목록인 *Mostra della Biblioteca di Lorenzo nella Biblioteca Medicea Laurenziana*(1949) p. 18은 안타깝게도 아이스킬로스의 현존하는 모든 필사본들이 메디케우스(Mediceus)에서 유래했다는 오류를 다시 범하고 말았다.

7 Call. II, p. lxxxif.

8 Call. II, p. xciii.

9 A. Calderini, *Studi ital. fil. class.* 20(1913) pp. 204ff.

10 이 책 54~55쪽을 보라.

11 Call. II, pp. ixvif. l.8은 밑에서부터 '5'로 읽지 않고 '4'라고 읽었다. 나는 Douglas C. C. Young, 'A Codicological Inventory of Theognis MSS', *Scriptorium* 7(1953) pp. 3ff.가 테오그니스 필사본들(Theognis MSS)과 그것의 인쇄를 라스카리스가 책임졌다고 말하는 것은 분명하지 않다.

12 H. Hunger, *Jahrbuch der österreich. byzantinischen Gesellschaft* 11/12(1962/3) p. 117.

13 B. Knös, *Un Ambassadeur d'hellénisme, Ianus Lascaris, et la tradition greco-byzantine dans l'humanisme français*(Uppsala-Paris 1945); 이 책 101쪽을 보라.

고전들을 찾고 수집하는 데 개별 학자들의 자유로운 활동과 유력한 후원자들의 의식적인 조직이 결합되었다. 이는 그렇게 수집한 책을 도서관에 보관하는 데서도 마찬가지였다.[14] 페트라르카 · 살루타티 · 니콜리는 훌륭한 개인 도서관을 세웠다.[15] 보카치오 · 포조[16] · 폴리치아노[17]와 같은 이들은 개인 도서관을 만들기 위해서 노력했지만 상대적으로 가난해서 큰 성공을 거두지 못하였다. 대학자들의 열광에 자극을 받은 대공, 교황, 추기경만이 그들의 권력과 부를 이용하여 라틴 필사본과 그리스 필사본을 보존하기 위한 거대한 보고(寶庫)를 세우거나 확대할 수 있었다. 늘 시대를 앞서가는 인물이었던 페트라르카는 그의 책들을 장차 공공 도서관의 핵심 장서로 만들기 위해서 베네치아 공화국에 기증할 생각을 했다. 그러나 이 점에서 메디치가가 집권하고 있던 피렌체가 앞서갔다. 코시모 (1389~1464)와 로렌초(1469~92)는 그들의 궁전 도서관을 만들었을 뿐만 아니라 도미니크 수도회의 성 마르코 수도원[18]과 피에솔레(Fiesole)에 있던 베네딕투스 수도회의 바디아 수도원(Abbey of Badia)의 공공 도서관에 많은 책을 기부하였다. 결국 그들의 책 대부분은 여러 사건들을 겪은 후에 로렌초 궁에 있는 훌륭한 건물에 자리 잡았다. 그 건물은 줄리오 데 메디치(Giulio de' Medeci)가 교황 클레멘스 7세로서 1523년 미켈란젤로에게 건설을 위탁하였지만, 1571년에 이르러서야 낙성식을 치르고 대중에게 공개되었다. 피렌체 서클의 영향을 강하게 받고 자라난 토마소 파렌투첼리(Tommaso Parentucelli)는 가난한 수도사였음에도 불구하고 책을 구입

---

14 *Handbuch der Bibliothekswissenschaft*, 2. Aufl. III 1(1955) pp. 499ff. A. Bömer- H. Widmann, 'Renaissance und Humanismus.'

15 이 책 26, 48, 54~55쪽을 보라. G. Billanovich, 'Les Bibliothèques des humanistes italiens au 14 siècle', *L'Humanisme médiéval dans les littératures Romanes du 12 au 14 siècle, Actes et colloques* 3(1964) pp. 196~214 참조.

16 Walser, *Poggius*, pp. 104ff.

17 Campana, 'Contributi alla biblioteca del Poliziano'(이 책 제4장 주 18을 보라) p. 174. "열심히 연구하는 교수, 다시 말해 가난한."

18 이 책 43~44, 54~55쪽을 보라.

하고 복사하는 데 열정적으로 노력하였다. 그는 니콜라우스 5세로 교황 (1447~55)에 오르자 바티칸 도서관에 고전(특히 그리스어) 필사본을 수집하는 유명한 부서를 출범시켰다. 인문주의자들의 보호자였던 그는 교황청의 후원을 통해서 강력한 문화운동이 일어나도록 도움을 주었다. 1468년 추기경 베사리온[19]이 800여 개의 필사본(이 중 약 500개가 그리스어 필사본이다)을 이미 아우리스파와 필렐포의 여행을 통해서 너무나 많은 것을 갖고 있던 베네치아 공화국에 기증했다. 밀라노·파비아[20]·나폴리와 같은 곳들, 그리고 우르비노나 페라라와 같은 작은 공동체들도 그들 자신의 도서관을 세울 만큼 열심이었다. 페르가뭄(Pergamum) 왕국이 성장할 때까지 경쟁자가 없었고, 중앙 집권적이었던 헬레니즘 시대의 알렉산드리아[21]와 대조적으로 이탈리아의 정치적·사회적 상황이 이렇게 유익한 다양성을 낳는 데 기여하였다.

1465년 두 명의 독일 인쇄업자에 의해서 이탈리아에 인쇄술이 도입되고 이탈리아 인쇄업자들과 그리스 이민자들이 그리스·로마 고전들의 '최초 인쇄본들'(editiones principes)[22]을 발간하기 시작하면서 이탈리아 도서관들의 책 보유량이 늘어났다. 이들의 주요 목적은 형태·크기·종이(이 시기에 양피지를 거의 대체했다)가 아름다운 책을 인쇄하여 아름다움에 대한

---

19 발라의 성경 비판이 베사리온의 영향을 받았다는 잘못된 추정에 대해서는 이 책 66쪽을 보라. 그의 도서관의 서지 목록이 H. Omont, *Revue des bibliothèques* 4(1894) pp. 129~87에 의해서 발표되었다. L. 라보브스키(L. Labowsky)가 지금까지 편집되지 않았던 두 개의 판본을 발표할 것이다. 이에 대해서는 Annual Report 1965/6 *Proceedings of the British Academy* 52(1966) p. 25를 보라. *Cento Codici Bessarionei*. Catalogo di Mostra a cura di Tullia Gasparrini Leporace ed Elpidio Mioni(1968) with the text of the presentation.

20 E. Pellegrin, *La Bibliothèques des Visconti et des Sforza*(Paris 1955).

21 『역사』 [1] 98ff. 그리고 235ff.

22 연대순에 따른 목록을 담고 있는 Sandys II 102ff.를 보라. B. Botfield, *Praefationes et Epistolae*(1861)가 최초 인쇄본들의 서문을 수집하는 것은 특히 중요하다. R. Hirsch, *Printing, Selling and Reading 1450~1550*(1967), 특히 ch.1, pp. 1~12 '문자에서 인쇄로'를 보라. 고전의 초기 인쇄본들과 인문주의자들에 대해서는 이 책 216쪽 이하를 보라. 베네치아의 인쇄업자 알두스 마누티우스와 그의 가문에 대해서는 이 책 93~94쪽을 보라. 또한 *La stampa greca a Venezia nei secoli 15~16*. Catalogo di Mostra a cura di Marcello Finazzi(1968)를 보라.

지식과 고전 속의 지혜를 폭넓은 대중에게 보급하는 것이었다. 그러나 인쇄술은 처음에는 텍스트의 향상에 전혀 기여하지 못했는데, (필사본 보유자들이) 개별 필사본들을 그것도 종종 최고가 아닌 것을 편집하지 않은 채 인쇄하는 것이 관행이었기 때문이다. 사실 인쇄술의 이점을 상쇄하는 위험이 발생했는데 저급의 텍스트가 재인쇄되고 사설 및 공공 도서관에 대량으로 보관될 수 있었다.

그러나 위대한 예술가들의 시대가 오직 고전 서적들에만 관심을 갖고 고대 기념물들의 유적에 관심을 기울이지 않는 것은 있을 수 없는 일이다. 니콜리와 포조의 세대[23]가 이탈리아에서 비문 자료와 고고학 자료를 수집하기 시작했던 것은 당연한 일이었다. 포조보다 약간 어렸던 동시대인 플라비오 비온도(Flavio Biondo, 1392~1463)[24]는 이미 그의 『개선하는 로마』 (Roma triumphans, 1456~60)에 로마의 많은 공적·사적·종교적·군사적 유물들을 포함시킬 수 있었다. 이 분류는 수 세기 간 근본적으로 유지되었다. 그의 『재건된 로마』(Roma instaurata, 1440~63)는 로마 시를 묘사한 후에 고대 기념물들의 복원을 다루었다. 그의 『재건된 이탈리아』(Italia instaurata, 1456~60)는 이탈리아 전역에 존재하는 유물들을 지형학적으로 개관했다. 이런 책들은 자극제로 작용하여 이내 또 다른 유물 연구와 지형 연구에 의해서 대체되었다. 비온도가 역사를 쓰는 데 착수했을 때 당연히 고대사를 쓸 필요가 없었는데, 고대의 역사가들이 이미 그 일을 했기 때문이다. 그는 410년에서 1441년까지 고대 이후의 역사에 집중했다. 그것이 42권으로 된 『로마 제국의 쇠퇴 이후의 역사』(Historiarum ab inclinatione Romani imperii Decades)이다.[25]

---

23 이 책 58쪽 이하를 보라.

24 A. Momigliano, 'Ancient History and the Antiquarian', in *Contributo alla storia degli studi calssici*, Storia e Letteratura 47(1955) pp. 75ff., B. Nogara's introduction to 'Scritti inediti e rari di Biondo Flavio', *Studi e Testi* 48(1927)는 상당수의 새로운 텍스트와 함께 전기적 윤곽을 새롭고 매우 가치 있게 그리고 있다.

25 Denys Hay, 'Flavio Biondo and the Middle Ages', *Proc. Brit. Acad.* 45(1959) pp. 97ff.

부온델몬티[26]와 비범한 인물인 치리아코 디 앙코나(Ciriaco di Ancona)[27] 또한 비잔티움 제국의 여러 지방을 방문하였다. 치리아코는 고전고대의 유물들을 기록하고, 비문들을 복사하고, 기념물들을 스케치했다. 그는 자신의 주제에 대해서 뜨거운 열정이 있던 반면, 자신의 단점에 대해서는 무지했기 때문에 용기를 가지고 이 모든 것을 시도하였다. 비록 그의 연구물 일부가 후에 유실되었다고 해도, 우리는 그가 고대 유물들에 대한 지식을 향상시키는 데 크게 기여했음을 감사하는 마음으로 충분히 인정해야 할 것이다. 비록 기이한 면도 있었지만 재능 있고, 신의 있는 제자였고[28] 비문학자이자 달필가였던 펠리체 펠리치아노(Felice Feliciano of Verona, 1433~79?)가 치리아코의 작업을 이어받았는데, 테오도어 몸젠(Theodor Mommsen)이 그의 업적을 합당하게 평가하였다.[29]

동방 여행자들에게서 이야기를 돌려 로마로 돌아가보면, 기이한 고물(古物) 애호가를 만날 수 있다. 그는 폼포니오 레토(Pomponio Leto, 1428~97)인데 재발견된 로마를 너무나 진지하게 받아들여서 로마의 관습을 재생하고 일상생활에 대한 고대 작가들의 지침을 따르고자 했다.[30] 그

---

26 이 책 52쪽, 특히 제2장 주 26을 보라(E. Jacobs).

27 R. Sabbadini, *Enciclopedia italiana* 10(1931) p. 438 s. v.; B. Ashmole, 'Cyriac of Ancona', *Proc. Brit. Acad.* 45(1959) pp. 25~41는 고유물들에 대해서 기록한 치리아코의 신뢰성 문제를 주로 다루었지만, p. 26. 1에 장차 출판될 몇 개를 포함하여 많은 유용한 참고 문헌을 제시하고 있다. 치리아코의 관심과 활동을 보여주는 가장 폭넓은 자필 원고인 그의 『일기』(1436)는 P. Mass, 'Ein Notizbuch des Cyriacus von Ancona', *Beiträge zur Forschung*, Studien und Mitteilungen aus dem Antiquariat Jacques Rosenthal, Folge I, Heft I(1923) pp. 5~15에 의해서 출판되었다. 치리아코와 펠리케 펠리치아노에 대해서는 또한 Wardrop, *The Script of Humanism*(1963) pp. 146ff.

28 C. Mitchell, 'Felice Feliciano Antiquarius', *Proc. Brit. Acad.* 47(1961) pp. 197ff.

29 *CIL* V(1872). Mitchell, op. cit. pp. 211ff.는 새로운 증거에 의하여 몸젠의 오류를 바로 잡았고 펠리치아노의 업적에 대한 우리의 지식을 향상시켰다.

30 Vladimir Zabughin, *Giulio Pomponio Leto*, 2 vols.(Grottaferrata and Rome 1909~12, 러시아어 원본으로부터 번역되었다). J. Wardrop(이 책 제1장 주 63), pp. 20~23에 들어있는 폼포니오 레토에 대한 훌륭한 부분을 참조하라. 또한 레토의 과정과 베네치아에서의 교육 활동에 대한 새로운 자료에 대해서는 J. Delz, 'Ein unbekannter Brief von Pomponius Laetus', *IMU*

는 퀴리날리스 언덕에 있는 자신의 집을 고대의 유물, 화폐, 메달, 비문으로 가득 채웠다. 그는 그리스어를 좋아하지는 않았지만 라틴어에 대해서는 완벽을 기하였고 우아한 라틴어 필체를 추구하였다. 그는 1460년경에 이른바 로마 아카데미(Roman Academy)를 수립했고, 많은 외국 학생을 포함한 열의 있는 청중에게 거의 매일 강연하여 전(全) 유럽에 명성을 떨치게 되었다. 그러나 불행하게도 이교도 의식을 행하고 카타콤에서 비밀 모임을 가짐으로써 가톨릭교회의 의심을 불러일으켰다. 그의 기이함은 해롭지 않은 것 같았지만 교황 바울로 2세는 레토와 로마 아카데미의 주요 회원들을 구금하고 심지어 고문하였고, 1467년에 아카데미를 해산시켰다. 그러나 바울로 2세의 후계자들은 후대 대항 종교개혁 시기에 일어날 수치스러운 박해의 전조였던 바울로의 조처를 명예롭게 정정하고자 노력했다. 그리하여 로마 아카데미는 식스투스 4세 때에 복원되었고, 레오 10세 때에 다시 번성하였다.

레토의 아카데미는 학자가 개인적으로 펼치던 강연이 창설자가 죽은 후에도 계속되어 조직된 학교로 발전하는 사례이다. 우리는 또한 이를 개인 도서관이 공공 도서관으로 변화하는 것과 비교해볼 수 있을 것이다. 비록 인문주의 운동이 본질적으로 교육적 성향을 강하게 띠고 있었지만,[31] 여기서 학교-교육의 역사 전체를 살펴보는 것은 불가능하다. 우리는 지금까지 학자들의 교육 활동을 오직 가끔씩 살펴보았고 앞으로도 학교-교육과 학문 연구의 관계만을 살펴볼 것이다. 학교 교육과 학문 연구는 서로의 관계를 계속 필수적으로 유지해야 했다. 즉 학교는 학문 연구의 지도가 필요했고 학문 연구는 학교에서 이루어지는 언어 교육과 텍스트 설명이 필요했다. 물론 수도원 학교, 성당 학교, 도시 학교, 개인 학교, 구(舊)대학들을 인문주의 정신으로 개혁하고 재조직하는 것은 서서히 진행되었다.

9(1966) pp. 417ff.을 보라.

31 G. Saitta, *L'educazione dell'umanesimo in Italia*(1928) 참조.

그중 일부는 소멸되었고, 여러 곳에서 새로운 기관들이 수립되었다.

우리는 헬레니즘 시대 후기(기원전 100년경)에 문법학자(γραμματικοί)가 주요 교사였고[32] 그 후 모든 시대에 문법이 학문의 출발점이었다는 것을 살펴보았다. 중세 후기(1200년경)에 알렉상드르 드 빌르디외(Alexander of Villedieu)가 만든 문법 교본과 그와 비슷한 책들이 14~15세기에도 여전히 널리 쓰이고 있었다. 그것들은 전체적으로 프리스키아누스(Priscianus)에 근거해서 후기 고대 혹은 중세 라틴어의 교재로 사용되었다. 에라스뮈스가 '야만'에 대한 투쟁을 시작했을 때(1484년경), 그는 알렉상드르의 문법서와 그것과 비슷한 문법책들을 빈정대며 조소하지 않을 수 없었다.[33] 고전 문헌을 연구하여 문법을 새롭게 정립한 최초의 책은 위대한 교육자인 과리노 다 베로나의 『문법』(Regulae grammaticae, 1418)이었던 것 같다. 그러나 50년 후 니콜로 페로티(Niccolò Perotti)의 『기초 문법』(Rudimenta grammatica, 1468)이 비로소 낡은 라틴어 문법을 대체하였다.

얼마 후에 이탈리아에서 고대 그리스어를 가르치던 그리스 이민자들이 그리스 문법서들을 내놓았다. 앞에서 살펴보았듯이 살루타티는 크리솔로라스를 콘스탄티노플에서 피렌체로 데려오는 데 성공하였다.[34] 크리솔로라스는 자신의 학생들(이들 중 몇몇은 매우 뛰어난 학자들이었다)을 위하여 『그리스어에 대한 질문들』(Ἐρωτήματα τῆς Ἑλληνικῆς γλώσσης)을 썼는데, 이는 당연히 디오니시우스 트락스(Dionysius Thrax)의 『문법』(Τέχνη γραμματική)을 근거로 했다.[35] 이렇게 해서 이미 동방에서 기본적으로 쓰이고 있던 이 작은 책이 서방 세계에도 널리 영향을 끼치게 되었다. 크리

---

32 『역사』 [I] 253.

33 'Die Wandlungen der Antibarbari', Gedenkschrift zum 400. Todestag des Erasmus von Rotterdam(1936) 64=Ausgewählte Schriften 203. 52.

34 이 책 50쪽을 보라.

35 『역사』 [I] 266ff.

솔로라스를 따라서 5년 동안 콘스탄티노플에 있었고 50개 이상의 그리스어 필사본을 가지고 돌아왔던 과리노는 『그리스어에 대한 질문들』을 발췌하여 라틴어로 번역하였다. 그의 아들 바티스타 과리노(Battista Guarino)는 1459년 쓴 논고 『가르치고 연구하는 법에 대하여』(De ordine docendi et studendi)[36]에서 아버지의 주요 생각에 대해서 썼다.[37] 그는 라틴어에 대해서 긴 문장을 쓴 이후에 "특히 그리스어 강의에 자주 참가해야 한다"고 말하며 그리스어 공부를 강조하였다. 이탈리아에서 15세기 중엽까지 교육적인 목적으로 두 언어를 모두 배워야 한다는 주장은 일반적이지 않았다. 학문 연구에서도 1480년 이후 몇 년간의 폴리치아노를 제외하면 이탈리아 학자 가운데 누구도 양 분야에서 창조적으로 활동하지 못했다.[38] 최초로 인쇄된 그리스어 문법집, 정확히 말하면 최초로 인쇄된 그리스어 책은 콘스탄티누스 라스카리스(Constantinus Lascaris)의 『질문들』(1476, 1966년 재인쇄)이다. 1508년에 발표된 알두스판*은 요하네스 로이힐린(Johannes Reuchlin)과 에라스뮈스의 전문 저서들을 통해서 대중적인 주제로 부각되기 오래전부터, 야누스 라스카리스와 다른 그리스인들이 토론하고 있었던 고대 그리스어의 발음법 문제를 특별히 다룬 부록을 포함하고 있었다.[39]

라틴어는 계속 주도적인 지위를 유지하였다.[40] 비록 기본적인 문법은 당연한 것으로 여겨졌지만 라틴어 '문체'의 문제, 즉 단어와 구의 문제가

---

36 De modo et ordine docendi ac discendi(아래 주를 보라) p. xi b. viii b. "그리스 문학에 대한 지식이 없다면, 어느 누구도 시를 다루는 원리의 근본을 꿰뚫어 볼 수 없다."

37 나는 표지에 '가르치고 연구하는 방식과 법에 대하여'라는 제목을 담고 있는 인쇄본(Strassburg 1514)을 이용하였다. W. H. Woodward, *Vittorino da Feltre and other Humanist Educators*(1897) pp. 159~78(영어 번역은 다른 인쇄본에 근거했다).

38 이 책 72~73, 78~79쪽을 보라.

* 베네치아의 알두스가 발행한 것.

39 I. Bywater, *The Erasmian Pronunciation of Greek and its Precursors*(London 1908).

40 특히 베로나에 대해 매우 중요한 사례와 언급을 담고 있는 S. Prete, 'Die Leistungen der Humanisten auf dem Gebiete der lateinischen Philologie', *Philol.* 109(1965)을 보라.

뜨겁게 토론되었다.[41] 학교 교사들이 페트라르카 이후에 다른 누구와도 비교할 수 없는 명성을 누리고 있던 고대의 위대한 작가, 즉 키케로만을 모방하도록 권장함으로써 모든 문제를 해결하려는 경향을 보였던 것은 이해할 수 있는 일이다. 따라서 위대한 학자들이 아니라 바로 이 무리들에 의해서 '키케로주의'가 창설되고 전파되었다.[42] 16세기 30년대까지 매우 높은 지위를 누렸던 학자들이 이 태도를 물려받았고 그 가운데 교황 레오 10세의 비서였던 추기경 벰보(Bembo)가 가장 뛰어난 학자였다. 결국 1528년 에라스뮈스가 그의 대화편 『키케로주의자』(Ciceronianus)[43]에서 극단적인 키케로주의자들을 재치 있게 풍자했고 키케로의 능변을 절도 있고 바르게 변용하는 방법을 제시했다.

고대 텍스트는 주의 깊게 해석해야 한다. 주석서의 집필은 학교에서 구두로 하던 설명에서 서서히 발전해 나온 것 같다. 헬레니즘 시대 초기에 학생들이, 가령 제노도토스(Zenodotos)의 학생들이 호메로스에 대한 그의 구두 해설을 받아 적고, 그것을 후대에 남겼다는 증거는 없다. 우리는 단지 이런 전통이 있었을 것이라고 추정했을 뿐이다.[44] 우리가 아리스타르코스 이전, 다시 말해 기원전 2세기 중엽 이전에 글로 쓰인 주석서에 대해서 전혀 모르기 때문이다.

이탈리아 르네상스에서도 주석서는 상당히 늦게 등장했다. 이는 완벽한 주석서를 쓰기 위해서는 텍스트 편집, 선택한 문장들에 대한 해석, 전문 논문들이 앞서 이루어져야 할 뿐만 아니라 그것들이 이미 존재해오던 것이든 재발견되었든 고대의 주석가들(scholiast)의 글을, 그것도 때때로 근대의 보충을 포함하여,[45] 이용할 수 있어야 했기 때문이다.[46] 그럼에도

---

41 이 책 63쪽 이하를 보라.
42 이 책 74쪽 이하를 보라. 또한 Sandys, *Harvard Lectures*(1905) pp. 145ff., 특히 149ff.를 보라.
43 쇤베르거(Schönberger)(1919)가 교정한 텍스트의 별도 편집본이 있다. 그가 주석서 집필을 약속했지만 출판하지 않은 것은 유감스러운 일이다.
44 『역사』[I] 212ff., cf. p. 108.
45 G. N. Knauer, 'Die Aeneis und Homer', *Hypomnemata* 7(1964) 77. 2. 베르길리우스에 대한

불구하고 이미 페트라르카 시기에 그의 찬미자이자 친구였던, 아우구스티누스 수도회의 디오니지 데 로베르티(Dionigi de' Roberti)[47]가 강의를 위해서 르네상스 시대에 매우 애호되던 인물인 발레리우스 막시무스(Valerius Maximus)에 대해서, 그리고 몇 명의 로마 시인에 대해서 일종의 주석서를 썼고, 그 가운데 해설하는 주석들을 복사하여 추기경 조반니 콜로나(Giovanni Colonna)에게 헌정했던 것 같다. 유명한 교사였던 가스파리노 다 바르치차는 키케로의 수사학과 철학 작품 몇 편과 편지들에 대해서 개요적인 해설에 착수하였다. 주석서 편찬의 새로운 전기는 1470년대에 베사리온 추기경의 후원을 받았으며 폴리비오스(Polybios)를 번역했고 대중적인 라틴어 문법서를 새로이 쓴 니콜로 페로티가[48] 마르티알리스(Marcus Valerius Martialis)에 대한 대규모의 백과사전적인 주석서를 쓰기 위해서 자료를 수집하면서 이루어졌다. 그의 주석서는 그가 죽은 후 1489년 『풍요의 뿔』(Cornucopiae)이라는 제목으로 발표되었고 그 후 종종 재인쇄되었다. 그가 다룬 작품들에 대한 고대의 주석서는 하나도 없었다. 폼포니오 레토가 "1487년에서 1490년 사이에 소작품들을 포함하여 베르길리우스의 작품 전체에 대해서 주석서를 냈다"는 전통적인 이야기는 잘못되었다.[49] 그의 '베르길리우스에 대한 주석'은 학생들이 선생의 강의를

세르비우스의 주석서에 대한 보충물은 페라라에서 1459년에 이루어졌고, 아마 과리노 학파의 업적인 것 같다. 바티스타 과리노는 그의 책 『가르치고 연구하는 법에 대하여』, p. xia(이 책 89쪽을 보라)에서 다음과 같이 말했다. "그러나 책에 대한 설명을 하는 것은 매우 유용할 것이다. 어찌되었든 만약 그 설명들이 언젠가 빛을 발할 것이라는 기대 속에서."

46 이 책 12~13쪽을 보라.

47 이 책 24쪽을 보라. 간략한 개요인 'Commentare zu Klassikern', Voigt II pp. 387ff.는 지금도 유용하다. 그러나 이제 P. O. Kristeller, *Catalogus translationum et commentariorum*(1600년까지의 그리스어 및 라틴어를 사용한 작가들에 대해 라틴어로 쓴 주석서) I(1960)의 도움을 받아서 누군가가 이탈리아 도서관들을 추가로 조사하고 초기 주석서들의 역사를 써야 할 것이다. F. Simone, 'Il Rinascimento Francese', *Biblioteca di Studi Francesi* I(1961) pp. 16 , 18, 19, 23, on Dionigi(and others)를 보라. 또한 *Der Kommentar in der Renaissance*, hrsg. v. A. Buck u. O. Herding., Kommission f. Humanismusforschung, Mitteilungen, I(1975)을 보라.

48 이 책 88쪽을 보라. 그의 저술 목록에 대해서는 N. Perotti's version of the *Enchiridion* of Epictetus ed. R. P. Oliver(Urbana, Ill. 1954)를 보라.

적었다가 후에 출판하는 관행에 의해서 매우 드물게 후대에 전해지는 것 가운데 하나였다.[50] 또한 일반적으로 알려진 것과 달리 최초의 바티칸 사서인 조반니 토르텔리(Giovanni Tortelli)[51]가 그의 작품 『정서법에 대하여』(De orthographia)[52]에 담을 인용구들을 선택하는 데 다른 작가들보다는 그가 좋아했던 시인인 데치무스 유니우스 유베날리스(Decimus Junius Juvenalis)를 많이 인용했을 뿐이지 유베날리스에 대해서 별도의 주석서를 쓰지는 않았다는 것을 우리가 알아낸 것도 다소나마 다행스러운 일이다. 15세기 말에 이르러서야 연장(年長) 필리포 베로알도(Filippo Beroaldo, 1453~1505)가 로마 작가들을 해석하는 데 의도적으로 집중했다.[53] 그는 법학 연구의 중심지로 유명했던 볼로냐에서 태어났고, 볼로냐 대학에서 저명한 고전 담당 교수가 되었다. 그는 그의 유명한 친구이자 서신 교환자였던 폴리치아노의 영향을 상당히 받았던 것 같다. 폴리치아노는 다른 누구보다도 해석의 필요성을 역설하였고 그의 『잡록』은 발라의 『주석집』보다 해석의 사례를 더 훌륭하게 제공한다. 역시 볼로냐 대학에서 그리스어를 가르쳤던 코드루스 우르케우스(Codrus Urceus)는 베로알도에 대해서 "볼로냐의 주석가로서 너무나 뛰어나서 주석의 규칙을 보존했을 뿐만 아니

---

49 가령 Sandys II 93. 레토에 대해서는 이 책 86쪽 이하를 보라.

50 Zabughin, *Pomponio Leto* I 264(위의 주 30)를 보라. 그리고 특히 그가 보들리 도서관과 바티칸 도서관에서 찾아낸 필사본들에 대해서는 Zabughin, *Virgilio nel Rinascimento Italiano* I(1921) pp. 190f.를 보라.

51 R. P. Oliver, 'Giovanni Tortelli', *Studies presented to D. M. Robinson* II(1953) pp. 1257~71이 전기적·서지적 세목들을 정리하였다. 몇 가지 흥미로운 일화들이 전해지지만 포조가 리비우스 코덱스를 그의 적인 토르텔리의 머리에 던졌다는 이야기를 뒷받침하는 증거는 찾을 수 없었다.

52 *Commentaria grammatica de orthographia dictionum e Graecis tractarum*(1449년 집필, 1471년 첫 인쇄). 그의 유베날리스 인용문들에 대해서는 E. M. Sanford, *TAPA* 82(1951) pp. 207ff.를 보라. B. A. Müller, *Philolog. Wochenschr.* 50(1930) pp. 111ff.는 르네상스 시대에 인쇄된 책들의 구두점에 대한 상당히 유용한 언급과 참고물을 제공한다. 『역사』 [1] 178f.를 보라.

53 1476 Plin. *n. h.*, 1500 Apuleius, etc. 베로알도의 주석 법에 대해서는 K. Krautter, 'Philologische Methode und humanistische Existenz, Filippo Beroaldo und sein Kommentar zum Goldenen Esel des Apuleius', *Humanistische Bibliothek, Reihe I: Abhandlungen*, vol. 9(1971) pp. 37ff.를 보라.

라 …… 거의 정립했다"고 말했다. 진실로 베로알도를 '주석의 법칙'을 최
초로 확립한 자라고 할 수 있을 것이다. 16세기 초 이후 그를 계승하는 자
들이 많이 생겨났는데, 그들은 로마의 위대한 고전 작가들에 대해서 논평
하는 것도 전혀 두려워하지 않았다.[54] 이 점에서 그들은 고대 주석자들의
작업을 계승하였다.

위에서 볼로냐에서 이루어진 발전에 대해서 묘사했지만 이탈리아의 유
서 깊은 대학들은[55] 르네상스 학문 연구의 교육 분야를 자극하는 데 결정
적인 역할을 하지 않았다. 앞으로 살펴볼 것처럼 알프스 이북의 새로운 기
관들이 더욱 많은 것을 성취하였다. 그러나 대학을 벗어나면 이탈리아에
도 중요한 교육기관들이 있었다. 1321년 피렌체에 세워진 이른바 '스투디
오'(Studio)[56]는 이런 기관으로 가장 빨리 세워진 것 가운데 하나였다. 학
문 연구와 문예 활동을 위해서 세워진 이 스투디오는 14~15세기의 이탈
리아와 그리스의 거의 모든 학자들을 초청하여 강의를 요청하였다. 이
'스투디오'는 1420년 개혁되었다. 폴리치아노가 최초의 학생이었고, 후에
가장 빛나는 졸업생 가운데 한 명이 되었다. 상당히 후에 세워진 또 다른
기관은 1500년 베네치아에 세워진 '연대'(Sodalitas, Φιλελλήνων)[57]였다.
외국 학자들도 이탈리아를 방문하면 이 기관의 회원이 되었다(가령 1508년
에라스뮈스가 그랬다). 베네치아에는 크레타에 있던 필사실(scriptoria)들과
연계되어 있던, 자체의 그리스 문헌 필사실이 있었고, 무엇보다도 알두스
마누티우스(Aldus Manutius, 1449~1515)와 그의 가문의 거대한 인쇄소가

---

54 베르길리우스에 대해서는 Knauer(위의 주 45를 보라), pp. 64 ff.를 보라.
55 F. Paulsen, *Geschichte des gelehrten Unterrichts* I³(1919, reprinted 1960) pp. 13~77은 중세
  후기와 초기 인문주의 학교들에 대해서 간략하게 개관했다. P. O. Kristeller, *Die italienischen
  Universitäten der Renaissance*, Schriften und Vorträge des Petrarca-Instituts Köln I 〔1953〕.
56 Salutati, *Epist.* II 84 'legum et liberalium artium *Studium*'; Isidoro Del Lungo, *Florentia*(1897)
  pp. 101ff., 즉 피렌체의 스투디오, 특히 폴리치아노를 다룬 부분을 보라.
57 D. J. Geanakoplos, *Greek Scholars in Venice*(1962) pp. 128 ff., 즉 '알두스 아카데미의 수립
  과 그 성원들에 대해 다룬 부분'을 보라.

있었다. 알두스는 라틴어와 그리스어를 가르치고 있던 연소(年少) 과리노와 베네치아의 학자로 뛰어났지만 좀 덜 유명했던 라틴어 문법학자 가스파리노(Gasparino)에게 배웠음을 기꺼이 인정하였다.[58] 따라서 그는 고대와 인문주의 시대 문헌의 인쇄자뿐만 아니라 편집자가 될 자격을 충분히 갖추었다.[59] 그가 세운 헬레니스트들의 아카데미(Academy of Hellenists)에 힘입어 알두스는 21년 동안 그리스 작가들의 첫 인쇄본 총 27개를 출판했는데, 특히 1502년 한 해에만 처음 다섯 개를 출판했다.[60] 그는 자신이 열광적으로 찬미했던 폴리치아노의 저술 모음집을 최초로 출판하였다.

베네치아의 '연대'와 피렌체의 '스투디오' 이외에도 새로운 아카데미들이 다른 도시들에서도 세워졌다. 앞에서 살펴보았듯이, 폼포니오 레토가 개인적으로 주도했던 아카데미는 로마에서 번성하다가 핍박을 당했다. 나폴리에 있는 알폰소 왕의 궁정에서 시인과 학자들은 자랑거리였다. 발라는 학식 있는 토론에 능했으며 알폰소 왕까지 그런 토론에 참가했다.[61] 그러나 그가 육성했던 아카데미는 주로 시인들, 물론 큰 반향을 일으킨 『헤르마프로디투스』(Hermaphroditus)의 저자인 안토니오 베카델리(Antonio Beccadelli), 특히 우아한 라틴어 시와 산문으로 에라스뮈스의 귀를 즐겁게 했던 조반니 폰타노(Giovanni Pontano, 1426~1530),[62] 마지막으로 야코포 산나차로(Jacopo Sannazaro, 1458~1530)와 같은 학자-시인들

---

58 그가 자신의 테오크리토스 편집본(1495)을 바티스타 과리노에게 헌정한 것에 대해서는 이 책 89쪽을 보라.

59 C. Dionisotti, 'Aldo Manuzio umanista', Lettere Italiane 12(1960) pp. 375ff.

60 알두스의 인쇄소에 대해서는 Geanakoplos(위의 주 57을 보라) pp. 116ff.와 그 밖의 여러 곳을 보라. 1502년 그리스 작가들의 첫 다섯 인쇄본에 대해서는 A. A. Renouard, Annales de l'imprimérie des Alde(3d ed. 1834, repr. 1953)를 보라.

61 이 책 64쪽을 보라. T. de Marinis, La biblioteca Napoletana dei Rè d'Aragona, 4 vols(1947~52).

62 Ioannis Ioviani Pontani De Sermone libri sex, ed. S. Lupi et A. Risicato(1954). 이는 비엔나에서 쓴 자필 원고에 근거했고, 소개 글과 에라스뮈스에 대한 언급(p. xiv)을 담고 있다. 그러나 폰타노는 또한 루크레티우스의 텍스트도 다루었다. 15세기 루크레티우스 연구에 대한 1차적인 개요를 제공하는 문로(Munro)가 편집한 Lucr.(1872³, pp. 6, 11)를 보라. 또한 여덟 개의 삽화를 담고 있는 B. L. Ullman, 'Pontano's Handwriting', IMU 2(1959)를 보라.

의 모임이었다.

1439년 동서 양 교회가 재통합을 논의하기 위해서 새로운 공의회를 피렌체에서 열었다. 이때 메디치 가문의 후원 아래 이탈리아 최고의 아카데미가 설립되었다. 콘스탄티노플에서 태어났고 스스로를 플레톤(Plethon)(게미스토스의 별칭으로 그 발음이 플라톤과 매우 비슷하다)이라고 불렀던[63] 게오르기오스 게미스토스(Georgios Gemistos)는 비잔티움에서 결코 소멸된 적이 없던 신플라톤주의 전통으로 자신의 철학 체계를 정교하게 세웠다. 그가 공의회의 일원으로 피렌체에 왔을 때 그의 플라톤주의가 코시모 데 메디치(1434년 이후로 권력을 장악하고 있었다)에게 강렬한 인상을 심어주었다. 그리하여 코시모는 피렌체에 자유롭게 조직된 플라톤 아카데미의 설립을 구상하였다.[64] 그는 심지어 연회를 열어서 플라톤의 생일을 기념하던 관습을 부활시켰다.[65] 운 좋게도 그는 열렬한 플라톤주의자였던 마르실리오 피치노(Marsilio Ficino, 1433~99)를 만났다. 피치노는 그의 방에 있던 플라톤의 흉상 앞에 늘 등불을 켜놓았다고 이야기되던 인물로 플라톤의 대화편들을 번역하고 해석할 수 있었다. 그리하여 1477년에 플라톤의 라틴어 번역이 완결되었고, 1513년 마르쿠스 무수루스(Marcus Musurus, c. 1470~1517)의 그리스어 알두스판이 나오기 훨씬 전에 출판되었다. 또한 피치노는 1492년에 플로티노스(Plotinos)를 라틴어로 번역하였다. 플라톤 텍스트를 모두 이용할 수 있다는 것은 아마 그것을 새로이 설명하려는 모든 노력보다 중요할 것이다. 그러나 그런 노력이 행해졌고, 피치노 자신도 그의 『영혼 불멸에 대한 플라톤 신학』(Theologia Platonica)[66]에서 새로운

---

63 F. Masai, Pléthon et le platonism de Mistra(Paris 1956). '플레톤과 인문주의자들'을 다룬 pp. 327 ff. 그리고 pp. 370 ff., pp. 384 ff.를 보라.

64 Nesca A. Robb, Neoplatonism of the Italian Renaissance(1935).

65 피치노가 그의 『향연』 번역서의 머리말에서 이렇게 말했다. R. Marcel, Marsile Ficin, Commentaire sur le Banquet de Platon(1956) 참조.

66 Marsile Ficin, Theologie platonicienne de l'immortalité des âmes, 2 vols. Texte crit. établi et trad. par R. Marcel(1964~65).

해석을 시도하였고, 이 책을 『기독교에 대하여』(De Christiana religione)로 보충하였다. 사도 바울의 「로마인에게 보내는 서신」에 대한 그의 주석의 단편이 지금도 남아 있다. 그 후 피치노의 조카로, 계획에 따라 쓴 『인간의 존엄에 대한 연설』(Oratio de hominis dignitate)의 저자[67]인 조반니 피코 델라 미란돌라(Giovanni Pico della Mirandola, 1463~94)가 피렌체에서 플라톤과 사도 바울에 대해서 강연했다. 이탈리아 모임들 가운데서 다른 어떤 것도 고대와 기독교의 관계라는 종교적 문제를[68] 그렇게 열렬하게 토론하지 않았다. 그러나 피렌체인들은 어떤 신비적 상징주의를 이용하여 양자를 조화시켰다.[69] 이 새로운 플라톤주의는 에스파냐의 신비주의뿐만 아니라 북쪽 국가들에도 광범위하게 영향을 끼쳤다. 가령 성 토머스 모어는 '이탈리아의 위대한 주군인 피코, 즉 미란돌라 백작의 생애'를 영어로 번역하기까지 했다. 플라톤의 기본적인 생각들이 역사의 흐름 속에서 변화되는 것,[70] 그리고 그 모든 변모에도 불구하고 영적 추동력을 유지하는 것은 자연스러운 일인 것 같다. 결정적인 순간에 페트라르카가 이전 세대들의 판단을 뒤집어서 플라톤을 '철학자들의 제1인자'로 인정했고,[71] 르네상스 시대는 페트라르카를 '제1인자'로 인정하였다. 그러나 피렌체 아카데미의 성원 아홉 명의 자질과 관심은 모두 같은 수준에 머무른 것은 아니다. 가장 뛰어난 성원 가운데 한 명이었고, 자기보다 아홉 살 어렸던 피코를 매우 좋아했던 폴리치아노는 그의 『잡록』을 엄숙하게 피코에 대한 칭찬으로 끝마쳤다. 그러나 폴리치아노는 결코 자신을 플라톤주의자, 심

---

67 L'opera e il pensiero di Giovanni Pico della Mirandola nella storia dell' Umanesimo, Convegno internazionale, Mirandola 1963, Istituto nazionale di studi sul Rinascimento, Firenze 1965는 피코 델라 미란돌라의 저술에 기여한 여러 가지 것과 다른 나라에 끼친 그의 영향을 담고 있다. 그의 『라틴어 노래』(Carmina Latina)는 W. 스페이어(W. Speyer)(1964)에 의해서 발견되고 편집되었다.
68 페트라르카가 문제 삼지 않았다는 것은 이 책 25쪽을 보라.
69 콜릿(Colet)과 에라스뮈스가 제시한 다른 해결책에 대해서는 이 책 117~18쪽을 보라.
70 『역사』 [I] 65.
71 이 책 28~29쪽을 보라.

지어 철학자라고 주장하지 않았다. 그는 심지어 철학 텍스트를 설명하거나 그의 『박학』(Panepistemon)[72]에서 학문적인 혹은 학구적인 원리들의 체계에 대해서 숙고할 때도 자신을 오직 '문법학자'(grammaticus)라고만 이야기했다.[73] 그러나 이 책을 보면 그가 체계적인 관점에서 학문 연구를 포괄하는 철학을 거부하지 않았음이 명확하다. 그는 다만 자신이 모든 것을 아는 철학자들에 속하는 것이 아니라 대단치 않은 학자일 뿐이라고 생각했다.

바로 이 피렌체의 신플라톤주의가 알프스 너머 국가들에 큰 영향을 끼쳤다. 그러나 사적으로 또한 공적으로 이루어진 이전의 간헐적인 접촉으로 이미 중부 유럽과 서부 유럽에 이탈리아의 학문 연구를 수용할 수 있는 기반이 마련되고 있었다. 1356년 페트라르카는 밀라노의 사절로 카를 4세가 머물고 있던 프라하에 갔고, 그에게 깊은 인상을 남겼다. 1361년 황제는 페트라르카에게 카이사르와 네로가 오스트리아(Austria)에 특권을 허용한 두 개의 문서 사본을 보냈다. 그러나 페트라르카는 그 문서들의 언어와 문체를 점검한 후에 그것들이 허위라고 명백히 선언했는데,[74] 이는 콘스탄티누스의 기증에 대한 발라의 비판이 있기 거의 한 세기 전의 일이었다. 카를 황제의 총리였던 요하네스 폰 노이마르크트(Johannes von Neumarkt)[75]는 깊은 애정을 갖고 페트라르카를 찬양했으며, 이탈리아 궁정들에 있던 인문주의자들의 모임과 상당히 유사한 지적 모임을 운영하였다. 리엔초 또한 1350년에 그곳으로 피난했으며, 그의 문체가 독일 관리

---

72 '문법학자'(γραμματικός)에 대해서는 『역사』[I] 157f.를 보라. A. Poliziano, *Le selve e la strega* per cura di Isidoro Del Lungo(1925) p. 222. "나는 철학자라고 불리기를 원하지 않고 문법학자 이외의 다른 호칭도 요구하지 않는다." ['Lamia'] ibid., p. 226. "나는 진실로 철학자라는 호칭은 다른 이들에게 넘겨준다. 나를 문법학자 정도로 불러주기를 ……"을 참조.

73 B. Weinberg, *A History of Literary Criticism in the Italian Renaissance*(1961) p. 3.

74 *Lett. sen.* XVI 5(vol. II 490ff. Fracassetti). E. H. Wilkins, *Life of Petrarch*(1961) p. 176 참조.

75 *Schriften Johanns von Neumarkt*, ed. J. Klapper, Vom Mittelalter zur Reformation 6. 1, 2(1930~32).

들(chancellery)의 표현 방식에 영향을 끼쳤다는 것은 쉽게 감지된다.

그러나 이 시기의 이런 접촉은 북쪽에서 인문주의의 첫 결실을 낳지는 못했고, 다만 별로 큰 영향을 끼치지 못한 하나의 에피소드, 즉 우리가 독일의 전(前)인문주의라고 부르는 것을 낳았을 뿐이다.[76] 두 번째의 좀 더 긴밀한 접촉은 거의 1세기 이후에 피렌체에서 필렐포의 제자로 공부했던 에네아 실비오 피콜로미니(Enea Silvio Piccolomini, 1405~64)[77]가 비엔나에 있던 프리드리히 3세(Friedrich III, 1442~55)의 사무국을 방문하면서 이루어졌다. 에네아 실비오는 바젤 공의회에 참가하였고,[78] 1432년 이후 7년간 그곳에서 비극적이게도 로마의 보편주의와 여러 민족들의 개별적인 이익을 조화시키려는 노력이 헛수고라는 것을 관찰하였다. 그는 가톨릭 교회의 지도력만이 유럽을 구할 수 있다고 확신하여 사제가 되었고 매우

---

76 E. 빈터(E. Winter)는 보헤미아의 14세기 종교 운동이 이탈리아의 초기 인문주의와 네덜란드에서 성장했던 '근대의 경건'을 연결하는 고리임을 입증하고자 했다(이 책 113쪽 이하를 보라). 'Die europäische Bedeutung des böhmischen Frühhumanismus', *Zeitschrift für deutsche Geistgeschichte* I(1935) pp. 233ff. 그리고 특히 'Frühumanismus. Seine Entwicklung in Böhmen und deren europäische Bedeutung für die Kirchenreformbestrebungen im 14. Jahrhundert', *Beiträge zur Geschichte des religiösen und wissenschaftlichen Denkens* 3(Akademie-Verlag, Berlin 1964) pp. 9, 169f. ; H. F. Rosenfel. 'Zu den Anfängen der Devotio moderna', *Festgabe für U. Pretzel*(1963) pp. 239ff.가 빈터의 견해를 강력하게 지지하였다. 그러나 이 새로운 가정은 모호한 확신을 반복한다고 입증되는 것은 아니다. 보헤미아의 운동에는 학문 연구의 요소가 전혀 없었던 것 같다.

77 *Opera omnia*(Basle 1551 〔repr. 1967〕 and 1571). 'Briefwechsel', ed. R. Wolkan, *Fontes rerum Austriacarum*, II. Abteilung 61. 62. 67. 68.(1909~18)은 아직 완성되지 않았다. *Prosatori*, ed. Garin(1952) pp. 661~87('기억할 만한 것들에 대한 논평'Commentarii rerum memorabilium)의 오직 작은 발췌물). *Enea Silvio Piccolomini. Papst Pius II. Ausgewählte Texte aus seinen Schriften* hrsg., übers. u. biographisch eingeleitet v. Berthe Widmer(1960). 세 권으로 된 포이크트의 전문 저서에 대해서는 이 책 33쪽 이하를 보라. G. Pararelli, *Enea Silvio Piccolomini*, Biblioteca di cultura moderna 481(1950). E. Garin, 'Ritratto di E. S. P.', *La cultura filosofica del Rinascimento Italiano*(1961) pp. 38~59 with bibliography. 또한 A. R. Baca, 'Enea Silvio Piccolomini's Verteidigung der Literatur', *Antike und Abendland* 17(1971) pp. 162ff. 참조.

78 *De gestis Concilii Basiliensis Commentariorum libri* II(1440). Denys Hay and W. K. Smith in Oxford Medieval Texts(1967)에 의해서 새로 편집 · 번역되었다.

이례적으로 짧은 경력으로 트리에스테의 주교(1447), 시에나의 주교 (1450) — 그는 시에나 근처 코르시냐노(Corsignano)라는 마을에서 태어났는데 그곳이 지금은 그의 이름을 따서 피엔차라고 불린다 — , 추기경 (1456), 그리고 최종적으로 교황 피우스 2세가 되었다. "나는 '피우스(신성한) 아이네아스' …… 명성이 하늘 위에까지 닿았다"(Virg. Aen. I 378f.). 그는 늘 재능 있는 작가로서 적극적으로 활동했다. 비록 프리드리히 3세에게서 위대한 시인의 관을 받았지만 위대한 시인도 탁월한 학자도 아니었다. 그러나 그는 폭넓게 배웠고 재미있게 말하는 이야기꾼이었다.[79] 그는 중앙 유럽에서 라틴어 웅변, 고전 교육,[80] 그리고 역사와 지리에 대한 관심을 전파시키는 데 다른 누구보다도 크게 기여하였다.[81] 그는 그 시대 최고의 중개자였고, 바로 이 때문에 학문 연구의 역사에 한자리를 차지할 자격이 충분하다. 교황으로 선출된 지 1년 후에 그는 바젤 대학의 설립 문서에 서명하였다. 이 대학은 구(舊)대학들과 판이하게 순식간에 인문주의의 고향이 되었고 오늘날까지도 그 지위를 유지하고 있다.[82] 그러나 그는 희망에 부풀어 올랐던 인문주의자들과 학자들에게는 실망스럽게도 학문에 대한 열정을 잃었고, 생의 나머지 기간에 콘스탄티노플을 점령한 술탄을 개종시키려고 노력하다가 아무런 성과를 거두지 못하자 터키인에 대한 십자군을 조직하는 데 헌신했다. 고대 자료들의 발췌물을 많이 포함하고 있는 그의 역사와 지리에 대한 위대한 작품들 몇몇은 단편적으로만 남아 있지만 거대한 영향을 끼쳤다.[83] 심지어 탐험가 크리스토퍼 콜럼버스[84]

---

79 *Historia de duobus amantibus*(1444). 그는 이 책에서 빈에서 카스파르 슐리크(Caspar Schlick) 총리가 벌인 연애와 모험 이야기를 자유롭게 이야기했다(1904년에 부다페스트에서 재인쇄되었다).

80 *De eruditione puerorum*(1450). 보헤미아와 헝가리의 젊은 왕인 라디스라프(Ladislav)에게 보낸 것이다(repr. Washington 1940).

81 당대의 역사에 대한 그의 저술에 대해서는 위의 주 77, 78을 보라.

82 August Rüegg, *Die beiden Blütezeiten des Basler Humanismus*. Eine Gedenkschrift zur Fünfhundertjahrfeier der Basler Universität(1960); Guido Kisch, 'Forschungen zur Geschichte des Humanismus in Basel', *Archiv für Kulturgeschichte* 40(1958) pp. 194ff. 참조.

83 *Historia utique gestarum locorumque descriptio*. 이는 좀 더 덜 정확하게 '우주론'

도 1502~03년 자메이카에서 글을 쓰면서 마사게타이(Massagetes)인에 대한 그의 묘사를 인용하였다. 에네아 실비오의 『보헤미아의 역사』(*Historia Bohemica*)와 『게르마니아』(*Germania*)는 표준 교범이 되었으며, 이탈리아 인문주의와 중부 유럽의 연계가 지속되었다는 것을 입증해주었다.

이탈리아 학자들의 활동은 또한 프랑스·잉글랜드와 같은 서유럽으로 확산되었다. 페트라르카와 추방된 다른 이탈리아인들은 남프랑스를 새로운 고향으로 삼았고, 그곳에서 프랑스의 성당과 수도원들의 도서관에 쉽게 접근하는 이점을 누렸다.[85] 그러나 프랑스가 이탈리아 방문자들 혹은 이민자들의 존재로부터 얼마나 이득을 얻었을까? 1361년 파리에 머물면서 페트라르카는 신의 있는 친구인 사제 피에르 베르쉬르(Pierre Bersuire)와 교우하였다.[86] 그는 선한 왕 장(Jean le Bon)을 위해서 리비우스를 번역하기 시작했다. 이렇게 프랑스 인문주의는 그 초기에 로마 역사에 관심을 가지고 중요한 텍스트를 번역하려는 특징을 보여주었다. 장 드 몽트뢰유(Jean de Montreuil, 1354~1418)[87]와 그의 모임은 페트라르카와 살루타티를 찬미했고 새로운 라틴어 문체를 모방하고자 시도하였다. 그러나 그와 그의 친구들은 고립된 무리로 남아 있었다. 이탈리아와 독일에서의 비슷한 사례들과 비교해본다면 우리는 그들의 운동을 프랑스의 전(前)인문주의라고 불러야 할 것이다.

(Cosmographia)이라고 불렸다. 당대 역사에 대해서는 자서전적 저서인 『기억할 만한 것들에 대한 논평』(*Commentaria rerum memorabilium*)을 썼다.

84 'De Asia' c. 12=*Opera*(1571) p. 289, B. Widmer(위의 주 77을 보라.) p. 386. 2를 보라. 콜럼 버스는 그의 『역사』의 첫 부분의 사본을 가지고 있었다.(Henry Harrisse), *Don Fernando Colon, Historiador de su padre, Ensayo critico*(Sevilla 1871) pp. 67, 75. 콜럼버스 그리고 고대 문헌과 인문주의 문헌에 대한 그의 상당한 지식에 대해서는 A. Cioranescu, *Colón, humanista* (Madrid 1967)를 보라.

85 이 책 26쪽을 보라.

86 F. Simone, 'Il Rinascimento Francese', *Biblioteca di Studi Francesi* I(1961) p. 23.

87 G. Billanovich et G. Ouy, 'La Première Correspondance échangée entre Jean de Montreuil et Coluccio Salutati', *IMU* 7(1964) pp. 337ff., A. Combes, 'Jean de Montreuil et le chancelier Gerson', *Études de philosophie médiévale* 32(1942)는 주로 문학과 신학의 문제에 대해서 다루었다.

15세기에는 스콜라 철학이 특별히 백과사전주의를 지향하면서 여전히 강력한 힘을 갖고 있었다. 그러나 파리 대학의 총장이었던 장 샤를리에 드 제르송(Jean Charlier de Gerson)[88]과 몇몇 다른 사람들은 고전 텍스트에 점점 더 친숙해졌다. 여러 곳을 돌면서 머물렀던 왕의 궁정은 문화생활의 또 다른 중심지였는데 해외의, 특히 이탈리아의 영향을 받았다. 그곳에서 이탈리아의 인문주의에 맞서려는 야심적인 문화 민족주의가 성장했지만, 그 자체로는 학문 연구에 그렇게 풍요로운 결실을 맺지 못하였다. 이런 민족주의적인 성향과 대조적으로 파리에서 피렌체 신플라톤주의의 영향을 크게 받은 르페브르 데타플(Lefèvre d'Étaples, 파베르 스타풀렌시스Faber Stapulensis라고도 불림)[89]은 좀 더 보편적인 정신을 대변했다. 피렌체의 신플라톤주의는 또한 마르게리트 드 나바르(Marguerite de Navarre)와 학문을 장려했던 그녀의 궁정에 큰 영향을 끼쳤다.[90] 또한 이탈리아에 머물렀던 야누스 라스카리스와 같은 그리스 학자들이 프랑스로 가서 그리스어와 문학에 대해서 좀 더 뛰어난 지식을 전파하였다.[91]

이탈리아 인문주의자들이 '선교사'로서 이베리아 반도에 갔다는 증거는 전혀 없다. 물론 세계 전역의 사람들과 편지를 주고받았던 포조[92]가 이 극서(極西) 지역의 사람들과도 편지를 주고받았지만 직접 여행하지는 않았다. 반면에 나폴리로 가기 전 아라곤의 알폰소 왕, 그리고 카스티야 궁정인들은 인문주의라는 새로운 운동을 어느 정도 알고 있었고, 결국 젊은 학자들이 인문주의의 본고장을 방문하기 시작하였다.[93]

이탈리아 인문주의자들은 대부분의 대륙 국가들보다 영국의 섬들을 늦

---

88 앞의 주 87을 보라. Ioannis Carlerii de Gerson, *De mystica theologia*, ed. A. Combes, 1958(Thesaurus mundi). 이는 참고 문헌을 포함하고 있는 비판적 편집본이다.
89 에라스뮈스와 그의 관계에 대해서는 이 책 159쪽을 보라.
90 A. Tilley, *The Literature of the French Renaissance* I(1904) p. 103.
91 이 책 82, 106~07쪽과 149쪽 이하를 보라.
92 Walser, *Poggius*, p. 298; Voigt II 356f. 참조.
93 이 책 149쪽 이하를 보라.

게 방문하였다.[94] 포조는 1418년 윈체스터의 주교, 즉 콘스탄츠 공의회에서 만난 적이 있던 추기경 헨리 보퍼트의 초대를 받아들였다.[95] 비록 포조는 이 방문에서 실망했지만 영국 성직자들은 이탈리아의 뛰어난 학자를 처음 만나는 기회를 얻을 수 있었다. 포조가 오지 않았다면 그들은 매년 이탈리아에서 넘어오는 교황의 관리들과 징세업자 가운데 뛰어난 학자가 끼어 있기만을 기대해야 했다. 그들 가운데 가장 유명한 사람이 과리노의 제자로 불굴의 서신 집필자[96]이자 잉글랜드에서 아마도 최초로 덕과 사악에 대한 인문주의적인 논설을 썼던 '포고자 그리고 징세업자' 피에로 데 몬테(Piero de Monte)였다. 영국 귀족과 성직자들이 새로운 학문을 후원하였고 외국 학자들에게 호의를 베풀었다. 헨리 4세의 아들로 글로체스터의 공작이었던 험프리(Humphrey)는 피에로 데 몬테, 티토 리비오 프룰로비시(Tito Livio Frulovisi)를 비롯한 여러 명의 이탈리아 인문주의자들의 보좌를 받았고,[97] 그의 도서관에 비치하기 위해서 이탈리아에서 필사본들을 구하였다. 그는 후에 이 필사본들을 옥스퍼드 대학에 넘겼다. 그러나 그는 프랑스어로 번역된 고전들을 읽었다고 추정된다. 브루니, 디쳄브리오, 카스틸리오니(Castiglioni)를 비롯한 여러 명의 이탈리아 인문주의자들이 교황이나 메디치 가문에게 그랬던 것처럼 그에게 자신들의 책을 헌정하였다. 에네아 실비오는 바젤 공의회의 사절[98]로서 잉글랜드와 스코틀랜드에 왔다.[99] 심지어 그리스인 문법학자이자 교사로 살루타티가 피렌체로 초청했던 인물인 마누엘 크리솔로라스[100]도 이 나라를 방문하였다.

94 R. Weiss, *Humanism in England during the Fifteenth Century* (2nd ed. 1957).

95 이 책 58쪽을 보라.

96 'Piero de Monte. Ein Gelehrter und päpstlicher Beamter des 15. Jahrhunderts. Seine Briefsammlung'. Herausgegeben und erläutert von Johannes Haller. *Bibliothek des Deutschen Historischen Instituts in Rom*, vol. 19(1941).

97 *Opera* T. Livii de Frulovisiis, rec. C. W. Previté-Orton(1932). 특히 pp. xiiif. 그리고 xxxvf.를 보라.

98 이 책 98쪽을 보라.

99 G. Paparelli, *Enea Silvio Piccolomini*(1950) pp. 51ff.

이탈리아와 알프스 이북과의 접촉은 또한 다른 방향에서도, 즉 북쪽에서 남쪽으로도 유지되었다. 무엇보다도 먼저 독일 학생들이 오랜 전통에 따라 유서 깊은 볼로냐 대학에서 로마법과 교회법을 배우고자 알프스를 넘었다. 그러나 이제 새로운 학문에 매력을 느낀 많은 학생들이 파도바·피렌체·베네치아·로마와 같은 다른 곳으로 갔다. 그들은 대부분, 뉘른베르크 출신의 빌리발트 피르크하이머(Willibald Pirckheimer)[101]와 아우크스부르크 출신의 콘라트 포이팅거(Conrad Peutinger)[102]와 같이 자유 도시의 유서 깊은 혹은 부유한 가문 출신들이었다. 포이팅거는 그의 이탈리아 스승들에게 늘 깊은 의무감을 느꼈다. 그는 1482년에서 1488년까지 이탈리아에서 머물렀는데, 그 후 40년이 지나서 스승들의 강의를 정리한 발췌 모음집을 인쇄하였다. 피렌체에서 그는 운좋게도 폴리치아노와 피코를 만날 수 있었다. 그러나 막시밀리아누스 황제를 위해서 『학설휘찬』(Digests)의 유명한 필사본을 구하려고 열심히 노력했지만 허사였다. 그는 평생 피렌체 아카데미의 신플라톤주의 정신에 도취되어 있었다. 로마에서 폼포니오 레토의 아카데미에 영향을 받았고 돌아가서는 자신의 나라에 있는 로마의 고대 유물을 수집했고, '황제 문학 연대'(Sodalitas literaria Augustana)를 설립하였다. 그는 '중후'하고 '신중'하다는 이유로 에라스뮈스에게서 크게 존경받았으며 고향 도시의 '기록 관리 대신'(cancellarius)이 되었을 때도 이탈리아 친구들과 서신 교환을 지속하였다.

독일 학자들의 또 다른 무리는 이탈리아의 방랑 인문주의자들과 유사했던 유랑 시인들이었다. 여러 나라를 여행했던 모험심 강한 여행가 중 한

---

100 이 책 50쪽을 보라.

101 Willibald Pirckheimer, *Briefwechsel*, hrsg. von E. Reicke und A. Reimann I(1940, repr. 1970), II(1956)., H. Rupprich, 'W. Pirckheimer, Beiträge zu einer Wesenserfassung'. *Schweizer Beiträge zur allgemeinen Geschichte* 15(1957) pp. 64ff.

102 'Conrad Peutinger und die humanistische Welt', *Augusta*(1955) pp. 179~86=*Ausgewählte Schriften*(1960) pp. 222ff. 그리고 'Augsburger Humanisten und Philologen', *Gymnasium* 71(1964) pp. 190ff.

명은 페터 루더(Peter Luder, c. 1415~74)였다. 그는 한동안 연소(年少) 과리노의 제자로 페라라에 머문 후에 다소의 어려움을 겪으면서 파비아와로마, 심지어 그리스까지 갔다. 1456년 하이델베르크로부터 부름을 받은그는[103] 강의 공고에서 "인문학(studia humanitas), 다시 말해 시인·연설가·역사가의 책들을 공개적으로 읽을 것이다"라고 말했다.[104] 이렇게 살루타티의 이 새로운 문구(formula)[105]가 이미 이탈리아 밖에서 받아들여지고 있었다.

콘라트 켈티스(Conrad Celtis, 1459~1508)[106]는 같은 범주에 속하지만 훨씬 신분이 높았다. 그는 알프스 이북 지역에서 라틴어로 최고의 시들을 썼고(「사랑도 가지가지」 Amores, 1502, 「시를 쓰는 기술」 Ars versificandi, 1486 참조), 독일인으로서는 최초로 황제에 의해서 계관 시인이 되었다. 쾰른에서공부하고 독일의 여러 대학에서 플라톤 철학에 대해서 강의한 후에, 이탈리아로 가서 6개월이라는 짧은 기간에 페라라에서 바티스타 과리노에게,파도바에서 무수루스에게, 로마에서 폼포니오 레토에게 배웠다. 켈티스는 비록 유능했지만 늘 이탈리아 대가들의 제자로 남아 있었고, 그를 '독일의 대(arch)인문주의자'라고 부르기는 힘들 것이다. 그러나 그는 한 가지 점에서 독창적이었다. 그는 1497년 잉골슈타트 대학에서 호라티우스에 대해서 강의하면서 작곡가 페트루스 트리토니우스(Petrus Tritonius)로 하여금 매일 강의가 끝나면 부를 수 있도록 19개의 송시에 음절과 박자의 성격과 장단에 따라서 선율을 붙이게 하였다.[107] 다른 점에서 그는 이탈

---

103 Peter Luder는 고립된 인물이 아니었다. G. Ritter, 'Petrus Antonius Finariensis, der Nachfolger Peter Luders in Heidelberg. Ein Beitrag zur Geschichte des Frühhumanismus am Oberrhein', Archiv für Kulturgeschichte 26(1936) pp. 89ff.

104 E. König, 'Studia humanitatis und verwandte Ausdrücke bei den deutschen Frühhumanisten', Beiträge zur Geschichte der Renaissance und Reformation(Festgabe für J. Schlecht)(1917) p. 203.

105 이 책 47쪽을 보라.

106 Conrad Celtis, Opuscula, ed. K. Adel(1966); Briefwechsel hg. u. erläutert von H. Rupprich(1934); Amores, ed. F. Pindter(1934).

리아 인문주의자들의 모방자로서 그들의 관습과 생각을 독일식으로 변용하였다. 그는 자신의 나라가 계속 이탈리아에 뒤처진 상태로 머물지 않기를 간절히 원하였다. 이탈리아 인문주의자들은 그들이 로마인의 후손이라는 것에 자부심을 갖고 있었고 고대 문화를 부흥시키고자 노력하였다. 이에 자극받은 켈티스는 최초로 독일 고대의 가치를 강조하기 시작하였다. 따라서 그는 자연스럽게 쿠자의 니콜라스와 에네아 실비오가 그렇게 많은 관심을 기울였던 타키투스의 『게르마니아』 편집을 시작하였다(1500). 그는 또한 고대 작가들이 아니라 독일 태생의 중세 작가들의 필사본을 찾았다. 실제로 그는 1492/3년 레겐스부르크에 있는 성 에메람(St. Emmeram) 수도원 도서관에서 중세 독일 수녀 흐로스비타(Hrosvitha, 10세기)가 라틴어로 쓴 희곡들, 그리고 프리드리히 1세에 대한 라틴 서사시인 「리구리누스」(Ligurinus, 12세기)를 찾아냈다. 따라서 독일의 학문 연구를 출범시킨 사람은 이탈리아인의 풍조를 모방하면서 연구했던 고전학자 켈티스였다.[108]

켈티스는 운 좋게도 고대 지도의 중세 복사본을 찾았고, 그것을 친구인 포이팅거에게 전해 출판하도록 했다. 그러나 포이팅거는 그것을 출판하

---

107 이는 L. 젠플(L. Senfl)(1534)의 『시의 여러 장르에 대하여』(Varia carminum genera)에 대한 시몬 미네르비우스(Simon Minervius)의 머리말 p. 4a에서 명확하게 입증된다. "〔트리토니우스는〕 …… 켈티스의 권유와 지도 아래 …… 그 선생의 격려를 받아서 선율을 작곡하였다." 트리토니우스가 작곡한 것은 1507년에 인쇄되었다. 16세기 초 짧은 동안에 유명한 당대의 작곡가들이 이렇게 운율을 살리는 방식을 받아들였다. 나는 핀다로스의 첫 『피티아 송가』(Pythian)(Musurgia I〔1650〕, 541)의 멜로디에 맞추어서 이루어진 아타나시우스 키르케(Athanasius Kircher)의 작곡이 J. 뮐러-블라타우(J. Müller-Blattau, Herm. 70(1935) pp. 103ff.)가 입증하려고 시도했던 대로 여전히 이런 전통에 의한 것이었는지는 확신하지 못한다. 켈티스가 한 결정적인 역할에 대해서는 Zeitschrift für deutsche Philologie 46(1914/15) pp. 287f. 그리고 Gymnasium 71(1964) pp. 198f.를 보라. W. Salmen, New Oxford History of Music III(1960) pp. 370f. '교훈풍의 운율에 따른 송시 : 교양 있는 귀족들로부터의 자극'은 위에서 인용한 젠플의 『시의 여러 장르에 대하여』 머리말 속의 켈티스에 대한 증거를 무시하였다.

108 J. Dünninger, 'Geschichte der deutschen Philologie', Deutsche Philologie im Aufriss I²(1957) pp. 87ff.는 독일 학문 전반의 기원에서 인문주의와 종교개혁이 갖는 중요성을 합당하게 강조하였지만, 켈티스의 개인적인 업적에 대해서는 그렇지 않았다.

지 못했고, 16세기 말에 이르러 마르쿠스 벨저(Marcus Welser)가 출판했지만 그것은 여전히 『포이팅거 지도』(Tabula Peutingeriana)라고 불린다. 켈티스는 플라비오 비온도의 『이탈리아 지형도』(Italia illustrata)와 같은 맥락에서 독일 민족(제국에 대립되는 것으로)의 기원과 과거를 다루는 『게르마니아 지형도』(Germania illustrata)를 구상하였다. 그는 또한 폼포니오 레토의 모임을 모델로 삼아 중부 유럽 전역의 문학자들의 모임들을 조직하였다. 켈티스의 인문주의적인 민족주의는 그 자체로는 해로운 것이 아니었다. 그러나 불행하게도 그것은 튜턴족을 과대평가하는 일종의 가면극으로 발전하여, 켈티스는 두루이드(Druids)의 독창적인 지혜와 신플라톤주의의 신비주의를 환상적으로 혼동하였고, 울리히 폰 후텐(Ulrich von Hutten)은 타키투스가 찬양했던 게르만의 덕을 초기 기독교의 신앙심과 동일시하였다.

쿠자의 니콜라스[109]와 로돌푸스 아그리콜라(Rodolphus Agricola)는 순회하는 학자들과 수련자들보다 이탈리아와 알프스 북쪽을 더 긴밀히 연계시켰다. 그들은 1468년에서 1479년까지 두 번의 중단 기간이 있었지만 파비아와 페라라에서 공부하였다. 그러나 니콜라스의 이탈리아 방문은 앞에서 다루었기 때문에 여기서는 에라스뮈스의 선구자로서 아그리콜라에 대해서 알아보자.

1412년 프랑스의 샤를 6세는 페트라르카를 크게 숭앙했던 몽트뢰유[110]를 로마와 피렌체로 파견했고, 그는 그곳에서 브루니와 니콜리를 만났으며 플라우투스(Plautus), 바로(Varro), 그리고 리비우스의 필사본들을 가지고 돌아갔다. 15세기 후반에 로베르 가갱(Robert Gaguin, 1433~1501)이 파리에서 이탈리아와 독일로 가서 여러 차례 임무를 성공적으로 수행했고, 왕이 그를 이 국가들과 잉글랜드 대사로 임명하기에 이르렀다. 그는 새로

---

109 이 책 68~69, 113~14, 218쪽을 보라.
110 이 책 100쪽을 보라.

운 배움에 순수한 관심을 가졌고 『운율에 대하여』(De arte metrificandi, 1478)에서 프랑스 역사책 『프랑스인의 기원과 개략사』(De origine et gestis Francorum compendium, 1495)에 이르기까지 라틴어로 많은 작품을 썼다. 그는 이 역사책을 통해서 파리의 선도적인 인문주의자로 명성을 얻었다. 젊은 에라스뮈스는 가갱이 어떻게 생각하는지 알고자 했기에 자신의 『반(反)야만론』(Antibarbari) 초고를 가갱에게 보여주었고, 가갱은 고전 텍스트에 대한 암시와 언급이 가득 찬 편지들을 보냈다.[111] 16세기 초 최고의 프랑스 고전학자였던 기욤 뷔데(Guillaume Budé)가 메디치가 출신의 교황들인 율리우스 2세와 레오 10세에게 외교 사절로 보내졌다. 이렇게 프랑스 왕궁은 학식이 뛰어난 사람들을 사절로 보냄으로써 이탈리아와 문화적 유대를 계속 촉진하고자 노력하였다.

이베리아 반도에서 온 최초의 젊은 방문자들은, 피렌체에서 최고의 선생을 찾을 수 있었던 운이 좋은 포르투갈인 아이레스 바르보사(Ayres Barbosa), 안젤로 폴리치아노, 그리고 에스파냐 사람 헤르난 누녜스(Hernán Núñez)와 같은 학자들이었다. 그들은 알칼라 대학에서 라틴어와 심지어 그리스어를 가르쳤다. 크레타인인 데메트리오스 두카스(Demetrios Dukas)[112]는 베네치아에서 알두스 출판사를 위해서 일하다가 에스파냐로 갔다. 누녜스와 두카스는 16세기 초 에스파냐의 가장 유명한 저서인 『대역성서』(Polyglot Bible)를 출판하는 데 참가했다. 이 작업은 1502년부터 위대한 추기경 프란치스코 히메네스(Francisco Ximenes de

---

111 가갱의 활동에 대해서는 P. S. Allen's notes, Erasm. Ep. 43을 보라. 『반야만론』에 대한 가갱의 비판에 대해서는 'Die Wandlungen der Antibarbari' in Gedenkschrift zum 400. Todestage des Erasmus(1936) p. 54=Ausgewählte Schriften(1960) p. 192를 보라. 거기서 나는 Ep. 46. 41, "si in formose Veneris cute nervos curem"(내가 비너스의 아름다운 피부에 신경을 쓴다면)에서 'nervos'를 'nevos'로 교정했다. 교정하여 해석한다면 "내가 비너스의 아름다운 피부에 [빠져서] 너희들을 돌보지 않는다면"이 될 것이다. 알렌은 Hor. Sat. 16. 67에 대한 암시를 알아보지 못하였다.

112 D. J. Geanakoplos, Greek Scholars in Venice(1962) pp. 223~55.

Cisneros, 1437~1517)의 후원을 받았다.[113] 1514년 1월에는 그리스어 신약 성경이, 1517년에는 그리스어 구약성경이 완성되어 알칼라에서 인쇄되었으나, 1521~22년 이후에야 상대적으로 작은 편집본으로 각각 600부가 발행되었다.[114] 이는 알칼라 시의 라틴어식 이름, 즉 콤플루툼(Complutum)을 따서 '콤플루텐시스판'(Complutensis)이라고 불렀다. 안토니오 데 레브리하(Antonio de Lebrija, 1444~1522)[115]는 이탈리아에서 20년간 고전들뿐만 아니라 히브리어를 공부하였다. 1502년 히메네스 추기경이 그를 고국으로 불러들였다. 그가 '3개 국어'를 구사하여 『대역성서』 출판에 크게 도움이 될 것이기 때문이었다. 여러 가지 상황으로 『대역성서』의 출판이 지연되고 있는 상황에서 바젤에서 요한 프로벤(Johann Froben)이 선수를 치기 위해서 서두르고 있었다. 그는 1516년 에라스뮈스의 그리스어와 라틴어 신약 성경 3,300부를 발행함으로써 이 분야의 경쟁에서 승리했다.

잉글랜드의 재능 있는 학자들 몇 명도 유명한 이탈리아 인문주의자들의 학교, 특히 페라라에 있던 과리노의 학교에서 학업을 마쳤다. 15세기 전반기에는 백년 전쟁 때문에 영국의 학자들이 파리로 가지 못했고 이탈리아로 갔으며 15세기 말에 그 결과가 몇 가지로 나타났다. 첫 번째 중요한 인물은 토머스 리너커(Thomas Linacre, 1460~1524)[116]인데, 그는 고향 땅 캔터베리에서 베네딕투스파의 고위 수도사였던 그의 삼촌 윌리엄 셀링(William Sellying)에게 교육받았다. 그 후 셀링은 그를 로마와 피렌체로 보냈고, 그곳에서 리너커는 장차 교황 레오 10세가 될 인물과 함께 폴리치아노 그리고 칼콘딜레스(Chalcondyles)의 제자가 되었다. 그는 1487년에서 1498년까지 이탈리아에 머물렀는데, 로마에서는 폼포니오 레토와 함

113 M. Bataillon(이 책 제8장 주 70을 보라. pp 1~78 and passim.).
114 F. J. Norton, Printing in Spain 1501~20(1966) pp 38ff.
115 Bataillon(이 책 제8장 주 70을 보라), pp. 24~42. F. G. Olmedo, Nebrija(Madrid 1942); Geanakoplos(위의 주 112를 보라), pp. 273f. 참조.
116 R. Weiss, 'Un allievo Inglese del Poliziano: Thomas Linacre' in 'Il Poliziano e il suo tempo', Atti del IV Convegno internazionale di Studi sul Rinascimento(1957) pp. 231~36.

께 공부하였고 그 후 파도바와 베네치아에서 공부를 계속했다. 그곳에서 에르몰라오 바르바로(Ermolao Barbaro), 알두스 마누티우스(Aldus Manutius)와 교제하였고 마누티우스가 세운 아카데미의 회원이 되었다. 그는 런던으로 돌아온 후에 강의를 했는데 그의 강의에 토머스 모어가 참석하였다. 두 친구 윌리엄 그로신(William Grocyn)과 윌리엄 라티머(William Latimer)가 리너커와 이탈리아에서 함께 공부했다. 그로신은 최초로 영국 대학에서 그리스어를 가르친 것으로 추정된다. 장소는 아마 옥스퍼드 엑스터 칼리지일 것이다. 이런 일련의 움직임으로 어떤 대격변, 심지어 과거와의 단절도 일어나지 않았다. 책을 수집하고 학교와 대학에서 가르치고, 고대 텍스트를 영어로 번역하고, 라틴어로 그리고 후에는 그리스어로 산문과 시를 쓰는 일은, 물론 당연히 좀 더 고전적인 양식을 지향하였지만, 점진적으로 그리고 조용히 진행되었다. 진실로 존 콜릿(John Colet)의 시기 이전에 영국 인문주의와 학문 연구의 특징적인 모습이 드러나지 않았다.

이탈리아 학자들이 알프스 북쪽을 방문했고 또한 알프스 북쪽의 수련자들이 이탈리아로 와서 이탈리아 전역을 돌아다니기는 했지만, 만약 이런 일만 있었다면 학문 연구의 역사에서 알프스 이북 국가들의 역할은 상당히 미미했을 것이다. 물론 이런 모든 접촉이 알프스 이북의 인문주의를 잉태하는 데 매우 중요했지만, 그 지역 인문주의의 주류는 다른 원천에서, 즉 토착의 원천에서 흘러나왔다.

제2부

네덜란드와 독일의 인문주의와 학문 연구

제6장

근대의 경건(Devotio Moderna)

근대 초 알프스 북쪽에는 고전에 대한 새로운 사랑을 새롭게 고취해줄 수 있는 위대한 시인이 없었다. 그러나 자신들을 '공동생활 형제단' (fratres communis vitae)이라고 부르는 속인들의 새로운 운동이 성경과 교부들, 특히 성 히에로니무스의 원텍스트들에 이르는 길을 찾고자 노력하였다. 또한 그들은 이런 교회 문헌들을 통하여 고대 그리스·로마의 문헌에 접근하였다. 이 운동은 가톨릭교회나 스콜라 전통에 의존하지 않았으며 좀 더 단순하고 개인적인 형태의 새로운 경건을 지향하였고, 여기서 이 운동의 일반적인 명칭, 즉 '근대의 경건'이 유래하였다.[1] 이 운동은 14

---

1 창시자인 헤르트 흐로테가 이 용어를 의도적으로 사용하였다. 이에 대해서는 M. Ditsche, 'Zur Herkunft und Bedeutung des Begriffes Devotio Moderna', *Historisches Jahrbuch* 79(1960) pp. 124f.를 보라. '근대의 경건'의 역사에 대해서는 A. Hyma, *The Christian Renaissance* (1924, 2nd ed. 1965) 그리고 *The Brethren of the Common Life*(1950)를 보라. 또한 *The Youth of Erasme*(1930, 2nd ed., enlarged 1968; 이 책 제7장 주 49를 보라) pp. 21ff., 88ff. 그리고 R. R. Post, *Modern Devotion. Confrontation with Reformation and Humanism*(Leiden 1968)을 보라. 알프스 이북 인문주의에서 '근대의 경건'의 본질적인 중요성은 예전에 A. Roersch, *L'Humanisme belge à l'époque de la renaissance*(1910) pp. 9ff. 그리고 P. Mestwerdt, *Die Anfänge des Erasmus, Humanismus und Devotio Moderna*(1917)에 의해서 강조되었다. 나는

세기 후반 헤르트 호로테(Geert Groote, 혹은 Gerhardus Magnus)에 의해서 홀란트*의 이셀 강변에 있는 데벤터르(Deventer)에 수립되었다. 이 운동은 늘 중심지였던 이 도시로부터 북부 독일에서 비스툴라(Vistula)에 이르기까지 동쪽으로 뻗어나갔고, 진출하는 곳마다 학교를 세웠으며, 그 학교들은 후에 독자적인 인쇄소를 보유하였다.

형제단의 헌장은 사람들의 양심이 어떤 부적절한 판본에 의해서 손상되지 않도록 하기 위해서 '순전한' 텍스트를 강조하였다. 중세 라틴어는 '야만적인' 것으로 혐오되었고, 고전은 교육에서 탁월한 지위를 누렸다. 쿠자의 니콜라스[2]와 토마스 아 켐피스(Thomas à Kempis)가 데벤터르의 학교에서 교육받았다. 데벤터르에서 에라스뮈스 학교(Erasmus's school)의 교장은 알렉산더 헤히위스(Alexander Hegius)였는데 그는 '그리스어의 유용함'에 대해서 시를 썼다. 헤히위스의 친구로, 철학자이자 인문주의자였으며 페트라르카의 추종자였고 또한 피렌체 양식의 신플라톤주의자였던 루돌프 아그리콜라(Rudolf Agricola)[3]는 자신의 가르침을 묘사하기 위해서 '기독교의 철학'(Philosophia Christi)[4]이라는 용어를 만들어냈다. 그는 그 철학은 늘 기독교의 신앙심을 향상시키고자 노력하는 가운데 고대의 지혜와 기독교 신앙을 중재하는 것을 목표로 삼아야 한다고 생각했다.

물론 '근대의 경건'의 영향을 축소하려는 최근의 경향을 알고 있다. 그러나 나는 때때로 지금까지 보존되어 있는 전체 형제단의 텍스트들, 그리고 그곳에서 12년을 보냈던 에라스뮈스의 초기 편지들을 돌이켜보면서 마음을 바꿀 아무런 이유가 없다고 생각한다. 내가 알고 있는 가장 낮은 평가는 H. M. Klinkenberg, 'Devotio Moderna'에서 이루어졌고, 그 논문의 개요는 *Jahres-und Tagungsbericht der Görres-Gesellschaft*(1957) pp. 43f.에 실렸다.

* 네덜란드의 가장 강력하고 부유한 주(州)이다.

2 쿠자의 니콜라스와 이탈리아 인문주의에 대한 그의 관계에 대해서는 이 책 69쪽을 보라.

3 Agricola, 'De formando studio lucubrationes', *Opera* II(1539) pp. 193ff. 그리고 특히 Mestwerdt(위의 주 1을 보라), p. 162를 보라.

4 Clem. Al. *Strom.* VI 8. 67. 1(II p. 465. 21. St.). '그리스도에 따른 철학'를 참조하라.

제7장
로테르담의 에라스뮈스

에라스뮈스는 공동생활 형제단의 학생이었고,[1] 그가 아그리콜라에게서
빌려 온 '기독교 철학'이라는 용어[2]는 그의 기독교 인문주의의 핵심을 관
통한다. 진실로 우리가 그의 문헌학을 이해하려면 이 개념에서 출발해야
한다. 그가 '기독교 철학'에 영감을 받아서 학문 연구에 매진하였고, 학문
의 발전에 거대하게 기여할 수 있었기 때문이다.[3]

---

1 *Opera Omnia* recognovit Iohannes Clericus, 10 vols.(Leyden 1703~06, repr. 1961/2). *Opus
epistularum*(이하 *Ep.*로 줄임) edd. P. S. Allen, H. M. Allen, H. W. Garrod, 12 vols.(Oxford
1906~58). 1967년 이후 새로운 프랑스어 편집본이 준비되고 있다. A. 제를로(A. Gerlo)와 P.
포리에(P. Foriers)가 번역의 총책임을 맡고 있는 『에라스뮈스의 서신들』(*La correspondence
d'Érasme*)은 모두 12권으로 계속 간행될 것인데, 그 제1권은 1484~1514년의 서신들을 모았다.
『소작품들』(*Opuscula*)은 W. K. 페르그송(W. K. Ferguson)이 편집한 *Opera Omnia*의 보충물
이다. 북홀란트 출판사(North Holland Publishing Company)가 암스테르담에서 완전히 새롭게
주석을 단 새로운 편집본을 출판하고 있다. Erasmus, *Opera Omnia*(1969 ff.), ed. and
annotated by K. Kumaiecki, R. A. B. Mynors, and others. 에라스뮈스 작품의 선집이나 전문
연구서들은 이하에서 해당되는 곳에서 계속 언급하였다. 1966년까지의 광범위한 참고 문헌에
대해서는 E. W. Kohls(아래 주 7을 보라.) II pp. 137ff.를 보라.
2 에라스뮈스가 그의 『그리스도 군인의 소교본』(*Enchiridion militis Christiani*)에서 종종 반복해
서 사용하고 있는 '연구의 형식'(studii forma)이라는 관용구도 아그리콜라에게서 취한 것 같
다. 에라스뮈스와 아그리콜라의 관계에 대해서는 P. S. Allen, Erasm. *Ep.* I 106f.를 보라.

에라스뮈스는 로테르담에서 1466년 혹은 1469년에 태어났는데, 탄생 연도로는 1469년이 정확한 것 같다.[4] 그는 1478년에 데벤터르 학교에 입학했고 1487년에 하우다(Gouda) 근처 스테인(Steyn)에 있는 아우구스티누스 수도회에 입회하였으며 1492년에 사제 서품을 받았다. 그 다음 해에 캉브레(Cambrai) 주교를 위해서 일하게 되었고 영원히 수도원을 떠났다. 에라스뮈스는 파리에서 후기 스콜라 철학과 접촉하게 되었고,[5] 다른 어디에서도 뛰어나게 습득할 수 없었던 그리스어 학습에 집중하면서 고전 연구를 계속하였다.[6] 1499년 그의 영국인 학생이었던 마운트조이 경(Lord Mountjoy)이 그를 잉글랜드로 초청하였다. 영국에서 에라스뮈스는 옥스퍼드 뉴 칼리지(New College)에 살면서 모들린(Magdalen)의 존 콜릿(John Colet)[7]을 만났다. 이 만남은 그의 일생의 작업인 성경과 교부들에

---

3 나는 좀 더 일반적인 용어인 '신학'이라는 말 대신에 '기독교 철학'이라는 말을 선호한다. 최근에 두 권으로 발표된 E. W. Kohls, *Die Theologie des Erasmus*, Theologische Zeitschrift, Sonderband I, 1, and 2(Basel 1966)는 비록 그 저자가 이 주제에 대한 기존의 연구를 통찰력 있게 비판적으로 검토한 후에 자신의 신중한 분석을 에라스뮈스의 초기 저작에 한정했지만, 매우 환영할 만하다. 그가 이렇게 연구 범위를 한정했던 것은 이해할 수 있는 일인데 에라스뮈스의 초기 저작들이 그의 기본적인 생각을 모두 담고 있고, 그 생각들은 그의 인생 내내 눈에 띄게도 거의 변하지 않았기 때문이다.

4 'Die Wandlungen der *Antibarbari*', *Gedenkschrift zum 400. Todestag des Erasmus von Rotterdam*(1936) p. 53=*Ausgewählte Schriften*(1960) p. 191. 또한 아래 주 49를 보라. 불행하게도 이 책의 주 11에는 오자(誤字)가 있는데 'quadraginta' 대신에 'quinquaginta'라고 되어 있다. 지금까지 토론에서 이용되지 않았던 *Ep.* 2136(1529. 3. 31)에서 에라스뮈스는 자신을 '60세'라고 했는데, 이는 그가 1469년에 태어났다는 사실을 뒷받침한다. E. W. Kohls, 'Das Geburtsjahr des Erasmus', *Theologische Zeitschrift* 22(1966) pp. 96ff., 347ff.는 1466년 설을 강력하게 주장하고 있지만 나에게는 설득력이 없어 보인다.

5 그는 신랄한 문체로 소르본의 전통주의와 옛날 에피메니데스(Epimenides, 기원전 6세기 그리스의 시인이자 철학자 — 옮긴이)의 '말라붙은 피부'를 비교하였다. 많은 정보를 제공하는 사려 깊은 박사 학위 논문인 C. Dolfen, *Die Stellung des Erasmus zur scholastischen Methode*(Diss. Münster 1936)를 참조하라.

6 에라스뮈스의 초기 서신은 파리의 그리스어 교사들에 대한 값을 따질 수 없이 귀중한 자료이다. 이 책 163쪽을 보라.

7 J. Colet, *Opera* ed. J. H. Lupton, 5 vols.(1867~76, repr. 1965/6)., J. H. Lupton, *A Life of John Colet*(1887, repr. 1961)., L. Borinski, *Englischer Humanismus und deutsche Reformation*(1969) pp. 12ff. 그의 강연들에 대해서는 P. Albert Duhamel, 'The Oxford Lectures of J. Colet',

대한 연구에 결정적인 역할을 했다.

콜릿은 '이탈리아의 영국 용병'(Inglese italianato)이 되지 않고 이탈리아에 상당 기간 살았다. 그러나 그는 피렌체의 플라톤주의를 적극적으로 받아들였다.[8] 그가 이탈리아에서 돌아와 에라스뮈스를 만나기 전까지 3년간 행한 사도 바울의 「로마인에게 보내는 서신」과 「고린도인에게 보내는 서신」에 대한 강의에는 피치노가 쓴 『플라톤 신학』에 대한 직접적인 언급이 담겨 있다. 우리는 앞에서 피렌체인들이 어떤 신비적 상징주의(mystic symbolism)를 이용하여 고대와 기독교를 조화시키려고 했다는 것을 살펴보았다. 그러나 콜릿은 완전히 다른 길을 갔고, 앞으로 살펴볼 것처럼 에라스뮈스도 그랬다. 콜릿은 진정 문헌학적 방법으로 그 모순을 해결하려고 했다. 그는 영국에서 여전히 15세기에도 성행하고 있던 중세의 풍유 기법을 적용하지 않았고, 근대 플라톤주의자들의 상징을 이용한 방법(symbolic method)을 채택하지도 않았다. 그는 실제 편지를 쓴 현실의 인간으로서 사도 바울의 종교적 감성을 이해하고, 서신들 그리고 세부적으로는 거기에 담긴 문장과 단어들의 의미를 파악하려고 시도하였다. 이렇게 그는 페트라르카가 키케로의 편지들을 해석했던 모범을 확실하게 따랐다.[9] 콜릿은 진기한 지식의 새로운 난제들을 발견하는 것이 아니라(그는 매우 철저하게 스콜라주의를 비난하였다) 현실 생활에서 진정한 경건심을 '복원'(restitution, 이는 그 자신이 사용한 말이다, Erasm. *Ep.* 108. 58)하는 것을 해석의 목표로 삼았다. 따라서 원칙적으로 그는 에라스뮈스가 학생 시절부터 친숙하게 알고 있던 '근대의 경건'의 경향에 대해서 동의했다.

콜릿의 생각이 에라스뮈스 삶에 직접적인 변화를 가져오지는 않았지

Journal of the History of Ideas 14(1953) pp. 493ff.를 보라. 옥스퍼드 올 솔스 칼리지에서 찾았고 일정 부분 자필 원고를 포함하고 있는 새로운 필사본 자료들에 대해서 그리고 폭넓은 참고 문헌에 대해서는 Sears Jayne, *John Colet and Marsilio Ficino*(1963), 특히 pp. 77f.를 보라.

8 이 책 95~97쪽을 보라.

9 이 책 22쪽을 보라.

만, 그의 삶의 목표를 명확하게 만들었고 그가 위대한 성취를 이루기까지 부단히 노력하면서 겪었던 암울한 시기에 그를 인도하는 빛이 되었다. 무엇보다도 콜릿의 생각은 기독교의 경건심을 고대의 '인문정신'(humanitas)으로 부활시킬 수 있다는 에라스뮈스의 믿음을 강화하였다. 이러한 프로그램의 윤곽은 그의 『반야만론』의 초기 형태에서 이미 명백하게 눈에 띈다. 그 책은 파리에서는 가갱을 기쁘게 했고 잉글랜드에서는 콜릿에게 깊은 인상을 주었다.[10] 그러나 콜릿을 당혹시키는 어려움이 있었는데, 이미 오래전인 1459년에 바티스타 과리노가 교육적인 목적에서 그리스어의 중요성을 강조했음에도 불구하고 자신이 그리스어를 배우지 않았다는 것이다.[11] 콜릿은 자신의 젊은 친구인 에라스뮈스에게 "그것이 없으면 우리는 아무것도 아니다"라고 고백했다. 에라스뮈스와 다른 많은 사람들이 이 말을 반복해서 이야기했으며, 마침내 스칼리게르는 "그리스어를 모르는 자는 아무것도 모른다"[12]라고 이야기했다. 이제 에라스뮈스가 다소 서툰 자신의 그리스어를 다듬는 일이 긴급해졌고 이 때문에 그는 파리로 돌아가야 했다. 그러나 후에 에라스뮈스는 두 차례의 중요한 방문을 위해서 잉글랜드로 다시 갔다. 먼저 1505/6년에 성 바울 대학의 학장이던 콜릿과 이미 유명한 변호사였던 토머스 모어를 만나기 위해서 런던을 방문했고, 1509년과 1514년 사이에는 런던과 케임브리지를 방문했다.[13] 그는 두 번째 방문을 하는 동안 1512/13년에 케임브리지에 살면서 퀸스 칼리지에서 그리스어를 가르쳤고, 그리스어 신약성경과 히에로니무스의 라틴어 텍스트의 간행을 준비하였다. 그는 이 두 번의 영국 방문 사이에 이탈리아에 가는 기회를 얻었고 1508년에 베네치아에서 알두스 아카데미의 회원이 되었

---

10 *Ausgewählte Schriften*, p. 193.

11 이 책 89쪽을 보라.

12 *Epist*(editio Lugd. Batav. 1627) p. 51.

13 *Erasmus and Cambridge, The Cambridge Letters of Erasmus*, trans. by D. F. S. Thomson, introd., comm. and notes by H. C. Porter(1963).

다.[14] 에라스뮈스는 베네치아에서 모든 시간을 도서관과 인쇄소, 학자들의 모임에서 보냈다. 그 후 에라스뮈스는 루뱅[15]과 바젤 사이에 있는 라인 지역을 자주 오르내리며 여행하였다. 그곳에서 자신을 위해서 일해 줄 훌륭한 인쇄업자 요한 프로벤을 만났고, 1521년에서 1528년 사이에 그곳에 살았다.[16] 1529년 바젤에서 종교개혁으로 인한 분쟁이 일어나자 에라스뮈스는 브라이스가우(Breisgau)의 가톨릭 도시인 프라이부르크로 옮겨 갔지만, 1535년 그가 사랑했던 도시 바젤로 돌아왔고 그곳에서 1536년에 세상을 떠났다.

에라스뮈스는 잘 알려졌듯이 여러 지역, 여러 나라에서 살았다. 에라스뮈스는 그의 유명한 편지(Ep. 1314. 2ff.)에서 울리히 츠빙글리(Ulrich Zwingli)에게 "나는 모든 사람으로 구성된 공동체, 즉 세계의 시민이기를 열망합니다. 아니면 차라리 이방인이길"이라고 말했다.[17] 그러나 똑같이 눈에 띄고 중요한 사실은 그의 사상이 지속성을 갖고 있다는 것이다. 그는 '기독교 철학'이라는 근본적인 개념에 처음부터 끝까지 충실하였다. 이 '철학'은 앎은 잘 행동하기 위한 필수 조건이고 무지는 사악함에 이른다

---

14 이 책 93~94쪽을 보라. 전반적인 것에 대해서는 P. de Nolhac, *Erasme en Italie*(2nd ed. 1898)를 보라. A. Renaudet, *Érasme et l'Italie*, Travaux d'humanisme et renaissance 15(1954)는 제목에 나타나 있듯이 좀 더 포괄적이다. 그가 베네치아를 방문한 후에 알두스판 『격언집』(*Adagia*)의 쪽수가 매겨졌고, 다른 자들도 이 모범을 따랐다.

15 Henry de Vocht, *History of the Collegium trilingue*, 4 vols.(1951~05), 특히 III, 406을 보라.

16 의심할 나위 없이 바젤에서 보낸 해들은 그의 인생에서 가장 중요했음이 틀림없다.

17 이 말을 인용하는 데서 다음과 같이 이어지는 매우 중요한 문장을 잊어서는 안 된다. "내가 천상의 도시를 향하기에 그곳의 시민으로 등재되기를 원한다." 에라스뮈스의 '스토아적인' 사해동포주의에는 기독교적인 목적이 있다. C. R. Thompson, 'Erasmus as Internationalist and Cosmopolitan', *Archiv für Reformationsgeschichte* 46(1955) pp. 167ff.조차 '하늘의 도시'를 언급하지 않았다. 나는 상당히 조심스럽지만 "내가 천상의 도시를 향하기에 (모든 사람이) 그곳의 시민으로 등재되기를 원한다"라는 구절이 에라스뮈스가 매우 잘 알고 있었던 교부의 글에서 유래했을 것이라고 생각한다. Greg. Naz. *Orat. in laudem sororis Gorgoniae* c. 6(PG 35. 796)의 "고르고니아에게 고향 땅은 천상의 예루살렘으로 …… 우리 모두가 그곳에 등재되어 있고 그곳을 향해간다"를 참조하라. 비슷한 표현이 그리스어와 라틴어로 된 다른 교부 문헌에도 등장할 것으로 생각된다. E. Arnold는 사도 바울의 「히브리인에게 보내는 서신」 12:22이 최초의 원천이라고 주장했다. 또한 「히브리인에게 보내는 서신」 13:14를 참조하라.

는 소크라테스의 이론과 불가분하게 연계되었다. 따라서 자기 시대의 무지와 싸우는 것은 악과 싸우는 것이었다. 그는 영적인 쇠퇴는 언어의 퇴화에서 매우 명확하게 드러난다고 느꼈다. 따라서 영적이고 도덕적인 르네상스는 언어에 대한 연구에서 시작해야 했다. 에라스뮈스는 고대 언어에 대한 향상된 지식으로 고대 텍스트를 교정하는 것을 그 어떤 것보다 가장 고귀한 과제라고 생각했다. 이 교정 작업은 영적이고 도덕적인 삶의 원천을 제공하는 작품들, 즉 먼저 성경, 그리고 고전들, 마지막으로 고전과 성경을 연계했던 교부들의 작품들을 대상으로 삼았다. 이런 텍스트에서 수세기 동안 계속되어온 오류를 바로잡고 원래의 명백히 순수한 진리를 복원함으로써 자기 시대의 타락을 제어할 수 있으리라 생각했고, 따라서 새로운 편집본뿐만 아니라 특히 주석서,[18] 쉽게 풀어 말하기(paraphrase),[19] 번역이 꼭 필요하다고 여겼다.

에라스뮈스는 그의 신약성경 초판(1516)의 머리말에서 '방법에 대해서'라는 제목으로 자신의 해석법의 개요를 서술했고, 1519년과 1522년에 발행한 제2판과 제3판에서 그것을 확대하였으며 후에 텍스트와 제목을 바꾸어 상당히 긴 논고를 『참된 신학에 도달하기 위한 방식 혹은 방법 개요』(*Ratio seu methodus compendio perveniendi ad veram theologiam*)라는 제목으로 별도로 발표하였다.[20] 에라스뮈스가 쓴 작품들의 텍스트를 거의 모르는 신학자들이 종종 주장하는 것과 달리 이 '방법'은 협소한 문헌 교정(verbal criticism)을 내세우지 않았다. 오히려 그 반대로 에라스뮈스가 제시한 규범에 따르면 세부 항목들을 이해하기 위해서는 신성한 말의 전부를 알고 이해해야 한다. 따라서 그는 "신성한 말을 들어라,[21] 그러나

---

18 이탈리아 르네상스 당시 주석서에 대해서는 이 책 90쪽 이하를 보라.

19 고대의 '쉽게 풀어 말하기'에 대해서는 『역사』〔I〕 219.5 Addenda를 보라.

20 Neudruck und Bibliographie in Erasmus, 'Ausgewählte Werke', hg. von H. Holborn, *Veröffentlichungen der Kommission zur Erforschung der Geschichte der Reformation und Gegenreformation*, München 1933, pp. 150~62 'Methodus', pp. 175~305 'Ratio'. 그리고 *Gnomon* 12(1936) pp. 625ff.에 실린 나의 논평을 보라.

전체를 들어라"라고 말했다. 따라서 그는 모든 구체 항목들이 복음과 전통으로 표현된 기독교의 교리라는 살아 있는 본체와 조화를 이룬다는 것을 제시하려고 했다. "의미(sensus)가 기독교의 교리의 체계에 맞아야 한다." 에라스뮈스는 이렇게 지속적으로 이성에 호소했지만 과도한 합리주의에 빠져들지는 않았다. 에라스뮈스는 존 콜릿과 달리 토마스 아퀴나스와 같은 중세의 위대한 철학자들을 인정했지만, 인간의 지식과 연구에 한계가 있음을 강조하면서 퇴화한 중세 후기 신학이 난해한 논리를 펼쳤던 것에 반대하였다.

고전 연구에 대한 모든 역사서는 고트프리트 헤르만(Gottfried Hermann)의 다음 말을 인용하곤 한다. "모르는 것에 대한 어떤 앎과 기술이 있다"(est quaedam nesciendi ars et scientia). 그리고 빌라모비츠[22]는 한때 이미 휘호 흐로티위스(Hugo Grotius, 1583~1645)*가 "무언가를 모른다는 것을 [아는] 것이 지혜의 핵심 부분이다"라고 똑같은 말을 했다고 언급했다. 그러나 이보다 먼저 에라스뮈스는 그가 쓴 한 편지[23]에서 "무언가를 모른다는 것을 [아는] 것이 지식의 일부이다"라고 말했는데 이 편지는 자주 인쇄되고 흐로티위스도 확실히 알고 있었다. 이런 문장이 표현하고자 하는 것은 변변찮은 회의주의가 아니라 종교인이 자연스럽게 갖는 망설임, 인간 이성의 한계를 넘어서지 않을까 하는 그들의 두려움이다. 에라스뮈스는 다른 편지[24]에서 "뭔가를 묻고 따지는 것보다 경외하는 것이

---

21 에라스뮈스는 '단어'(verbum)라는 말보다는 '말'(sermo)이라는 말을 좋아했다(특히 「요한복음」 1:1에 대한 그의 번역을 보라). Th. More, Correspondence, ed. E. F. Rogers(1947) ep. 83 p. 179는 에라스뮈스가 '로고스'를 그렇게 표현하는 것을 열정적으로 지지하였다. '신의 말씀'(verbum divinum)의 거대한 중요성에 대해서는 Max Schoch, Verbi Divini Ministerium, vol. 1 Verbum-Sprache und Wirklichkeit, 1968을 보라. 이 책은 오직 종교개혁가들과 루터만을 다루었다.

22 Geschichte der Philologie, p. 49.

* 네덜란드의 법학자로 그의 대작인 『전쟁과 평화의 법』(De Jure Belli ac Pacis, 1625)은 근대 국제법에 최초로 큰 영향을 끼쳤다.

23 Ep. 337. 419.

24 Op. IX 273B.

더 나을 때가 있다"라고 말했다. 매우 기묘하지만 에라스뮈스의 이 문장을 알지 못했던 괴테는 거의 같은 말을 하곤 했다.[25] 에라스뮈스에게는 합리를 넘어서는 것들에 대해서 극도로 강력한 감성이 있었다. 그러나 에라스뮈스는 인간은 한계가 있다고 하더라도 자신의 의무인 '인식하고, 이해하고, 아는 것'에 가능한 최고의 노력을 경주해야 한다고 믿었다. 그는 청중과 독자뿐만 아니라 편집자와 해석자도 가장 엄격하게 비판적인 판단을 해야 하고 쉽게 권위에 굴복하지 않도록 경계해야 한다고 주장했다.

에라스뮈스가 수많은 공격에 대해서 끊임없이 대답했듯이 지식은 결코 진정한 종교에 위험한 존재가 될 수 없다. 오히려 무지는 잘못된 텍스트나 엉터리 해석 못지않게 위험하다. 에라스뮈스는 신약성경에 대한 여러 서문들에서 문법에 맞게 교정하려는 그의 노력을 비하하고 의심스럽거나 잘못된 전통적인 독법(讀法)을 유지하려는 자들을 여러 차례 비꼬며 반박하였다. 그는 "좋아요, 하느님께서 문법 위반자들 때문에 화가 나시지는 않을지도 모릅니다. 그렇지만 그들 때문에 기뻐하시지도 않을 것입니다"라고 말했다. 그리고 좀 더 진지하게 "왜 구두점 찍는 일을 신경 쓰십니까? 그러나 잘못 찍힌 모음 아래 표기점(이오타 히포스티그마 hypostigma), 쉼표와 같은 사소한 것들이 이단을 만들어냅니다"라고 하면서 사례를 제시했다. 그는 「방법」 끝 부분에 매우 장엄한 음조로 "따라서 그리스도를 순수하게 가르치는 자는 진정 위대한 교사이다"라고 선언하면서 학문적인 비판 없이는 '복음의 진실'의 '순수한' 원천에 도달할 수 없다는 자신의 믿음을 매우 명확하게 밝혔다.[26]

학문적인 비판은 헬레니즘 시대의 영광 가운데 하나였다. 이탈리아 학자 가운데 진정한 비판 정신을 최초로 보여준 사람은 앞에서 살펴보았듯이[27] 발라였다. 우리는 에라스뮈스가 브루투스(Brutus), 팔라리스(Phalaris), 세

---

25 Ausgewählte Schriften, p. 246.
26 Ausgewählte Schriften, p. 214.

네카, 사도 바울, 즉 이른바 서신 작가들의 작품(Epistolographi)으로 알려진 몇 작품에 대해서 '서한'이라기보다는 '소논설'(declamatiunculae)이라고 부르는 것이 적절하다고 말했다는 것을 잊지 말아야 한다.[28] 이는 발라를 넘어서 리처드 벤틀리(Richard Bentley)로 가기 위한 작은 발걸음이었다.

헬레니즘 시대의 학문 연구는 호메로스에 집중되었다.[29] 우리는 이 장의 여러 곳에서 헬레니즘 시대의 학문 연구를 떠올리곤 했다. 그러나 이제 연구의 중심이 호메로스가 아니라 신약성경이 되었다. 호메로스에 대해서 그 자신이 자신의 해석자라고 말해졌듯이, '신성한 성경' 자체가 '그자신에 대한 해석자'라고 불렸다. 성경 비판과 주석 분야에서 에라스뮈스의 유일하게 가치 있는 선구자는 발라였고,[30] 에라스뮈스는 그에게 크게 신세를 지고 있다고 느꼈다. 에라스뮈스가 학문 세계에 기여한 여러 가지를 평가하는 데서 정확한 출발점은 늘 1516년 바젤에서 출판된 신약성경의 그리스어 텍스트 편집본이다.[31] 그 다음 해에 한스 홀바인(Hans Holbein)은 그의 천재성을 발휘하여 에라스뮈스를 그렸는데 그 그림들에서 에라스뮈스의 인문주의자 및 복음주의자로서의 면모가 완벽하게 조화를 이루었다.[32] 그러나 에라스뮈스는 켄틴 메치스(Quentin Metsys)가 메달 위에 그린 그의 초상에 "글이 더 좋은 '그림'을 보여줄 것이다"라는 명문을 첨가하였다.[33]

---

27 이 책 67쪽 이하를 보라.

28 문제 전반에 대한 각각의 언급을 담고 있는(Dionys. Areop.) T. O. Achelis, 'Erasmus über die griechischen Briefe des Brutus', *Rh. Mus.* 72.(1917/18) pp. 633ff.를 보라. 또한 이 책 237쪽 이하를 보라.

29 『역사』 〔I〕 105ff.

30 이 책 67쪽 이하를 보라.

31 『새로운 증거』(*Novum Instrumentum*)라는 제목으로 출판되었으나, 이후의 판본들은 전통적인 제목으로 돌아갔다. 머리말의 논설들에 대해서는 이 책 120쪽을 보라.

32 Hans Diepolder, 'Hans Holbein d. J., Bildnisse des Erasmus von Rotterdam', *Der Kunstbrief*, Heft 56(1949).

에라스뮈스가 가장 먼저 신경 쓴 것은 좋은 필사본을 구하는 것이었다. 그는 이에 대해서 이 시기에 쓴 서문들에서는 언급하지 않았지만 편지에서는 때때로 언급하였다.[34] 우리는 그가 케임브리지에서 '몇 편'의 그리스어 필사본을 가지고 있었고 바젤에서 좀 더 좋은 것을 구하기를 원했지만 그러지 못해 실망했다는 것을 알고 있다. 그는 인쇄본을 위해서 15세기의 필사본을 준비했고, 처음에는 로이힐린에게서 빌려 온 12세기의 다른 필사본을, 그 후 그가 좀 더 정확하다고 생각했던 13세기의 필사본을, 마지막으로 15세기의 다른 필사본 두 개를 교정자에게 주었다. 그는 1519년, 1522년, 1527년, 1535년의 판을 내기 위해서 새로운 필사본들을 '점검하였다.' 즉 학생들로 하여금 오후에 큰 소리로 필사본을 읽게 하고 그는 주석을 달았다. 그 작업에는 정말 우연이 많이 작용하였다. 가령 에라스뮈스는 「요한계시록」의 그리스어 필사본의 경우 로이힐린에게서 구한 것 하나밖에 없었고 그나마 끝 부분의 몇 행은 유실되었다. 때문에 에라스뮈스는 직접 라틴어 텍스트를 그리스어로 번역하여 결루된 부분을 은밀히 채웠다. 이 텍스트는 1550년 로베르투스 스테파누스(Robertus Stephanus)가 2절판(folio edition)으로 간행한 그리스어 성경에 인쇄되어 본문으로 공인되었다(textus receptus). 300년이 지나서야 이 부분을 그리스어로 보충하면서 오로지 그의 그리스어 지식에 의존하였다는 것이 밝혀졌다.[35] 이와 같은 기이한 현상은 지나가는 길에 하는 말일 수도 있지만 에라스뮈스의

---

33 Ov. *Tr.* I 7. 7ff. "나의 모습을 …… 그러나 노래들이 더 큰 나의 형상이다." Mart. IX 76. 9ff. "나에게는 도화지 위에 그려진 것이 더 큰 형상이다"와 비교하라. W. Speyer, 'Naucellius und sein Kreis. Studien zur den Epigrammata Bobiensia', *Zetemata* 21(1959) p. 59를 보라. 그리스어로 표현한 에라스뮈스의 말은 자신이 만들어낸 것 같다.

34 *Ep.* vol. XII(1958) Indices pp. 33f., 145f., P. S. Allen, 'Erasmus' Services to Learning', *Proceedings of the British Academy*(1924/5)(Annual Lecture on a Master Mind) and *Erasmus*(1934). 성경 연구의 역사에서 에라스뮈스의 편집이 갖는 의미는 여러 차례 논의되었다. *The Cambridge History of the Bible*, vol. II: 'The West from the Fathers to the Reformation', ed. G. W. H. Lampe(1969) pp. 492ff.를 보라. 또한 Bruce M. Metzger, *The Text of the New Testament*(2nd ed., 1968) pp. 98ff.를 참조하라.

35 Lagarde, *GGA*(1885) p. 64.

그리스어 신약성경이 그의 가장 위대한 인문주의 작품이라는 것은 변함 없는 진실이다. 이 성경은 메디치가 출신 교황 레오 10세의 인정을 받았다. 레오 10세는 그것을 로마 교회에 기여한 학문적인 업적으로 탁월한 것이라고 인정했다. 또한 마르틴 루터(Martin Luther)는 그것이 출판되자마자 1516년「로마인에게 보내는 서신」에 대한 그의 혁명적인 강의에서 이용하였고,[36] 신약성경을 독일어로 번역하는 데 비록 유일한 것은 아니었지만 가장 중요한 자료로 삼았다.[37] 이후 얼마 있지 않아 에라스뮈스는 양측의 심각한 공격에 노출되었다. 그러나 그는 뛰어난 학문적 우월성을 바탕으로 자신의 활발한 비판과 개인적인 견해를 포기하지 않고 가톨릭교회의 충실한 일원으로 남아 있을 수 있었다. 우리는 이를 1870년 제1차 바티칸 공의회 이후에 교회를 떠나는 문제에서 뮌헨의 그의 스승 이그나즈 될링거(Ignaz Döllinger)를 따르지 않았던 액턴 경(Lord Acton)의 태도와 비교해볼 수 있다. 제2차 바티칸 공의회 때, 회의가 막 시작할 시점에는 에라스뮈스의 정신이 어떻게든 부활하는 것처럼 보였다. 교황 요한 23세[38]는 깊은 애정과 이해로써 '모국어'(materna vox)*를 찬양하면서 그가 젊은 성직자들의 교육을 위해서 추천하는 라틴어 책 가운데에 에라스뮈스 · 비베스 · 폰타누스의 작품을 포함시켰다.

이탈리아 인문주의자들의 노력 덕분에 고전들의 새로운 편집본이 그렇게 매우 절실하게 요청되지는 않았다. 그럼에도 불구하고 에라스뮈스는 테렌티우스 · 쿠르티우스 · 수에토니우스 · 플리니우스의『자연사』, 리비우스, 그리고 키케로의 철학 서적 몇 편의 새로운 편집본을 만들었고,[39] 크세노폰의 일부, 플루타르코스 · 갈레노스 · 루키아노스 · 에우리피데스의『헤

---

36 *Werke*(Weimarer Ausgabe) vol. LVI, p. 1 ii (Register).

37 W. von Loewenich, 'Die Eigenart von Luthers Auslegung des Johannes-Prologes', *SB Bayer. Akad.*, *Phil.-histor. Kl.* 1960, H. 8, p. 27.

38 *Constitutio* 'Veterum Sapientia'(1962)를 보고, *Gymnasium* 71(1964) pp. 200, 203을 참조하라.
* 라틴어를 말한다.

39 *Ep.* vol. XII(1958) Indices pp. 30ff.

카베』와 『이피게네이아』를 번역하였고,[40] 아리스토텔레스와 데모스테네스의 그리스어 텍스트를 출간하였다. 이렇게 부차적인 성취도 결코 작은 것이 아니었다. 그러나 그리스어 성경을 제외하면 그가 가장 근본적으로 원했던 것은 교부들의 원텍스트로 가는 길을 여는 것이었다. 에라스뮈스는 학생일 때,[41] 그리고 수도원에서 생활할 때 성 히에로니무스에 관심을 가졌고, 1500년에 그의 편지들을 연구하기 시작하였다. 1516년에 그의 작품 전체 텍스트가 바젤에서 신약성경과 함께 인쇄되어 큰 2절판(large folio) 전 9권으로 간행되었다. 그것은 프로벤 출판사에서 2회, 그리고 파리에서 1회 재인쇄되었다. 에라스뮈스는 또한 키프리아누스·힐라리우스·암브로시우스·이레나이우스·아우구스티누스(1529년 스타우트 2절판 stout folio 전 10권으로 완성되었다), 요하네스 크리소스토무스의 텍스트를 간행하였다. 그러나 에라스뮈스는 의심할 나위 없이 히에로니무스를, 그리고 후에는 오리게네스를 가장 중요하다고 생각했다. 그는 1500년 직후에 히에로니무스의 작품에 대해서 했듯이 오리게네스의 텍스트를 연구하기 시작했고, 그 과업을 완수하기 위해서 말년의 쇠약해가는 힘을 온전히 바쳐야 했다. 이것은 1536년 그가 죽은 지 석 달 후에 2절판으로 두 권이 출판되었다. 에라스뮈스가 오리게네스에 대해서 특별한 존경을 느꼈던 것은 두 사람이 직면했던 문제가 유사했기 때문일 것이다. 16세기에 에라스뮈스는 3세기에 오리게네스가 그랬듯이 기독교와 교양의 종합을 구축하고 새로운 성경 문헌학을 만들고자 노력하였다.

에라스뮈스의 이 모든 출판물을 합한다면 그 양은 산을 이룰 것이다. 또한 당시에 필사본들의 세계를 탐험하고 주의 깊은 교정본을 만든다는 것은 지금은 상상할 수도 없을 만큼 힘들었다. 후대의 편집자들은 에라스뮈스가 필사본의 독법을 충분히 검토하지 않고 너무나 많이 추측에 의존

---

40 번역에 대해서는 Waszink, 'Einige Betrachtungen über die Euripidesübersetzungen des Erasmus und ihre historische Situation', *Antike und Abendland* 17(1971) pp. 70ff. 를 보라.
41 이 책 113~14쪽을 보라.

했다고 비판하곤 한다. 하지만 에라스뮈스의 실제 의도를 고려하고 그의 편집을 세밀히 점검하는 데 수고를 아끼지 않는 현대의 학자는 거의 없다. 그러나 마침내 뛰어난 전문가 가운데 한 명인 J. 겔링크(J. de Ghellinck)[42]는 에라스뮈스가 특히 분량이 많고 어려운 아우구스티누스 작품을 편집한 것에 대해서 우호적이면서 정당한 평가를 해냈다. 에라스뮈스는 전문가를 위해서 텍스트를 완전히 정확하게 편집하거나 순수하게 학문을 연습하기 위해서 주석을 달고 쉽게 바꿔 말하기를 시도하려고 하지 않았다. 신약성경에 대한 머리말에서 쓴 논의들, 즉 '방법'에 대해서는 앞에서 언급하였다. 그러나 어떤 의미에서 그가 편집본에 덧붙여 쓴 수많은 책들은 독자들에게 그리스-로마 텍스트들의 언어와 제재(題材)들을 이해시키기 위한 안내문이었다. 에라스뮈스가 그때그때 주석서를 쓰는 것과 전문 연구서를 쓰는 것 중간에 해당하는 이런 글쓰기를 했다는 것은 그가 오래되었고 지속적인 전통의 한가운데 있다는 것을 말해주는 것이다. 아리스타르코스의 '논문'(ὑπομνήματα), 그리고 '논저'(συγγράμματα)는 헬레니즘 시대의 가장 초기의 사례들이다.[43] 그러나 20세기에도 여전히 다른 사례들을, 가령 빌라모비츠의 저작에서 발견할 수 있다.[44]

에라스뮈스가 쓴 전문 저서들 몇 가지를 살펴보자면 1511년 성 바울 칼리지를 위해서 콜릿에게 헌정한 『연구의 방법에 대하여』(De ratione studii), 『사물과 단어의 이중적 풍요로움에 대하여』(De duplici copia rerum et verborum), 라틴어 문체에 대한 『키케로주의자』(Ciceronianus, 1528),[45] 그리고 『그리스어와 라틴어의 올바른 발음에 대하여』(De recta Latini Graecique sermonis pronuntiatione, 1528)[46]를 들 수 있다. 이 가운데

42 아우구스티누스와 다른 주요 교부들에 대한 에라스뮈스의 편집을 편집자와 인쇄인의 일에 대한 정당한 평가로서 고찰한 것에 대해서는 J. de Ghellinck, in *Miscellanea J. Gessler* I(1948) pp. 530ff.를 보라. 아머바흐(Amerbach)가(家)에 대해서는 이 책 제8장 주 7을 보라.
43 『역사』 [1] 213.
44 *Ausgewählte Schriften*, p. 272.
45 이 책 74, 89~90쪽을 보라.

마지막 두 저술에서 수 세대에 걸쳐 진행되던 문체와 발음에 대한 논의가 정점에 도달했다. 심지어 1516년에 출판된 『대화집』(Colloquia)도 먼저 '언어를 교양 있게 하고' 그 다음에 '삶을 올바르게 세우려고' 시도하였다. 그러나 극도로 재치 있는 풍자 모음집인 『대화집』은 대화체로 그 시대의 사회생활 방식을 쓴 것으로 어떤 의심스러운 성직자들에 대한 다소 신랄한 비판을 담고 있다. 이 책은 궁극적으로 전 세계의 일반 독자들에 의해서 읽혔고, 에라스뮈스에게 찬란하고 오싹하리만큼 큰 명성을 안겨주었다. 에라스뮈스는 자신의 가장 대담한 풍자극인 『우신예찬』(Encomion Moriae)[47]을 런던에 있는 토머스 모어의 집에서 집필하였고(1509) 그에게 헌정하였다. 그것은 완벽한 라틴어의 모델이었고, 에라스뮈스는 그것의 형식과 내용도 모범으로 만들고자 했다. 지식의 결여 · 무지 · 어리석음이 이 세상 모든 악, 그리고 하느님의 법을 어기는 모든 죄의 원인으로 제시되었다. 물론 학문 연구는 무지를 막아내는 보루를 세우는 데 기여한다. 따라서 그는 여러 가지 종류의 지식을 가르치기 위해서 『그리스도 군인의 소교본』(Enchridion militis Christiani, 1501), 젊은 카를 5세를 위한 『기독교 군주 교육』(Institutio principis Christiani, 1516), 바젤에서의 마지막 해에 출간한 『설교술에 대하여』(Ecclesiastes, 1535)와 같은 전문 저술들을 집필하였다. 『설교술에 대하여』는 케임브리지에서 신학교를 맡고 있던 추기경 존 피셔(John Fisher)에게 헌정하기로 되어 있었지만, 에라스뮈스가 그 책을 완성하기 몇 주 전에 피셔와 모어는 순교하였다. 에라스뮈스는 여러 나라에 많은 친구를 두었지만 모어를 이 세상에서 완벽한 인간성의 모델, '최고의 모범' 혹은 '완벽한 모범'이라고 생각했다. 에라스뮈스는 도덕적 힘과 공동체, 즉 나라에 대한 적극적인 헌신과 결합된 최고의 영적인 교양을 갖춘 그를 고전적인 문구를 이용하여 '사계절의 인간'(omnium

---

46 그리스어 발음에 대해서는 이 책 89쪽을 보라. 로이힐린에 대해서는 이 책 141쪽 이하를 보라.
47 Easmus, *Praise of Folly*. 베티 래디스(Betty Radice)가 번역하였고 A. H. T. 레비(A. H. T. Levi)의 귀중한 주석을 담고 있다(1971).

horarum homo)이라고 불렀다.[48] 또한 에라스뮈스의 『대화집』뿐만 아니라 『신약성경』의 초판이 모어의 『유토피아』(*Utopia*)와 같은 해에 출판된 것은 매우 흥미로운 우연의 일치였다.

에라스뮈스는 또한 일련의 논쟁적인 논설들을 썼는데, 그중 두 개는 우리의 주제와 깊은 관련이 있다. 『반야만론』[49]은 에라스뮈스와 그의 몇몇 친구들이 '야만'이라고 불리는 적들에 대항하여 인문주의 프로그램을 옹호하는 대화편이다. 초판은 1520년에 발행되었지만, 하우다에는 그가 그보다 일찍인 1495년쯤에 쓴 원고가 남아 있다. 이 둘을 비교해보면 각각에 사용된 단어들이 많이 다름에도 불구하고 에라스뮈스의 사상과 연구에 확고한 통일성이 있음을 확실하게 알 수 있다. 『자유의지론』(*De libero arbitrio* διατριβή, 1524)[50]은 에라스뮈스 인문주의의 가장 위험한 적으로 보였던 루터를 반박하기 위한 글이었다. 에라스뮈스는 자유의지와 모든 행위에 대한 완벽한 책임을 인식하고 인정하는 것을 원칙으로 제시하였다.[51] 이 원칙이 없다면 그의 모든 이론과 그의 삶의 모든 업적은 의미 없는 것이 될 것이다. 루터의 교리인 '절대적 필연'(necessitas absoluta)보다 이

---

48 *Ep.* 1233.94(1521년 9월 뷔데에게). Sueton. *Tib.* 42. 3 그리고 Quintil. VI 3. 111. 앨런(Allen)은 이 경우에 대한 고대의 자료를 전혀 언급하지 않았다. '사계절의 인간'이라는 표현은 영어로는 흔한 표현이 되었고(R. W. Chambers, *Thomas More*(1935) p. 177을 보라), 심지어 1960년에는 로버트 볼트(Robert Bolt)가 같은 제목의 희곡을 썼다.

49 *Ausgewählte Schriften*(이 책 제7장 주 4를 보라). P. S. Allen, Erasm. Ep. vol. v(1924) p. xx가 하우다 필사본(Gouda manuscript) 텍스트를 발견하였고 Hyma, *The Youth of Erasmus*(1930, 1968²)가 그것을 출판하였다. 이 책 제6장 주 1을 보라. 나는 『반야만론』에 대한 나의 논문에서 히마(Hyma)의 '첫 인쇄본'의 부정확함을 정중하게 지적하였다. 그는 이것을 '방법에 대한 야만적인 공격'이라고 말했다(제2판, 384쪽). 그러나 나는 그가 하우다 필사본과 '첫 인쇄본'의 독법을 검토하는 데, 그리고 인쇄하는 데 범하게 된 기본적인 실수를 바로잡으려고 하지 않는 것에 실망했다. 그러나 이 문제를 더 이상 거론할 필요가 없는데 *Opera omnia* I(위의 주 1을 보라)에서 『반야만론』두 번째 편집자가 나의 독법과 제안을 고려하여 매우 주의 깊게 텍스트를 만들었기 때문이다.

50 Hrsg. von Johannes von Walter, *Quellenschriften zur Geschcihte des Protestantismus* 8(1910, repr. 1935).

51 이 책 70쪽을 보라(발라).

원리에 더 강렬하게 대립하는 것은 아무것도 없다. 에라스뮈스는 루터주의는 '소란, 의견의 불일치, 소요, 분파, 파당'을 야기할 것이라고 생각했다. 그는 또한 루터의 본성과 그의 추종자들의 정신은 '야만적이고, 고약하고, 난폭하고' 심지어 '잔혹하다'고 생각했다(잔혹함atrocity이라는 용어의 불길한 역사가 이 논쟁에서 생겨났던 것 같다). 에라스뮈스는 지식과 믿음, 자유와 경건심, 개인의 자유와 교회가 서로 평화를 이루고 조화되는 가운데 화합하기를 열망하였다. 에라스뮈스의 '평화로움'에 대한 생각은 그의 '사람다움'(humanitas)에 대한 생각과 연계되어 있었다. 그는 매우 자주 평화에 대해서 썼다. '모든 문헌학자들에게'(philologis omnibus) 헌정한 것으로 고대의 지혜를 모아놓았으며[52] 널리 읽히는 작품인 『격언집』의 가장 유명한 부분은 종종 별도의 팸플릿으로 인쇄되는 '경험해보지 못한 자들에게 전쟁은 달콤한 것'(dulce bellum inexpertis)이다.[53] 이는 지금까지 씌어진 것 중에서 모어의 『유토피아』와 똑같은 정신으로 '공격성'에 맞서는 최고의 글이다. 에라스뮈스만큼 전쟁을 혐오했던 사람은 아무도 없을 것이다. 그러나 너무나 기묘하게도 터키의 침입으로 매우 위험했던 해인 1529년에 그는 『투르크인들에 대항하여 치러야 하는 전쟁에 대해』(De bello Turcis inferendo)를 강제적으로 써야 했다. 이 논설에서 에라스뮈스는 동방의 야만적인 침입에 맞서 서유럽 문명 세계를 지키기 위해서 유럽의 기독교인들이 새로운 십자군으로 뭉쳐야 하고, 진정한 '기독교 병사들'[54]이 승리를 거둘 것이라고 주장했다.

에라스뮈스는 자신의 학문 연구와 인문주의가 보편 교회의 진흥에 기여하여 가톨릭교회가 점차 잃어가고 있던 기독교 세계 전체에 대한 영적 지도권을 지켜내기를 원하였다. 말년에 에라스뮈스는 가톨릭교회가 내부

---

52 『역사』[I] 83f., 208f.
53 이는 Pindar, fr. 110 Sn에 나오는 오래된 말이다. "경험해보지 못한 자들에게 전쟁은 달콤한 것이다."
54 이 책 125쪽을 보라.

적·외부적으로 위험에 빠진 것을 목도하였다. 그는 기독교 세계가 모든 대립에서 벗어나 일치하기를 열망하였다. 따라서 그는 모든 사람이 그리스도의 이름으로 친교하는 가운데 일치를 이루기 위해서는 군주, 사제, 그리고 지성 있는 속인들이 교육을 받아야 한다고 생각했다. 그러나 교회가 일치하지 못하고 분열되자, 그는 궁극적인 와해가 얼마나 큰 비극을 야기할 것인지를 명백히 예견하였다. 그는 '기독교 병사'로서 자신의 영적인 무기를 이용하는 것 이상을 할 수는 없었다. 종종, 특히 역사가들이 이야기하는 것과 달리 그는 실패하지 않았으며, 다만 다른 사람들이 그의 충고를 받아들이지 않았다. 그리고 우리가 진정 에라스뮈스 삶의 비극이라고 부를 수 있는 것이 있다면 그가 자신의 다재다능한 마음의 전력을 가톨릭 교회에 바쳤지만 그 교회가 그를 너무나 심하게 오해했다는 데 있다.[55]

---

55 K. Schätti, 'Erasmus von Rotterdam und die Römische Kurie', *Basler Beiträge zur Geschichtswissenschaft* 48(1954)이 자료를 수집하였다. 이그나티우스 로욜라와 성장하던 예수회는 에라스뮈스의 '기독교 철학'에 동감할 수 없었다. R. Pfeiffer, *Humanitas Erasmiana*(1931) p. 22., A. Flitner, *Erasmus im Urteil seiner Nachwelt*(1952) p. 86., H. Rahner, *Ignatius von Loyola als Mensch und Theologe*(1964) p. 373, 그리고 pp. 512f. 참조.

제8장

에라스뮈스의 주변[1]

에라스뮈스의 작업은 전체적으로 실패로 끝났다고 종종 이야기된다. 나는 앞에서 에라스뮈스가 실패한 것이 아니라 다른 사람들이 그의 시의 적절한 경고를 받아들이지 못했다고 지적했다.[2] 어쨌든 에라스뮈스는 그의 세대에 그리고 후속 세대에, 많은 친구들과 약간의 제자들(그는 전문 교사로 때때로 활동했기 때문에 제자가 많지 않았다)에게 거대한 영향을 끼쳤다. 또한 그의 저작을 통해서 수 세기 동안 유럽인들의 마음과 학문 연구에 거대한 영향을 끼쳤다. 인문주의에 반대해서 제기된 주요한 비판 가운데 하나는 그리스·로마 고전의 부활이 유럽 여러 민족들의, 특히 알프스 북쪽 민족들의 자연스러운 발전을 막았다는 것이다. 그런 주장에 의하면 이제 외국어와 외래의 사상으로 교육을 받은 상층 계층과 그렇지 못한 평민들 사이에 간극이 생겨났다. 그러나 15세기에 그렇게 쪼개질 여지가 있었던 일치는 원래 아무 데도 없었다. 그런 것이 존재한다는 생각은 순전히 낭만

---

1 나는 이 제목을 L. Bouyer, *Autour d'Érasme, Études sur le christianisme des humanistes catholiques*(1955)로부터 빌려왔다.

2 이 책 130~31쪽을 보라.

적인 환상이다. 민족의 일치에서 유럽의 보편주의로 눈을 돌려보면 보편
주의를 깨뜨린 것은 민족적 이기심의 증대와 16세기의 종교개혁이었다.
그 시대의 인문주의자들은 유럽이 문화적으로 완벽하게 분열되는 것을
막아야 한다고 뜻을 같이하여 초민족적인 집단을 형성하였다. 그런 사람
들을 연결하는 고리를 만들려는 에라스뮈스의 작업은 매우 큰 힘을 발휘
하였다. 그리고 앞으로 살펴볼 바와 같이 진정한 학문 연구는 가톨릭이 수
행했던 대항 종교개혁의 협소한 전통주의는 말할 것도 없고, 개혁가들의
성경 주석법이나 신교의 새로운 스콜라주의 방식이 아니라 에라스뮈스의
모델에 근거해서 번성하였다.[3]

에라스뮈스의 추종자들이 라인 강 상류 지역, 즉 알자스(Alsatia)와 스
위스, 그리고 바덴에 큰 세력을 형성하였다.[4] 가장 헌신적이고 신실한 제
자는 슐레트슈타트(Schlettstadt) 출신의 알자스인 베아투스 레나누스
(Beatus Rhenanus, 1485~1547)였다.[5] 그는 파리에서 공부한 후에 1511년
부터 1527년까지 바젤에 거주했고, 여러 해 동안 에라스뮈스와 같이 머물
면서[6] 위대한 인쇄업자와 출판업자, 특히 요한 프로벤과 아머바흐
(Amerbach)가(家)를 위해서 일했다.[7] 프로벤이 죽은 후 그는 고향 도시로
돌아갔고, 그 도시에 그의 매우 장대한 도서관을 기증하였는데, 그것은 지

---

3 *Philologia perennis*(1961) p. 13. '문헌학의 일치'를 다루는 문장과 그 다음 문장들은 그것들이
  에라스뮈스의 노선과 로마 가톨릭의 교리를 동일한 것으로 암시하는 한 오해의 소지가 있다.

4 G. Ritter, 'Erasmus und der Humanistenkreis am Oberrhein', *Freiburger Universitätsreden*
  23(1937); E. W. Kohls, 'Die theologische Lebensaufgabe des Erasmus und die
  oberrheinischen Reformatoren', *Arbeiten zur Theologie* I. Reihe, Heft 39(1969).

5 Er. *Ep.* 327. 그리고 *Ep.* XII. 49f. Indices s. v. Beatus Rhenanus에 대한 앨런(Allen)의 소개 글
  을 보라. *Briefwechsel des Beatus Rhenanus* hrsg. v. A. Horawitz und K. Hartfelder(1886, repr.
  1962).

6 이 책 118~19쪽을 보라.

7 *Die Amerbach-Korrespondenz*, hrsg. v. A. Hartmann, 6 vols.(1942~67). 이는 매 권마다 색인
  을 포함하고 있는 뛰어난 편집본이다. 또한 H. Thieme, 'Die beiden Amerbach. Ein Basler
  Juristennachlass der Rezeptionszeit', *L'Europa e il diritto Romano. Studi in memoria di P.
  Koschaker* I(1954) pp. 137ff.를 보라.

금도 거의 손상되지 않고 남아 있다.[8] 페트라르카 이후 다른 인문주의자들
도 그들의 책을 공공의 활용을 위해서 기증하고자 했지만 이 일에 최초로
성공한 사람은 레나누스였다. 프로벤은 그를 통해서 에라스뮈스에게 『신
약성경』을 부탁하였다. "프로베니우스*가 당신에게서 『신약성경』을 얻기
를 간청합니다."[9] 레나누스는 최초의 에라스뮈스 전기를 썼고 아마도 최
초의 에라스뮈스 전집을 만들었으며(1540년 바젤에서 전 9권으로), 후대의
모음집(1703~06년 레이던)은 이 전집에 근거했다. 바젤은 '바젤 공의회'[10]
이래 북방 인문주의의 주요 고향이 되었고, 그곳의 인쇄업자들이 페트라
르카와 그의 추종자들을 비롯한 위대한 인문주의자들의 작품 모음집뿐만
아니라 고전 텍스트들을 계속 발행하였다.[11] 앞에서 살펴보았듯이 이런 간
행물 가운데 많은 것들이 아직도 필수적으로 이용된다.

라인 상류 지역의 도시들은 인쇄소와 새로운 도서관들의 중심지가 되
었을 뿐만 아니라 교육자들과 교사들이 만나는 곳으로도 중요해졌다. 야
코프 빔펠링(Jacob Wimpfeling, 1450~1528)[12]은 슐레트슈타트의 학교에서
교육을 받았고 종국에는 슈트라스부르크에 정착하였다. 그는 그곳에서
교육 체계를 개혁하고 문법과 문체에 대한 훌륭한 근대 교재를 개발·도입
하려고 시도하였다. 슈트라스부르크에서 43년간 김나지움 교장을 지낸
연소(年少) 야코프 슈투름(Jacob Sturm, 1507~89)[13]이 빔펠링을 능가하는

---

8 H. Kramm, *Deutsche Bibliotheken*(아래 주 33을 보라), pp. 102f.

* 프로벤의 라틴식 이름.

9 Er. *Ep.* 328. 36(1515년 4월 17일). 이는 그 시대 프로벤 출판사에 있던 세네카의 『밤샘』
(*Lucubrationes*)의 수많은 독법들을 가득 담고 있기에 저자가 매우 학식이 높다는 것을 전형적
으로 보여주는 편지이다.

10 이 책 99쪽을 보라.

11 Friedrich Luchsinger, 'Der Basler Buchdruck als Vermittler italienischen Geistes', *Basler
Beiträge zur Geschichtswissenschaft* 45(1953) pp. 115ff. 그리고 P. Bietenholz, 'Der italienische
Humanismus und die Blütezeit des Buchdrucks in Basel 1530~1600', ibid., 73(1959) pp. 10ff.

12 P. S. Allen on *Ep.* 224.

13 W. Sohm, *Die Schule Johannes Sturms und die Kirche Strassburgs* ··· 1530~81, Hist. Bibl.
27(1912).

업적을 남겼다. 그는 '근대의 경건' 그리고 에라스뮈스의 영향을 받았던 리에주와 루뱅의 학교를 다녔고, 그의 저술과 학교 내의 교습을 통해서 '유창한'(eloquens)이라는 말을 강조하면서 '지혜와 능변이 함께하는 경건함'(sapiens et eolquens pietas)이라는 이상을 성취하고자 했다. 그에 따르면 키케로를 모델로 해서 새로운 연설을 수련해야 했고 그것은 새로운 신교의 경건에 기여해야 했다. 설교자는 완벽한 연설가가 되어서 가장 순수하고 아름다운 언어로써 그리스도의 순수한 가르침을 설교해야 했다.

레나누스는 폭넓은 대중에게 호소할 야심이 전혀 없었다. 그는 순수 학문 연구에만 전념하는 조용하고 확고하고 근면한 연구자였다. 그가 편집한 타키투스의 『게르마니아』(1519)와 그가 집필한 『게르만인에 대한 책 3권』(Rerum Germanicarum libri tres, 1519)을 같은 주제에 대한 켈티스의 작품들과 비교해보면,[14] 우리는 두 인문주의자가 놀라울 정도로 대조적이었다는 사실뿐만 아니라 에라스뮈스가 주변 사람들에게 거대하고 직접적인 영향을 끼쳤다는 것을 깨달을 수 있다.

레나누스는 초기 게르만족에게는 그들 지역에 헬레니즘 문명이 기독교와 함께 전파되기 이전에 문화가 없었다고 생각했다. 반면에 5~6세기 이탈리아에서 문명이 쇠퇴한 것은 발라가 생각한 것처럼,[15] '고트족'의 침입 때문이 아니라 무관심과 어리석음이 커져갔기 때문이었다. 그리고 16세기 말 이후에 친숙하게 사용되고 있는 역사적·문학적 용어들이 레나누스의 저작에 최초로 등장했던 것 같다. 가령 그의 저술에서 '중간 시대'(media antiquitas)는 고대가 끝나고 학문이 부활하기 전까지의 시기를 가리켰고,[16] '고전 작가들'(classci)은 최고의 작가들을 지칭하는 말이었다.[17]

---

14 이 책 105쪽 이하를 보라.

15 이 책 62~63쪽을 보라.

16 P. Lehmann, 'Vom Mittelalter und von der lateinischen Philologie des Mittelalters', *Quellen und Untersuchungen zur lateinischen Philologie des Mittelalters* V 1(1914) pp. 3, 6f.

17 『역사』[I] 207을 참조하라. G. Luck, 'Scriptor classicus', *Comparative Literature* 10(1958) 150ff.를 참조하라. 내가 아는 한 '고전 작가'(classicus)라는 단어는 1512년 레나누스가 『서신

레나누스는 이전의 학자들보다 후기 로마의 역사와 게르만족에 대해 작품을 남긴 사람들을 훨씬 더 잘 알고 있었고 그들의 텍스트를 주의 깊게 해석하려고 시도했다. 그는 타키투스와 아미아누스 마르켈리누스 (Ammianus Marcellinus)의 잘못 전승된 텍스트를 복원하는 데 놀라울 정도의 성공을 거두었다.[18] 그는 '노력과 열정'이 필요하지만 '통찰력'이 없으면 소용없다고 말했다.

이미 레나누스 시기에 현재 우리가 알고 있는 거의 모든 라틴 텍스트가 발견되고 인쇄되었다.[19] 그러나 그는 1515년 알자스에 있는 뮈르바크 (Murbach) 수도원에서 벨레이우스 파테르쿨루스(Velleius Paterculus)의 텍스트를 새로이 발견하였고, 1520년에 최초로 간행하였다. 이는 '준거본'(codicis instar, 準據本)이 되었는데 후에 필사본이 유실되었기 때문이다. 이 분야의 최후의 발견으로 더 중요한 것은 1527년에 이루어졌다. 시몬 그리네우스(Simon Grynaeus)가 로슈(Lorsch) 수도원에서 리비우스 로마사 제41~45권을 발견했던 것이다. 그리네우스(이 사람도 에라스뮈스 서클의 일원이었다)는 이 발견물을 이용하여 1531년 자신의 편집본을 내놓았다. 그러나 결정적인 간행은 1535년 레나누스와 지기스문트 겔레니우스

교환』 25번(위의 주 5를 보라)의 '고전 작가들'(Scriptor classicus)에서 근대 최초로 사용하였다. B. Kübler, *RE* III 2629. 20ff.는 멜란히톤의 플루타르코스의 『숨어 살아라』(Λάθε βιώσας)의 헌정사에서 "즉 고전 작가인 플루타르코스"라고 언급하였다. 어쨌든 이 고대의 용어가 에라스뮈스의 무리에서 되살아났다. 그러나 나는 에라스뮈스의 저술에서 그 용례를 찾지 못하였다. 그와 편지를 주고받았던 에스파냐인 가운데 한 명이 올바르게 '고전 작가'에 아우구스티누스를 포함시켰다. *Ep.* 2003. 33(1528년 6월 29일). "고전 작가 가운데 에라스뮈스가 우리에게 확고하게 부활시켜 다시 살아난 오직 그 작가만이 남아 있는 것 같다"(톨레도의 대주교, 폰세카). 또한 이 책 25쪽 이하를 보라.

18 아미아누스 마르켈리누스 18. 2. 15에 대한 레나누스의 추정은 일반적으로 받아들여지고 있지만, E. Norden, *Alt-Germanien*(1934) pp. 11ff.는 이를 자신의 논의의 출발점으로 삼았다. 그는 레나누스의 추정을 거부했지만, 편집자·비판가·주석가·역사가로서 레나누스의 공적을 제대로 평가하였다.

19 타키투스의 코덱스 메디케우스(Codex Mediceus, 메디치가의 로렌초 도서관에 보관된 필사본들—옮긴이) 1은 1508년 코르베이(Corvey)에서 발견되었고, 플리니우스의 『트라야누스에게 보내는 서신』(*Ep. ad. Trai*)은 1500년 파리에서 발견되었다.

(Sigismund Gelenius)에 의해서 이루어졌는데, 그들은 로슈에서 발견된 제41~45권의 새로운 텍스트뿐만 아니라 보름스와 슈파이어(Speyer)에서 발견된 제31~40권의 두 개의 새로운 필사본(이는 후에 유실되었다)을 이용하였다. 또한 매우 적극적으로 활동했던 이런 학자들의 일원이었던 겔레니우스는 마르켈리누스의 뒷부분을 헤르스펠트(Hersfeld) 수도원에서 새로이 발견했다[20](방금 언급한 다른 필사본들처럼 지금은 유실되었는데, 다만 2절판 여섯 권이 1876년 우연히 발견되었다). 그가 1533년 편집본을 내는 데 친구였던 레나누스가 폭넓게 기여했고, 전체적으로 그의 작품 양은 정말 거대했다.

라인 강 상류 지역에서 활동했던 에라스뮈스 서클 가운데 최소한 두 명은 추가로 언급해야 한다. 스위스의 인문주의자이자 시인인 하인리히 로리티(Heinrich Loriti, 1488~1563)는 글라루스(Glarus) 출신으로 글라레아누스라고 불렸고, 울리히 차지우스(Ulrich Zasius, 1461~1535)는 콘스탄츠에서 태어났으며[21] 독일에서 로마법 연구를 부활시켰다. 글라레아누스는 라틴어로 시를 지음으로써 명성을 얻은 고전학자 가운데 한 명이었다. 그는 1512년 막시밀리아누스 황제에게서 시인의 월계관을 받았다.[22] 그는 시

---

20 Pasquali, *Storia*, pp. 81ff.를 참조하라.

21 Er. *Ep.* XII Indexes에서 글라레아누스(Glareanus)에 대해서는 pp. 102f.를, 차지우스에 대해서는 p. 188을 보라.

22 이는 그의 동포들이 네펠스(Näfels)에서 오스트리아인에 대항해서 승리한 전투에 대해서 글라레아누스가 그 직후인 1510년에 서사시를 썼지만 결코 발표하지 않았기에 이루어진 이해할 수 있으면서도 흥미로운 일이다. 이 시는 글라레아누스의 제자였던 J. E. 폰 크뇌링겐(J. E. von Knöringen)이 손으로 필사한 복사물로만 보존되었다. 내가 1516년 글라레아누스의 애가의 인쇄된 편집본(현재 Clm. 28325)에 첨부되어 있던 그것을 우연히 발견하였다. 추가의 언급을 하고 있는 'Neues von Glareanus', *Zentralblatt für Bibliothekswesen* 34(1917) pp. 284ff.를 보라. 나는 이 각주를 쓰고 있을 때 마인라트 셸러(Meinrad Scheller)에게 이 라틴어로 쓴 시에 대해서 물어볼 기회가 있었는데, 그는 즉시 *Jahrbuch des Historischen Vereins des Kantons Glarus* 53(1949) pp. 1~36에서 '스위스인들의 연맹이 나이펠스에서 벌인 전투에 대한 헨리쿠스 글라레아누스의 시'를 복사해주었다. 그것은 크뇌링겐이 복사한 텍스트를 콘라트 뮐러(Konrad Müller)가 비판적으로 편집한 것이었다(원래의 출판물에서는 pp. 58~119, 또한 1917년의 『중앙신문』 *Zentralblatt*을 언급하고 있는 p. 9, 주 9를 보라).

인이었기에 자연스럽게 많은 로마 시인들의 작품을 편집하고 논평하였다. 그러나 그는 연대기, 수리 지리학(mathematical geography), 심지어 고대의 음악 이론에 특별한 관심을 기울였다. 사실 1547년에 출간된 『12음계』(Dodecachordon)가 그의 가장 중요한 작품으로 간주되는 것 같다.[23] 에라스뮈스는 그의 폭넓은 지식과 바젤과 프라이부르크에서의 근면한 교육 활동에 깊은 인상을 받아서 그를 '사계절의 인간'이라고 부르기까지 했다.[24] 그러나 에라스뮈스는 그의 문체와 행동에서 다소 과장스러운 측면은 좋아하지 않았다.

반면에 차지우스[25]는 에라스뮈스와 친하고 사랑받는 친구가 되었다. 에라스뮈스는 프라이부르크에 있는 학식 있는 이 법률가의 집에서 언제나 환영받는 손님이었다. 에라스뮈스는 나이 들어서 위장병에 시달렸는데 그의 가장 매력적인 편지 가운데 하나에서 어느 성금요일 저녁 만찬에서 닭고기를 대접받았고, 차지우스와 자신이 비난받았다는 사실을 "코뤼키아의 고발자가 닭고기 냄새를 의회까지 가져갔나 봅니다"[26]라고 이야기했다. 성금요일에 금육(禁肉)하는 것과 같은 미묘한 문제를 이렇게 아이러니하면서도 근본적으로 진지하게 다루는 것은 에라스뮈스의 전형적인 방식이었다.

에라스뮈스는 다소 과장이 없지 않았지만 차지우스를 '제2의 폴리치아노'[27]라고 불렀다. 그가 뮈르바크 수도원에서 발견한 로마법 필사본은 니부어(Niebuhr)의 발견 이전에 가장 중요한 것이었고, 그는 고대 텍스트

---

23 Repr. in *Publikationen älterer praktischer und theoretischer Musikwerke*, herausgegeben von der Gesellschaft für Musikforschung, vol 16(1888).
24 토머스 모어에 대해서는 이 책 128쪽을 보라.
25 *Opera*, 6 vols.(Lugd. 1550), *Epistulae*(1774). Er. *Ep.* 그리고 *Amerbach-Korrespondenz*(위의 주 7을 보라)에 좀 더 많은 것을 보라. R. Stintzing, *U. Zasius*(1857)는 전문 연구서이다. G. Kisch, 'Erasmus und die Jurisprudenz seiner Zeit', *Basler Studien zur Rechtswissenschaft* 56(1960) pp. 317ff. with bibliography p. 318. 2.
26 Er. *Ep.* 1353. 7(1523년 3월 23일). his essay on 'Ichthyophagia'(1526), *Opp.* 1805 B~E.
27 폴리치아노의 법학 공부에 대해서는 이 책 74쪽을 보라.

의 진정한 해석자였다. 그는 또한 프라이부르크에서 변호사로 개업하여 자신의 로마 시민법 지식을 좋은 용도로 사용하였다. 차지우스의 출판물들은 또한 에라스뮈스의 사상이 사법의 영역에서 얼마나 효율적으로 작동했는가를 보여준다.[28] 물론 재판과 법에 대한 에라스뮈스의 전반적인 생각은 당연히 그의 '기독교 철학'이라는 개념에 근거했고,[29] 그것은 당대인들에게 상당히 깊은 인상을 주었다. 그 영향이 이탈리아에까지 미쳤는데, 법학 연구를 프랑스에 소개했던 안드레아 알치아토(Andrea Alciato, 1492~1550)는 에라스뮈스주의자로 간주되었다.[30]

에라스뮈스가 그랬듯이 라인 상류 지역의 학자들은 주로 라틴 애호가들이었지만, 그중 몇 명은 그리스어를 꽤 잘했다. 독일에서 최초로 그리스어 연구를 적극적으로 주창했고,[31] 또한 최초로 동방어 연구(다시 말해 히브리어 연구)를 그리스어 연구와 결합시킨 사람은 바덴 주의 포르츠하임(Pforzheim) 태생인 요하네스 로이힐린이었다.[32] 그는 자신의 이름을 라틴

---

28 프랑스에 대해서 다룬 다음 장에서 이 주제에 대해 좀 더 다룰 것이다. P. Koschaker, *Europa und das Römische Recht*(2nd ed. 1953) *passim*. 그러나 이는 범위가 너무 넓어서 전문적인 연구가 필요하기에 나는 때때로의 언급 이상을 할 능력이 없다.

29 G. Kisch, 'Erasmus und die Jurisprudenz seiner Zeit'(위의 주 25를 보라), *passim*.

30 Ibid., pp. 304ff.

31 Geanakoplos, Greek Scholars in Venice(1962) p. 136이 주장했고 그 후 다른 자들이 따르는 경향이 있지만 도미니크 교단의 수도사인 뉘른베르크의 존 코노(John Cono 혹은 Kuno)를 '독일에서 그리스어 연구를 진정으로 출범시킨 사람'이라고 부르는 것은 전혀 옳지 않다. 그는 파도바에서 무수루스의 강의를 들은 후에 1505년부터 바젤에서 그리스어를 가르칠 수 있었고, 아머바흐 가문의 가정 교사와 아머바흐 가문 인쇄소의 교정자가 되었다. 에라스뮈스와 다른 당대인들은 그의 능력을 인정했지만, 아무도 그것을 로이힐린의 능력과 비교하지 않았다. Erasm. *Ep.* XII Indices(1958) p. 120 그리고 *Amerbach-Korrespondenz* I Index(1942) p. 478의 언급들을 보라. M. Sicherl, 'Nürnberg und der griechische Humanismus in Deutschland', *Jahres- und Tagungsberichte der Görres-Gesellschaft*(1971) pp. 39ff.를 보라.

32 'Joh. Reuchlins Briefwechsel', hrsg. von L. Geiger, *Bibliothek des litterarischen Vereins in Stuttgart* 126(Tübingen 1875). Erasm. *Ep.* I 555를 참조하라. *Zeitschr. f. d. Geschichte des Oberrheins* 76(1922) pp. 249~330. *Reuchlin. Festgabe seiner Vaterstadt Pforzheim zur 500. Wiederkehr seines Geburtstages*, hrsg. v. M. Krebs(1955). 로이힐린에 대한 현대 연구의 비판적인 검토에 대해서는 H. Goldbrunner, 'Reuchliniana', *Archiv für Kulturgeschichte* 48(1966) pp. 403ff.를 보라.

식이 아니라 그리스식으로 표기하여 '연기'(Rauch)를 뜻하는 그리스어 카프노스(καπνός)에서 따와서 카프니온(Καπνίων)이라고 불렀다. 에라스뮈스는 그가 요절한 후에 「카프니온의 승천에 대해서」(De Capnionis apotheosi)에서 그를 기념하였다. 로이힐린은 에라스뮈스와 다른 여러 사람들처럼 파리로 이민해 온 그리스인에게 그리스어를 배웠다. 그가 공부를 계속하기 위해서 로마에 갔을 때 이탈리아에서 활동하고 있던 그리스 학자였던 요하네스 아르기로포울로스(Johannes Argyropoulos)[33]는 "우리의 망명을 통해서 그리스어가 알프스를 넘어 흐른다"라고 말했다. 이탈리아에서 로이힐린은 또한 피렌체의 신플라톤주의자들과 카발라*의 전통을 연구하던 신비주의자들을 만났고, 후에 다시 로마로 가서 히브리어를 배웠다. 그는 1506년에 문법서와 사전과 함께 『히브리어 기초』(De rudimentis linguae hebraicae)를 간행하였고 자신이 라틴주의자 가운데 최초로 그런 일을 해냈다고 정당하게 자부하였다. 그는 외교관으로 일했고, 그의 나라에서는 판사, 평화로운 정원사, 성공한 라틴어 희극 작가, 그리고 열정적인 책 수집가였다. 레나누스가 그의 도서관을 슐레트슈타트 시에 기증했듯이, 로이힐린은 당시 이탈리아에서 인쇄된 거의 모든 그리스어 텍스트를 소장하고 있던 자신의 도서관[34]을 고향 도시인 포르츠하임에 유증하였다. 청년기에, 그리고 다시 인생의 마지막 시기에 잉골슈타트와 튀빙겐 대학에서 그리스어와 히브리어 강사로 활동하였다. 이를 제외하면 대학에서는 직책을 맡지 않았다. 독일의 대학들은 여전히 새로운 학문을 허용하는 데 소극적이었고, 지금까지 언급한 인문주의자 가운데 누구도 몇몇 대

---

33 "보라 우리 망명자들을 통해서 그리스어가 알프스를 넘었다." Melanchthon, 'Declamationes' Corpus Reformatorum XI 238 and 1005에서 인용되었다.

* 유대교 신비주의 일파.

34 K. Christ, 'Die Bibliothek Reuchlins in Pforzheim', Beihefte zum Zentralblatt für Bibliothekswesen 52(1924)., H. Kramm, 'Deutsche Bibliotheken unter dem Einfluss von Humanismus und Reformation', ibid., 70(1938) pp. 266f., K. Preisendanz, 'Die Bibliothek J. Reuchlins', Festgabe(위의 주 32를 보라), pp. 35ff.

학에서 임시직을 제공받는 것 이상을 얻지 못하였다.

그리스 연구 분야에서 로이힐린이 독일에서 맡았던 중개자로서의 역할을 다른 나라들에는 찾아보기 힘들다. 망명한 그리스인들이 그리스어를 가르치기 위해서 처음에는 이탈리아로, 그리고 후에는 앞으로 살펴볼 것처럼 대규모로 프랑스로 갔던 데 반해서 독일에 가지 않았던 것은 놀라운 사실이다. 아우크스부르크나 뉘른베르크와 같은 남독일의 풍요로운 자유도시들은 이탈리아의 인문주의 중심지들과 여러 유대를 맺고 있었다. 특히 위대한 크레타인 무수루스와 다른 그리스인들이 살면서 가르치고 있던 베네치아와 깊은 유대를 맺고 있었다. 그러나 이들 가운데 누구도 알프스를 넘는 초청을 받지 않았고, 시간이 흐르면서 오직 상업 거래자들만이 필사본을 팔기 위해서 갔을 뿐이다. 내 생각에 이런 상황의 점진적인 변화는 전적으로 로이힐린 덕분에 일어났던 것 같다. 그의 제자 가운데 한 명으로 독일 학생들을 위해서 초급 그리스어 문법책을 썼던 게오르크 짐러(Georg Simler)가 로이힐린의 종손(宗孫)으로 멜란히톤(Melanchthon, 1497~1560)으로 더 잘 알려진 필리프 슈바르체르트(Philipp Schwarzerd)에게 그리스어에 대한 지식을 심어준 최초의 사람이었다. 이 재능 있는 젊은 친척에게 깊은 관심을 보였던 그의 종조부(從祖父)처럼 슈바르체르트는 자신의 이름을 그리스식으로 표현하였다. 그는 학자로서 뛰어난 재능을 타고나지는 않았지만 교육자로서는 천재였다. 그는 20세에 그리스어 문법책인 『그리스어 강요』(Institutiones linguae Graecae)를 썼고, 1518년에 인쇄하여 로이힐린의 생각, 특히 그리스어 발음에 대한 생각을 대중화하였다. 이 문법책은 독일 학교들에서 3세기 동안 사용되었다.

발음에 대한 논쟁은 늘 로이힐린과 연계되었다. 그는 독일에 그리스어를 최초로 가르친 교사로서 근대 그리스인들, 즉 이탈리아에 있던 그의 스승들의 발음, 다시 말해 이른바 로이힐린식 발음 혹은 이타시즘(itacism)*

---

* 그리스어를 발음하는 데서 고대의 발음법이 아니라 근대의 발음법을 좇아 에(η), 이(ι), 우(υ)와 이중모음 에이(ει), 오이(οι), 우이(υι) 모두를 이 장모음처럼 읽는 법을 말한다.

을 독일에 도입하였다. 이 법칙에 따르면 모음 에(η), 이(ι), 우(υ)와 이중
모음 에이(ει), 오이(οι), 우이(υι) 모두가 이탈리아어의 이(i)처럼 발음되
었다. 로이힐린의 위대한 친구이고 그의 학문을 칭찬하였던 에라스뮈스[35]
는 1528년 발표한 그의 논고 『그리스어와 라틴어의 올바른 발음에 대하
여』에서 이에 항의하였다. 그는 근대 여러 국가들에서 라틴어의 발음이
왜곡되었다는 것을 지적하면서 모음을 단순화해서 발음하는 근대 그리스
어의 발음법이 고대의 것일 수 없다고 주장했다. 그는 고대에 라틴어가 그
리스어 자음뿐만 아니라 모음을 변용했음을, 따라서 에(η), 이(ι), 우(υ)와
같은 모음의 원래 발음이 달랐음을 입증하였다. 에라스뮈스는 그의 전형
적인 특징대로 이를 무미건조한 논문 형태로 쓰지 않고 오히려 사자와 곰
사이의 재기 넘치는 대화의 형식으로 썼다. 이 대화에서 사자 새끼들은 네
덜란드인, 스코틀랜드인, 독일인, 프랑스인이 그리스어를 조잡하게 읽는
흥미로운 사례들을 통해서 올바르게 그리스어를 읽는 법을 배운다. 이 문
제는 전통적으로 로이힐린파와 에라스뮈스파의 대립으로 파악되고 있지
만 사실은 그렇게 단순하지 않다. 에라스뮈스의 선구자들이 있었으며, 에
라스뮈스는 자기보다 먼저 고전 그리스어와 근대 그리스어의 발음법이
다르다고 주장한 사람들이 있었다는 것을 알고 있었다. 에라스뮈스는 야
누스 라스카리스의 그리스어 발음법이 정확하기에 그를 루뱅의 세 언어
강좌(Collegium Trilingue)에 초대할 것을 권하였다.[36] 이른바 에라스뮈스
발음법이 서유럽에서 일반적으로 채택되었지만,[37] 신교 지역뿐만 아니라
독일의 가톨릭 지역과 이탈리아에서는 독일의 신인문주의 시대까지 로이
힐린의 방식이 주도하였다. 두 파의 강세 악센트를 붙이는 방식에는 아무
런 차이가 없어서 두 파 모두 악센트가 있는 음절에 강세를 두었다.[38]

---

35 이 책 89, 127~28쪽을 보라.

36 Er. *Ep.* 836. 10. '그리스어의 올바른 발음.'

37 E. Drerup, 'Die Schulaussprache des Griechischen von der Renaissance bis zur Gegenwart',
  I(1930) II(1932)., *Studien z. Geschichte u. Kultur des Altertums, Ergänzungsbd.* 6. 7.

38 라틴어의 이런 이상한 방식(anthrópos, árete, 고전 그리스어 식으로 악센트를 표시하면

로이힐린은 유럽에서 인문주의와 반(反)인문주의를 가르는 기준선이
될 기묘한 사건을 겪었다. 그가 연루된 대립의 시작은 그의 고전 연구가
아니라 히브리어 연구에서 시작되었다. 도미니크회 수도사들이 주요 직
책들을 차지하고 있는 쾰른 대학은 보수파의 본거지였다. 이들은 1507년
과 1509년 사이에 네 번에 걸쳐서 유대 서적에 대해 통렬하게 비난하는 글
을 써서 히브리어로 쓰여진 모든 책을 압수하여 없애야 한다고 주장했던
요하네스 페페르코른(Johannes Pfefferkorn)을 지지하였다. 로이힐린은
명백히 기독교에 반대하는 표현을 담고 있는 위험한 책만을 금지해야 한
다고 주장하면서 히브리어 문헌을 아무런 구분 없이 모두 제거하는 것에
항의하였다. 이후 '책의 전쟁'이 발생했다. 1511년 도미니크 수도회는 황
제 법정에 호소하였다. 그러나 당시 법률가 가운데 유일한 동방학자였던
로이힐린은 적들의 무지와 광신성을 폭로하는 글을 제출하였다. 그는
1513년에는 이단으로 고소당하자 교황에게 호소했는데, 다행스럽게도 당
시 교황은 메디치가의 레오 10세였다. 로이힐린은 황제, 프랑스의 왕, 군
주, 선제후, 주교, 수도원장, 그리고 슈바벤의 도시들이 그의 정통성을 확
인해주는 진정서를 교황 법정에 제출할 수 있었다. 모든 추기경들이 불가
피하게 이 논쟁에 휘말려들었다. 매우 많은 사람들이, 특히 독일 전역에서
흥분에 휩싸였다. 그러나 여전히 로마는 결정을 내리지 못하고 있었다.
1514년 유럽 전역의 유명한 학자들로 구성된 로이힐린의 친구들이 『요하
네스 로이힐린에게 보내는 뛰어난 사람들의 서신』(*Illustrium virorum*
epistulae ad Ioannem Reuchlinum)이라는 모음 글을 발표하였다. 그 다음
해에는 『아둔한 자들이 오르트비누스 그라티우스에게 보내는 편지들』
(*Epistulae obscurorum virorum ad … Ortwinium Gratium*)이 출간되었다. 이
책에서 반(反)계몽주의자의 대표로 묘사한 오르트비누스 그라티우스

　ánthropos, areté가 되어야 함 ― 옮긴이)을 그리스 단어에 적용하는 기묘한 방식은 17세기 말
네덜란드의 학자였던 헨니니우스가 도입했다. 홀란트와 인접 국가들의 학파들이 이 방식을 이
용했던 것 같다.

(Ortwin Gratius, 1491~1551)는 쾰른 대학 교양학부의 실제 구성원이었지만, 그의 서신 교환자들은 독일의 여러 대학을 졸업한 것으로 꾸민 가공의 젊은이들이었다. 『편지들』은 이런 사람들의 무지와 궤변을 익살맞게 풍자했다. 거기에 사용된 언어는 기괴하게 라틴화한 독일어로 너무나 유쾌한 것이었고, 발라가 포조에 반대해서 쓴 팸플릿에서 조롱한 '주방의 라틴어'와는 전혀 다르게 교묘한 일관성을 갖추고 있었다.[39] 1516년 제1권의 부록과 새로운 제2부가 등장했다. 설득력 있는 문헌학 분석에 따르면[40] 풍자의 대작이라고 할 수 있는 제1부는 튀링겐(Thüringen) 인문주의자의 뛰어난 일원이었던 크로투스 루비아누스(Crotus Rubianus)가 썼다. 튀링겐 인문주의자들의 널리 인정된 수장은 데벤터르 학교에서 에라스뮈스와 함께 공부했던 무티아누스 루푸스(Mutianus Rufus, 1471~1526)였다. 『편지들』의 제2부는 고대 이암보스(ἴαμβος)*를 좀 더 공격적인 형식으로 바꾼 것으로 울리히 폰 후텐(Ulrich von Hutten)이 썼다. 교황 법정의 최종 판결은 로이힐린에게 전적으로 우호적이지는 않았지만 그는 더 이상 공격을 받지 않게 되었다.

인문주의 운동은 비록 개인적 · 지역적 · 민족적, 그리고 종교적 편차를 보이기는 했지만 독일 안과 밖에서 통일성이 있었는데 『아둔한 자들이 보내는 편지들』의 짧은 역사보다 이 사실을 더 명확하게 보여주는 것은 없다. 그것은 에라스뮈스의 말을 빌리자면 '비극(tragoedia)이 시작되기' 이전에 펼쳐진 일종의 유쾌하고 장난스러운 희극이었다.

---

39 이 책 63쪽 이하를 보라.

40 분석적 연구는 W. Brecht, 'Die Verfasser der Epistolae obscurorum virorum', *Quellen und Forschungen zur Sprach- u. Culturgeschichte der germanischen Völker* 93(1904)에 의해서 시작되었다. 브레히트는 U. von Hutten, *Opera*, ed. E. Boecking(1870)의 보충물에 있는 텍스트를 이용하였다. A. 뵈머(A. Bömer)가 새롭게 비판한 텍스트를 출판했는데(1924), 그는 일정 부분 브레히트와 달랐고 분석적 질문에 대한 후대의 토론을 다루었다. 또한 H. Holborn, *U. von Hutten*(1929)을 보라.

* 그리스 시의 한 형태로 풍자에 많이 이용되었다.

바로 그해, 즉 1515/16년에 루터는 비텐베르크에서 사도 바울의 「로마인에게 보내는 서신」에 대한 강의를 시작했고,[41] 그 다음 해인 1517년에 공개적인 투쟁을 시작했다. 루터는 「로마인에게 보내는 서신」 제1장 17절을 자신의 깊은 종교적 경험으로 해석하여 그 구절에 '오직 믿음으로만 의로워진다'는 가르침이 담겨 있다고 해석했고, 그것이 거대한 파장을 몰고 올 것임에도 불구하고 자신의 해석이 성 아우구스티누스의 견해와 조화를 이룬다고 믿었다. 이것이 루터의 근본적인 생각이었다. 그는 추가 주해를 통해서 점점 더 강한 확신을 갖게 되었다. 이제 성경을 직접 이해하는 것이 가능하므로 예전의 해석들, 오래된 전통과 교리들은 필요 없는 것이 되었다. '신성한 성경은 스스로가 자신의 해석자이다'라는 말이 새로운 의미를 갖게 되었다.[42] 다른 개혁자들도 이렇게 생각했다. 루터는 "신약성경을 번역했지 이해하지 못했다"라며, 다시 말해 개인적인 경험을 파악하지 못해서 진정한 종교적 이해에 도달하지 못했다고 에라스뮈스를 비난하였다.[43]

루터는 '이교적인' 그리스·로마 문헌에 대한 지식을 확대하는 것을 결코 멈추지 않았다.[44] "세속적인 이교도의 지혜에서 이보다 더 좋은 책은 없다"고 말하면서 성경 옆에 이솝 우화집을 두는 것이 그의 전형적인 특징이었다. 그는 직접 여러 개의 이솝 우화(Aesopea)를 독일어로 번역하고 그 서문에서 "지구상에서 실제로 이솝이라고 불린 사람은 결코 없었을 것이다. 그의 이름으로 알려진 우화들은 해마다 점점 더 늘어나고 증가하다

---

41 이 책 125쪽을 보라. W. Grundmann, *Der Römerbrief des Apostels Paulus und seine Auslegung durch Martin Luther*(1964). 이는 비판적 편집본들에 대한 언급을 담고 있다.

42 이 책 123쪽을 보라.

43 에라스뮈스의 관점에서 본 루터와 루터주의에 대해서는 이 책 129쪽 이하를 보라. 또한 K. Holl, 'Luthers Bedeutung für den Fortschritt der Auslegungskunst', *Gesammelte Aufsätze* I(1958) pp. 544~82 그리고 W. Bodenstein, 'Die Theologie Karl Holls im Spiegel des antiken und reformatorischen Christentums', *Arbeiten zur Kirchengeschichte* 40(1968) pp. 276ff.를 보라.

44 Oswald Gottlob Schmidt, *Luthers Bekanntschaft mit den alten Classikern*(1883).

가 …… 종국에 하나로 편집되었을 것이다"라고 추측하였다.[45] 고대 우화에 관심을 가졌던 포조·발라·에라스뮈스를 비롯한 어떤 인문주의자도 19세기에 매우 보편화될 이런 견해를 표명하지 않았다.

에라스뮈스·로이힐린·루터는 직선적으로 사고하였다. 반면에 이들과 비교한다면 로이힐린의 종손 멜란히톤[46]은 복잡하고 미묘한 절충을 애호하였다. 그는 인문주의자들과 종교개혁가들 사이에 존재하는 간극을 정직하게 연결하려고 했으나 소득은 없었다. 그는 로이힐린의 탄생지인 포르츠하임에서 멀지 않은 브레텐(Bretten)에서 1497년에 태어났다. 신동이었던 그는 16세에 문학 석사가 되었고, 20세에 튀빙겐 대학에서 강의하기 시작하였다. 그는 에라스뮈스의 열렬한 찬미자였고 에라스뮈스도 마찬가지로 똑같이 그를 찬미하였다. 에라스뮈스 사상의 영향을 받으며 성장하던 그가 그리스어 문법서를 출간한 후인[47] 1518년에 로이힐린이 그를 작센 선제후에게 비텐베르크 대학의 그리스어 담당자로 추천하였다. 그의 첫 강의는 호메로스에 대한 것이었고, 두 번째 강의는 사도 바울의 「디도에게 보내는 서신」이었으며, 세 번째 강의는 시편의 히브리어 텍스트에 대한 것이었다. 이런 강의는 에라스뮈스와 로이힐린의 관심사를 결합한 것이라고 말할 수 있다. 그러나 멜란히톤은 비텐베르크에서 루터를 만났다. 루터의 개성과 종교적 확신은 압도적인 인상을 주었고 감수성이 강했던 멜란히톤은 이내 루터에게 사로잡혔다. 그러나 멜란히톤은 인문주의를 포기하지 않고 절충을 시도하였다. 그는 다음 몇 해 동안의 강의와 저술에서[48] 에라스뮈스의 길은 사람을 야만주의에서 벗어나 사람다움과 도덕

---

45 Luther, *Fabeln* hrsg. von E. Thiele(1888, 2.Aufl. 1911) pp. 17f. 틸레(Thiele)는 바티칸 도서관에서 R. 라이첸슈타인(R. Reitzenstein)이 발견한 루터의 자필 원고를 발간하였다. 또한 O. G. Schmidt, *Luthers Bekanntschaft mit den alten Classikern*, p. 59., O. Crusius, 'Aus der Geschichte der Fabel' in *Das Buch der Fabeln* von C. H. Kleukens(2. Aufl. 1920) p. xxviii을 보라.

46 이 책 141쪽을 보라.

47 이 책 141쪽을 보라.

48 'De Erasmo et Luthero elogion', 'Ratio discendi', *Corp. Reform.* XX 701ff.

성으로 나아가게 한다고 말했지만 그 이상 나아가지는 않았다. 멜란히톤은 1520년 아리스토파네스의 『구름』(Clouds)의 편집본을 내면서 철학의 연약함을 논증하였고, 동시에 그는 신학을 철학으로 바꾸려는 중세 스콜라 학파의 시도는 완벽하게 실패했다고 주장하였다. 그의 생각에 따르면 고대의 전통과 철학은 유용하고 학식 있는 재료, 정신 훈련, 도덕적 가르침을 제공하지만 성경을 이해하는 데는 아무런 도움이 되지 않는다. 그리스도교의 믿음으로 가는 길은 오직 믿음뿐이다.

멜란히톤은 루터의 주장에 영향을 받아서 성경만이 (교회의 전통에 구애받지 않고) 유일한 규범이고 사도 바울만이 성경에 이르는 올바른 인도자라고 확신했지만 여전히 왜 루터의 새로운 종교적 경험과 발견이 정말로 진실이고, 모든 사람에게 적용되어야 하는지를 설명해야 했다. 그는 원래 「로마인에게 보내는 서신」에 대한 강의에서 유래한 요약서인 『신학 공통 논제들』(Loci communes)에서 증거를 제시하고자 시도하였다.[49] 이 책은 제목과 달리 관련된 주제들의 단순 모음집이 아니라 근본적인 원리를 진정 체계적으로 설명한 것이었다. 그는 인문주의자 시절에 고대 수사학에 대해서 배웠던 것을 이제 루터의 신학에 적용하였다. 발라가 그의 『아리스토텔레스 학파에 반대하는 변증법적 논증』에서, 그리고 아그리콜라가, 그리고 특히 에라스뮈스가 그의 「진정한 신학의 원리」에서 고대의 장르인 '일반 논제'(loci)*를 부활시켜왔지만, 멜란히톤은 성경의 세계 전체를 조화시키고, 그럼으로써 성경에 대한 이해를 촉진하기 위해서 '신학의 논제들'(loci theologi)을 사용할 것을 권장하였다. 그러나 멜란히톤은 죄

---

49 'Opera omnia' *Corpus Reformatorum* 1~28(1834~60) 그리고 *Supplementa Melanchthoniana* II 1 'Philologische Schriften'(1911, repr. 1968). Melanchthons *Werke* in Auswahl, hrsg. von R. Stupperich II 1(1952) 'Loci.'; W. Maurer, 'Melanchthon-Studien', *Schriften des Vereins für Reformationsgeschichte* Nr. 181, Jahrgang 70(1964) esp. pp. 103~36. 이는 멜란히톤과 에라스뮈스의 관계를 차분하고 정당하게 평가하고 있다. 또한 W. Maurer, *Der junge Melanchthon zwischen Humanismus und Reformation* I(1967) *passim.* 참조.

* 수사학에서 다양한 종류의 정보로부터 논증을 구성하는 방식.

와 은총, 율법과 믿음 등등과 같은 근본적인 원리에 대한 진정한 체계를 세우고자 했고, 그 원리들의 일반적인 타당성을 논리적으로 입증하고자 했다. 루터조차도 이 영리한 '작은 그리스인'에게 경탄했고, 에라스뮈스는 그를 '루터보다 더 루터적인 사람'이라고 했다.[50] 이는 명백히 그가 루터보다 더 엄격한 독단론자라는 것을 의미한다. 성경에 대한 이해가 독자 개인의 종교적 경험에 맡겨진다면 끝없는 혼란이 발생할 것이다. 그러나 이제 멜란히톤은 루터의 해석은 성경에 존재하는 원리와 조화를 이룬다고 주장했다. 멜란히톤은『신학 공통 논제들』[51]로써 학문의 새로운 분야를 만들어내기 위한 기반을 닦았다. 신교도의 성서 해석학, 즉 해석에 대한 정교한 이론이라고 할 수 있는 그의 체계는 16~18세기에 더욱 다듬어지고 확대되었다. 이 점에서 가장 영향력 있는 책은 플라키우스 일리리쿠스(Flacius Illyricus)[52]의 『신성한 성경의 금 열쇠』(Clavis aurea Scripturae sacrae, 1567)였다. 이 성서 해석학은 새로운 종교적 신학 연구의 일부가 되었고, 우리는 그것을 신교도의 스콜라주의라고 부를 수 있을 것이다.

16세기의 이 신학적인 새로운 성서 해석학이 고전 연구에 의미 있는 영향을 끼쳤을까? 현대 문헌학 연구는 이 가정에 대해서 우호적인 태도를 취하고 있는 것 같다.[53] 그러나 앞에서 살펴보았듯이 문헌학적 해석은 비록 방법론적인 숙고를 하지 않은 것은 아니지만 처음부터 하나의 실습(practice)으로 존재해왔다. 19세기에 아우구스트 뵈크(August Böckh)[54]가 그의 스승

---

50 Erasm. Ep. 2911. 26.

51 Melanchthon, Die Loci communes in ihrer Urgestalt, ed. Th. Kolde(4. Aufl. 1925).

52 G. Moldaenke, 'Matthias Flacius Illyricus', Forschungen zur Kirchen- und Geistesgeschichte 9(1936).

53 W. Dilthey, 'Die Entstehung der Hermeneutik', Philosophische Abhandlungen Christoph Sigwart gewidmet(1900) pp. 185~202=Gesammelte Schriften V(1924) pp. 317ff. 그리고 426f.; G. Ebeling, 'Hermeneutik', Die Religion in Geschichte und Gegenwart III³(1959) pp. 242~62 를 참조하라.

54 Vorlesungen über Enzyclopaedie und Methodologie der philologischen Wissenschaften. 그의 사후 1877년과 1886년에 인쇄되었다.

이었던 신학자 프리드리히 슐라이어마허(Friedrich Schleiermacher)[55]로부터 일종의 성서 해석학을 받아들이기 이전에는 해석의 일반적인 이론이 결코 없었다. 그러나 살펴볼 것처럼 뵈크의 이론은 그 자신이나 그의 제자들의 실제 연구에 영향을 끼치지 않았다. 루터파의 성서 해석이 고전 연구에 영향을 끼치지 않았던 것은 아마도 멜란히톤과 일리리쿠스가 일찍이 엄격한 규칙들을 확고하게 정립했기 때문일 것이다. 진정한 학문 연구는 에라스뮈스의 전통 속에서 활발하게 계속되었다.[56]

멜란히톤은 저술을 통해서 학문 연구를 발전시키는 것보다는[57] 강의를 통해서 대학에서 새로운 학문을 위한 적절한 자리를 마련하는 데 재능을 보였다.[58] 에라스뮈스와 로이힐린과는 대조적으로 그는 평생 대학에서 적극적으로 가르쳤다. 1518년 이후 그는 비텐베르크 대학의 매우 매력적인 인물이 되었다. 사람들이 독일 전역에서 그의 강의를 듣기 위해 비텐베르크 대학으로 몰려들었다. 이미 청소년기 초기에 그리스어 학자였던 그는 비텐베르크 대학에서 그리스어 연구를 활성화시켰다. 이 대학은 설립 해인 1502/3년에 에르푸르트(Erfurt)에서 그리스어 연구를 받아들였다. 따라서 종교개혁과 더불어 그리스어 연구가 갑자기 시작된 것은 아니었다. 오히려 이 대학에서 그리스어 연구는 상당히 서서히 그리고 복잡한 과정을 통해서 발전하였다.[59] 로이힐린 이후에 멜란히톤보다 그리스어 연구를 더 촉진시킨 사람은 아무도 없었다. 또한 이 대학의 독특한 학습 분위기를 확

---

55 그는 이를 정확히 '이해의 기술'(Kunstlehre des Verstehens)이라며 거부하였다. 종종 이야기되듯이 이는 해석과 동일시되어서는 안 된다.

56 이 책 132~33쪽을 보라.

57 이 책 141쪽을 보라. 우리는 최근에야 W. Beneszewicz, 'Melanchthoniana', SB Bayer. Akademie, Philos. -hist. Abt., Jg. 1934, Heft 7에 의해서 멜란히톤이 최초로 이른바 '사도 정경'(Apostolic canon)에 관심을 기울였고, 그가 학생들을 위해서 1521년 그리스어 텍스트를 작은 분량으로 편집한 것이 후대의 좀 더 학구적인 편집본들의 기반이 되었다는 사실을 상기했다.

58 다른 보수적인 태도에 대해서는 이 책 143쪽을 보라.

59 Gymnasium 71(1964) p. 201을 보라. 그리고 비텐베르크에서 그리스어 텍스트들의 인쇄에 대해서는 Beneszewicz, 'Melanchthoniana'(위의 주 57을 보라)를 보라.

립한 것도 멜란히톤이었던 것 같다. 그 전통은 후에 독일 인문주의를 프랑스와 잉글랜드의 인문주의와 구별해주는 전형적인 특징이 되었다.

멜란히톤에게 붙여진 '독일의 교사'(Praeceptor Germaniae)[60]라는 전통적인 호칭은 전적으로 정당하다. 그의 가르침이 신교도 학교들에 끼친 영향은 거대했고, 비텐베르크는 계속해서 중심 대학으로 위상을 유지하였으며 대부분의 교사들을 훈련시켰다. 멜란히톤의 뛰어난 제자로는 장차 뉘른베르크에서 고등학교 교장이 될 요아힘 카메라리우스(Joachim Camerarius, 1500~74), 그리고 아우크스부르크에서 비슷한 직책을 가지게 될 히에로니무스 볼프(Hieronymus Wolf, 1516~80)를 들 수 있다. 그들은 프랑스에서 발전한 새로운 학문 연구의 영향을 점진적으로 받으며,[61] 멜란히톤의 다른 친구나 제자들을 훨씬 능가하게 되었다. 그런데 이 새로운 학자들의 등장과 함께 우리는 이미 에라스뮈스의 시대를 넘어왔다.

서서히 그리고 뒤늦게 시작된 에스파냐 인문주의에 대해서 언급할 것이 많지는 않다.[62] 그러나 이곳에서 16세기 초에 진지한 학문 연구 결과 뛰어난 작품인 최초의 다국어 대역 성서가 출간되었다는 사실이 강조되어야 한다. 그러나 이 대역본은 모든 곳에서, 심지어 에스파냐에서조차, 점점 더 많은 인기를 얻었던 에라스뮈스의 그리스어 신약성경[63]과 경쟁하지 못하였다. 이 때문에 다국어 성경 출판 참가자였던 야코부스 로피스 스투니카(Jacobus Lopis Stunica 혹은 Zuñiga)가 에라스뮈스의 작품을 혹독하게 공격하였고, 에라스뮈스도 신속하게 반격하였다.[64] 필연적으로 양측의

---

60 K. Hartfelder, 'Philipp Melanchthon als Praeceptor Germaniae', *Monumenta Germaniae paedagogica* 7(1889).

61 이 책 218쪽을 보라.

62 이 책 101쪽 이하 그리고 107쪽을 보라.

63 이 책 123쪽 이하를 보라.

64 Erasm. *Ep.* XII(1958) Indices pp. 172 f. s. v. Stunica 그리고 p. 17을 보라. 여기에는 에라스뮈스의 저작 가운데서 상호 논박하는 글들의 제목이 실려 있다. 또한 Bataillon(아래 주 70을 보라), pp. 98ff.를 보라.

오류와 약점이 있었지만 각 성경 텍스트의 신뢰성을 신중하게 재점검하는 일은 거의 이루어지지 않았다.[65]

에라스뮈스의 에스파냐 대적자로서 스투니카보다 좀 더 유능하고 사려 깊었던 인물은 후안 기네스 세풀베다(Juan Ginéz Sepulveda, 1491~1572)였다.[66] 그는 코르도바와 알칼라에서 몇 년간 공부한 후에, 거의 20년간 이탈리아에 머물면서 볼로냐와 다른 도시들에서 학문적인 교육을 받았다. 그의 마지막 편지들 가운데 하나는 에라스뮈스에게 보낸 것인데 거기서 그는 "나는 어떤 종류의 해설자나 주해자보다 항상 이성을 확실히 신뢰할 것이다"라고 말했다.[67] 이 말에는 당혹스럽게도 '벤틀리의 섬세함'이 느껴진다. 세풀베다는 후에 바티카누스 B(Vaticanus B)라고 불리게 될 4세기의 바티칸 성경 필사본을 최초로 대조하였다. 이 판본이 1481년 이전에 바티칸에 있었고, 그 사실을 스투니카도 알고 있었지만 콤플루텐시스판 다국어 대조 성경을 편찬하는 데 이용되지는 않았다.[68] 세풀베다는 1533년 에라스뮈스에게 편지를 쓸 때 B판본에 존재하는 365개의 상이한 독법(讀法) 목록을 만들었지만,[69] 그 목록을 에라스뮈스에게 보냈는지는 알 수 없다. 어쨌든 에라스뮈스는 이 필사본의 중요성을 깨닫지 못했고 불가타에 존재하는 독법과의 관계를 잘못 생각하였다.

몇몇 구체적인 문제들에 대한 이런 논쟁에도 불구하고 '에라스뮈스주

---

65 F. G. Kenyon, *Handbook of the Textual Criticism of the New Testament*(2nd ed. 1926) pp. 267ff.; *The Cambridge History of the Bible. The West from the Reformation to the present day*(1963) pp. 56ff.; Bataillon(아래 주 70을 보라), pp. 101f.를 보라.

66 세풀베다의 생애와 작품에 대한 앨런의 소개 글과 함께 Erasm. *Ep.* 2367을 보라. *Opera*, 4 vols.(Madrid 1780).

67 *Ep.* 2938. 27ff.

68 F. Delitzsch, 'Studien zur Entstehungsgeschichte der Polyglottenbibel des Cardinals Ximenes', 〔Programm〕 *zur Feier des Reformationsfestes … der Universität Leipzig*(1871) pp. 13 ff.는 최초로 콤플루텐시스판 대조 성경을 만드는 데 이용되었던 사료의 복잡하고 종종 혼란스러운 역사의 수수께끼를 풀려고 시도하였던 것 같다.

69 앨런의 주석과 함께 *Ep.* 2873을 보라. *Ep.* 2905를 참조하라.

의'는 에스파냐인의 문화생활에서, 최소한 수십 년간 전반적으로 주요한 자리를 차지하였다.[70] '기독교 철학'이라는 근본적인 생각은 고전 연구 분야 자체에서보다는 신학과 로마법 연구 분야에서 효력을 발휘하였다. 이 분야에서 뛰어난 대표자는 볼로냐에서 알치아토[71] 밑에서 공부한 안토니오 아구스틴(Antonio Agustín, 1517~86)[72]이었다. 볼로냐에서는 안토니오 데 레브리하(Antonio de Lebrija)가 그보다 먼저 공부하였다. 아구스틴은 『학설휘찬』(Digests)의 유명한 피렌체 필사본[73]을 300년 뒤에 몸젠이 갈채와 찬사를 보낼 정도로 너무나 주의 깊게 대조하고 편집하였다.[74] 아구스틴은 또한 이탈리아에 있을 때 바로의 『라틴어에 대하여』(1554)와 페스투스(Festus, 1559)를 편집하였고 또한 비문과 고물(古物)들을 폭넓게 연구하였다. 후에 에스파냐로 돌아와서는 레리다(Lerida)의 주교, 종국에는 타라고나(Tarragona)의 대주교가 되었다. 그의 도서관은 특히 그리스어 필사본들을 많이 포함하고 있어서 1566~87년 사이에 펠리페 2세가 세웠던 에스코리알(Escorial) 수도원 도서관의 주요 보고(寶庫) 가운데 하나가 되었다.[75]

그러나 '에라스뮈스주의'는 펠리페 2세 때에 대체적으로 번성하지 못했다. 유럽에서 가장 헌신적인 에라스뮈스주의자 가운데 한 명이 된 에스파냐 사람, 즉 후안 루이스 비베스(Juan Luis Vivès, 1492~1540)[76]를 만나려면 다시 카를 5세 시대로 돌아가야 한다. 지금까지 언급된 다른 모든 에스

70 M. Bataillon, Érasme et l'Espagne (1937, 제2판은 에스파냐어로 교정·증보되어 1966년에 출판)는 철저하면서도 인정받는 전문 저서의 모델이다. 인용은 1937년 프랑스어 원본으로 이루어진다. Llius Nicolau d'Olwer, 'Greek Scholarship in Spain', in James Kleon Demetrius, Greek Scholarship in Spain and Latin America (1965) pp. 15~22, 33~131에 참고 문헌이 있다.

71 이 책 139쪽을 보라.

72 Opera, 8 vols. (Lucca 1765). F. de Zulueta, Don Antonio Agustín, Glasgow University Publications 5)(1939).

73 이 책 74쪽을 보라.

74 Digesta, ed. Th. Mommsen(1870) vol. I, pp. xvif.

75 E. Jacobs, Zentralblatt für Bibliothekswesen 25(1908) pp. 19ff.

76 Opera (Valencia 1782~90, repr. 1964). Bataillon(위의 주 70을 보라), pp. 655ff. and passim.

파냐 사람과 대조되게도 그는 이탈리아를 방문하지 않았고 먼저 파리로, 그 다음에는 에스파냐 지배 아래에 있던 남(南)네덜란드로 갔다. 비베스는 루뱅 대학에서 에라스뮈스의 저술들을 접하고 아마도 에라스뮈스와 직접 교제한 후에 그의 고국과 파리에서 성행했던 스콜라적인 철학을 포기하고 에라스뮈스파 인문주의자가 되었다. 그의 교육에 관한 책 몇 권, 특히 『규율에 대하여』(De disciplinis, 1531), 그리고 그의 『신국론』(De civitate dei) 편집본이 이 사실을 입증한다.

비베스를 제외한다면 에스파냐 학자들에게 영감을 주었던 것은 명백히 이탈리아 인문주의였다. 1550년경에 에라스뮈스가 이단 혐의를 받게 되었을 때 반인문주의 세력들이 에라스뮈스파와 그 비슷한 경향을 가진 자들을 억압하였다. 종교재판소는 처음에는 에라스뮈스의 추종자들을 위협하기만 했지만 1557/8년 이후에는 실질적으로 박해하였다. 이 때문에 프랑스에서 찬란하게 꽃핀 학문 연구는 시기적으로 너무나 늦게 이루어졌기에 에스파냐에는 거의 아무런 영향을 끼치지 못했다.

제3부

프랑스 르네상스에서
독일의 신헬레니즘 시대까지

제9장
프랑스 르네상스의 인문주의자와 학자들

이탈리아 인문주의의 중심지로부터 많은 길들이 서쪽과 북쪽 나라들로 뻗어나갔지만 가장 큰 길은 파리로 향했다.[1] 프랑스는 가장 활발한 활동이 이루어지는 무대가 되었고 16세기에 그리스 연구 분야에서 다른 모든 나라를 압도하였다. 비록 그것이 페트라르카 이후 서서히 이루어진 발전의 과정이었다고 해도[2] 이런 이목을 끄는 성취는 앞서 이루어진 발전의 가망성을 훨씬 능가하는 것이었으며, 그 이유는 아직도 설득력 있게 해명되지 않았다. 우리는 그 직접적인 원인을 사회적·정치적 영향에서가 아니라 한 '학자-시인'(poeta doctus)이 개인적으로 발휘했던 다른 사람을 고무하는 힘에서 찾고자 한다.[3] 그렇지만 프랑스의 문화생활이 정치로부터 강

---

1 프랑스 르네상스 전반과 이탈리아와의 관계에 대해서는 프랑코 시몬(Franco Simone)의 최근의 연구들, 특히 *Il Rinascimento Francese, Studi e ricerche*(1961) 그리고 *Umanesimo, Rinascimento, Barocco in Francia*(1968)를 보라. A. Buck, *Die humanistische Tradition in der Romania*(1968) esp. pp. 133f. 'Humanismus und Wissenschften'을 보라. J. von Stackelberg, *Gnomon* 42(1970) pp. 424ff.를 참조하라.
2 이 책 100, 106~07쪽을 보라.
3 이 책 163~64쪽을 보라.

력한 영향을 받았던 것은 변함없는 사실이다. 15세기 이래 귀족과 성직자가 왕을 중심으로 통치하는 계층으로 변모하면서 군주제가 공고해졌다. 매우 보수적이었던 파리 대학 이외에 궁정이 제2의 문화 중심지를 형성했다. 궁정은 고대의 보고(寶庫)들을 민족적 야심의 대상으로 여겨 획득을 장려하였다.

루이 12세의 궁정에서 클로드 드 세이셀(Claude de Seyssel, 1450~1520)은 라틴어와 그리스어로 씌어진 고대 텍스트를 민족의 영광을 위해서 번역하는 데 불굴의 뚝심을 보여주었다.[4] 그가 자신의 '유스티노스'(1509년에 씌었지만 1559년에야 인쇄되었다) 서문에서 "로마인은 그리스 문학을 정복하여 자신들의 언어를 힘 있게 만들었고 세계 지배를 위한 수단으로 만들었다. 우리도 라틴어를 번역하여 강대한 프랑스 문학을 만들어내야 한다"라고 밝혔다. 프랑수아 1세(Francis I)[5] 치하에서 이렇게 야심 찬 문화 민족주의는 책에 머물지 않고 생활 전반으로 확산되었다. 그리하여 프랑스는 전체적으로 이탈리아 르네상스를 압도하게 될 터였다. 결국 프랑스인들은 자신들이 근대 이탈리아인들뿐만 아니라 고대인들조차도 능가했다고 믿었다. 17세기 말에 있었던 '고대인과 근대인의 논쟁'[6]은 이런 대담한 자기 확신을 예증한다. 그러나 이렇게 팽배했던 민족주의적인 사고방식이 학문 연구 자체에 크게 기여했던 것은 아니다.

오히려 이와 대조적으로 파리에서 매우 국제적인 정신을 대표하는 사람은 철학자 르페브르 데타플(1455~1536)이었다. 피렌체의 플라톤주의자들의 영향을 받고 1511년 이후 에라스뮈스와 개인적으로 접촉하면서[7] 그

---

4 P. H. Larwill, *La théorie de la traduction au début de la Renaissance*(Diss. München 1934) pp. 38ff. F. 브뤼네(F. Brunet)를 따라서 라르빌(Larwill)은 세이셀이 뒤 벨레(Du Bellay)(1549)에 끼친 영향을 강조하였다. 그러나 그는 발라의 정신과 능변이 세이셀에게 끼친 강력한 영향을 알고 있었을 것이다. 그는 그리스 역사서들을 번역하는 데 야누스 라스카리스의 도움을 받았다. 이 책 162쪽을 보라.

5 A. Tilly, *Studies in the French Renaissance*(1922), pp. 123ff. 'Humanism under Francis I.'

6 이 책 210쪽을 보라.

는 순전히 철학적인 교육을 복원하려고 시도하였다. 그는 후기 스콜라 철학자들과 달리 아리스토텔레스 번역물에 의존하지 않았고 그리스어 원본 텍스트를 이용하였으며, 성경의 주요 부분들, 특히 사도 바울의 서신들을 번역하고 해설하였다. 그의 관용적이고 신중한 인문주의는 급진적 종교 개혁가였던 장 칼뱅(Jean Calvin, 1509~64)의 정신과는 매우 거리가 멀었다. 그럼에도 불구하고 칼뱅은 루터보다는 인문주의 운동과 훨씬 긴밀하게 접촉하였다. 그는 1532년 세네카의 『관용에 대하여』(De Clementia)에 대한 주석서를 출간하면서 공식 이력을 시작하였다.[8] 칼뱅은 콜레주 드 프랑스(Collège de France) 최초의 흠정 강독자(Royal Reader) 두 명 가운데 한 명이었던 기욤 뷔데(1468~1540)[9] 그리고 부르주(Bourges)에서 로마법을 강의하던 알치아토의 제자였기에 고전 학문과 로마법을 철저하게 교육받았고 후에 그것을 성경 주석에 이용할 수 있었다. 또한 칼뱅은 그의 새로운 교리 해설서인 『기독교 강요』(Institutio religionis Christiane, 1536)[10]를 쓰는 데 필수적인 철학·신학·법학의 요소들을 능숙하게 익혔다. 그의 라틴어 문체는 간결하고 요령 있고 인상적이었다. 그의 기본적인 생각은 페트라르카나 에라스뮈스의 의미에서 인문주의적이지 않았다. 그러나 지식과 독립을 합리적으로 추구하려는 욕구가 자신이 '하느님의 선택된 자'라는 의식 속에서 이루어지는 정력적인 활동과 더불어서 연구

---

7 P. S. Allen on Erasm. *Ep*. 315 and *Ep*. XII(1958) Indices, pp. 17, 90. 또한 P. Mestwerdt, *Die Anfänge des Erasmus*(1917) pp. 323ff. 그리고 A. Renaudet, *Préréforme et humanisme à Paris 1494~1517*(2nd ed. Paris 1953) esp. p. 703을 참조하라.

8 세네카의 『관용에 대하여』에 대한 칼뱅의 주석서에 대해서 F. L. Battles and A. M. Hugo, 1969(Renaissance Text Series of the Renaissance Society of America)가 번역하고 소개 글과 각주를 달았다.

9 이 책 162쪽을 보라.

10 최초의 라틴어 편집본, 그리고 프랑수아 1세에게 헌정하는 헌정사를 담고 있는 프랑스어 번역본은 1536년에 출판되었다. Calvin, *Opera selecta* ed. P. Barth and G. Niesel III(1957) vi ff.를 보라. 칼뱅의 인문주의에 대해서는 Jean Boisset, 'Sagesse et sainteté dans la pensée de Jean Calvin', *Bibliothèque de l'école des hautes études,* section des sciences réligieusses 71(1959) pp. 315ff.를 보라.

에 대한 새로운 추진력을 만들어냈다.

16세기 전반기 프랑스의 문화생활을 전체적으로 살펴보면 우리는 때때로 당혹스러울 정도로 여러 가지 색깔을 만나게 된다.[11] 고전 연구 분야에서 최초의 선도적인 인물은 뷔데였다. 그는 에라스뮈스(에라스뮈스와 정확히 동시대인이었다)와[12] 로이힐린의 친구였고, 둘 모두와 활발하게 서신을 교환했지만 그들과는 다른 유형의 사람이었다. 그는 일상생활의 세밀한 것들에 마음을 열어두었고 경제·정치·법에 관심이 있는 '파리의 부르주아'로서 여러 왕들을 위해서 적극적으로 일하다가[13] 은퇴하여 도시의 편안한 집에서 그리고 농촌의 오두막 두 채에서 순수하게 학문 연구에만 전념하였다.[14]

뷔데는 『학설휘찬 주석』(Annotationes ad Pandectas, 1508)[15]을 씀으로써 그의 선구자들인 발라·폴리치아노·차지우스를 크게 능가했으며, 다음 세대의 야코부스 쿠이아키우스(Jacobus Cuiacius, 1522~90)와 같은 위대한 법학자들을 위한 길을 예비하였다. 그는 고대 언어들에 정통했을 뿐만 아니라 제재(題材)들에 대해서 매우 많은 지식이 있었기 때문에 『학설휘찬』 속의 특별히 어려운 구절들을 적절한 맥락 속에서 해석할 수 있었다. 9년간의 주의 깊은 연구 끝에 집필한 그의 논설 『아스*와 그 분할에 대하여』(De Asse eiusque partibus)는 로마의 주화와 도량형을 연구하는 데 확고한 교과서가 되었다. 그의 동료와 시민들이 그 책이 담고 있는 고대인의 생활, 특히 사회생활의 물질적 측면에 너무나 큰 매력을 느꼈기에 그

---

11 Carl J. Burckhardt, *Vier historische Betrachtungen*(1953) p. 10.

12 Erasm. *Ep.* vol. XII Indices, pp. 59f.를 보라.

13 이 책 107쪽을 보라.

14 Sandys II pp. 171f.는 상당히 재미있는 일화들을 전한다.

15 *Omnia Opera*(Basle 1557, repr. 1967). L. Delaruelle, *Répertoire analytique et chronologique de la correspondence de G. Budé*(1907). 『문헌학에 대하여』에 대한 A. 버크(A. Buck)의 소개 글에 참고 문헌이 소개되어 있다. 이에 대해서는 아래 주 18을 보라. 법률 연구에 대해서는 이 책 138~39쪽을 보라.

* 로마의 동화(銅貨).

책은 20년간 10쇄를 발행하였다. 그의 후기 작품들인 『그리스어 주석』(Commentarii Linguae Graecae, 1529)과 『헬레니즘에서 기독교로의 이행』(De Transitu Hellenismi ad Christianismum, 1535)은 그가 그리스어에 대해 매우 수준 높은 지식이 있었음을 보여준다. 『그리스어 주석』은 광대한 그리스어 사전인 『그리스어 테사우루스』(Thesaurus Linguae Graecae)[16]를 예비하는 작품이고, 그것의 가장 독창적이고 인상적인 부분은 그리스·로마 법률 용어에 대한 것이었다. 그는 가장 위대하고 능력 있는 비판가에게서 "유럽의 가장 위대한 그리스어 전문가"라고 불렸는데 이는 그에게 합당한 찬사였다.[17] 그가 고전 연구를 일반적으로 설명하는 자신의 글에 "문헌학에 대하여"(De Philologia, 1532)라는 제목을 붙였다는 사실은 중요하다.[18] 참으로 그는, 직업 명칭에 '문헌학자'(philologus)를 사용한 에라토스테네스(Eratosthenes)의 의미에서 문헌학자였다. 수에토니우스에 따르면 그 명칭은 지식의 다양한 분야에 심지어 '로고스'(λόγος) 전체에 능숙한 사람을 가리킨다.[19] 뷔데는 능변이 아니라 백과사전적인 지식이 진정한 인간 문화를 발전시킬 것이라고 확신하였다. 뷔데는 『헬레니즘에서 기독교로의 이행』에서 헬레니즘, 특히 그리스 철학이 기독교로의 길을 예비했다는 에라스뮈스의 개념에서 벗어나 헬레니즘과 기독교의 차이를 좀 더 강조하기 시작하였다. 후기 저술에서 그는 칼뱅의 영향을 다소 받고 있었던 것 같다.[20]

뷔데의 가장 위대한 업적 중에 하나, 아마도 그의 가장 위대한 업적은

---

16 이 책 174쪽을 보라.

17 *Scaligerana*, editio alphabetica Coloniensis(1595) p. 72.

18 G. Budaeus, *De Philologia. De studio litterarum*. 버크가 소개 글과 함께 재인쇄하였다 (Stuttgart 1964).

19 『역사』 [I] 158f., 170.

20 J. Bohatec, *Budé und Calvin, Studien zur Gedankenwelt des französischen Frühhumanismus*(1950) esp., pp. 82ff. 또한 추가의 언급들을 담고 있는 『문헌학에 대하여』(위의 주 15를 보라)에 대한 버크의 소개 글을 보라.

프랑수아 1세로 하여금 '왕립 학사원'(Collége Royal, 후에 콜레주 드 프랑스)을 세워 새로운 학문을 장려하도록 했다는 것이다. 뷔데는 이 거대한 사업을 수행하면서, 1495년에서 1534년 사이에 세 명의 왕, 즉 샤를 8세와 루이 12세, 프랑수아 1세의 손님 겸 조력자로서 세 번에 걸쳐서 파리를 방문했던 그리스인 학자 야누스 라스카리스의 뛰어난 도움을 받았다. 라스카리스는 그 이전에 상당 기간 동안 이탈리아에서 활동하였고,[21] 파리 첫 방문과 두 번째 방문 사이에 베네치아의 그리스 애호 협회에 속했다.[22] 이 협회는 그리스어와 그리스 문학의 서유럽 전파를 촉진하는 데 큰 성공을 거두었다. 라스카리스는 그의 프랑스 친구들에게 그리스어를 가르쳤고, 그즈음에 인쇄된 그리스 텍스트들을 제공하였으며(그 자신이 고대 작가들의 뛰어난 편집자였다), 그리스어 작품을 프랑스어로 옮기려는 이들을 도왔다. 뷔데는 『그리스어 주석』에서 새로 세워질 왕립 대학을 새로운 무세이온(Μουσεῖον)*이라고 묘사하였다. 이렇게 명백하게 프톨레마이오스 1세가 알렉산드리아에 세웠던 유명한 도서관[23]을 언급한 것은 장래에 세워질 대학과 피렌체 메디치가의 철학 아카데미[24]의 차이를 드러내는 데도 기여하였다. 그것은 무사이(Mousai)의 보호를 받는 시인과 학자들의 자유로운 공동체로 기획되었다. 아마도 1563년 피에르 롱사르(Pierre Ronsard)가 뮈제움(Museum)의 회원들이었던 일곱 명의 시인이자 친구들로 구성된 소규모 집단에게 붙였던 것 같은 명칭인 '칠성시파'(Pléiade)도 마찬가지로 원래 알렉산드리아의 '일곱 시인 무리'를 가리키는 말이었다.[25] 13년에 걸친 예비 토론을 거친 후 1530년에 '왕립 학사원'이 문을 열었다. 피에르 다네(Pierre Danès)와 자크 투생(Jacques Toussain), 두 명이 그리스어 담

---

21 이 책 82, 101쪽을 보라.

22 이 책 93~94쪽을 보라.

* 기원전 3세기 이집트 알렉산드리아에 설치된 왕립 부설 연구소.

23 『역사』〔I〕 98, 119.

24 이 책 95쪽 이하를 보라.

25 『역사』〔I〕 119.

당(라틴어가 아니다) 흠정 강사(lecteurs royaux)로 즉시 임명되었다. 둘 다 라스카리스의 제자였고, 투생은 또한 뷔데의 제자이고 에라스뮈스의 친구였다. 그들의 강의는 매우 많은 사람들을 매혹시켰고, 그 가운데 저명한 사람으로는 칼뱅, 프랑수아 라블레(François Rabelais), 이그나티우스 로욜라(Ignatius Loyola), 자크 아미요(Jacques Amyot), 롱사르, 앙리 에티엔(Henri Étienne), 프랑수아 드 살(François de Sales)이 있다.

투생의 제자 가운데 장 도라(Jean Dorat, 1508~88)[26]가 있는데 그는 타고난 재능으로 그리스어·라틴어·프랑스어로 우아한 시를 쓸 수 있었다. 그는 매우 많은 시를 썼으며 합당하게도 '계관시인'(poeta regius)이 되었다. 그는 누구 못지않게 고대의 위대한 시에 대해 진지한 열정이 있었고, 시를 사랑하는 자신의 마음을 친구들과 제자들의 마음에 심어주고 다음 세대를 고무하는 데 뛰어난 능력을 발휘하였다. 학문 연구 분야에서 그는 그리스 시 연구에 집중했다. 그는 그리스 시를 해석하고 잘못 전승된 텍스

26 전기적으로 중요한 세목들은 오직 J. A. de Thou, *Mémoires*, First French edition(Amsterdam 1711) p. 6에 의해서 보존되었다. 또한 P. de Nolhac(이 주의 아래 부분 참조), p. 45. 1을 보라. 나의 'Dichter und Philologen im französischen Humanismus', *Antike und Abendland* 7(1958) pp. 73~83. 이 짧은 논문은 폭넓은 강의, 즉 처음에는 1956년 5월 바젤에서, 그 후 취리히에서 이루어진 강의에 근거했다. 내가 프랑스에서 그리스 문학의 부활에 대한 이런 강의를 했던 바로 그해에 Dora and Erwin Panofsky, *Pandora's Box*, Bollingen Series 52(1956, rev. 2nd ed. 1962) pp. 55ff.가 예술 분야에서 다른 곳과 비교할 수 없는 그리스의 부활이 프랑스에서 이루어졌다고 지적한 것은 행운이었다. 나는 이 논문에 대한 이야기를 나의 오랜 친구들인 그 논문의 저자들로부터 들었다. 나는 이 강의를 준비하면서 비로소 도라가 프랑스 학문 연구의 이 전환점에서 결정적인 역할을 했다는 것을 명확히 깨닫기 시작하였다. Mark Pattison, *Essays* I(1889, repr. 1965) pp. 206ff. 그리고 MS. Pattison 79~93, Bodleian library(아래 주 105를 보라)에 있는 그의 각주들을 보라. Pierre de Nolhac, *Ronsard et l'humaisme*(1921) *passim.* 또한 Tilley(위의 주 5를 보라), pp. 219ff., 'Dorat and the Pleiade' 그리고 H. Chamard, *Histoire de la Pléiade*, 4 vols.(1939~41). Wilamowitz, *Geschichte der Philologie*(1921) p. 25는 도라를 프랑스 르네상스의 끝에 놓음으로써 그의 역사적 위치를 흐렸다. 그는 고트프리트 헤르만(Gottfried Hermann)이 도라의 아이스킬로스 편집물(아래의 주 31을 보라)의 중요성을 과장했다는 한 문장으로 도라를 격하해버렸다. 빌라모비츠는 오직 강의하고 가르치기만 했지 자신의 연구를 저술하여 출판하지 않은 학자에게 전혀 동감을 표현하지 않았다. Sandys II 185는 도라 생애의 연대를 혼동하고 있다.

트를 바로잡았는데 이는 파리에서 그리스 학자들과 프랑스 학자들이 협력하여 예비 작업을 수행했기에 가능한 일이었다. 젊은 시절 도라는 뷔데와 친분을 맺었고 제르맹 드 브리(Germain de Brie, 투생처럼 라스카리스의 제자였고 에라스뮈스와 서신을 교환하던 사이였다)의 그리스어 강의를 들었다.[27] 그는 1544년 라자르 드 바이프(Lazare de Baif)의 집에서 그의 아들 자크 앙투안 드 바이프(Jacques Antoine de Baif)과 롱사르[28]를 가르치는 것으로 이력을 시작하였다. 둘 다 장차 시인이 되어 그리스어와 라틴어로, 특히 그리스어로 시를 썼다. 1547년 이후로는 파리 대학에 속해 있던 '콜레주 드 코크레'(Collège de Coqueret)에서 가르쳤고, 4년간의 불행한 몇 해 동안 왕자들의 가정교사로 일했는데, 이는 기원전 3~2세기 알렉산드리아의 여러 선배들이 맡았던 직책이었다.[29] 그는 상대적으로 늦은 1556년에야 왕립 학사원에서 투르네브(Turnèbe)*와 나란히 '흠정 강사'가 되었고, 그리하여 '왕의 해설자' 직함을 얻게 되었다. 그는 개인적으로 선택한 제자들을 가르치는 일로 자발적으로 돌아간 1567년 이후에도 이 직함을 유지하였다. 우리는 그를, 기원전 300년경 필리타스를 불렀듯이, "시인이자 동시에 비판 정본 편집자"[30]라고 부를 수 있지만 그의 학문 연구가 시작(詩作)을 훨씬 능가했음을 인정해야 한다. 그는 일찍이 자신이 시인임이 중요하다는 것을 다음과 같이 익살스럽게 암시했다. 즉 그는 78세에 아내를 잃고 19세의 소녀와 결혼하면서 시적 '허용'이라고 불릴 수 있다고 말했다.

'해설자'로서 도라는 아리스토파네스뿐만 아니라 비극 시인들까지 포함한 모든 그리스 희곡 작가들을 최초로 설명하였다. 에우리피데스에서

---

27 에라스뮈스와의 서신 교환에서 드 브리의 편지 20통이 남아 있다. *Ep.* XII, Indices, p. 3(Brixius)를 보라.

28 Ronsard, *Oeuvres complètes*, ed. P. Laumonier XVI(1950) p. 5. "호메로스의 나이브한 능력과 …… 베르길리우스의 기묘한 근면", 편집자는 Quintil. X 86을 언급하였다.

29 『역사』[I] 92, 154.

* 라틴식으로는 투르네부스.

30 『역사』[I] 89.

시작했던 그는 롱사르 · 바이프와 합류하여 프랑수아 티사르(François Tissard)가 비극들을 프랑스어로 번역하는 것을 도왔다. 그 후 그는 아이스킬로스로 눈을 돌려 먼저 『프로메테우스』 해설에 착수하였고, 1557년 페트루스 빅토리우스(Petrus Victorius)판의 출판 이후에 한층 노력을 강화하였다. 그는 아이스킬로스 텍스트의 비판본 편집자로 성공함으로써 불멸의 명성을 얻었다.[31] 늦게 이루어진 소포클레스에 대한 강의록 사본이 우연히 보존되었다. 그의 서정시인들에 대한 연구로서는 일찍이 40대에 내놓은 핀다로스에 대한 해석이 큰 감명을 일으켰다. 『아나크레온 작품집』(*Anacreontea*)*에 대한 그의 연구는 에티엔의 '초판본'(editio princeps)의 선구 작업이 되었다. 그가 코크레와 왕립 학술원에서 행한 『일리아스』와 『오디세이아』에 대한 강의는[32] 매우 유명했다. 율리우스 카이사르 스칼리게르(Julius Caesar Scaliger, 1484~1555)와 달리 그는 결코 호메로스의 우수성을 의심하지 않았다. 그는 초기 서사시, 서정시, 희곡 시인에서 시작하여 그리스 후기 시인들로 옮겨갔다. 필사본에 달아놓은 주석들은 그가 라스카리스가 인쇄한 많은 그리스 경구들을 제자들에게 설명했다는 것을 보여준다. 그는 폴리치아노의 노력에도 불구하고[33] 당시 거의 이해되지 않고 있던 칼리마코스의 『송가』를 애호했고, 또한 칼리마코스의 동시대인인 아라토스(Aratos), 테오크리토스(Theocritos), 로도스의 아폴로니오스

---

31 G. Hermann on Aesch. *Ag.* 1396: "그는 아이스킬로스를 연구했던 모든 사람 가운데 '금빛으로 빛나는 최고의 연구자'이다."; E. Fraenkel in his commentary on *Agamemnon* I, p. 35 참조. 또한 P. de Nolhac(위의 주 26을 보라) index, Éschyle 그리고 이 책 168쪽을 보라.

* 아나크레온은 기원전 6세기 그리스의 시인으로 포도주와 사랑을 노래한 것으로 유명했다. 기원후 100년까지 그의 시격(詩格)을 모방하여 많은 시들이 지어졌고, 이를 모아놓은 것이 『아나크레온 작품집』이다. 16세기에는 진품으로 믿어졌다.

32 G. Canter, ··· Novarum lectionum libri octo(Antwerp 1571, 3 ed.) pp. 333~37. 도라의 그 시대 사람들의 비유적 해석에 대해서는 N. Hepp, 'Homere en France au 16 siècle', *Atti della Accademia delle Scienze di Torino*, II. *Classe di Scienze Morali, Storiche e Filologiche* 96(1961/2) pp. 428ff. 그리고 *Homère en France au 17 siècle*(1968)를 A. Buck, *Gnomon* 45(1973) pp. 291ff.의 비판과 함께 보라.

33 이 책 77쪽을 보라.

(Apollonios), 그리고 심지어 리코프론(Lycophron)*도 좋아하였다. 그의 관심은 니칸드로스(Nicandros), 모스코스(Moskhos), 비온(Bion), 오피아노스(Oppianos)에서 논노스(Nonnos)의 『디오니소스의 모험』(*Dionysiaca*)에까지 확대되었다. 그는 인쇄본이 1569년에 등장하기 훨씬 전에 『디오니소스의 모험』을 읽고 해설하였다. 또한 그가 제자들에게 플라톤의 세 편의 '시적인' 대화편들을 소개했을 가능성이 매우 높다. 그가 제자들에게 프랑스와 서유럽의 다른 국가들에서 이전에는 거의 알려지지 않았던 그리스 시 전체에 다가가는 길을 열어주었다는 것은 거의 확실하다.

도라는 많은 청중들을 매료시켰고, 청중 가운데는 (그가 시인이자 학자였기에) 미래의 학자들뿐만 아니라 특출한 젊은 시인들도 있었다. 그들에게 그리스어는 계시였고, 라틴어 이상으로 모방하고 따라잡아야 할 대상이었다. 도라의 교육이 가져온 결과에 대해서 미셸 몽테뉴(Michel Montaigne)의 친구였던 에티엔 파스키에(Étienne Pasquier)는 "여러분이 보고 있는 이 사람은 저에게는 '금빛 찬란한 사람'입니다"로 시작하여 "많은 시인들은 노래를 쓰지만 이 사람은 최고의 시를 지었습니다"라고 강조하는 말로 끝나는 카툴루스의 시를 이용해서 최고로 극명하게 표현했다.[34] 이 문장에서 '이 사람'은 카툴루스 등 전위주의 시인들(potae novi)의 우두머리, 즉 '박식한 시인' 발레리우스 카토(Valerius Cato)를 암시한다는 사실은 이 찬사가 진실을 담고 있음을 보여준다. 롱사르는 "나는 도라에게서 시를 배웠다"라고 말하며 같은 사실을 직설적으로 표현하였다.[35] 당대의 자료가 전하는 한 일화에 의하면 도라가 『프로메테우스』[36] 전체를

* 기원전 3세기의 그리스의 시인이자 문법학자.

34 P. de Nolhac(위의 주 26을 보라)는 Pasquier, *Oeuvres*(p. 57)에서 시 전체를 인용하고 있지만, 이 마지막 행들이 Suetonius, *De grammaticis* c. 11(*Fragmenta poetarum Latinorum*, ed. Morel, 1927, p. 83: "라틴인의 세이렌(Siren), 문법학자 카토는 홀로 시인들을 골라 교육했다")에 보존되어 있는 무명 작가의 11음절의 시에서 취해왔다는 것을 알지 못하였다.

35 P. de Nolhac(위의 주 26을 보라), p. 53.

36 이 책 168쪽을 보라.

프랑스어로 제자들에게 읽어주었을 때 젊은 롱사르가 깊은 감명을 받아서 "선생님 이렇게 풍요로운 것을 어떻게 그렇게 긴 세월 동안 숨겨왔습니까"라고 외쳤다. 롱사르의 서정시에는 아이스킬로스의 이미지가 풍부하게 담겨 있다. 그러나 도라가 핀다로스의 『승리의 찬가』(*Epinicia*)* 네 권을 읽고 설명해주자 롱사르는 아이스킬로스 때보다 훨씬 더 강한 영감을 받았다.[37] 롱사르는 "핀다로스의 성스러운 생각들"이라고 자신이 받은 감동을 즉각 표현하였다. 그는 심지어 도라의 제안을 받고 그의 『송시』(*Odes*) 네 권에서 핀다로스 시의 삼련(三聯) 구조(triadic structure)**를 프랑스 시에 도입하여 호라티우스와 카툴루스 서정시의 단순한 형태를 대체하려고 했다. 도라가 그의 제자들 마음에 서정시와 음악이 원래 연계되어 있다는 사실을 심었기에 롱사르는 그의 송시가 올란도 디 라소(Orlando di Lasso)와 다른 사람들에 의해서 음악으로 노래되는 것을 자랑스러워했다. 한때 그의 아버지의 집에서 롱사르와 함께 도라에게 배웠던 자크 앙투안 드 바이프[38]는 프랑스어로 많은 시를 쓰고 그것을 음악으로 만들려고 열심히 노력하였다.[39] 이런 배경이 있기에 심지어 핀다로스의 『올림피아 찬가 I』이 원래의 운율을 그대로 간직한 채 그리스어 텍스트로 편집될 수 있었다.[40] 이는 이 시기의 프랑스에서, 그리고 도라의 영향 속에서만 가능한 일이었다. 그렇지 않았다면 작곡가들은 라틴 문학 전통에만 충실했을 것이다.

시인들과 학자들의 상호작용이 계속 되었는데 특히 '칠성시파' 사이에

---

* 피티아 제전, 올림피아 제전, 이스트미아 제전 및 네메아 제전에서 거둔 승리를 축하하는 합창용 송가.

37 P. de Nolhac, pp. 49ff. and *Passim*.

** 세 개의 단락, 즉 스트로페·안티스트로페·에포드로 한 연을 이루는 시작 방식을 말한다.

38 이 책 165쪽을 보라.

39 켈티스가 만들어낸 운율을 맞춘 작곡에 대해서는 이 책 104쪽 이하를 보라.

40 R. Wagner, *Philol.* 91(1936) p. 170 그리고 전반적인 것에 대해서는 Chamard, *La Pléiade* IV, 136ff. '시와 음악의 결연'.

서 매우 활발하게 진행되었다.[41] 고전 연구가 당대 시(詩)에 더 많은 빛을 졌는지 혹은 시가 학문 연구에 더 많은 빚을 졌는지 알아내기란 어렵다. 지금까지 우리는 도라가 시인들에 끼친 영향을 강조했다("그는 시인들을 만들었다", "나는 그에게 시를 배웠다"). 그러니 그의 제자 가운데 한 명으로, 롱사르의 1552년 작 『카산드라의 사랑』(Amours)에 대해서 주석을 썼던 마르크-앙투안 드 뮈레(Marc-Antoine de Muret)[42]는 도라를 "모든 박식자들의 스승"이라고 했다. 문맥으로 보건대 여기서 '박식자'는 학식 있는 사람, 즉 학자를 의미함이 틀림없다. '스승'으로서 도라가 큰 성공을 거둔 것은 충분히 이해할 수 있는 일이다. 그는 그리스어 필사본들에 존재하는 수많은 독법을 모아 점검하고, 시어(詩語)와 문체의 독특한 특징들을 파악하는 데 수고를 아끼지 않았다. 그가 연구 결과를 강의를 통해 발표할 때면 청중은 열광하였다. 그는 호메로스에 대해서 가장 자주 강의했던 것 같다. 네덜란드인으로 그의 뛰어난 제자였던 빌렘 칸터르(Willem Canter)는 도라를 "비길 데 없는 최고의 호메로스 해석가"라고 했고, 도라가 『오디세이아』에 대해서 기이한 비유적 해석으로 강의한 내용을 발췌해 보존하였다.[43] 그렇지만 도라는 아이스킬로스 해설자로서 '비길 데 없는 최고의'라는 형용구를 받았어야 더 마땅할 것이다.[44]

도라는 자신의 교정과 해석을 출판하는 데 신경 쓰지 않았다. 그는 한때 핀다로스의 『승리의 찬가』를 라틴어로 번역하면서 46편 각각을 개별 친구들에게 헌정하여 출판할 것을 진지하게 고민했지만 간행하지는 않았다. 비록 서지 목록과 개론서들[45]에 도라가 편집한 아이스킬로스의 『프로메테우스』(1549)[46]가 등장하지만 아무도 그것이 실제로 있었다는 것을 증

---

41 이 책 162쪽을 보라.
42 P. de Nolhac, pp. 92ff.
43 위의 주 32를 보라.
44 위의 주 31을 보라.
45 Sandys II 187.
46 이 책 167쪽 이하를 보라.

명할 수 없다.[47] 이것이 그의 전형적인 특징인데, 그의 거대한 영향력은 저술을 통해서 이루어진 것이 아니라 구어(口語)를 통해서 이루어졌다. 그의 제자들이 그가 말한 것을 즉각 받아들였고, 구전 전승을 통해서 최소한 두 세대 이상 후대에 전하였다.

비록 도라가 그의 연구를 인쇄하는 데 애쓰지 않았다고 해도 그는 프랑스에서 고전 그리스어 책들의 인쇄를 전반적으로 발전시키는 데 크게 기여하였다. 연구를 위해서 가장 중요한 도구인 그리스어 텍스트의 전체 수집본과 완벽한 사전이 몇십 년 안에 출판되었다. 우리는 이 작품들이 16세기의 60년대와 80년대에 출판되었다는 사실뿐만 아니라 16세기 중엽에 이루어진 창조적인 자극이 있었다는 것 또한 주목해야 한다. 가령 우리는 가장 많은 작품을 쓴 학자이며 로베르 에티엔(Robert Étienne)의 아들인 앙리 에티엔의 수많은 출판물에서 도라의 가르침의 흔적을 확인할 수 있다. 그는 그리스 서정시인들의 전집을 출간하면서 진정으로 감사한 마음으로 도라의 출판되지 않았던 독법들을 인용하였다. 앙리 에티엔은 또한 그의 아이스킬로스 편집본에서도, 『아나크레온 작품집』의 '초판본'(1554)에서도 같은 이야기를 했다. 앙리 에티엔은 그 작품들의 '유일본'(codex unicus)을 1549년 이전 언젠가 직접 이탈리아에서 발견하여 도라와 다른 친구들이 읽어볼 수 있도록 했다. 지금도 도라의 추정들에 의해 영원불멸하게 된 여러 흔적을 추적하는 것이 가능하다.[48] 대개 그의 제자들이 들은 것을 기록하였고, 그 후 그것들 가운데 상당수가 출판된 책들의 여백에 주로 남게 되었다.

왕립 학사원을 세웠던 프랑수아 1세는 왕립 인쇄소도 세웠고, 최고의 프랑스 조판공인·클로드 가라몽(Claude Garamond)으로 하여금 장려한 그리스어 활자를 만들도록 했다. 그 활자는 1541년 국고로 주조되었고

---

47 P. de Nolhac(위의 주 26을 보라), p. 44. n. 2. '순전히 상상의'.
48 A. Tilly(위의 주 5를 보라), pp. 220ff.

"왕립 활자"라고 불렀다.[49] 전 유럽의 그리스 문헌 인쇄인들이 2세기 동안 이 '왕립 그리스어 활자'를 모델로 삼았다. 이 활자를 최초로 이용한 사람은 로베르 에티엔이었다.[50] 그의 아버지 앙리 1세는 16세기 초 파리에 인쇄소를 설치했었고, 그의 장자인 잉리 2세는 1598년 죽을 때까지 출판사를 열정적으로 유지하였다. 로베르 에티엔은 저자인 동시에 인쇄인·교정자·출판자였다. 그는 라틴어 사전으로 명성을 얻었는데, 그 사전은 이탈리아 학교의 교재로 다소 빈약했던 칼레피누스(Calepinus)의 사전을 개정한 것으로 시작해서 1543년 세 권의 2절판으로 된 『라틴어 테사우루스』(Latinae Linguae Thesaurus)로 발전하였다. 이 사전은 1771년 역시 포르첼리니(Forcellini) 한 사람의 노력으로 이루어진 『라틴어 대사전』(Totius Latinitatis Lexicon)이 출판되기 전까지 2세기 동안 가장 권위 있는 사전으로 통용되었다. 사실 그것은 19세기에 다섯 번의 개정을 거친 후 지금도 최고의 권위를 유지하고 있다.[51]

로베르투스 스테파누스(Robertus Stephanus)*의 『라틴어 테사우루스』와 거의 동시에 에티엔 돌레(Étienne Dolet, 1509~46)의 『라틴어 주석』(Commentarii Linguae Latinae)이 등장했는데,[52] 이는 키케로의 어법과 문

---

49 그 크기가 다르고 각각 약 400개의 글자로 구성된 세 유형의 알파벳이 있었는데, 이렇게 글자 수가 많았던 것은 합자(合字)가 많았기 때문이다. 합자가 없는 40개의 글자로 구성된 단순한 유형은 17세기 말에 가서야 도입되었다. V. Scholderer, *Greek Printing Types*(1927)를 보라.

50 Elizabeth Armstrong, *Robert Estienne, Royal Printer. An historical study of the elder Stephanus*(Cambridge 1954) p. 33, fig. 8 Royal Greek Types. 이는 증거를 훌륭하게 이용하고 많은 예증을 한 폭넓은 전문 연구서이다.

51 지난 세기의 거대한 집단 작업의 소산인 새로운 『테사우루스 라틴어 대사전』(*Thesaurus Linguae Latinae*)이 로베르 에티엔의 『라틴어 테사우루스』와 포르첼리니의 『라틴어 대사전』을 능가하기 시작하고 있다. 힘들고 오랜 준비 끝에 첫 분책(分冊)이 1900년에 최초로 출판되었다. 현재, 즉 1970년대에 『테사우루스 라틴어 대사전』의 반 정도가 출판된 것으로 평가된다. 'Klassische Philologie' in *Geist und Gestalt*, Biographische Beiträge zur Geschichte der Bayerischen Akademie der Wiss. I(1959)를 보라. 카를 할름(Karl Halm)의 예비 계획에 대해서는 p. 123을 보고, 에두아르트 뵐플린의 새로운 재단과 그의 많은 협력자들에 대해서는 pp. 126f.를 보라.
* 로베르 에티엔의 라틴식 이름.

52 R. C. Christie, *Étienne Dolet*(1880, 2nd ed. 1899, repr. 1964) pp. 234~62 on *Commentaria*

체 대부분에 대한 설명서였다. 돌레는 이어 키케로의 관용구들에 대한 책을 썼다. 그 후 그리스어로 관심을 돌려 플라톤의 대화편을 최초로 프랑스어로 번역하였다. 그는 '이단'으로 고발당하여 '순교자'로 죽었다.

로베르투스 스테파누스는 최초의 『라틴어 테사우루스』를 완성한 다음 해에 그리스어로 된 책들을 인쇄하는 데 착수했다.[53] 그는 1544년 에우세비우스(Eusebius)의 『교회사』 첫 인쇄본을 냈고, 그 후 다른 일곱 작품을 최초로 인쇄하였다. 그러나 그는 성경 지식을 전파하는 데 특별한 관심이 있어, 1545년 이후 편집본을 발행하였다. 그가 최초로 발행한 것은 1550년 2절판 그리스어 성경이었는데 이는 제작의 미적 수준에서 지금까지 존재하는 인쇄본 가운데 최고이다.[54] 이때 쓰인 텍스트는 1535년 에라스뮈스의 제3판이었지만,[55] 여백에 15개 필사본의 다른 독법들이 첨가되었다. '왕립 인쇄인'으로서 스테파누스는 유서 깊은 파리 대학과 지속적으로 갈등 관계 속에 있었는데, 그 결과는 파괴적이었다. 그는 큰 어려움을 겪게 되자 자기 인쇄소의 주요 부분을 제네바로 옮겼고, 1551년 개혁 신앙을 공개적으로 서약하였다. 그의 차남인 로베르는 가톨릭 신자로 파리의 옛집에 머물고 있었고, 그의 장자인 앙리는 제네바에서 그를 계승하였다. 스테파누스 가문의 이 두 인쇄소는 서로 적대하지 않고 계속 유지되었다. 1551년 그리스어 성경 제네바판은 텍스트를 최초로 절(verse)별로 나누었다는 점에서 두드러졌다.[56] 신약성경 텍스트를 장(κεφάλαια)별로 나누는 것은 4세기 이후의 필사본들에서 관찰되는데 그것은 아마도 예식에 사용하기 위해서 도입된 것 같다.[57] 로베르투스 스테파누스는 그 장들은 좀 더

---

and *Formulae*.

53 이 책 170쪽을 보라.

54 *The Cambridge History of the Bible*. [II:] The West from the Reformation to the present day. Ed. by S. L. Greenslade(1963) p. 438.

55 이 책 124쪽을 보라.

56 프로벤이 발행한 라틴어 성경 인쇄본(1491)에는 쪽 번호가 매겨져 있었고, 쪽의 여백에 동일한 간격으로 첫 글자들이 표시되었다. 우리는 지금도 플라톤·플루타르코스·스트라보·아테나이오스를 인용할 때 이런 형식을 취한다.

짧은 절(τμήματα, sectiunculae)로 나누고 그것에 번호를 매겼다. 전하는 바에 따르면 그는 아마도 프랑스를 영원히 떠나게 될 여행을 하면서 파리에서 리옹으로 말을 타고 가는 중에 이 작업을 수행했다. 그는 1551년에는 그리스어 신약성경만 이 체제로 출간했지만 1556년에는 라틴어 구약성경도 그런 방식으로 간행하였다. 모든 신교도 인쇄업자들이 이 유용한 혁신을 채택하였고, 1592년 불가타의 확정적인 가톨릭판에 채택된 스테파누스의 절 번호는 로마 가톨릭 성경들에도 원형이 되었다. 그리하여 최소한 이 점에서는 모든 분파가 일치를 보게 되었다.[58] 로베르의 그리스어 성경이 거둔 두 번째 두드러진 성공은 그것이 모든 유럽의 인쇄소에 의해서 재인쇄되었고, 1633년 엘제비어(Elzevier)판에서 그렇게 불렸듯이,[59] '공인본'(textus receptus)이 되었으며, 1831년 카를 라흐만(Karl Lachmann)이 완전히 새로운 비판에 입각해서 교정함으로써 새로운 출발을 불가피하게 만들 때까지 전혀 변경되지 않았다는 것이다.

1559년 제네바에서 로베르 에티엔이 죽자, 인쇄소는 그의 아홉 자식 가운데 장자인 앙리 에티엔에게 넘어갔는데, 그는 아마 1531년 파리에서 태어났던 것 같고 라틴어를 모국어로 사용한 듯하다. 그는 어렸을 때 그리스어를 배웠고, 11세 때에는 왕립 학사원의 위대한 고전학자들의 강의에 참석하였다. 지금까지 살펴보았듯이 프랑스에서 16세기 40년대는 그리스 열풍이 불던 시절이었다. 앙리 에티엔은 그리스어를 깊은 애정으로 사랑했고, 그리스어 관용구에 대해서 믿을 수 없을 정도로 정통하였다. 그는 정말로 그리스어로 생각했고 그리스어로 말할 수 있었다. 그에게 그리스어는 전혀 외국어가 아니었다. 내가 알고 있는 한 이 점에서 그는 비길 데

---

57 B. M. Metzger, *The Text of the New Testament*(1968) pp. 22f.

58 이런 전통적인 구분이 성경 산문의 실질적인 리듬에 맞지 않는다는 것을 유감스럽게 생각하는 사람들이 있다. 그러나 말을 타고 가면서 혹은 휴식처에서 작업했던 로베르에게 그것까지 기대하는 것은 과도한 일이다.

59 "당신은 이제 모든 사람들로부터 인정받는 텍스트를 가지게 되었는데, 우리는 그 텍스트를 조금도 변화시키거나 손상시키지 않는다." 라이덴 제2판의 서문.

없이 독특했다. 진정 그는 학계의 평범한 문법학자나 문헌 편집자나 아니었고 그리스어 연구 분야의 위대한 탐험가였다. 그는 정말 많은 텍스트를 출판하였는데, 그 가운데 그리스어 텍스트는 18개 이상의 첫 인쇄본을 포함하여 74개에 이른다. 그는 유럽 전역을 장기간 여행하면서[60] 필사본들을 수집하고 대조하였으며, 그리스어 텍스트들을 바로잡았고, 교정을 보았으며, 그것들을 라틴어로 번역하고 개정하였으며, 그리고 종종 주석과 부록을 추가하였다. 한창 때 그는 1년에 그리스어 텍스트 약 4,000쪽을 만들어낼 수 있었다. 1554년 그가 『아나크레온 작품집』을 발견하여[61] 출간한 것은 거대한 반향을 일으켰고 근대 학문의 새로운 분야의 출발점이 되었다. 그는 1560년에 모든 그리스 서정시인들의 단편 모음집을 최초로 간행하였고, 1586년에는 제3판과 최종판을 출간하였다. 그는 1566년 자신이 간행한 『플라누데스 선집』(Anthologia Planudea)에 그리스 작가들이 인용했던 수많은 경구(epigram)* 모음집을 첨가하였다. 그가 1578년 간행한 플라톤 작품집은 표준판이 되었고, 우리는 지금도 그 쪽에 매겨진 번호를 인용한다. 그의 다른 편집물 몇 개도 두 세기 혹은 그 이상 동안 널리 통용되는 텍스트가 되었지만, 그것이 항상 학문 연구에 도움을 주는 것은 아니다. 앙리 에티엔이 진실로 비판적이지 않거나 주의 깊지 않아서가 아니라 시에 대한 감각이나 문학적 미감을 지니지 않았기 때문이다. 이것은 이 열

---

60 인쇄인이자 책 수집가로서 그가 아우크스부르크에서 푸거가(家)와 맺었던 관계에 대해서는 이 책 220쪽을 보라.

61 일반적으로 헨리쿠스 스테파누스(앙리 에티엔의 라틴식 이름)가 1549년에 『아나크레온 작품집』을 포함하고 있는 필사본을 이탈리아에서 파리로 가져왔다고 여겨지고 있다(가령 Chamard, *La Pléiade* II 56이 그렇다). 그러나 Paul Volters를 따르고 있는 *Anacreontea*, ed. K. Preisendanz(1912) pp. viiff.를 보라. 이 책에 따르면 "헨리쿠스 스테파누스는 1551년 잉글랜드에서 돌아오면서 루뱅을 통과하였다. 그곳에 사는 요하네스 클레멘스 앙글루스(Ioannes Clemens Anglus)가 『아나크레온 작품집』을 가지고 있었고, 스테파누스는 그것을 복사하여 가져와서는 여러 친구들에게 보여준 후에 1554년 출판하였다." 이 이야기에서 팔라티누스 코덱스 원판은 아무런 역할도 하지 못하고 있다.

* 주로 2행의 경구시 혹은 풍자시를 말한다.

정적인 천재의 작품에 담겨 있는 단점이었다. 그의 서문에는 개인적인 언급이 가득했으며 폭넓고 권위 있는 전기를 작성하는 데 이용할 수 있는 정보가 풍부하게 담겨 있었다.[62]

그는 이런 그리스어 편집물들을 제외하고도 58개의 라틴어 텍스트와 3개의 히브리어 텍스트를 간행했고 라틴어 혹은 프랑스어로 30권의 책을 집필하여 출판하였다. 그 가운데 하나인 『그리스·로마 고전들의 문헌 편집자들에 대하여』(De criticis veteribus Graecis et Latinis, 1587)가 특별히 우리의 주목을 끄는데, 그것이 고전 학문 연구에 대한 근대 최초의 역사서이기 때문이다. 그의 가장 대중적인 작품은 인쇄본으로 600쪽에 이르는 『헤로도토스 변론을 위한 예비 논고』(Traité préparatif à l'apologie pour Hérodote, 1566)인데, 그의 생전에 14쇄를 찍었다. 그것은 칼뱅주의를 표방했던 제네바보다는 파리에서 좀 더 높이 평가되었던 짧은 이야기와 일화들로 구성된 재미있는 모음집이었다. 그는 모든 언어 가운데 가장 우수한 그리스어 다음으로, 다른 모든 근대 언어보다 우수한 프랑스어에 특별한 관심을 기울였고, 앙리 3세의 특별 요청으로 2주 만에 『프랑스어의 우수성에 대하여』(Précellence du langage françois)라는 책을 썼다.

우리는 그가 언어에 뛰어난 재능이 있으며 텍스트를 편집할 때 무엇보다도 언어에 관심을 기울였다는 사실을 고려할 때만, 그의 최고 업적으로 1572년에 출간된 『그리스어 테사우루스』(Θησαυρὸς τῆς Ἑλληνικῆς γλώσσης, 전 5권)를 제대로 이해할 수 있다. 이 『그리스어 테사우루스』는 19세기에 배열을 조정하고 보충하여 두 번 재편집되었고,[63] 헨리쿠스 스테

62 그의 전기는 아직도 씌어야 한다. 그동안 우리는 마크 패티슨(Mark Pattison)의 찬란한 논문, 'The Stephenses', Quarterly Review, Apr. 1865=Essays I 67~123을 고맙게 여겨야 한다.

63 London 1816~28, 9 vols.; G. Hermann, Opusc. II(1827) pp. 217ff.의 비판을 보라. Paris 1831~65, 8 vols.(vol. 1 in 2 parts), Didot, by K. B. Haase and the brothers Dindorf. 새로운 『그리스어 대사전』의 편집에 대한 토론이 많았지만(L. Cohn, 'Griechische Lexikographie', Anhang zu K. Brugmann, 'Griechische Grammatik', 4. Aufl., Handbuch der klassischen Altertumswissenschaft II 1(1913) pp. 724ff.를 보라), 우리는 여전히 헨리쿠스 스테파누스의 작

파누스〔앙리 에티엔의 라틴식 이름〕의 이름을 영원불멸하게 만들었다. 그는
이 사전을 황제 막시밀리아누스 2세, 프랑스의 왕 샤를 9세, 잉글랜드의
여왕 엘리자베스 1세에게 헌정하였는데, 이 군주들의 이름을 그들이 통치
하는 나라의 오래된 대학들과, 가령 엘리자베스를 영국의 유서 깊은 대학
인 옥스퍼드와 케임브리지와 연계시켰다. 이 모든 것에도 불구하고 플라
톤 작품집과 『테사우루스』의 간행은 재정적으로 그를 파멸시켰다. 그는
생의 마지막 20년 동안 돈을 찾아서 유럽의 여러 나라와 도시들을 끊임없
이 헤매고 다녔다. 그는 여행 중에 리옹의 공공 병원에서 홀로 죽었고
(1598), 프랑스 땅인 그곳에 묻혔다.

에티엔 가문의 활약으로 프랑스는 16세기 후반기에 고전 연구 분야에
서 주도권을 확보할 수 있었다. 그러나 스칼리게르 가문과 또한 여러 명의
위대한 학자들도 여기에 기여하였다.

1551년 로베르 에티엔이 파리를 떠나 제네바로 갔을 때 아드리아누스
투르네부스(Adrianus Turnebus, 1512~65)[64]가 투생[65]에 이어 콜레주 드 프
랑스에서 그리스어 '흠정 강독자'가 되었고 왕립 출판사의 책임자가 되었
다. 그는 이 자격으로 다음 2년(1552~53) 동안 아이스킬로스와 소포클레
스의 새로운 텍스트들을 인쇄할 수 있었다. 그는 이 무렵의 도라가 그랬던
것과 달리,[66] 결코 자신의 강의와 제자들의 구전 전승에만 의지하지 않았
다. 아이스킬로스를 간행하면서 그는 현존하는 최고의 필사본인 트리클
리니우스(Triclinius)의 비잔티움 교정본뿐만 아니라 필사본 메디케우스
(Codex Mediceus M, Laur. XXXII 9)[67]를 이용할 수 있었는데 이 필사본의

품을 감사하며 이용해야 한다. 1944년에 함부르크 대학의 새로운 기관이 그리스어의 용법 전
체를 수집하는 과제에 착수하였다. B. Snell, *Glotta* 31(1951) p. 160을 보라. 『초기 그리스 서사
시 사전』(*Lexikon des frühgriechischen Epos*) 편찬으로 작업이 시작되었는데 1955년에서 1969
년까지 아(α)에서 아포(ἀπό)에 이르는 1090항목(col.)이 6분책으로 간행되었다.
64 P. de Nolhac(위의 주 26을 보라), pp. 324ff.
65 이 책 163쪽 이하를 보라.
66 이 책 168~69쪽을 보라.

여백에는 고대 문법학자들의 전승이 많이 담겨 있었다. 이 필사본은 같은 해(1552) 조금 일찍 프란체스코 로보르텔로에 의해서 출판되었다.[68] 그 직후인 1557년에 또 다른 이탈리아인 페트루스 빅토리우스(Petrus Victorius)는 (헨리쿠스 스테파누스 인쇄소를 위해서) 피렌체의 한 필사본(F)을 이용해서 최초의 완벽한 『아가멤논』[69] 간행을 준비하였다. 메디케우스 필사본과 그 이전에 사용되었던 다른 필사본들에는 이 희곡의 3분의 2가 누락되어 있었다. 이렇게 이 시기에 매우 어려운 그리스 텍스트들을 다루는 데에 여러 나라의 위대한 학자들 사이에 새로운 상호작용이 이루어지고 있었다. 이제 더 이상 그리스 이민자들을 기다릴 필요가 없었다.[70] 서유럽 태생 학자들이 그들을 대체하고 심지어 능가하였기 때문이다.

투르네부스는 여러 독법을 비판적으로 검토하여(다른 편집본을 내면서 그랬던 것처럼) 소포클레스 편집본을 간행하였다. 그는 당연히 파리에서 그가 이용할 수 있는 모든 필사본들을 이용하였고, 지금까지 생각되어왔듯이 자신을 'T 계열 사본들'[71*]에 제한하지 않았다. 투르네부스가 그랬다고 생각되어온 것은 헨리쿠스 스테파누스가 1568년 널리 통용될 소포클레스 편집본을 준비하면서 투르네부스의 판본을 이용했고 'T 계열 사본'을 특별히 애호했기 때문이다. 투르네부스는 소포클레스를 간행한 후에 1533년 초기 그리스 격언 시인들(gnomic poets), 즉 테오그니스(Theognis)와 다른 시인들의 선집을 간행하였다. 엄청나게 풍부한 모음집

---

67 이 책 82쪽을 보라.

68 G. Toffanin, *La fine dell' umanesimo*(1920). 로보르텔로와 그의 동시대인들에 대해서는 pp. 29~45와 그 밖의 곳들을 보라.

69 Aeschylus, *Agamemnon* ed. with a commentary by E. Fraenkel I(1950) pp. 34f.

70 이 책 162쪽을 보라.

71 Par. gr. 2711, Triclinius' recension. 필사본 전승에 대해서는 A. 댕(A. Dain)과 P. 마종(P. Mazon)의 소포클레스 텍스트(1955)에 대한 비판적인 검토를 담고 있는 H. Lloyd-Jones, *Gnomon* 28(1956) pp. 105ff.; 31(1959) pp. 478ff.; 33(1961) pp. 544ff.를 보라.

* 트루네부스가 'T'라고 지칭한 바티칸 도서관에 있는 필사본들로 지금은 유실되고 개별 이문(異文)만이 전해온다.

인 그의 『비망록』(Adversaria, 1564/65)은 그의 관심사가 폭넓었다는 것을 보여주는데 거기에는 호메로스도 포함되었다. 그는 1554년에 『일리아스』 텍스트를 간행하였고 그것을 1557년 왕립 학사원 강의에서 이용하였다. 그가 초기 그리스 시에 집중했던 것은 16세기 50년대 몇 년에 지나지 않았다. 그가 이 시기에 도라에 심취해 있었는지는 아직도 확실하지 않다. 도라는 '칠성시파'의 일원이고 계관시인으로 투르네부스의 『비망록』을 높이 칭찬하면서 소개하는 시를 썼다. 반면에 투르네부스와 도라가 서로를 적대하는 일은 있을 수 없었다. 그들의 개성과 학문적 성과는 달랐고 각각의 고유한 장점이 있었다. 투르네부스는 필사본 전통을 매우 조심스럽게 고려한 후에 추정했다. 반면에 발터 헤드람(Walter Headlam)이 올바르게 지적했듯이, 도라의 교정은 그 수는 훨씬 적었지만 더 수준이 높았다. 매우 능력 있는 판단자임이 틀림없는 인물로, '왕의 강사'(Lecteur du Roi)로서 그들의 동료였던 디오니시우스 람비누스(Dionysius Lambinus, 1520~72)는 그들을 "거의 쌍둥이"(paene gemini)라고 했다. 플라우투스의 중요한 필사본에 대한 그의 연구처럼, 방금 전에 언급했듯이 투르네부스의 호메로스에 대한 연구도 그의 『비망록』에 포함되었다.[72]

투르네부스는 그의 '시를 탐구하는' 상대적으로 짧았던 기간을 보낸 후에 그리스 철학 연구에 착수하여 롱사르의 세대를 처음에는 플라톤으로 그 다음에는 아리스토텔레스와 스토아 학파로 이끌었다. 그는 그리스 철학 자료에 대한 폭넓은 지식을 갖추었기에 키케로의 『법률론』에 대한 주석서를 뛰어나게 썼으며 그것으로 유명해졌다. 그는 멜란히톤의 수제자였던 카메라리우스[73]를 높이 평가했던 것 같다. 그들이 주고받은 편지는 프랑스와 독일 사이에 학문적인 교류가 있었다는 것을 보여주는 좋은 증

---

72 이 필사본과 그 운명에 대해서는 F. Ritschl, *Opuscula philologica* II(1868) pp. 4, 21을 보라. 카메라리우스의 코덱스들에 대해서는 이 책 218쪽을 보라.

73 이 책 150쪽을 보라. Ch. Astruc, *REG* 58(1945) pp. 219~27. 1560년 5월 23일 멜란히톤이 사망했을 때 투르네부스가 카메라리우스에게 보내는 자필 그리스어 편지를 보라.

거이다.

　그러나 이 교류는 프랑스와 이탈리아 학자들이 직업적으로 그리고 개인적으로 나누었던 교류에 비하면 훨씬 덜 적극적이었다. 피카르디(Picardy)에서 태어난 람비누스는 약 9년간 이달리아에서 실았고 필사본들을 대조할 수 있는 모든 기회를 활용·했는데, 1561년에는 호라티우스를 출간하기 위해서 필사본 열 개를, 1564년 루크레티우스를 출간하기 위해서는 다섯 개를 대조하였다. 그는 시인 루크레티우스를 좋아하였고, 주석을 첨가한 그의 루크레티우스 텍스트는 제2판과 제3판으로 개정되었고, 3세기 이후에 먼로(Munro)에게서 큰 칭찬을 받았다. 그는 이 작품 전체를 샤를 9세에게 헌정하였고, 몇 권의 책을 그의 친구들, 즉 앞에서 언급한 시인들과 학자들인 롱사르·도라·투르네부스·무레투스에게 헌정하였다. 람비누스의 동시대인이고 라틴 연구 분야에서 그의 동료였던 마르크-앙투안 드 뮈레[74]는 애가 시인들, 키케로와 살루스티우스(Sallustius), 그리고 플라우투스의 희곡 12편에 대한 주석을 썼다. 프랑스에서 태어난 그는 파란만장한 인생을 살았고 종국에는 로마에 정착하여 그곳에서 성직자가 되었다. 그는 점점 더 감동적이고 우아한 문장가가 되었다. 그의 후견인이었던 몽테뉴는 그를 "이 시대 최고의 연설가"라고 했다. 진실로 라틴어로 뛰어나게 글 쓰는 것이 고전 학교들의 최고의 성취로 여겨지는 동안 그의 저술들은 훌륭한 라틴어 문장의 모델로 여겨졌다. 그는 최고의 고대 산문들을 필사하였으며, 비굴하고 협소한 모방자가 되지 않고, 키케로 시대의 완벽하고 아름다운 문장들을 쓸 수 있었다. 그러나 그는 구어를 자유롭게 구사하는 데 누구도 모방하기 힘든 수준에 도달했던 에라스뮈스를 따라가지 못하였다. 로마에서 20년간 강의한 후에 무레투스[뮈레의 라틴식 이름]는 빅토리우스와 같은 해인 1585년에 죽었다. 이 해에 이탈리아에서

---

74 이 책 168쪽을 보라. *Opera*, 4 vols. ed. Ruhnken(1789). 재인쇄와 발췌에 대해서는 Sandys II 152. 1을 보라.

고전 연구의 궁극적인 쇠퇴가 시작되었다. 그러나 고전 연구는 프랑스에서는 계속 활발하게 지속되었다.

자크 아미요(Jacques Amyot, 1513~93)[75]는 무레투스와 몽테뉴의 모임에 속했다. 그는 고대 문헌을 프랑스어로 옮기는 일련의 뛰어난 번역가들의 정점이었다.[76] 그는 플루타르코스 번역으로(『영웅전』이 1559년, 『도덕론』이 1572년에 출판되었다) 합당하게도 '번역가들의 1인자'라는 명성을 얻었다. 이는 번역이 근대 민족 문학의 필수적인 일원이 되는 드문 사례 가운데 하나이다. 라블레와 몽테뉴가 아미요의 프랑스어판 플루타르코스를 열렬히 탐독하였으며, 그것이 영어로 번역된 후(1579)에는 윌리엄 셰익스피어(William Shakespeare)가 희곡의 자료로 빈번히 이용하였다.

프랑스와 이탈리아를 연결하는 가장 중요한 고리는 스칼리게르 가문이었고, 이 가문이 이 시대의 가장 유명한 학자인 요셉 유스투스 스칼리게르(Joseph Justus Scaliger, 1540~1609)를 배출하였다. 그의 아버지 율리우스 카이사르 스칼리게르는 가르다 호수(Lake Garda) 근처 리바(Riva)에서 태어났으며 42세에 프랑스로 이주하였다. 그의 아들의 위풍당당한 학문적인 연구는 프랑스와 이탈리아의 선구자들과 동료들의 학식 있고 유려한 업적들을 결합하였고, 그것을 훨씬 더 뛰어넘었다. 그는 동방어를 포함한 고대어에 대한 지식, 그리고 필사본·비문·기념물로 보존되어 있는 고대 세계의 모든 역사 자료에 대한 지식을 갖추는 것에 멈추지 않았다. 그는 창조적인 상상력을 발휘하여 고대 세계의 잃어버린 부분들을 복원하고자 시도하였다. 스칼리게르의 비범한 성품은 한편으로는 절대적인 존경을, 또 한편으로는 과도한 증오를 야기하였다. 그의 저술에 나타난 견해에 대한 당대와 후대의 평가들은 평가자의 종교에 따라서 큰 편차를 보였다. 스

---

75 R. Sturel, *Jacques Amyot*, Bibliothèque littéraire de la Renaissance, Sér. I, Tom. 8(1908); R. Aulotte, *Amyot et Plutarque*(1965) 그리고 *Plutarque en France au 16 siècle*, Études et commentaires 74(1971).

76 세이셀에 대해서는 이 책 158쪽 이하를 보라. Sandys II 194f. '번역가들'을 보라.

칼리게르 생애의 주요 시기는 프랑스에서 종교전쟁이 일어났던 시기(1562~98)와 정확히 일치한다. 성 바르톨로메오(St. Bartholomew) 축제 전야의 사건(1572)은 비록 최악의 것이기는 했지만 하나의 사건에 불과했다. 이른바 종교전쟁은 실제로는 권력을 지향하는 민족주의적인 투쟁이었다. 정치적 통일을 갈구하는 프랑스의 민족주의적인 정신과, 종교적인 것이든 다른 어떤 것이든 모든 분열적인 요소를 용납하지 않는 중앙집권화된 강력한 군주제가 정치적으로 칼뱅주의를 패배시키고 결국 승리를 거두었다. 학문 세계도 양 파로 분열되어 서로를 크게 불신하였고, 서로 상대방이 전혀 정직하지 못하다고 비난하였다. 그러나 그런 일방적인 비난은 과도한 것이었다. 양측이 보여준 비관용을 고찰하고 비판적으로 검토해보면, 우리는 양측 모두가 근본적으로 진정성을 갖추고 있었음을 부인해서는 안 된다. 양 파 모두 자신들이 진리를 위해서 싸우고 있다는 것을 확고히 믿었다. 스칼리게르가 비록 개인적인 저술에서는 그렇지 않았지만 학문적인 작품에서만은 정치적·신학적 논쟁에서 초연했다는 것은 그가 위대한 인물이라는 징표이다.[77]

스칼리게르는 자신이 베로나의 군주 가문인 델라 스칼라(Della Scala) 가(家) 차남의 후손이라고 믿었다. 비록 이에 대해서 정확하게 입증하거나 반박할 증거는 지금도 없지만,[78] 그는 늘 자신이 귀족 가문의 후손이라고 믿었고 고귀한 혈통에 걸맞게 살고 작품을 써야 한다고 믿었다. 1540년 남프랑스에서 태어난 그는 보르도(Bordeaux)에서 학교를 다녔지만 오직 짧은 기간만 그랬다. 실제로는 『시학 7권』(Poetices libri septem)의 저자인 그의 아버지 율리우스 카이사르[79]가 그의 주요 교사였다. 그는 매일 아버

77 이 책 185쪽을 보라.

78 P. O. Kristeller, American Historical Review 57(1952) pp. 394ff.는 스칼리게르가 이 베로나 가문의 후손이라는 것을 명백히 부정하였다. 아들 스칼리게르는 에라스뮈스의 위대함을 찬양했지만 아버지 스칼리게르는 공격했다는 유명한 이야기에 대해서는 A. Flitner(위의 주 59를 보라), p. 97을 보라.

79 Poetices libri séptem(Lyons 1561), repr. Stuttgart 1964. 여기에 버크가 소개 글을 실었는데, 그

지가 구술한 라틴어 시를 80~100행, 심지어 120행씩 써야 했고, 또한 라틴어 산문으로 논설을 펼쳐야 했다. 그는 이렇게 말하기와 쓰기를 연습한 결과, 작시법의 원리를 확고하게 익혔고 라틴어를 자유롭게 구사할 수 있었다. 그는 청소년기 초기부터 자연 관찰과 자연과학·수학·천문학에 관심을 보여서 그가 갈릴레아·케플러·티코 브라헤, 그리고 프랜시스 베이컨의 진정하고 가치로운 동시대인임을 보여주었다.[80] 그의 아버지는 그를 완벽한 라틴어 학자로 키우기 위해서 그리스어와 문학을 엄격하게 멀리하도록 가르쳤다. 그는 아버지가 세상을 떠난 후 19세가 되어서야 그리스어를 배우기 위해서 파리로 갈 기회를 얻었다. 그는 콜레주 드 프랑스에서 투르네부스의 강의에 참석하였다.[81] 그러나 대부분의 기간에 그리스어를 독학했는데 3개월 동안 호메로스를 읽었고, 다음 4개월 동안 그리스의 모든 시인들을 읽었고, 그 다음 2년 동안은 구할 수 있는 모든 그리스 문학 작품을 읽었다.[82] 동시에 그는 그렇게 획득한 지식을 단련하기 위해서 초기

는 16세기의 가장 영향력 있던 작시(作詩) 이론서인 이 책의 의미를 확정하고자 시도하였다. V. Hall, 'Life of Julius Caesar Scaliger', *Transactions of the American Philosophical Society*, N.S. 40. 2(1950)를 참조하라. Gerh. Jäger, *Kindler's Literaturlexikon* V(1969) pp. 2229~31 s. v. Poetics *lb. VII*은 참고 문헌을 제공하며 『시학 7권』을 짧게 분석하고 있다. 또한 Gerh. Jäger, 'Julius Caesar Scaliger und Joseph Justus Scaliger', *Die Großen der Weltgeschichte* V(1974) pp. 243ff.를 보라.

80 C. M. 브뤼엘(C. M. Bruehl, 아래 주 105를 보라)은 프랑스의 과학자 기욤 포스텔(Guillaume Postel)이 스칼리게르의 생애에 중요한 역할을 했다는 것에 관심을 기울였다. 나는 스칼리게르와 스칼리게르처럼 관찰에 근거한 과학적 지식을 추구했고 근대 과학의 탄생에 기여했던 고전 학자 피에르 드 라 라메(Pierre de la Ramée, 1515~72)의 관계에 대한 언급을 찾지 못하였다. R. Hooykaas, *Humanisme, science et réforme, Pierre de la Ramée*(1958)를 보라. 학문 연구와 과학에 대해서는 또한 이 책 제3장 주 16을 보라.

81 캘리포니아 대학에 있는 스칼리게르의 『편지』(1628) 복사본 하나에 안드레아스 루키우스 (Andreas Lucius)가 여백에 쓴 독특한 주석이 있는데, 그것을 믿을 수 있다면 스칼리게르가 파리에 머물던 시절 그와 투르네부스의 관계에 대한 새로운 증거가 된다. 이에 대해서는 H. Nibly, *Classical Journal* 37(1941/2) p. 293을 보라. 하드리아누스 투르네부스는 아직 젊은이었던 〔스칼리게르〕를 탁월한 능력이 있는 젊은이라고 부르기를 주저하지 않았을 정도로 아주 크게 칭찬하였는데, 이는 메우리수스(Meurisus)에게 쓴 편지에 〔스칼리게르를〕 야코부스 길로수스 콘실리아리우스 갈리쿠스(Iacobus Gillosus Consiliarius Gallicus)라고 비유한 표현에서 잘 드러난다(Instatur MS.).

라틴 어휘들에 대한 그의 놀라운 지식을 활용하여 '리코프론'(Lycophron)과 『오르페우스 송가』(Orphic hymns)와 같이 어려운 텍스트를 라틴어로 번역하였다(1561). 그는 특히 상고기(Archaic) 라틴어에 능통하였다. 그는 20세에 바로의 『라틴어에 대하여』에 관한 『주석』(Coniectanea)을 쓰기 시작했고(1565년에 인쇄되었다) 페스투스(Festus)*의 편집본(1575)을 준비했다. 이 책은 그가 죽은 후에 스크리베리우스(Scriverius)에 의해서 처음으로 인쇄되었다. 번역가로서 그는 보통 사람들과 전혀 다른 방식으로 작업하여 라틴어를 그리스어로 옮겼다.[83] 호라티우스, 베르길리우스, 비가 시인들, 마르티알리스, 그리고 다른 작가들의 문장들뿐만 아니라 카툴루스 시 66번, 즉 「베레니케의 머리타래」(Lock of Berenice)에도 손을 대었다.[84] 「베레니케의 머리타래」는 순전히 그리스어 시작(詩作) 연습이었지 유실된 원본, 즉 칼리마코스의 『머리타래』(Πλόκαμος)를 복원하려는 것이 아니었다.[85] 스칼리게르는 폴리치아노가 이 방향에서 취했던 최초의 조치들을[86] 몰랐거나 무시하였다. 그는 파리에서 다사다난했던 4년 동안 동방 언어인 히브리어와 아랍어를 배우기 시작했고, 이는 그의 후기 작품인 고대 연대기를 쓰는 데 매우 중요한 역할을 하게 된다.

스칼리게르가 도라의 강의에 참석했다는 증거는 없는 것 같지만, 그가 도라, 그리고 그 주변의 학자들과 시인들을 잘 알고 있었던 것은 확실하다. 도라[87]는 스칼리게르에게 푸아투(Poitou)의 귀족이었던 로슈-포제

---

82 빙켈만이 개인적으로 다독(多讀)한 것에 대해서는 이 책 258~59쪽을 보라.

* 기원후 2세기 갈리아 지방의 나르보에서 활동한 라틴어 문법학자.

83 J. J. Scaliger, Poemata omnia, 2nd ed. 1864, pp. 163~257 'Graece reddita'. 그가 죽은 후 7년 만에 스크리베리우스에 의해서 최초로 인쇄된 것에 대해서는 Mark Pattison, Essays I, p. 216을 보라.

84 무레투스에게 헌정된 Poemata omnia(위의 주 83을 보라), pp. 214ff.(Paris 1562).

85 '부록'(Addenda) 1과 2를 포함하고 있는 Call. fr. 110.

86 이 책 77쪽 및 Call. II p. xliii을 보라.

87 Pattison, Essays I 218ff. 도라와 스칼리게르에 대해서는 Nolhac(위의 주 26을 보라), p. 202를 보라.

(Roche-Pozay) 가문의 루이 샤스테녜르(Louis Chasteigner)를 소개해주었고, 스칼리게르는 그의 가족과 1563년에서 1593년까지 30년 동안 비록 때때로 상당 기간 중단될 때도 있었지만 함께 살았다. 이 때문에 스칼리게르는 학문 연구를 위한 넉넉한 여유를 갖게 되었다. 그는 로슈-포제 가문의 한 일원과 이탈리아 전역을 여행하였고 로마에서는 무레투스를 만났는데,[88] 생의 나머지 기간 내내 무레투스의 도움을 감사하게 생각했다. 스칼리게르는 특히 비문에 관심을 가져 가능한 많이 수집하였고, 후에 『고대 비문 집성』(Corpus inscriptionum antiquarum)을 간행하게 될(1602) 얀 흐루터(Janus Gruter)가 그것들을 이용할 수 있도록 했다. 이 책에 담겨 있는 수많은 비문들뿐만 아니라 24개의 체계적인 색인은 스칼리게르의 작품이다.

그는 이탈리아인을 싫어했는데 그들이 경박한 무신론자로서 고전을 단지 유흿거리로 여긴다고 생각했기 때문이다. 그는 특히 로마의 교황에 대해서 깊은 혐오를 느꼈다. 스칼리게르는 비록 가톨릭 신앙 속에서 자랐지만 파리 시절에 칼뱅파 무리들과 긴밀하게 접촉하였고, 이탈리아 여행을 하기 전인 1562년 혹은 여행 후인 1566년에 개종하였다. 그가 종교의 이름으로 점점 심해지는 정치 간섭을 혐오했고 칼뱅주의 사상에 상당히 매력을 느꼈던 것은 이해할 수 있는 일이다. 그는 칼뱅주의에서 영적 독립과 진리의 도구인 실질적인 비판을 위한 추진력을 얻었다고 믿었다. 그러나 그의 위대한 친구였던 가톨릭 역사가 자크 오귀스트 드 투(Jacques Auguste de Thou)가 말했듯이, "그는 신앙의 논쟁적인 측면들에 대해서 논쟁하지 않았기에" 그의 신앙에 대해서 확실한 것을 이야기하는 것은 거의 불가능하다. 그러나 한 가지는 확실하다. 그는 강렬한 종교적 심성이 있었고, '학문(Muse)과 종교'를 똑같은 사랑으로 수용하였다. 문법(grammatica)과 종교의 관계에 대해서 『스칼리게르 작품 모음집』

---

88 이 책 168쪽과 주 84를 보라.

(*Scaligerana*)에 실려 있는 매우 유명한 말이 있다.[89] 이는 아마 스칼리게르의 가장 유명한 말일 텐데 대개 앞부분, 즉 "나는 훌륭한 문법가가 되었으면 좋겠다"만 인용된다.[90] 그러나 다음 구절, 즉 "종교의 불화는 다름 아닌 문법가의 무지에서 비롯되기 때문이다"는 언급되지 않음으로써 그 의미가 와전되어왔다. 여기서 '문법'은 협소한 의미로 쓰이지 않았다. 그것은 헬레니즘 시대에 '문법'(γραμματική)이 '비판 기술'(κριτική τέχνη)의 의미로 쓰였듯이 문헌 비판을 의미한다.[91] 에라스뮈스와 그의 동시대인들, 그리고 제자들을 돌이켜보면 우리는 스칼리게르가 그 시대의 주요 문제 가운데 하나를 건드렸다는 것을 부정할 수 없다. 그러나 그는 이 문제를 자기 학문 연구의 중심으로 삼지는 않았다.[92]

스칼리게르는 이탈리아 여행을 끝내고 잉글랜드로 갔고 그곳에서 오리게네스의 『켈수스에 반대하여』(*Contra Celsum*)의 케임브리지 필사본에 대한 주석과 연계해서 케임브리지 대학 동료들의 게으른 삶을 비판했는데, 이는 그가 행한 가장 신랄한 비판 가운데 하나였다. 그는 그리스 필사본들을 찾다가 실망했지만 케임브리지의 한 친구에게 최소한 포티오스(Photios)*의 『사전』(*Lexicon*)을 빌릴 수 있었다. 그는 내전이 한창이던 프랑스로 돌아온 후에 로슈-포제 가족과 함께 불안정하게 살았다. 그는 1570년에 도피네(Dauphiné) 지역 발랑스(Valence)로 갔는데 그곳에는 로마법의 가장 뛰어난 전문가인 쿠이아키우스가 가르치고 있었다.[93] 그들은 친한 친구가 되었고 스칼리게르는 시민법에 대한 상당한 지식을 얻었는

---

89 *Scaligerana*, ed. alphab. Colon.(1595) pp. 176 f. Bernays, *Scaliger*(아래 주 105를 보라), p. 19를 참조하라.

90 '불완전 인용'에 대해서는 이 책 제7장 주 17을 보라.

91 『역사』〔I〕299쪽의 문법 항목, 308쪽의 '문법'(γραμματική) 항목을 보라.

92 이 책 180~81쪽을 보라.

* 9세기 콘스탄티노플의 성직자이자 학자로 고전 작가 280명의 글을 발췌해서 모아놓은 『문고』(*Bibliotheca*)로 유명하다.

93 법학에 대해서는 이 책 138~39, 160~61쪽을 보라.

데 그에게 이는 역사적·문헌적 탐구를 위한 새로운 도구가 되었다. 또한 발랑스에서 드 투와 일생 지속될 우정이 시작되었다. 1572년 그는 비극적인 성 바르톨로메오의 저녁 이전에 발랑스를 떠나서 스위스에서 2년간 머물렀다. 그는 제네바에서 철학 교수직을 제의받았지만 강의하고 싶은 생각이 없었고 특별히 철학을 싫어했기 때문에 거절하였다. 눈에 띄게도 그의 저작에는 플라톤을 인용한 것을 찾아보기가 매우 힘들다. 위그노였던 그는 칼뱅주의를 신봉하는 제네바에서 편안함을 느꼈을 것 같지만 얼마 못 가서 협소한 분파 정신과 감독들의 강압적인 정책에 혐오를 느꼈다. 따라서 그는 2년 후에 다시 무질서하고 종종 위험이 따라다니는 내전기의 프랑스로 돌아갔다. 연구를 통해서 밝혀지고 있듯이 그는 다음 20년간 프랑스의 성(城)들에서 친구들과 머물며 상당히 조용한 삶을 영위하면서 학문 연구에 전념하였다. 마지막으로 홀란트의 레이던(Leyden) 대학이 그를 초청했는데, 그는 3년간의 협상 끝에 앙리 4세가 가톨릭 신앙으로 돌아간 해인 1593년에 그곳으로 갔다. 레이던 대학이 그에게 오직 머물러 주기만을 요구했지 교육의 의무를 전혀 부과하지 않았기에 스칼리게르는 1609년 평화롭게 죽을 때까지 기념비적인 작품들을 완성할 수 있었다.

스칼리게르 이전에는 아무도 상고기 라틴어를 제대로 알지 못하였다.[94] 그가 『베르길리우스 시선 부록집』(*Appendix Virgiliana*, 1572)과 세 명의 비가(悲歌) 시인인 카툴루스·티불루스(Tibullus)·프로페르티우스(Propertius)에 착수했을 때(1577), 상고시대 라틴어에 대한 자신의 뛰어난 지식을 이 후대의 시들에 적용하였다. 그의 편집본들은 극심한 오류도 있지만 천재적인 교정을 보여준다. 그가 1579년에 출판한 『마닐리우스』(*Manilius*)*는 그의 주요 연구 분야가 역사 재구성으로 바뀌었다는 것을 상징한다. 이 작품에서 그의 실제 목표는 비판 교정과 언어에 대한 능력을

---

94 이 책 182쪽 이하를 보라.
* 1세기 로마의 마지막 교훈시인이자 천문학자.

이용하여 이 극히 어려운 천문학적 서사시의 텍스트를 복원하는 것이 아니라 기원후 1세기 천문학 체계를 복원하는 것이었다. 이는 자연스럽게 그의 다음 작품인 『시대의 교정에 대하여』(De emendatione temporum)로 이어졌다. 이 작품은 1583년 2절판으로 출판되었다가, 1598년 제2판에서 많이 개선되었으며, 최종적으로 1606년 『시대의 테사우루스』(Thesaurus temporum)로 확대되었다. 그는 자기 시대의 향상된 천문학을 역사 연대기를 재구성하기 위한 과학적 기반으로 이용하였다.[95] 그의 견해는 고대 세계의 역사를 보려면 전체로 보아야 한다는 것으로, 프리드리히 아우구스트 볼프(Friedrich August Wolf)의 '고대학'(Altertumswissenschaft)이라는 개념을 예견하는 것이었다. 그는 동방·그리스·로마·기독교의 고대 역사뿐만 아니라 고전 언어와 동방 언어를 포함한 모든 고대 언어의 지식으로 고대 세계의 모든 연대 체계를 재구성하려고 했다. 그는 이 목적을 이루기 위해서 후기 고대 연대기 작가들의 단편들을 수집해야 했다. 이 작업의 기초가 되는 작품은 콘스탄티누스 시대 에우세비우스가 쓴 연대기를 히에로니무스가 번역한 것이었다. 르네상스 시대에 성 히에로니무스를 편집했던 모든 편집자들, 심지어 에라스뮈스도 아홉 권으로 된 그의 편집본에서[96] 이 연대기를 누락했는데, 이는 그들이 그것을 전혀 이해하지 못했기 때문이다. 스칼리게르는 에우세비우스의 작품이 원래 두 권으로 되어 있는데 성 히에로니무스가 오직 제2권만을 연대표와 함께 번역했으며, 원래의 제1권을 비잔티움의 역사가 게오르기오스 신켈로스(Georgios Synkellos)의 도움을 받아서 복원할 수 있을 것이라고 추측했다.[97] 결국 1602년 신켈로스의 파리 필사본이 레이던으로 보내졌고 스칼리게르는 누구와도 비교할 수 없는 대담함으로 비잔티움의 발췌물들에서 제1권을 복

---

95 『역사』(I) 163을 참조하라.
96 이 책 126쪽을 보라.
97 히에로니무스 볼프(Hieronymus Wolf)에서 시작해서 회셀(Höschel)에 이르기까지 독일에서 이루어진 비잔티움 문헌의 재발견은 실제로 스칼리게르가 개척한 길을 따랐다.

원하고 성 히에로니무스가 번역했던 제2권의 많은 오류를 바로잡아 재번역함으로써 에우세비우스의 원래 책 전부를 복원하였다. 1605년 『시대의 테사우루스』의 최종판이 완성되기 직전에 이자크 카조봉(Isaac Casaubon, 1559~1614)이 파리 도서관에서 올림픽 경기 승리자들의 연대기 목록을 발견하였다. 스칼리게르는 그것은 에우세비우스가 제1권에서 이용한 것으로 율리우스 아프리카누스(Julius Africanus)가 편찬한 것임을 알아보았다. 이렇게 놀라운 발견들이 그의 천재적인 짜맞추기가 맞음을 확인해주었다. 그러나 가장 놀라운 일이 2세기 뒤에 발생했는데 그것은 학문 연구의 역사에서 매우 드문 일로, 가설에 입각한 역사 재구성이 옳았음을 후대의 발견이 확인해주었다. 5세기에 작성된 에우세비우스의 연대기 아르메니아판[98]이 1818년 간행되었는데, 그것은 스칼리게르의 직관이 연대기를 복원하는 데 놀라울 정도로 정확하게 그를 이끌었다는 것을 확인해주었다.

그러나 17세기 전반에는 격렬한 논쟁이 시작되었고 이는 학식 있는 예수회 신부 드니 페토(Denys Pétau, 1583~1652)의 『시대 연구』(Opus de doctrina temporum, 1627~30, 전 3권)에서 정점에 도달했다. 이 가공할 적대자의 천문학 지식이 여전히 스칼리게르의 지식보다는 훨씬 견고하였다. 그는 또한 추정에서 좀 더 신중했고 스칼리게르의 몇 가지 오류를 바로잡을 수 있었다.

이탈리아에도 프랑스에도 스칼리게르의 천재성과 그 창조를 향한 열정을 실제로 이해하는 사람은 없었다. 그러나 레이던에는 헌신적인 찬미자들과 제자들이 그 주변에 있었다. 새로운 대학의 최초의 관리인(curator)이었던 야누스 도우사(Janus Dousa, 1545~1604)가 초기 라틴 문학을 연구하여 1587년에 플라우투스 편집본을 내놓았고, 그의 차남 프란키스쿠스

---

98 두 필사본에 보존되어 있었고 1818년에 J. B. 오세(J. B. Aucher)가 베네치아에서 편집본을 두 권으로 출판하였다.

(Franciscus)는 열정을 가지고 루킬리우스(Lucilius) 단편들을 모았다 (1597). 다니엘 헤인시우스(Daniel Heinsius)는 스칼리게르가 좋아했던 네덜란드인 제자였다. 그리고 스칼리게르는 17세기 네덜란드의 가장 위대한 학자인 휘호 너 흐로트(Hugo de Groot)*가 젊은이였을 때 그의 뛰어난 재능을 최초로 알아본 사람이었다. 시야를 더 넓힌다면, 파로스에서 발견되었고 현재 애슈몰리언(Ashmolean) 박물관에 있는 한 석판에 두 부분으로 나뉘어 새겨진 연대표, 즉 '파로스의 대리석판'(Marmor Parium)을 편집한 학식 높은 잉글랜드인 존 셀던(John Selden)은 스칼리게르가 수고해서 작성한 연대기의 가치를 즉각 알아보았다.[99] 우리는 이미 그가 몇몇 당대 독일 학자들과 관계를 맺고 있었음을 살펴보았다.[100] 독일에서 — 그러나 18세기 중엽 이전은 아니다 — 요한 빙켈만(Johann Winckelmann)[101]이 스칼리게르가 최초로 고대 세계의 삶을 전체로 복원한 학자임을 알아보았다. 빙켈만은 고대 텍스트뿐만 아니라 위대한 프랑스 학자들인 스칼리게르와 그의 친구였던 드 투, 그리고 그의 제자였던 흐로티위스의 작품들을 읽었다. 이는 빙켈만이 그의 작품에서 그들을 언급했다는 사실에서 명확히 드러난다. 1764년에 최초로 발표된 그의 책 『고대 예술의 역사』 (History of Ancient Art)[102]에서 빙켈만은 스칼리게르가 1607년 클라우디우스 살마시우스(Claudius Salmasius, 1588~1653)에게 보낸 편지에서[103] 했던 그리스의 시에 네 시대가 있다는 제안을 받아들였고, 그리스 예술의 발전에도 똑같은 순서로 네 시대가 있다고 주장했다. 이후 세대의 독일에서 성

---

* 휘호 흐로티위스를 말한다. 흔히 후고 그로티우스라고 더 잘 알려져 있다.

99 Marmora Arundeliana (1628/9).

100 이 책 186쪽을 보라.

101 나는 스칼리게르에 대한 문헌에서 이에 대한 직접적인 언급을 찾지 못하였다. C. Justi, Winckelmann und seine Zeitgenossen I(1898)은 특히 p. 134와 p. 160에서 때때로 언급하고 있지만 아래의 두 각주(102, 103)에 인용된 문장을 언급하지는 않았다.

102 'Geschichte der Kunst des Altertums' 8. Buch, I. Kap.= Werke I(Stuttgart 1847) p. 299.

103 Epistolae (Francofutri 1628) pp. 486f.

행하게 될 고대학이라는 개념은[104] 빙켈만의 생각에 근거를 두고 있는데 이 점에서 빙켈만이 멀리 거슬러 올라가서 스칼리게르를 언급했다는 것은 역사적으로 중요한 상징성이 있다.

이렇게 스칼리게르의 업적이 다른 나라들에서 어떻게 평가되었고 어떤 영향을 끼쳤는가를 살펴보았으니,[105] 이제 프랑스에서 스칼리게르 이후의

---

104 나는 볼프의 저작에서 스칼리게르에 대한 무언가를 찾기를 원하지만 지금까지는 성공하지 못하였다. 니부어와 그의 동시대인들의 열정적인 언급들은 반복해서 인용되고 있다.

105 스칼리게르의 모든 작품을 모은 모음집은 아직 없기에 우리는 개별 책들의 제목을 참조해야 한다. *Epistolae omnes*, ed. D. Heinsius, Lugd. Bat. 1627, repr. Frankfurt 1628(나는 이 판본을 이용하였다). *Lettres françaises inédites* publ. et annotées par Ph. Tamizey de Larroque(1879). *Scaligerana ou bons mots* I Vertuniani(1574~93) 그리고 II Vassanorum(1603~06)(편찬자들의 이름이다). 이 최고의 두 간행물은 1740년 암스테르담에서 피에르 데 메조(Pierre des Maizeaux)에 의해서 출판된 것이다. M. 본네(M. Bonnet)와 후에 M. A. 모노드(M. A. Monod)(1920?)가 새로운 비판적인 편집본을 준비하였지만 아직 아무것도 출판되지 않았다. Jacob Bernays, *Joseph Justus Scaliger*(Berlin 1855)가 아직까지 유일한 전문 저서라는 것은 일견 기묘해 보인다. 그러나 이 책도 pp. 1~17, 31~104만이 실질적인 소개 글과 생애를 담고 있고, 책의 대부분은 각주와 부록들로 채워져 있다. 그러나 스칼리게르의 위대함을 생각한다면 학자들이 왜 완벽하게 자료를 활용하여 전기를 쓸 엄두를 내지 못하는지 이해할 수 있을 것이다. 베르나이스(Bernays)는 저서이기보다는 논문인 그의 작품을, 그를 가장 재능 있는 제자로 여겼던 F. 리츨(F. Ritschl)에게 헌정하였다. Wolfgang Schmid, 'Friedrich Ritschl und Jacob Bernays', *Bonner Gelehrte*, Beiträge zur Geschichte der Wissenschaften in Bonn, Philosophie und Altertumswissenschaften(1968) p. 137 그리고 특히 A. Momigliano, 'Jacob Bernays', *Mededeelingen der K. Nederlandse Akademie van Wetenschappen, Afd. Letterkunde* N. R. 32. 5(1969) pp. 151~78을 참조하라. 그 자신 위대한 학자인 베르나이스는 스칼리게르의 작품에서 지식과 방법에서 완벽함을 보았고, 그가 묘사한 분별력 있고 고귀한 스칼리게르를 감사하게 받아들여야 한다. 유능한 비판가였던 마크 패티슨(Mark Pattison)(나는 『역사』[1] p. ix에서 그의 출판물들을 언급하였다)이 *Quarterly Review*, 1860(Essays I [1889] 132~95에 재인쇄)에서 베르나이스의 저서를 검토하였다. 이 검토 이후에 베르나이스의 친구인 K. J. 분젠(Chr. K. J. von Bunsen)이 1856년에 이루어진 대화에서 "그 시대의 종교사와 관련해서 스칼리게르의 전기를 쓰라"라고 베르나이스에게 권고하였다. 거의 30년 동안 패티슨은 자료를 종합하려고 노력하였다(Memoirs, 1885, pp. 321ff.). 보들리 도서관에서 그가 작성한 주석들을 검토한 후에(위의 주 26을 보라), 나는 유감스럽게도 그가 결코 그의 야심 찬 계획을 완수할 수 없었다는 것을 깨달았다. 사실 다른 누구도 제대로 된 스칼리게르의 전기를 쓰지 못했을 것이다. C. M. Bruehl, 'J. J. Scaliger. Ein Beitrag zur geistesgeschichtlichen Bedeutung der Altertumswissenschaft', *Zeitschrift für Religions-und Geistesgeschichte* 12(1960) pp. 202~18 그리고 13(1961) pp. 45~65는 그간의 노력과 실패의 원인을 개관하였다. J. Scaliger, *Autobiography*, trans. by G. W. Robinson(Cambridge 1927)은 소개 글과 각주와 함께 영어로 번역된 편지들에서 유용한 발췌물들을 포함하고 있다.

학문 연구가 어떻게 발전했는가를 살펴보자. 스칼리게르가 진정으로 위대했다는 것은 그의 젊은 동시대인 카조봉, 그리고 레이던에서 그를 계승했던 클라우디우스 살마시우스를 살펴보면 더욱 명확해진다. 카조봉은 세네바에서 위그노 성직자의 아들로 태어나 청소년기를 엄격하게 보냈고, 청소년기 후기에 도피네 산맥에서 아버지와 살았다. 이때 아버지가 유일한 스승이었다. 그는 20세에 그리스어를 집중적으로 공부하기 위해서 제네바로 돌아왔고, 앙리 에티엔의 여러 딸 가운데 한 명과 결혼했으며, 19명의 자녀를 두었다. 제네바와 몽펠리에에서 강의한 후에 1599년 종교적 평화를 복원하기를 원했던 앙리 4세의 초청으로 파리로 갔다. 파리에서 '왕의 강사'(Lecteur du Roi) 직책을 받았지만 파리 대학이나 콜레주 드 프랑스에서 어떤 공식적인 직책도 맡지 않고 있다가 왕립 도서관에서 드 투의 사서보(sublibrarian)가 되었다. 1610년 앙리 4세가 살해된 후 카조봉은 가톨릭으로 개종하도록 권유받았다. 그는 파리 시절에 비록 칼뱅주의의 협소한 교조주의에 동조하지는 않았지만 로마 가톨릭에 가담할 것인지 결심을 내리지 못하였다. 그는 '중용'을 선호했고 캔터베리 대주교의 초청을 기꺼이 받아들여 잉글랜드로 갔다. 그는 잉글랜드에 도착한 지 얼마 되지 않은 1614년에 과도한 연구로 몸이 쇠약해져서 55세로 죽었고 웨스트민스터 대수도원에 묻혔다.[106]

카조봉은 매우 개인적인 성향을 가진 학자였다.[107] 뛰어난 문법학자나

---

106 Mark Pattison, *Isaac Casaubonus*(1875). 500쪽이 넘는 이 책의 제2판이 1892년에 발행되었다. 이 책은 아마도 발저가 포조에 대해서 쓴 것(이 책 제2장 주 40을 보라)을 제외한다면 어떤 고전학자에 대한 전기보다 상세하고, 훌륭하게 전거를 달았고, 감동적인 근대 전기이다. 그러나 이 책은(발저의 포조에 대한 전문 저서의 약점이었듯이) 카조봉의 학문적 업적을 제대로 평가하지 못하였다. 카조봉의 편지와 일기는 *Epistolae*(3rd ed. 1709), 그리고 *Ephemerides*, 2 vols.(Oxford 1850)으로 인쇄되었다. 비망록 60권이 원고로 보들리 도서관에 보관되어 있다. 그의 일부 책들, 특히 여백에 주석을 담고 있는 책들이 케임브리지 대학 도서관에 있다. 가령 스칼리게르와 카조봉의 주석을 담고 있는 '아이스킬로스'가 이 대학에 있다. 반면 카조봉이 주석을 단 폴리비오스는 보들리 도서관에 있다.

107 그는 여전히 도라의 영향을 받고 있었다. 그가 그리스 비극 필사본들에 단 주석을 보면 그를 '조잡하다'(ἄμουσος)고 하는 것은 부당하다. E. Fraenkel, Aesch. *Ag.* I 38 그리고 77을 보라.

비판가가 아니었기에 그는 처음에는 고전 텍스트를 비판적으로 교정하는 편집자로 일하지 않았고, 창조적인 상상력을 지니지 못했기에 역사적 재구성물을 쓰지도 않았다. 그는 끈기 있는 독서가이자 수집가였다. 정신적 노력을 기울이는 데 불굴의 노력을 보인 사람도 천재라고 부를 수 있다면 그는 천재였다. 그는 가능한 한 모든 자료를 폭넓게 읽음으로써 광대한 지식을 축적하고, 그렇게 배운 것을 결합함으로써 고대 세계의 상을 만들어 내고자 노력하였다. 그는 항상 새로운 텍스트와 새로운 책을 찾고 있었고 시간이 허락하지 않아서 지식을 완벽하게 갖추지 못할까 두려워 늘 의기소침했다. 그의 사명은 주석서[108]를 쓰는 것이었고, 그중 가장 중요한 것으로는 스트라보(Strabo)의 『지리학』(*Geographica*)에 대한 것(1587, 재판 1620),[109] 테오프라스토스(Theophrastos)의 『성격론』(*Characters*)에 대한 것(1592, 재판 1599, 제3판 1612, 그 후 여러 판), 수에토니우스에 대한 것(1595),[110] 그리고 아테나이오스(Athenaeos)에 대한 것이 있다.[111] 그의 아테나이오스에 대한 주석서 『관찰』(*Animadversiones*)은 신음과 한숨으로, 밤낮으로, 3년 이상의 작업으로 씌어졌다. 카조봉 이후에 누구도 스트라보나 심지어 아테나이오스에 대해서 주석서를 쓸 만큼 극기를 보여주지 못했다. 폴리비오스의 그리스어 텍스트에 대한 그의 주석들은 라틴어 번역본과 함께 유고집으로 1617년에 출판되었다. 그는 그 책 서문에서 폴리비오스의 것과 같은 역사서는 정치가들의 예비 학교라는 새로운 관점을 제기하였다. 네덜란드의 학문 연구[112]가 카조봉의 마지막 작품에 영향을 끼쳤다는 것은 의심할 수 없다.

---

108 완벽한 목록은 Mark Pattison, *Isaac Casaubonus*(1875) pp. 534ff.에 제시되었다.

109 우리는 지금도 이 편집본의 쪽 번호를 인용한다.

110 S. Weinstock, *Divus Julius*(Oxford 1971). 바인스톡은 텍스트 비판가로서 카조봉의 장점을 보여주었다.

111 1801년에 슈바이크오이저(Schweighäuser)에 의해서 재편집되었고, 1840년까지 8회 재인쇄되었다.

112 이 책 199쪽을 보라.

그는 1605년 쓴 페르시우스(Persius)의 『풍자』(Satirae, 1833년에 여전히 본문 그대로 재인쇄되었다)에 대한 그의 주석서에 에세이 「그리스인들의 사티리콘 작시법과 로마인들의 풍자시 작시법에 대하여」(De satyrica Graecorum poesi et Romanorum satira)를 첨가하였는데, 이는 고대 문학사 문제에 대한 최초의 전문 연구서로 18세기 말까지 종종 별도로 재인쇄되었다. 카조봉은 자신의 모든 저술을 직접 수집한 자료에 근거해서 썼다. 이 점에서 저술은 17세기 후반과 18세기, 특히 홀란트와 독일에서 이루어진 단순한 편집과는 달랐다. 고전학 연구사에서 그의 주석서만큼이나 그토록 오랫동안 필수서로 여겨졌고 능가당하지 않은 것은 전혀 없다. 그는 텍스트 비판에서는 다소 보수적이어서 먼저 필사본의 권위를 주장하였다. 그러나 과감하게 추정하는 것을 두려워하지는 않았다. 그렇지만 이탈리아나 알프스 이북 인문주의자들 혹은 프랑스의 '칠성시파' 가운데 누구라도 그를 보러 갔다면 깜짝 놀랐을 터였다. 그가 고전학자이면서도 인간적·심미적 가치에 동감하지 않은 최초의 인물이었기 때문이다. 그는 고귀한 목적을 위해서 자신의 삶을 희생시킨 금욕적인 성향의 학자로 최고의 인물, 그리고 아마 가장 대표적인 인물일 것이다.

클라우디우스 살마시우스[113]는 소뮈르(Saumur)에서 태어났고 젊은 시절을 파리에서 스칼리게르와 카조봉 밑에서 보냈다. 카조봉은 그가 19세였을 때 그를 "젊고 경이로울 정도로 박식한 인물"이라고 묘사하였다.[114] 그는 확실히 학식 면에서 당대의 '에라토스테네스'라는 명성을 누릴 만했다.[115] 그의 작품은 너무나 난해한 경향을 띠었으며 그의 방대한 독서가 항상 텍스트를 설명하는 데 도움이 되었던 것은 아니었고, 때때로 자료를 축

---

113 Gustave Cohen, *Écrivains français en Hollande dans la première moitié du 17 siècle*(Paris 1920) pp. 311~34. 'Le plus grand philologue du 17 siècle: Claude Saumaise.' 그러나 이 장에는 '미편집 선집'(Anthologia inedita) 혹은 '헬레니즘 언어'(Lingua hellenistica)에 대한 이야기는 전혀 없다.

114 스칼리게르에게 보내는 편지에서(*Epp.* p. 284).

115 『역사』 ⓵ 170을 참조하라.

적하는 그 자체로 끝나기도 했다.

그는 당혹스러울 정도로 다양한 주제에 대하여 썼다. 가령 역사적 고찰을 통해서 성직자와 속인이 고리대를 하는 것의 타당함을 주장하는 논고인 『고리대에 대하여』(De usuris, 1638)를 비롯하여 『남자와 여자의 머리카락에 대하여』(De caesarie virorum et mulierum coma, 1644), 『교황의 수위권에 대하여』(De primatu papae, 1645), 『카를로스 1세를 위한 왕권의 옹호』(Defensio Regia pro Carolo I, 1649)가 있다.[116] 그는 일반적으로 하이델베르크에서(그는 1607년 파리에서 그곳으로 이주하였다.) 『그리스 경구시 선집』(Anthologia Graeca)의 팔라티누스 필사본(codex Palatinus, 또는 하이델베르크 궁정 필사본)을 '발견한 것'으로 이야기되지만, 흐루터[117]가 그 코덱스를 보여주었을 뿐이고 스칼리게르가 그것을 출판하라고 계속 권했지만 출판하지 못했다. 하이델베르크 시절에 그가 쓴 것은 『플리니우스 탐구』(Plinianae exercitationes, 1629)이다. 아마도 그의 가장 눈에 띄는 작품인 이 책은 주로 솔리누스(Solinus)*의 발췌구들을 다루었다. 그는 이 책에서 날카로운 관찰을 통해서 '페르세폴리스'와 같은 지명들의 구성 요소들에 대한 규칙을 확립했는데 이는 절대적으로 옳은 것으로 입증되었다.[118] 1632년 그는 레이던 대학에서 23년간 공석으로 있던 스칼리게르의 후임 자리를 차지하였다. 그리하여 그는 앞에서 언급했던 책들을 출간할 여유를 갖게 되었고, 거기에 대하여 1643년에 『헬레니즘 시대의 언어에 대하여』(De lingua Hellenistica)라는 논문을 썼다.[119] 그는 이 논문에서 신

---

116 추방당한 찰스 2세의 요구에 의해서 씌어진 이 작품은 존 밀턴(John Milton)과 논쟁의 출발점이 되었다. 밀턴의 응답 『잉글랜드 국교를 믿는 인민을 옹호하기 위하여』(Pro populo Anglicano Defensio, 1651)는 또다시 살마시우스의 반격을 야기하였다.

117 흐루터와 스칼리게르에 대해서는 이 책 217쪽을 보라.

* 4세기에 활동한 라틴 문법학자.

118 J. Wackernagel, Glotta 14(1925) pp. 36ff.=Kleine Schriften II(1953) pp. 844ff.

119 종종 살마시우스가 썼다고 이야기되는 『헬레니즘 시대 언어의 장례』(Funus linguae Hellenisticae)는 무명 작가의 작품이다.

약성경에 사용된 그리스어가 특수한 방언이라는 스칼리게르 시대 여러 학자들의 주장을 올바르게 논박했다. 그런데 이 논문은 역설적인 효과를 발휘해서 '헬레니즘 시대의 언어'라는 단어가 더욱 유행하게 되었고 19세기 초 독일의 문법서에서까지 발견된다. 실제로 요한 구스타프 드로이젠(Johann Gustav Droysen)은 필리프 부트만(Philipp Buttmann)의 『그리스어 상세 문법』(Ausführliche griechische Grammatik) I(1819) 7쪽, 각주 12번에서 이 단어가 사용된 것에서 암시를 받아서 알렉산드로스에서 아우구스투스까지의 시대를 묘사하기 위해서 '헬레니즘 시대'라는 명칭을 고안하였다.[120]

1650년 살마시우스는 레이던을 떠나서, 스웨덴의 왕 구스타부스 아돌푸스(Gustavus Adolphus)의 딸인 여왕 크리스티나의 궁정으로 갔고,[121] 그후 얼마 되지 않아서 죽었다. 17세기 전반 프랑스 작가들의 유입은 홀란트에는 축복이었다. 그중 가장 위대한 학자는 르네 데카르트(René Descartes)였고, 고전 연구자 집단은 상대적으로 크지는 않았지만 중요한 역할을 했다. 따라서 이제 프랑스에서 홀란트로 넘어갔다가 나중에 다시 프랑스로 돌아오는 것이 적절할 것이다.

---

120 *Ausgewählte Schriften*, pp. 150f.

121 *Christina Queen of Sweden. A Personality of European Civilization*(Exhibition, Nationalmusei Utställningskatalog 305, Stockholm 1966, 622 pp., 96 plates) pp. 204ff. '궁정의 외국인 학자들'.

제10장

홀란트, 르네상스 이후의 프랑스·이탈리아· 독일의 고전 연구

네덜란드의 북부 주들은 자유를 위한 오랜 전쟁 끝에 1579년 독립을 선 언하였다. 그들은 위트레흐트 대학에서 독립을 선언했고, 레이던에서는 1575년 에스파냐 병력을 몰아내고 새로운 대학을 세웠다.[1] 레이던 대학은 많은 위대한 학자들을 끌어들였다. 이런 사건들을 계기로 17세기에 홀란 트는 예술과 문학, 학문 분야에서 황금기를 맞게 된다.

홀란트 문화는 처음에는 독일보다는 프랑스, 그리고 '남쪽 주들'과 긴 밀한 접촉 속에서 발달했고 루터주의보다는 칼뱅주의가 주도하였다. 그 러나 레이던 대학의 교수 가운데 한 명이었던 야코뷔스 아르미니위스 (Jacobus Arminius, 1560~1609, 1605년부터 레이던에서 일했다)가 칼뱅의 예정 설을 거부했던 것은 이 지역의 특징을 잘 보여준다.[2] 비록 칼뱅주의를 신

---

1 이 책 185, 188쪽과 192쪽 이하를 보라. 14~15세기 네덜란드의 고전 학문 연구에 대해서는 이 책 115쪽 이하(아그리콜라와 에라스뮈스)를, 168쪽(칸티르와 도라)을 보라. H. Schneppen, *Niederländische Universitäten und deutsches Geistesleben*(1960) pp. 116ff. 레이던 편을 참조 하라. 레이던의 학자들(16~18세기)에 대해서는 그 책의 색인을 보라. A. Gerlo and H. D. L. Vervliet, *Bibliographie de l'humanisme des anciens Pays-Bas*(1972). *The Leiden University in the Seventeenth Century*(Leiden 1975) pp. 161ff.: J. H. Waszink, 'Classical philology'.

봉하는 종교회의가 아르미니위스의 주장을 정죄(定罪)하고, 그의 추종자들을 박해했지만, 17세기 홀란트의 전성기에 활동했던 위대한 인물 가운데 적극적인 칼뱅주의자는 전혀 없었던 것 같다.[3] 사실 이 지역의 종교 상황은 혼란스럽다고 말할 징도는 아닐지라도 복잡했으며, 이런 상황을 극단적으로 보여주는 사람은 1579년 레이던의 초청을 받은 최초의 고전학자[4] 유스투스 립시우스(Justus Lipsius, 1547~1606)[5]였다. 에스파냐령 네덜란드에서 태어난 그는 그 유명한 '세 언어 강좌'(collegium trilingue)와 함께 1517년에 설립된 가톨릭계인 루뱅 대학에서 로마법을 공부하였고,[6] 그란벨라(Granvella) 추기경의 비서가 되어 그가 이탈리아로 돌아갈 때 그를 수행하였다. 후에 립시우스는 빈에 있던 황제 궁을 방문하였고, 그 후 엄격한 신교도 대학인 예나 대학에 정착했으며 루터파 신자가 되었다. 그는 루터파 신자로서 가톨릭 여성과 결혼했고, 가톨릭을 믿는 고향 땅으로 돌아가 얼마 동안 루뱅에서 역사를 강의하였다. 그러나 그는 네덜란드인들이 새로 세웠고 공식적으로 칼뱅파를 추종했던 레이던의 초청을 주저 없이 받아들였다. 그는 그곳에서 12년간 로마사와 고유물 담당 명예교수로 일하였다. 그 후 그는 레이던을 떠나 마인츠로 갔다가 가톨릭 신앙으로 돌

---

2 아르미니위스 그리고 그와 스칼리게르를 비롯한 고전학자들과 그의 관계에 대해서는, C. M. Bruehl(이 책 제9장 주 105를 보라), XIII(1961) pp.48ff.를 보라.

3 J. Huizinga, *Holländische Kultur im 17. Jahrhundert*(1933) p. 32.; G. N. Clark, *The Seventeenth Century*(1929, 2nd ed. 1947), on Calvinism, pp. 310ff.를 참조하라. E. Gothein, *Schriften zur Kulturgeschichte der Renaissance, Reformation und Gegenreformation*, Bd. 2: *Reformation und Gegenreformation*(1924)은 선택적으로 주석을 달고 있는데, 17세기의 복잡한 성격을 생생하게 개관하고 있으며, 또한 학문 연구와 과학에 대해서 전형적으로 세세한 사항들을 제시하고 있다.

4 Lucian Müller, *Geschichte der klassischen Philologie in den Niederlanden*(1869, repr. 1970)은 그 제1부인 '네덜란드의 고전문헌학 연구 동향'에서 지금도 매우 유용한 개관을 제시한다(pp. 1~129). 그러나 이는 뛰어난 논문인 Waszink, 'Classical philology'에 의해서 보충되어야 한다.

5 *Opera omnia*, 4 vols.(Antwerp 1637). V. der Haeghen, *Bibliographie Lipsienne*, 3 vols.(Gent 1886~88). *Inventaire de la correspondance de J. L.* par A. Gerlo et H. D. L. Vervliet(Antwerp 1968).

6 이 책 153쪽을 보라.

아갔고 생의 마지막 14년간은 처음 봉직했던 루뱅 대학에서 역사를 강의하였다. 만약 이런 개요가 립시우스의 종교 생활을 특징적으로 보여준다면 혹은 최소한 그가 어떤 분파에 속하는 것에 크게 개의치 않았다는 것을 보여준다면, 이는 또한 그가 당대 최고의 라틴학자, 그리고 비판본 편집자가 될 수 있도록 도움을 제공했던 학문의 여러 중심지들이 기꺼이 종교적 관용을 베풀었다는 것을 보여준다.

프랑스와 대조적으로 그리스 문학보다는 로마 문학에 훨씬 많은 관심을 보인 것이 홀란트의 특징이었다.[7] 파리에서 도라의 영향을 강력하게 받았던 빌렘 칸터르(1542~75)[8]는 예외적인 인물이었다. 그는 비극 작가들, 즉 에우리피데스(1571), 소포클레스(1579), 아이스킬로스(1580)를 연속해서 편집하면서 — 뒤의 두 작품은 그가 요절한 다음에 유작으로 출간되었다 — 합창부에서 운율에 따라서 이루어지는 응답을 구별하여 표시함으로써 투르네부스를 능가하였다.[9] 이를 제외한다면 이 시기 홀란트는 로마 문학을 더 많이 연구했으며 그 연구는 특별한 분야에 집중되었다. 애호되던 작가는 키케로·리비우스·베르길리우스·호라티우스가 아니라 세네카·타키투스·루카누스, 심지어 클라우디아누스(Claudius Claudianus)였다. 그리고 그들의 언어나 문체보다는[10] 정치적 태도에 대해 더 관심을 기울였다. 폴리치아노[11]가 후(後)고전기(post classical)의 작가들에, 레나누스[12]가 후기 로마의 역사가들에 관심을 기울일 때 이미 살루타티[13]는 고전 작가들을 정치적으로 해석하기 시작했다. 1581년 카롤루스 파살리우스(Carolus

---

7 홀란트의 로마 고유물(古遺物)에 대한 연구는 카를 오트프리트 뮐러(Karl Otfried Müller)에게까지 영향을 끼쳐서, 뮐러는 그것들을 순수한 역사 연구로 발전시켰다. W. Kaegi, *Deutsche Zeitschrift* (Jg. 49 *Kunstwart*) 1935/6, p. 97을 보라.
8 이 책 168쪽을 보라. Nolhac(이 책 제9장 주 26을 보라), p. 212 그리고 notes 2~4를 보라.
9 이 책 176쪽을 보라.
10 그러나 M. W. Croll, *Studies in Philology* 18(1921) pp. 79ff.를 보라.
11 이 책 75쪽을 보라.
12 특히 타키투스에 대해서는 이 책 135쪽을 보라.
13 이 책 46쪽을 보라.

Paschalius)가 타키투스에 대해서 최초로 정치적인 관점에서 주석서를 썼던 것 같다.[14] 이는 이탈리아에서 유럽으로 뻗어나가서 립시우스에게서 정점에 도달할 '타키투스 운동'을 촉발시켰다.[15] 1574년에 주석서와 함께 출판된 그의 편집본은 1600년에 증보되었다. 그는 이를 위해서 파살리우스와 무레투스를 이용하였고, 그의 작품은 그가 죽은 후 두 번 추가로 간행되었다. 그는 또한 후기 로마의 역사가인 발레리우스 막시무스(Valerius Maximus)와 발레이우스 파테르쿨루스(Valleius Paterculus)를 편집하였다.

립시우스는 세네카를 출간하면서(1605) 스토아 철학에 대한 지식을 증진하려고 시도하였다. 15~16세기 인문주의자들이 스토아 학파의 금언을 때때로 추천했지만, 스토아주의는 이탈리아와 알프스 이북 국가들에서 단단한 기반을 구축한 기독교 플라톤주의[16]와 경쟁할 수 없었다. 그러나 이제 립시우스를 비롯한 여러 학자들이 특별 논고들을 통해서 기독교 스토아주의의 이상을 선포하였고, 당대의 철학에 상당한 영향을 끼치게 되었다.[17] 그들의 목표는 새로운 '시민 원리'(doctrina civilis)를 기반으로, 로마사에 관한 자신들의 모든 지식과 후기 로마 작가들의 영웅적인 능변에 관한 자신들의 기술을 스토아 철학에 결합시키는 데 있었는데, 이는 독립적이고 자립적인 연구 혹은 '인문학'(humanitas)을 위한 것이 아니라 '정치적 인간'(homo politicus) 양성을 위한 것이었다. 우리가 이 새로운 정치적 의도의 중요성을 간과한다면 립시우스와 그의 동료들의 고전 연구를 이해할 수 없다. 이런 접근의 가장 기본적인 저술은 립시우스의 『정치적 혹은 시민적 원리 6권』(Politicorum sive civilis doctrinae libri sex, 1589,

---

14 A. Momigliano, 'The First Political Commentary on Tacitus', Contributo [I] (1955) pp. 36~59, esp. 40ff.

15 C. O. Brink, 'Justus Lipsius and the Text of Tacitus', JRS 41(1951) pp. 32~51은 립시우스와 그의 선구자들의 업적을 공정하게 평가하고 있다.

16 이 책 96쪽 이하를 보라.

17 W. Dilthey, Ges. Schriften II 443ff.를 보라. J. L. Saunders, J. Lipsius, The Philosophy of the Renaissance Stoicism(New York 1955)은 립시우스의 이론과 그 영향을 철저하게 분석하였다.

1596년과 1605년 판본에서 확대되었다)이다.

일련의 네덜란드 학자들 가운데서 가장 위대하고 보편성을 매우 지향했던 '정치적 인간'은 휘호 흐로티위스였다.[18] 델프트(Delft)에서 태어난 그는 레이던에서 스칼리게르에게 배웠고, 스칼리게르는 이 어린 신동의 천재성을 알아보았다. 그는 8세 때에 라틴어로 시를 썼다(평생 라틴어[19]와 네덜란드어로 각각 만 편 이상의 시를 썼다). 그는 15세에 마르티아누스 카펠라(Martianus Capella)*에 대한 주석서를 썼고, 17세에 아라토스(Aratos)의 『현상』(Phaenomena)의 그리스어 텍스트를 고대의 라틴어 번역물들과 함께 출간했는데 특히 키케로의 번역 가운데 잘못 전승된 부분을 매우 훌륭하게 보충하였다. 그는 생의 후반에 그리스 희곡 작가들로부터 발췌한 수백 개의 경구 모음집인 『플라누데스 선집』(Anthologia Planudea)[20]과 에우리피데스의 『페니키아의 여인들』(Phoenissae)을 라틴어로 번역하였고,[21] 루카누스(1614, '주석'과 함께)와 실리우스 이탈리쿠스(1636)를 편집하였다. 그리고 세네카와 타키투스에 대한 논문들을 발표하였다. 그러나 이는 그의 평생 작업에서 작은 부분에 지나지 않는다. 그는 법학 학위(『포획물 법에 대하여』 De iure praedae, 1604/5)[22]를 받은 이후에 네덜란드의 공식 역사가로 공적 이력을 시작하였다. 그는 자기 나라의 타키투스가 되어 『연대기』와 『역사』를 썼다. 그 후 그는 홀란트와 제알란트(Zealand)**의 법무관(advocate general), 의회 의원(states general), 그리고 잉글랜드 대사로 일

---

18 Sandys II 315~19를 보라. 나는 샌디스의 이 훌륭한 단락에 힘입었다. R. Helm, *Hugo Grotius*(Rektoratsrede Rostock 1920)에 대해 폭넓게 비판적으로 검토하고 있는 B. A. Müller, *GGA* 186(1924) pp. 18ff.를 참조하라.

19 O. Kulge, *Die Dichtung des Hugo Grotius im Rahmen der neulateinischen Kunstpoesie*(1940)., H. Grotius, *Briefwisseling* I(1928)~IX(1973). 이는 계속 간행될 것이다.

* 5세기 로마의 작가.

20 『선집』은 디도(Didot) 편집본으로 재인쇄되었다.

21 흐로티위스가 수감자로 이런 대단히 많은 분량을 번역했던 상황을 반드시 고려해야 한다.

22 법학 연구의 기반으로서 고전 연구에 대해서는 이 책 138~39쪽을 보라.

** 네덜란드 남서쪽에 있으며 여러 개의 섬으로 구성된 주.

하였다. 그는 22세에 국제법 분야에서 일하기 시작했고 후에 이 분야에서 가장 유명한 저술들을 냈다. 그 가운데 최초는 공공 경력에 중단이 있었던 1609년에 발표한 『자유해(海)론』(Mare liberum, 1609)(셀던Selden이 1636년 『폐쇄해(海)론』 Mare clausum으로 반론하었다)이다. 그는 신학 분야에서는 아르미니위스파*의 온건한 무리를 공개적으로 지지하였다.[23] 1619년 도르드레흐트(Dordrecht) 종교 회의에서 그들의 의견이 정죄되고 그의 친구였던 바르네벨트(Barneveldt)가 사형 판결을 받았을 때, 흐로티위스도 종신형을 선고받았다(이는 립시우스에게 베풀어졌던 관용과는 대조적이다). 그는 감옥에서 네덜란드어로 쓴 그의 가장 유명한 시 「네덜란드 항해자를 위한 진정한 종교의 증거」를 썼다. 그는 이 시를 『기독교의 진리에 대하여』라는 제목으로 라틴어로 직접 번역하였다. 이 책은 후에 파리에서 출판되었고 전 세계로 퍼져나갔으며 여러 근대어로 번역되었다. 라이프니츠는 이 시를 흐로티위스로 하여금 자기 자신과 모든 당대인을 능가하게 만든 "황금 기념비"라고 했다. 22개월을 갇혀 있던 흐로티위스는 큰 책장에 숨어서 탈출하였고 파리로 도망갔다. 그는 그곳에서 30년 전쟁이 7년째 되는 해인 1625년에 그의 이름을 근대 세계에 영구히 남길 책인 『전쟁과 평화의 법에 대하여』(De iure belli ac pacis)를 썼다. 그의 문헌학·법학·역사학·신학 지식들이 이 고전에 결합되어 녹아들었고, 이 책은 국제법에 대한 최초의 개념을 제시했을 뿐만 아니라 에라스뮈스의 정신을 갖춘 고전 학자의 작품이었다. 에라스뮈스는 종교와 학문 분야에서 위험에 빠진 보편성을 지키기 위해서 노력했고 자신의 학문과 인문주의 전체를 바쳐서 보편 교회를 장려하고 보편 교회가 기독교 세계 전체에 대한 영적 지도권을 유지하는 데 기여하고자 노력했다. 그러나 흐로티위스가 『전쟁과 평화의 법에 대하여』를 썼을 때는 이미 일치가 깨진 지 1세기가 지났다. 비록

---

* 그리스도가 선택받은 자뿐만 아니라 모든 사람을 위해서 죽었다고 주장하는 무리들.
23 이 책 195~96쪽을 보라.

이 책이 진정으로 종교적인 사람의 작품이었지만, 그럼에도 흐로티위스가 교회의 잃어버린 보편성을 대신하여 새로운 일치를 만들어내려고, 즉 여러 나라들로 구성된 기독교 인문주의 사회를 구성하려고 했을 때 그는 에라스뮈스의 이상을 세속화하려고 하였다. 영원한 인간적 가치와 고대인들의 지혜에 대한 믿음, 그리고 '복음서'의 신성한 진리에 대한 믿음이 국제법의 이런 구조를 위한 토대였다. 흐로티위스는 궁극적으로 평화와 재일치가 이루어지고, 오직 '훌륭한 해석자'[24]만이 필요해지기를 열렬하게 희망하였다. 우리는 흐로티위스가 살고 있었던 신교 세계가 이런 견해를 의심의 눈초리로 쳐다보았다는 것을 이해할 수 있다. 그가 네덜란드어와 라틴어로 쓴 저작에서 (종교 재판에서) 자기의 정당함을 옹호하고, 프랑스에서 고국으로 돌아가려 하자 네덜란드는 영구 추방령을 내렸다. 스웨덴의 구스타부스 아돌푸스(구스타프 아돌프) 왕이 흐로티위스의 국제법 책의 열렬한 찬미자였다는 사실은 역설적으로 보일 수도 있다. 그러나 그 결과 흐로티위스는 스웨덴을 위해서 일했고 여러 해 동안 프랑스의 궁정에서 크리스티나 여왕[25]의 대사로 활동했다.[26] 스톡홀름에서 파리로 돌아오는 여행 중에 배가 발트 해에서 난파되었고, 흐로티위스는 1645년 로스토크(Rostock)에서 죽었다. 오스트 반 덴 폰덜(Joost van del Vondel)이 그의 가장 감동적인 시 가운데 하나에서 그의 가장 친한 친구였던 이 위대한 학자의 인품을 기렸다. '기독교의 평화'에 대한 편지에서 흐로티위스는 비록 자신이 노력한 일의 과실을 누리는 것이 허락되지 않는다고 해도 "다른 세기에 유용한 역할을 할 수 있는 나무를 심는 것"이 자신의 의무라고 말했다. 우리는 여전히 그 세기를 희망하며 기다리고 있다.

흐로티위스 당대로부터 그 다음 두 세대까지 상당히 많았던 네덜란드의 뛰어난 학자들을 생각해보면, 역사상 보기 힘든 특이한 사실을 발견할

---

24 이는 에라스뮈스가 즐겨 쓰던 구절이었는데 종종 반복되었다.
25 위의 주 5를 보라.
26 리슐리외(Richelieu)는 흐로티위스를 존경했지만 좋아하지는 않았다.

수 있는데[27] 이곳에서 고전 연구는 몇몇 가문에서 세습되었다는 점이다. 앞에서 이미 야누스 도우사와 프란키스쿠스 도우사를 언급했는데,[28] 두 명의 헤인시우스, 두 명의 보시우스, 또한 함부르크 출신이었던 두 명 혹은 세 명의 그로노비우스가 그들의 뒤를 이었고, 그 다음 세기에는 삼촌과 조카였던 두 명의 부르만누스(Burmanni)가 뒤를 이었다. 지금까지 언급한 사례들은 큰 전통의 일부에 지나지 않는다.[29]

카조봉이 "작은 스칼리게르"라고 불렀던[30] 다니엘 헤인시우스(1580~1655)와 그의 아들 니콜라우스(Nicolaus, 1620~81)가 립시우스의 전통을 이어서 로마 문학을 계속 연구하였다. 다니엘과 니콜라우스는 라틴어 시인이었고 로마 문학 연구를 좋아하였다.[31] 그러나 다니엘은 호라티우스의 『시학』(Ars poetica)을 넘어서 아리스토텔레스 연구에 착수했고, 그의『비극의 구성에 대하여』(De tragoediae constitutione)는 당시에 아리스토텔레스의『시학』에 대한 가장 영향력 있는 책 가운데 하나였다. 그는 또한 아리스토텔레스의『시학』을 편집하고 번역했다(1611). 그러나 로마 시인들, 특히 오비디우스에 대한(1629) 그의 비판적 검토는 영구적인 가치가 있다. 그의 아들이자 제자였던 니콜라우스는 여행을 열렬하게 좋아했고 외교관으로 근무하면서 해외에 있던 많은 필사본을 대조하였다. 그는 베

---

27 스테파누스 가문과 스칼리게르 가문이 여러 명의 뛰어난 학자들을 배출한 것은 다른 경우이다.
28 이 책 187쪽을 보라.
29 나는 17세기의 다양한 비판 문학에 대한 비판을 담고 있을 것이라고는 전혀 기대할 수 없는 책 한 권을 주목한다. 그것은 Stanislaus von Dunin-Borkowski, *Spinoza*, vol. IV(1936) 'Aus den Tagen Spinozas, 3. Buch: Das Lebenswerk'이다. 이 책은 스피노자의 『신학 정치론』(*Tractatus theologico-politicus*)의 배경으로 고전 비판주의와 성경 비판주의를 200쪽에 걸쳐서 검토했는데, 이는 저자가 놀라울 정도로 학식이 깊었다는 것을 보여준다. 불행하게도 그는 책이 인쇄되기 전에 죽었고, 비판을 하고 있는 장이 다소 난삽한 것은 그의 잘못이 아니다. 그 장은 수 세기 동안 아무도 읽거나 심지어 떠들어보지도 않을 것이지만 그 시대를 특징적으로 보여주는 책들을 양식 있게 다루었다.
30 이 책 188쪽을 보라.
31 이 책 197쪽을 보라. H. J. de Jonge, *Daniel Heinsius and the Textus Receptus of the New Testament*(Leiden 1971)를 참조하라.

르길리우스에서 클라우디아누스에 이르는 로마 시인들의 작품을 수십 권
의 책으로 간행하였고 그 과정에서 다양한 독법 가운데 옳은 것을 고르는
데 시에 대한 뛰어난 감각을 보여주었다. 그의 이런 활동은 이후 모두 비
판적인 텍스트의 토대가 되었다. 이 점에서 '로마 시인들의 구세주'
(sospitator poetarum Latinorum)라는 그의 명성은 합당한 것이다.

다른 저명한 텍스트 비판과 편집자로는 연장(年長) 그로노비우스, 즉
요한 프리드리히(Johann Friedrich Gronovius, 1611~71)가 있다. 1634년
부터 다니엘의 제자이자 니콜라우스 헤인시우스의 친구로 레이던에서 일
했던 그는 주로 후기 라틴어 산문에 헌신하였다. 연소(年少) 이삭 보시우
스(Isaac Vossius, 1618~89) 또한 이 분야에서 활동하였다. 그러나 이들과
사뭇 다르게 연장(年長) 제라드 존 보시우스(Gerard John Vossius,
1577~1649)와 연소(年少) 야코프 그로노비우스(Jacob Gronovius,
1645~1716)는 고유물(古遺物) 연구자[32]이자 '박식가' [33] 무리에 속했다. 그
들은 독창성이 아니라 고전에 대한 지식을 확대하고 강화하는 것을 통해
서 고전 연구에 기여하였다. 그러나 아그리콜라와 에라스뮈스에서 흐로
티위스에 이르는 창조적 시대에 축적된 보고들에 질서를 부여하고 쉽게
접근할 수 있게 만든 것은 결코 작은 일이 아니며,[34] 후세대는 정당하게 그
것에 감사를 표해야 한다. 보시우스(G. J. Vossius)가 '박학'(polymatheia)
의 체계를 제안하는 작품을 발표할 때(1650) 그는 상당히 합당하게도 그것
을 『문헌학에 대하여』(De philologia)라고 했다.[35]

17세기 초 종교 전쟁의 공포를 일으켰던 비관용적인 열광주의에 맞서
서 기독교 인문주의가 부활하기 시작하였다. 이런 '경건 인문주의'의 가

---

32 A. Momigliano, 'Ancient History and the Antiquarian', Contributo I(1955) pp. 67ff.를 보라.
33 박식가(πολυιστωρ) 그리고 그것과 관련된 단어들에 대해서는 『역사』 (I) 125.5를 보라.
34 Huizinga, Holländische Kultur um 17. Jahrhundert(1933) p. 61은 17세기 말경에 네덜란드 문
　명의 경화에 대해서만 이야기하면서 이 점을 간과하였다.
35 앞에서 뷔데(Budé)의 『문헌학에 대하여』에 대해 언급한 것, 그리고 『역사』 (I) 158f.와 170에
　서 에라토스테네스에 대해서 다룬 것을 참조하라.

장 위대한 대표자는 프랑수아 드 살(François de Sales, 1567~1622)이었다. 이전의 기독교 인문주의는 대중적 성향이 있기는 했지만 교육받은 계층을 중심으로 이루어졌다. 그러나 '경건 인문주의'는 미와 진리보다는 거룩한 것, 그리고 그것의 실천을 강조하면서 그 원칙과 정신을 모든 사람에게 심어주고자 노력하였다. 따라서 그것은 학문적인 연구를 직접 고양하지는 않았지만 평화와 이성, 그리고 신적인 가치와 인간적인 가치의 균형을 중요시하는 새로운 환경을 만들어 학문 발전에 기여하였다. 이런 새로운 영적 분위기 속에서 수도회들의 학문 연구가 다시 번영하기 시작했고, 이 세기 말에 위대한 연설가와 작가들의 연설과 문학 작품이 나왔다. '경건 인문주의'의 중요성을 강조하거나 아마도 발견해낸 사람은 앙리 브레몽(Henri Bremond)일 것이다.[36]

프랑스 오라토리오회 수도사 리샤르 시몽(Richard Simon, 1638~1712)은 성서 연구에 엄격한 학문적 비판주의를 도입하여 "성서 비평의 아버지"라고 불린다.[37] 그는 자신의 『구약성서 비평사』(Critical History of the Old testament, 초판 1678, 영어 번역본 1682)에서 모세와 모세 오경(Pentateuch)에 대해서, 그리고 구약성경 여러 부분들의 연대기에 대해서 혁명적인 결론을 제시하였다. 그는 격렬한 공격에 굴하지 않고 1689년에 신약성경에 대한 자신의 연구를 발표하기 시작했다.[38] 이 점에서 그는 고대 텍스트들의 '역사'를 추적하려는 18~19세기의 시도들을 어느 정도 선

---

36 *Histoire littéraire du sentiment religieux en France depuis la fin des guerres de religion jusqu' à nos jours*(Paris 1916~36, II vols. text and I vol. indexes). 이는 당당한 1급의 작품이다. K. A. 몽고메리(K. A. Montgomery)가 오직 첫 세 권만을 영어로 번역했던 것 같다(1924~36). 브레몽의 전문 저서인 *Thomas More*(1904)에는 에라스뮈스에 대해서 지금까지 씌어진 것 가운데 최고의 내용이 담겨 있다.

37 *The Cambridge History of the Bible*. The West from the Reformation to the present day(1963) pp. 194f., cf. 218ff. 시몽에 대해서는 Jean Steinmann, *Richard Simon et les origines de l'exégèse biblique*(1960), 그리고 Bruce M. Metzger, *The Text of the New Testament*(2nd ed. 1968) pp. 155f.를 보라.

38 *Histoire critque du Texte du Nouveau Testament*(1689).

도하였다. 그는 이 '텍스트 전승사'(Textgeschichte)가 필사본들의 평가와
진정으로 비판적인 텍스트의 구성을 위한 기반이 되어야 한다고 믿었다.[39]
여기서 중요한 것은 그가 날카로운 관찰로 200~300년 후의 학자들이 도달
할 결론을 예견했다는 것이 아니라 비판적 텍스트를 확립하기 위한 새로운
방법을 고안했다는 것이다. 그렇지만 불행하게도 시몽이 세속 문헌학과
신성한 문헌학을 분리했기에[40] 그의 연구는 고전 연구에는 별 영향을 끼치
지 못하였다.

　프랑스의 베네딕투스파 수도사들의 모임인 생 모르 수도사들
(congregation of St. Maur)*이 이룩한 가장 큰 영광 가운데 하나는 그들이
모든 그리스 및 라틴 교부들이 쓴 저작들의 기본적인 편집본을 출간했다
는 것이다. 긴 일련의 아름다운 2절판으로 이루어진 이 저작들이 완간되
는 데는 1세기 이상이 걸렸다. 비록 이 간행물의 일부나 몇몇 권들이 필사
본의 이용, 텍스트의 구성과 주석, 그리고 진품과 위작을 비판적으로 구별
하는 데 똑같은 기준을 보여주지 못했다고 해도 이는 그렇게 거대한 모음
집을 출판하는 데서 발생할 수 있는 자연스러운 현상이었다.

　사실 이 시리즈를 출간하면서 이 베네딕투스파 수도사들은 가톨릭 프
랑스에서 에라스뮈스의 프로그램의 일부를 수행하였다.[41] 그러나 홀란트
에서도 개혁자들, 특히 흐로티위스가 다른 방식으로 에라스뮈스의 작업
을 계속하였다.[42] 이 작업의 보편성과 위대성은 17세기에 가톨릭 지역뿐만
아니라 신교도 지역을 포함한 모든 곳에서 명백히 드러났다.[43]

---

39 볼프에 대해서 이 책 266쪽을 보라. Wilamowitz 'Geschichte des Tragikertextes', *Einleitung in
die griechische Tragödie*(1889) p. 121ff. 볼프나 빌라모비츠는 시몽의 '텍스트 역사'에 대해서
전혀 관심을 기울이지 않았던 것 같다. 그러나 S. Timpanaro, *La genesi del metodo del
Lachmann*(1963) p. 21. 1의 짧은 언급을 보라.
40 *Philologia Perennis*(1961) p. 13을 참조하라.
* 1621년 프랑스의 베네딕투스파에 속하는 학식 있는 개혁파 수도사들의 모임으로 생 모르는 베
네딕투스의 제자였던 마우루스를 말한다.
41 이 책 126쪽을 보라.
42 이 책 200쪽을 보라.

프랑스 베네딕투스파 수도사들 가운데 가장 위대한 사람은 장 마비용 (Jean Mabillon, 1632~1707)과 베르나르 드 몽포콩(Bernard de Montfaucon, 1655~1741)이었다. 마비용은 유서 깊은 생 제르맹 데 프레(Saint-Germain-des Prés) 수도원에 입회하도록 초청받았고[44] 거기서 43년간 학문적인 작업에 참가하였다. 그는 프랑스·이탈리아·독일의 거의 모든 도서관과 문서 보관소를 방문한 후에 『문서 연구에 대하여』(De re diplomatica)를 씀으로써 새로운 학문 분야, 즉 고대 라틴어 문서의 연대와 진본 여부를 결정하는 학문의 창시자가 되었다.[45] 그는 학자-수도사들의 작업을 정당한 것으로 옹호했던 『수도자들의 연구에 대한 논고』(Traités des études monastiques, 1691, 1966년 재인쇄)를 씀으로써 베네딕투스파 인문주의의 가장 아름다운 문서를 남겼다.[46] 마비용의 동료 몽포콩[47]은 『그리스 고문서학』(Palaeographia Graeca, 1708)으로 그리스 고문서학의 기반을 닦았고, 새로운 학문 분야의 원칙을 확립했으며 1만 1,630개 필사본 목록을 제시

---

43 모르 편집본의 대부분(브리태니커 백과사전에 커스버트 버틀러Cuthbert Butler가 쓴 '모로주의자들'Maurists 항목을 보라)은 19세기에 미네(Migne)의 그리스·로마 『교부 문헌』(Patrologia) 속에 재인쇄되었고, 근대의 비판적 텍스트로 새로이 편집되어 베를린의 새로운 그리스 교부 모음집과 비엔나의 라틴 교부 모음집에 들어가지 않은 작품들에서는 지금도 이용된다. Ch. de Lama, Bibliothèque des écrivains de la Congrégation de Saint-Maur (1882)를 참조하라. A. Sicard, Les études classiques avant la Révolution (1887).

44 E. de Broglie, Mabillon et la société de l'abbaye de Saint-Germain des Prés, 1664~1707(2 vols., Paris 1888). Henri Leclercq, Mabillon (2 vols., Paris 1953~57). M. D. Knowles, Journal of Ecclesiastical History 10(1959) pp. 153ff.

45 필사본 연구와 고문서학(palaeography and diplomatics)에 대한 매우 포괄적이고 폭넓은 연구인 R. P. Tassin aud Ch. F. Toutain, Nouveau traité de diplomatique, 6 vols. Paris 1750~65를 보라. 요한 프리드리히 뵈머(Johann Friedrich Böhmer)는 생 모르의 프랑스 베네딕투스파 수도사들이 그가 '독일 황제 문서 목록'(Regesten der deutschen Kaiserurkunden)을 모으고 편집하는 것을 예견했고 그 모델을 제시했다고 명확하게 주장하였다. 이에 대해서는 F. Schnabel, Der Ursprung der vaterländischen Studien (Vortrag 1949, Neudruck 1955) p. 16을 보라.

46 'Humanitas Benedictina'(1953)=Ausgewählte Schriften (1960) p. 180. 노년의 마비용의 작업을 다루고 있는 de Broglie II 295 ff.와 특히 "사유는 …… 사람들이 계속해서 꺼도 되살아나는 불과 같다"라는 말이 들어 있는 p. 298을 보라. 늙었다는 이유로 연구를 중단해서는 안 된다는 페트라르카의 생각을 참조하라.

47 E. de Broglie, Bernard de Montfaucon et les Bernardines, 1715~50(2 vols., Paris 1891).

하였다. 몽포콩 평생의 연구는 2절판으로 약 50권이 출간되었고, 그중 다섯 권의 보충물을 포함하고 있는(1724) 『그림으로 설명하고 묘사한 고대』(*L'Antiquité expliqueé et représentée en figures*, 1719) 10권이 가장 인상적이다.

이 베네딕투스파 수도사들 이외에도 이 시기 내내 예수회 수도사들이 적극적인 학자, 훌륭한 교사였다.[48] 스칼리게르의 적대자로 비록 악의에 차 있었지만 매우 유능하고 열정적인 인물은 이들 가운데 한 명인 드니 페토였는데, 우리는 연대기 분야에서 그의 업적을 앞에서 살펴보았다.[49] 그는 또한 시네시우스(Synesius)의 작품 전체를 비판해서 편집했는데(1612, 1633), 지금까지는 완벽하게 그를 능가하는 연구가 나오지 않았다.

수도사들이 편집본에 단 주석은 후대 주석서들의 기본이 되었고, 점점 더 학식 깊은 내용을 담은 책들이 프랑스의 기존 또는 새로 세워진 도서관들을 채우게 되었으며, 프랑스 도서관들은 책을 수집하는 데 다른 나라의 주요 모범이 되었다.

고전 서적을 성공적으로 수집한 전형적인 예는 프랑스의 신교도였던 자크 봉가르(Jacques Bongars, 1564~1612)였다. 오를레앙에서 태어난 그는 독일 대학들에서 그리스어와 라틴어를 배웠고, 예나(Jena)에서 립시우스 찬미자가 되었다. 그 후 부르주에서 쿠이아키우스 밑에서 로마법을 연구했고(1576), 1581년에는 파리에서 이전에 알았던 재료를 모으는 데 그치는 것이 아니라 새로운 필사본들을 주의 깊게 대조하여 유스티누스(Justinus)* 편집본을 출간하였다. 그 시대 프랑스와 네덜란드의 많은 학자들이 그랬듯이[50] 그는 1586년부터 1610년까지 외교 업무에 종사했고 잉글랜드에서 콘스탄티노플에 이르는 넓은 세계를 돌아다니면서 필사본과 책

---

48 이그나티우스 로욜라(Ignatius of Loyola)에 대해서는 이 책 제7장 주 55를 보라.

49 이 책 187쪽을 보라.

* 3세기 로마의 역사가.

50 다음 208쪽의 페레스크를 참조하라.

을 조사하고 수집하였으며, 드 투·스칼리게르·카조봉을 비롯한 그 시대의 위대한 학자들을 만났고, 후에 그들과 편지를 주고받았다. 그는 또한 비문(碑文)들의 복사본을 만들었는데, 몸젠이 그 정확성을 인정하였다.[51] 봉가르는 고대 작가들에 멈추지 않고[52] 중세 작가들 또한 연구하였다. 그의 사촌인 파울루스 페타비우스(Paulus Petavius, 드니의 형제[53])와 함께 그는 매우 운좋게도 1603년에 또 다른 학식 있는 오를레앙 사람인 피에르 다니엘(Pierre Daniel, 1530~1603)의 도서관, 그리고 자신의 스승인 쿠이아키우스의 도서관을 획득하였다. 약 500개의 필사본과 3,000권의 인쇄된 책으로 구성된 봉가르의 수집물들은 약간의 유랑 끝에 스위스의 독일 쪽에 정착하였고, 베른 도서관의 주요 보고 가운데 하나가 되었다[54](이는 프랑스 학자들이 가장 긴밀한 관계를 맺었던 곳이 제네바였다는 사실을 생각해보면 아마 놀라운 일일 것이다).

프랑스로 하여금 다시 한 번[55] 고대 기념물들을 관찰하고, 수집하고, 도안을 만들고, 묘사하도록 영감을 불어넣었던 고유물 연구가 클로드 파브르 페레스크(Claude Favre Peiresc, 1580~1637)도 아비뇽에서 예수회 수

---

51 *CIL* v 156.

52 베르길리우스·호라티우스·오비디우스 등등.

53 이 책 187쪽을 보라.

54 서지 사항을 포함하고 있는 Konrad Müller, 'Jacques Bongars und seine Handschriften-sammlung', *Schätze der Burgerbibliothek Bern*(1953) pp. 79~106을 보라. Hermann Hagen, *Zur Geschichte der Philologie und der römischen Literatur*(1879)는 중요하다. 다니엘 도서관 (P. Daniel's Library)에 있는 봉가르의 책 가운데 독특한 것은 Ovid's *Ibis*, Cod. Bern. 711, saec. XI의 스콜리아를 담고 있는 가장 초기의 필사본이다. 하겐(Hagen)이 베른 코덱스 목록 (*Catalogus codicum Bernensium*, 1875)을 만들었을 때 몇 장(leaf)을 찾을 수 없었다. 매우 기묘하게도 누구도 베른 도서관에서 다시 조사해보려고 시도하지 않고, 이 필사본의 '상실된 부분'을 거듭해서 아쉬워했다. 내가 Wilamowitz, *Hellenistische Dichtung*, *DLZ*(1925) p. 2140에 대한 논평에서 비로소 그 작업을 했고 몇몇 전문가들에게 그 코덱스가 원래의 장소에 있다는 것을 확인해주었다. F. W. 렌츠(F. W. Lenz)가 그의 『이비스』(*Ibis*) 편집본을 내기 위해서 이를 이용하였고, 나는 Call. fr. 661ff. 그리고 789ff.의 스콜리아에서 칼리마코스의 많은 인용문을 이용할 수 있었다.

55 이탈리아가 했던 역할에 대해서는 이 책 59쪽과 84쪽 이하를 보라. 예수회와 고고학에 대해서는 A. Rumpf, *Archaeologie* I(1953) pp. 50f. 또한 위조에 대해서도 이 논문을 보라.

도사들에게 배웠던 것 같다. 위대한 여행자이자 서신 교환자였던 그는 프 랑스·이탈리아·홀란트·잉글랜드 사이를 중재하는 사람, 다시 말해 그 시대의 전형적인 사람이 되었다. 그의 뒤를 이은 또 다른 프랑스의 여행자 이자 기념물 도안가(designer)였던 리옹의 자크 스퐁(Jacques Spon, 1647~85)[56]은 최초로 고대의 기념물을 다루는 학문 분야를 '고고학' (archaeologia) 혹은 '고대 유물학'(archaeographia)이라고 했던 것 같다.[57] 바로 이 시기에 개인적·공적인 거대 수장고들이 등장하기 시작했으며 이 는 18세기 학자들에게 매우 중요하게 여겨지게 된다.

또한 몽포콩의 위대한 친구로, 역사상 가장 위대한 사전 편집자였던 샤 를 뒤 캉주(Charles du Cange, 1610~88)도 예수회 소속 대학 출신이었다. 그는 인쇄된 책들이 아니라 헤아릴 수 없이 많은 필사본들에 근거하여 『고 대 후기 그리고 중세 라틴어 작가들에 대한 주해』(*Glossaria ad scriptores mediae et infimae Latinitatis*, 1678, 3권), 『고대 후기 그리고 중세 그리스어 작가들에 대한 주해』(*Graecitatis*, 1688, 2권)를 쓰면서 뛰어난 선구자들인 에티엔 가문 출신자들보다 훨씬 더 어려운 과업을 수행하였다. 결코 기계 적인 작품들이 아닌 이 사전들은 출간 된 후 3세기에 걸쳐서 계속 재인쇄 되고 보충되었으며, 지금도 최고의 사전이다. 뒤 캉주는 스테파누스처럼 텍스트 편집자이자 역사가였다. 그의 동시대인 르 냉 드 틸레몽(Le Nain de Tillemont, 1637~98)[58]은 포르루아얄(Port-Royal)*에서 배웠고 후에 재

---

56 *Miscellanea eruditae antiquitais* I(1679) p. 1. 스퐁의 다양한 관심과 업적에 대해서는 M. Wegner, *Altertumskunde*(1951) pp. 78ff.를 보라. 스퐁과 함께 동방을 여행했던 네덜란드인 G. 벨러(G. Wheler)는 1687년 파르테논 신전의 조각상들이 파괴되기 이전인 1674년에 동방 여 행을 하면서 스케치를 했다. 빌라모비츠와 룸프(Rumpf)는 벨러의 이름을 'Wheeler'라고 잘못 적었고 그 결과 그의 이름은 영어식으로 불러왔다. *Ausgewählte Schriften*(1960) p. 60을 참조 하라.

57 '고고학'(ἀρχιολογία), '고대학'(antiquitates)에 대해서는 『역사』[I] 51을 보라.

58 B. Neveu, *Un Historien a l'école de Port Royal, Sébastien Le Nain de Tillemont 1637~1698*, Archives internationales d'histoire des idées 15(1966).

* 프랑스의 대수녀원으로 17세기 프랑스의 문예 활동과 얀센주의의 중심지였다.

속(在俗) 사제가 되었는데 대단히 두터운 학식을 바탕으로 분량이 매우 많은 두 권의 작품을 썼다. 그중 하나인 『황제들의 역사』(*Histoire des empereurs*, 기원전 31년부터 기원후 518년까지)는 에드워드 기번(Edward Gibbon)[59]이 새로운 개념의 로마사를 쓰는 데 기본적인 자료를 제공하였다. 또 다른 작품 『교회사를 위한 비망록』(*Mémoires pour servir à l'histoire ecclésiastique*)은 교회의 첫 6세기를 다루었다. 틸레몽은 후기 로마 제국의 정치사와 교회사를 단일한 주제로 다루는 것을[60] 선도하였던 것 같다. 살펴보고 있듯이 프랑스는 계속해서 연구를 위한 기본 도구들을 만들어내고 앞으로 이루어질 역사적 발전을 위한 기반을 쌓아나갔으며, 또한 17세기는 앞 세기로서 결코 값어치 없는 시대가 아니다. 그러나 이 시기의 유용한 작업은 대부분 세상의 주목을 받지 않은 수도사들과 그들의 제자들에 의해서 조용히 이루어졌다. '공식적인 프랑스'는 스스로 위대하다는 자부심에 빠져서 결코 고전을 중요하게 여기지 않았다. 오히려 자신의 학문이 고대와 근대의 다른 모든 학문을 능가한다고 점점 더 강하게 믿게 되었다. 샤를 페로(Charles Perrault)는 그의 자부심 강한 시, 「루이 대제의 세기」 그리고 네 권에 달하는 그의 책 『고대인과 근대인의 비교』(*Parallèle des anciens et des modernes*, 1688~97)에서 '근대인'의 승리를 선언하였다. 물론 여기서 근대인은 프랑스의 근대인이다.[61]

이런 토론들에서 율리우스 카이사르 스칼리게르의 터무니없는 비난에도 불구하고 한동안 구석에 처박혀 있던[62] 호메로스가 17세기 초부터 점차

---

59 이 책 252쪽을 보라.
60 틸레몽 이후 3세기가 지난 우리 시대에는 위대한 고전학자로 교회사의 원전 자료들에 능숙한 에두아르트 슈바르츠(Eduard Schwartz)가 이 연구의 최종적인 단계에 도달하였다.
61 이 책 158쪽 이하를 보라. 이른바 '고대인과 근대인의 논쟁'의 전사(前史)에 대해서는 A. Buck, *Die humanistische Tradition in der Romania*(1968) p. 75 ff., esp. p. 90을 보고, 또한 '논쟁'에 대한 전문 저서인 H. Rigault(1856), H. Gillot(1914)를 보충하고 있는 부분들을 보라. Hans Kortum, *Ch. Perrault und Nicolas Boileau. Der Antike-Streit im Zeitalter der klassischen französischen Literatur*(1966).
62 이 책 165쪽을 보라.

중요한 역할을 하게 되었다.[63] 제앙 삼송(Jehan Samxon)이 산문 번역본 『일리아스』(1530)를 출간한 이후, H. 살렐(H. Salel)이 『일리아스』의 제 1~10권을 프랑스어로 번역함으로써(1541년, 1545년 출간)[64] 운문으로 직접 번역한 일련의 책들이 나오기 시작하였다. 1577년 아마디스 자밍(Amadis Jamyn)이 살렐이 못다 한 11권 이후를 번역하였다. 호메로스 시의 텍스트 뿐만 아니라 그의 삶에 대한 전승도 놀랄 만큼 많은 관심을 받았고,[65] 아베 도비냐크(Abbé d'Aubignac)가 그랬듯이 누구나 호메로스 서사시의 기원 에 대한 과감한 추정을 뒷받침하기 위해서 그런 전승들을 이용하는 것은 오직 프랑스에서 가능한 일이었다. 1711년 오랜 준비 끝에 마담 다시에 (Dacier, 1654~1720)가 이전의 어떤 것보다 뛰어나게 『일리아스』를 번역 하였고, 1716년에는 『오디세이아』를 번역하였다. 가장 최근 호메로스를 프랑스어로 번역한 사람이 인정했듯이 그녀의 명성은 지금도 계속되고 있다.[66] 그녀의 공부를 지도했던 그녀의 아버지 타나퀼 르페브르(Tanaquil Lefèvre)는 많은 그리스어 및 라틴어 텍스트를 편집한 매우 학식 있는 사 람이었다.[67] 그녀는 칼리마코스의 새로운 텍스트(1675)를, 그리고 '도팽을 위해서'(in usum Delphini)*의 연속물로 라틴어 고전들을 편집하는 데서 그 녀의 아버지를 따랐다. 이 시리즈의 책임 편집자는 그랑 도팽(Grand Dauphin)의 교사였던 피에르 다니엘 위에(Pierre Daniel Huet, 1630~1721)[68]

---

63 Gillot(위의 주 61을 보라), p. 204.

64 Gillot, p. 67. Hepp(이 책 제9장 주 32를 보라)을 참조하라.

65 『역사』 [I] pp. 11, 43, 117.

66 P. Mazon, *Madame Dacier et les traductions d'Homère en France*(Oxford 1936) esp. pp. 11~13; cf. E. Malcovati, *Madame Dacier, una gentildonna filologa del gran secolo*, Biblioteca del Leonardo 49(1953).

67 그의 과도한 학식은 그의 딸을 잘못 인도할 수도 있었다, 『역사』 [I] 284에서 Call. *Hy.* II 110에 대한 부분을 보라.

* 도팽은 루이 14세의 황태자이며, '도팽을 위해서'는 그의 교육을 위해서 고대 그리스의 고전에 실린 내용 가운데 도덕적·정치적 견지에서 민감한 부분을 삭제하고 편집한 관행을 말한다.

68 Mark Pattison, *Essays* I(1889, repr. 1965) pp. 244~305, 'Peter Daniel Huet'.

였다. 그는 그의 책을 예수회에 남겼고, 그 책들은 예수회 도서관을 거쳐서 국립 도서관(Bibliothèque nationale)으로 갔다. 위에의 협력자 가운데한 명이 예수회 수도사 장 아르두앵(Jean Hardouin, 1646~1729)이었다.[69]그는 라틴 고전들 대부분이 13세기 베네딕투스파의 작품이라는 기괴한이론—프랑스 학문 연구의 가장 위대한 시대에 대한 해학적인 에필로그—으로 큰 명성을 누린 인물이다.

앞 장들에서 우리는 이탈리아에서 인문주의와 학문 연구의 발전과 그것들이 다른 나라들에 전파된 것을 살펴보았다. 이탈리아 자체에서는 라틴 산문과 운문으로 기교를 추구하는 경향이 남아 있었다. 이런 기교를 대표적으로 보여준 사람은 피에트로 벰보(Pietro Bembo, 1470~1547)였다.[70]그는 베네치아 가문 출신 학자이자 시인으로 1539년 추기경이 되었다. 그의 라틴어 작품들은 널리 알려졌으며 모델로 여겨져 '벰보의 방식'(Bembismo)[71]이 표어가 되었다. 그러나 그는 또한 라틴어 문법과 문체에대한 연구서들을 썼으며 그것들은 이탈리아에서 라틴어에 대한 전통적인깊은 사랑을 유지시키는 데 크게 기여하였다. 그러나 16세기를 거치면서소수이기는 하지만 순수 학문을 추구하는 뛰어난 이탈리아인들이 다시등장하기 시작하였다. 그러나 그들은 이탈리아 자체의 전통보다는 프랑스 르네상스의 새로운 발전에 더 많이 의존하였다. 두 나라 사이에 상호작용이 있었을 뿐만 아니라 두 나라 학자들 사이에 적극적인 협력이 이루어지고 있었기 때문이다. 프랑스의 투르네부스와 앙리 에티엔, 이탈리아의 프란체스코 로보르텔로(Francesco Robortello, 1516~67)와 피에로 베토리가 아이스킬로스 텍스트를 복원하는 데 협력하였다.[72] 동시에 라틴어 분

69 J. van Ooteghem, Les Études Classiques 13(1945) pp. 222ff.는 아르두앵(Hardouin)의 호라티우스를 다루었지만, 또한 최근 문학에 대해 전반적으로 언급하고 있다.
70 Opera, Basle, 1567.
71 W. Elwert, 'Bembismo, poesia latina e petrarchismo dialettale', Paideia 13(1958) pp. 3~25.
72 자세한 것에 대해서는 이 책 175쪽을 보라.

야를 연구했던 람비누스와 무레투스가 이탈리아 학자들의 도움을 받으며 이탈리아 도서관들에서 열정적으로 연구하였다.[73] 이 시기의 뛰어난 인물로 피에로 베토리(Piero Vettori 혹은 Petrus Victorius, 1499~1585)가 있는데,[74] 진실로 고전 연구의 '빅토리우스 세기'[*75]라고 부르고 싶을 정도이다.

베토리는 아이스킬로스 텍스트 편집본을 출간했을 뿐만 아니라, 1545년 『엘렉트라』를 간행하는 것을 시작으로 에우리피데스 전집을 간행하였고, 1547년에는 소포클레스 희곡 몇 편의 피렌체 필사본들을 대조하였다. 아이스킬로스와 아폴로니오스 로디오스의 텍스트 또한 포함하고 있는 위대한 라우렌치아나 필사본(XXXII. 9)도 이 필사본들 가운데 하나였다. 이탈리아의 유명하고 유서 깊은 인쇄소들이 아니라 파리의 에티엔 인쇄소가 이런 출판물들을 인쇄했다는 것은 이제 프랑스가 주도적인 역할을 하고 있다는 것을 단적으로 보여준다. 베토리 자신의 필사본 가운데 하나는 『일리아스』 스콜리아에 대한 교정인데 이는 그의 이름을 따서 '빅토리우스 스콜리아(V)'[76]라고 불린다. 그리스 산문의 편집도 그에 의해서 시작되었다. 그는 1548년에서 1584년 사이에 아리스토텔레스의 작품들, 즉 『수사학』, 『정치학』, 『시학』, 『니코마코스 윤리학』에 대한 주석서들을 간행함으로써 그리스어 산문 분야에서도 수위를 차지했다. 사실 비록 로보르텔로가 앞서기는 했지만(1548), 그는 『시학』을 재발견하는 데도 한몫했다 (1560). 그러나 편집자로서 베토리의 끊임없는 활동은 헬레니즘 이전 시대 작가들에서 할리카르나소스의 디오니시오스(Dionysios)(1581), 포르피리

---

73 이 책 178쪽 이하를 보라.

74 W. Rüdiger, *Petrus Victorius aus Florenz*, Studien zur humanistischen Litteratur Italiens I.
   * 베토리의 라틴식 표기.

75 Sandys II 135가 그랬듯이.

76 V는 11세기 아토스(?) 필사본을 16세기 피렌체에서 복사한 것으로 지금은 대영박물관의 타운레리 필사본들(Townleian MSS)(T) 가운데 하나이다. T가 E. Maas에 의해서 1887년에 온전히 출판되었기 때문에 빅토리우스의 추측에 대한 것을 제외한다면 V(1827년 베커I. Bekker에 의해서 출판된)의 텍스트는 이제 큰 의미가 없다. H. Erbse, *Scholia Graeca in Homeri Iliadem* I(1969) pp. xxixf.

오스(Porphyrios)(1548), 알렉산드리아의 클레멘스(Titus Flavius Clemens)(1550)에 이르렀다. 라틴어 학자로서 그의 공적은, 특히 키케로의 『서간들』(*Epistulae*), 『철학편』(*Philosophica*), 『수사학편』(*Rhetorica*)을 간행했다는 점에서 다른 업적에 뒤지지 않는다. 그는 편집서와 주석서에 포함할 수 없는 것들을 25권에 이르는 『여러 가지 독법』(*Variae lectiones*)으로[77] 묶었고(1553), 이후의 판본(1569, 1582)에서 38권으로 확대하였다. 베토리는 유럽 전역의 수많은 당대 학자들과 서신을 교환하였다. 남아 있는 그의 편지들은 대영박물관에 보관되어 있다. 그가 남긴 모든 책과 필사본들은 뮌헨에 있는 왕립 도서관(Royal library) 소유이다.[78] 이 책들 가운데 폴리치아노와 많은 다른 학자들이 손으로 쓴 주석을 담고 있는 책들은 특별한 가치가 있다.[79]

베토리 시대의 다른 연구자로는 로보르텔로와 카를로 시고니오(Carlo Sigonio, 1523~84)가 있다. 로보르텔로는 1552년에 아이스킬로스에 대한 난외주를 최초로 출간하였다.[80] 베토리가 이를 이용했고[81] 또한 투르네부스도 1552년 자신의 편집본을 내는 데 즉시 이것들을 참조하였다.[82] 그는 아리스토텔레스의 『시학』을 편집하고 번역·논평하였다(1548). 그는 19세기 초까지도 디오니시우스 롱기누스(Dionysius Longinus)의 논고로 여겨지던 『숭고에 대하여』(Περὶ ὕψους)를 1554년에 자신이 최초로 인쇄했다는 것을 자랑스러워했는데, 이 작품은 자주 재인쇄되었으며, 니콜라 부알로(Nicolas Boileau)에 의해서 번역되었고(1574), 특히 프랑스에서 열정적

---

77 폴리치아노에 대해서는 이 책 72쪽을 보라. 투르네부스에 대해서는 이 책 175쪽을 보라.

78 카메라리우스의 책들에 대해서는 이 책 218쪽을 보라.

79 뮌헨 국립 도서관의 필사본 부서에 근무하는 빌헬름 마이어(Wilhelm Meyer)가 손으로 쓴 목록.

80 G. Toffanin, *La fine dell' umanesimo*(1920) pp. 29~45 그리고 여러 곳. 그의 아이스킬로스 편집본의 자료에 대해서는 R. D. Dawe, *Mnemosyne*, Ser. IV, 14(1961) pp. 110ff.를 보라.

81 이 책 213쪽을 보라.

82 이 책 212쪽을 보라.

으로 토론되었다.[83] 그는 이런 편집본과 주석서들 이후에 텍스트 비판의 원칙에 대한 논고인『고대의 책들을 바로잡기 위한 비판-편집 기술에 대하여』(*Disputatio de arte critica corrigendi antiquorum libros*, 1557)를 출판하였고,[84] 거기서 비판가는 '고대 전체라는 개념'뿐만 아니라 '거대한 통찰력'(에라스뮈스의 추종자인 레나누스가 주장했듯이[85])이, 특히 필사본들이 전혀 도움이 되지 않을 때 필요하다고 주장했다. 이 점을 지속적으로 강조했다는 점에서 그는 그가 아직 알지 못했던 스칼리게르[86]와 노선을 같이한다. 그는 다소 불행하게도 로마의 연대기와 고유물들에 대해서 1548년 이후 시고니오와 대립하였다. 이 분야에서 시고니오는 글라레아누스에서 로보르텔로에 이르는 그의 모든 선구자들보다 뛰어났으며,[87] 그의 태도는 비록 훨씬 더 온건하기는 했지만 그리스의 연대기에 대한 스칼리게르의 태도를 닮았다. 시고니오는 학식 있는 책을 쓰는 데만 전념하였다. 당대 프랑스와 홀란트의 학자들과 달리 그는 교사도 적극적인 정치가도 아니었다.

홀란트로 돌아가 보면,[88] 보시우스[89] 그리고 후에는 장 르 클레르(Jean Le Clerc, 1657~1736)[90]에 의해서 로보르텔로의『고대의 책들을 바로잡기 위한 비판-편집 기술에 대하여』[91]의 주제가 다루어지고 있는 것을 볼 수 있다. 보시우스는 그의『아리스타르코스 혹은 문법에 대하여』(*Aristarchus*

---

83 Sandys II 482f. s. v. Longinus, 또한 Jules Brody, *Boileau and Longinus*(1958)를 보라.

84 A. Bernardini e Gaetano Righi, *Il concetto di filologia e di cultura classica*(2nd ed. 1953) pp. 46f.는 이 책을 적절히 평가하였다.

85 이 책 136쪽을 보라.

86 이 책 187쪽을 보라.

87 C. Sigonii, *Opera* … cum notis … et eiusdem vita a L. A. Muratorio … conscripta(6 vols., 1732~37) 참조.

88 이 책 202쪽 이하를 보라. 거기서 우리는 홀란트 이야기를 중단하고 프랑스와 이탈리아를 다루어왔다.

89 A. Bernardini e Gaetano Righi, *Il concetto di filologia e di cultura classica*, pp. 107~13.

90 Ibid. pp. 129~46. 그리고 S. Timpanaro, *La genesi del metodo del Lachmann*(1963) p. 1 n. 1 and *passim*.

91 이 책 214쪽을 보라.

sive de arte grammatica, 1635. 그리고 그 후에)와 그리스·로마의 역사가들을 다룬 그의 다른 책들에서 그가 주요 편찬자라는 사실을 보여주었다. 반면 르 클레르는 그의 『문헌 비판 편집 기술』(1697. 그리고 그 이후의 판본들)에서 비판적 방법을 알고 있고 그것을 실행할 능력을 지닌 날카로운 심성을 보여주었는데, 이는 그의 그리스 고전에 대한 몇 개의 편집본들에서 입증된다. 이는 르 클레르가 에라스뮈스 작품의 최종적인 편집본을 10권으로 출간했고,[92] 그것이 지금까지도 최고로 인정받는 사실을 생각해보면 놀라운 일이 아니다.

나는 학문 연구의 존재 자체가 책에 의존한다고 말했다.[93] 1465년 인쇄술이 이탈리아에 소개된 후에 라틴 및 그리스 텍스트와 고전에 대한 책들이 처음으로 인쇄되었다. 거대한 인쇄소들이 이탈리아[94]·스위스[95]·프랑스[96]에 세워졌다. 그리고 나서 네덜란드가 그 뒤를 이었는데 크리스토퍼 플란틴(Christopher Plantin) 인쇄소가 1550년 안트베르펜에 세워졌다. 모레투스(Moretus)가 이 인쇄소를 이어받아 경영했다. 이 인쇄소는 계속 번영하다가 1876년 안트베르펜으로 넘어갔고 인쇄 박물관(Plantin-Moretus Museum)으로 보존되었다.[97] 네덜란드 인쇄업자 가운데 다른 유명한 가문은 레이던과 암스테르담에서 활동했던 엘제비어(Elzevier) 가문이었다(1580~1712).[98] 네덜란드에서 학문 연구가 '박학'(polyhistory)의 경향을 강하게 보임에 따라서 그 자체의 활동적인 인쇄업이 필수적이었다.

네덜란드에서 살면서 활동했던 상당수의 학자들은 독일에서 태어났거

---

92 이 책 제7장 주1을 보라.

93 『역사』〔I〕17.

94 이 책 93~94쪽을 보라.

95 이 책 133쪽을 보라.

96 이 책 171쪽 이하를 보라.

97 Colin Clair, *Christopher Plantin*(1960). 서지 사항과 도판을 포함하고 있다.

98 David W. Davies, *The World of the Elzeviers*(1954). A. Willems, *Les Elzevier*(1880, repr. 1962)는 주요한 설명을 제시하고 있다.

나 독일인의 후손이었다. 그들은 네덜란드 학문 세계에 속했고 두 나라를 연결하는 역할을 했지만, '네덜란드 사람'이라고 불릴 수는 없다. 반면에 얀 흐루터[99]는 1560년 안트베르펜에서 시장(市長)과 고등 교육을 받은 영국 여인 사이에서 태어났다. 그는 몇 년간을 케임브리지와 레이던에서 보낸 후에 생의 대부분을 독일에서 보냈고, 1627년 하이델베르크 근처에서 죽었다. 그는 스칼리게르의 소중한 도움을 받아서 『고대 비문 집성』을 출간한 후에,[100] 1602년 하이델베르크에서 도서관 사서로 임명되었다. 그가 도서관 사서로 일하면서 겪었던 가장 침울했던 일은 1623년 바이에른의 막시밀리안(Maximilian of Bavaria)이 많은 양의 팔라티누스 필사본 (codex Palatinus)을 바티칸 도서관에 준 것이었다. 『그리스 경구시 선집』 (*Anthologia Graeca*)의 유일한 팔라티누스 필사본을 포함하여 그 일부가 하이델베르크로 반환되었지만, 다른 책들은 파리로 보내졌다.[101] 흐루터 자신은 시인으로[102] 수백 편의 품위 있는 소네트를 네덜란드어로 지었는데, 그중 많은 것들이 호라티우스와 다른 라틴 시인 작품을 번역한 것이다. 그는 또한 학자로서 상당히 많은 라틴 산문 작가들, 특히 역사가들의 작품을 편집하였는데, 그의 리비우스 편집본에서 드러나듯이 종종 이전 주석서들에서 쓰인 주석들을 수집하는 데 그쳤다. 비록 대단하지는 않지만 그가 직접 학문 세계에 기여한 것은 리비우스의 책을 장으로 나눈 것인데,[103] 이는 널리 받아들여지고 있다. 또한 그는 팔라티누스 필사본들에서 현재 '베네벤토체'(Beneventan)라고 불리는 특수한 서체를 발견했다.[104]

---

99 G. Smend, *Jan Gruter*(Bonn 1939); L. Forster, *Janus Gruter's English Years*(1967). 전체적인 참고 문헌과 함께.

100 이 책 183쪽을 보라.

101 Call. II pp. xciif.를 보라. 그리고 전반적인 것에 대해서는 *Handbuch der Bibliotheks-wissenschaft*, 2. Aufl. III 1(1955) pp. 576 ff. 그리고 pp. 621f.를 보라.

102 특히 L. Forster, *Janus Gruter's English Years*, pp. 64ff.를 보라.

103 성경을 장과 절로 나눈 것에 대해서는 이 책 171쪽 이하를 보라.

104 E. A. Lowe, *The Beneventan Script*(Oxford 1914).

그는 무한한 생산성과 국제주의를 보여주었다는 점에서 그의 시대에서 진정으로 전형적인 인물이다.

'프랑스에서 발전한 새로운 학문 연구가 점차적으로'[105] 독일과 다른 나라들의 학문 연구에 영향을 끼쳤다는 것은 확고한 사실이다. 앞에서 이야기했듯이 멜란히톤은 뛰어난 교사였고 그의 많은 친구와 제자들 가운데 두 명, 즉 요아힘 카메라리우스(1500~74)와 히에로니무스 볼프(Hieronymus Wolf, 1516~80)는 언급할 가치가 있다. 그들은 뛰어난 교사이자 뉘른베르크와 아우크스부르크에 새로 세워진 신교도 학교들의 책임자였고, 멜란히톤보다 뛰어난 학자들이었으며, 위대한 편집자들이었다. 카메라리우스는 1535년에 매우 중요한 점성술 책인 프톨레마이오스의 『네 권의 책』(Tetrabiblos)을 편집하였다.[106] 지금까지도 멜란히톤의 라틴어 번역을 대본으로 하고 있는 이 책을 완벽하게 대체할 수 있는 작품은 나오지 않았다. 1538년 카메라리우스와 시몬 그리나이우스(Simon Grynaeus)는 프톨레마이오스의 천문학 작품으로 『알마게스트』로 잘 알려진 『대논고』(Μεγάλη σύνταξις)의 그리스어 판본을 최초로 간행하였다.[107] 그가 간행한 일련의 다른 긴 그리스어 및 라틴어 텍스트 가운데서 최고는 1552년 간행한 '플라우투스'인데, 그는 이를 위해서 새로운 필사본인 팔라티누스 B(Codex Vetus Camerarii)와 C(Codex alter Camerarii decurtatus)를 이용하였다. 일찍이 1429년에 쿠자의 니콜라스가 새로운 희곡 12개를 담고 있는 새로운 필사본(Vat. D)을 로마로 가져왔지만,[108] 이때에 이르러서야

---

105 이 책 150쪽을 보라.

106 F. Stählin, 'Camerarius', Neue Deutsche Biographie vol. 3(1957) pp. 104f.

107 레기오몬타누스(Regiomontanus)와 베사리온(Bessarion)에 대해서는 이 책 제3장 주 16을 보라.

108 F. Ritschl, Opuscula philologica II(1868) pp. 5ff. 추기경 오르시니(Orsini)의 비서였던 쿠자의 니콜라스(니콜라우스 트레베렌시스라고도 불렸다)의 고전 필사본의 발견자 및 수집가로서의 면모에 대해서는 Frank Baron, 'Plautus und die deutschen Frühhumanisten', Studia humanitatis, Ernesto Grassi zum 70. Geburtstag(Humanistische Bibliothek, Abhandlungen und Texte, Reihe I : Abhandlungen, vol. 16 〔1973〕 pp. 89~101을 보라.

Codex B 덕분에 플라우투스의 현존하는 모든 희곡들의 텍스트가 온전해졌다. 카메라리우스는 고대 세계에 대한 매우 폭넓은 지식을 갖추고 있어서 17세기의 학식 있는 박학주의에 가까웠지만 훨씬 더 교양 있고 동정적이고 인간적이었다. 현존하는 그의 모든 필사본과 편지들은 베토리의 책들과 필사본들처럼 '바이에른 국립 도서관'의 '카메라리우스 서재'에 있다.[109]

볼프는 카메라리우스와 멜란히톤의 제자였다.[110] 외팅겐(Oettingen)에서 태어난 그는 자신의 인생에 대한 침울한 설명을 후대에 남겼다. 또 다른 중요하지만 불행한 학자인 요한 야코프 라이스케(Johann Jakob Reiske, 1706~74)가 그 가치를 알아보고 자신의 『그리스의 연설가들』(Oratores Graeci) 속에 적절히 담아내었다.[111] 볼프가 아테네 연설가들의 가장 유명한 편집자이자 번역가였기 때문이다. 그의 '이소크라테스'는 1548년에, '데모스테네스'는 1549년에 나왔으며, 스콜리아와 주석을 포함하여 1572년에 나온 여섯 권의 최종 판본은 2세기 이상 기본적인 작품으로 간주되었다. 볼프가 몇 년간 끊임없이 방랑한 후에 처음에는 요한 야코프 푸거(Johann Jacob Fugger)의 비서이자 사서로(1551~57),[112] 그 다음에는 성 안나(St. Anna) 학교의 교장이자 시 도서관의 책임자로(1557~80)로서 영구적인 주거지를 찾은 곳이 아우크스부르크라는 것을 생각한다면 코덱스 아우구스타누스(Codex Augustanus, A 이제 Monacensis graec. 485)가 그가 애호하는 필사본이었다는 것은 매우 자연스러운 일이다. 그가 이단자로서 소르본의 박해를 두려워하지 않았다면 그리스어 공부를 위해서 파리를 선택

---

109 Clm 10351~14431 ; cf. K. Halm, *Über die handschriftliche Sammlung der Camerarii und ihre Schicksale*(1873).

110 G. C. Mezger, *Memoria Hieronymi Wolfii*(1862); H. -G. Beck, 'Hieronymus Wolf', *Lebensbilder aus dem bayerischen Schwaben* 9(1966) pp. 169~93. 'Augsburger Humanisten und Philologen', *Gymnasium* 71(1964) pp. 201f. 한때 볼프의 도서관에 있던 많은 책들이 하인츠 돌링거(Heinz Dollinger)(1973)에 의해서 확인되었는데, 그는 이에 대해서 논문을 발표할 것이다.

111 *Oratores Graeci*, ed. J. J. Reiske VIII(1773) pp. 772~876.

112 Paul Lehmann, *Eine Geschichte der alten Fuggerbibliotheken* I(1956) pp. 31ff.

할 수도 있었다. 파리가 그리스어 연구에서 당시 최고 수준에 도달해 있었기 때문이다. 그러나 아우크스부르크에서는[113] 부유한 상인 가문인 푸거가(家)가 파리에서 위대한 학자이자 인쇄가일 뿐만 아니라 책 수집가였던[114] 앙리 에티엔의 도움을 받아서, 고전 및 비잔티움 작가들의 작품을 수장한 훌륭한 도서관을 만들었다. 1571년 바이에른 공작 알브레히트(Albrecht)가 자신의 뮌헨 궁정 도서관을 위해서 초기 인쇄본과 필사본(약 180개의 그리스어 필사본과 많은 히브리어 필사본)을 구입하였다. 3세기 이상이 지난 후에 그것들 가운데 많은 것에 볼프가 직접 붙였던 서가 분류 표시가 지금까지 남아 있다는 사실이 밝혀져[115] 위풍당당했던 푸거가(家) 도서관의 원래 형태를 재구성하는 것이 가능해졌다. 편집자로서 볼프는 아테네 연설가들을 넘어 훨씬 넓은 분야로 나아갔다. 1557년에 그는 요안네스 조나라스(Ioannes Zonaras), 니케타스 코니아테스(Nicetas Choniates), 니케포로스 그레고라스(Nicephoros Gregoras)를 '비잔티움 역사 전체 집성'의 필수 부분으로 처음 편집함으로써 거대한 기획을 시작하였다.[116] 그는 진실로 근대 비잔티움 연구학의 창설자였다.

그의 동시대인 빌헬름 홀츠만(Wilhelm Holtzmann, 혹은 Xylander, 1532~76)은 아우크스부르크에서 태어나 1558년부터 하이델베르크에서 교수와 사서로 일했으며 그리스·로마 고전 및 비잔티움 산문 작가들을 편집하였다.[117] 그는 플루타르코스의 번역자 겸 편집자(그리스어 텍스트, 1572)

---

113 해외에서 온 그를 방문한 많은 사람들 가운데서는 로저 애스컴(Roger Ascham)이 있었다. 이 책 224쪽을 보라.

114 이 책 172쪽 이하를 보라. P. Lehmann, *Eine Geschichte der alten Fuggerbibliotheken* I, pp. 81ff. 그리고 여러 곳을 참조하라.

115 Otto Hartig, 'Die Gründung der Münchener Hofbibliothek durch Albrecht V und J. J. Fugger', *Abhandlungen der Bayerischen Akademie der Wissenschften*, Philos.-philol. u. hist. Klasse XXVIII 3(1917).

116 F. Husner, 'Die editio princeps des "Corpus historiae Byzantinae"', *Festschrift Karl Schwarber*(1949) pp. 143ff.

117 크실란더(Xylander)의 플루타르코스에 대해서는 Sturel, *Jacques Amyot*(1908) pp. 440ff. 그

로 유명한데, 1599년 발행한 편집본의 쪽 번호가 지금도 『도덕론』(*Moralia*)을 언급할 때 쓰이기 때문이다. 우리는 또한 아미요의 번역으로 플루타르코스가 프랑스의 고전이 되었다는 것을 기억해야 한다.[118]

유능하고 근면한 학자였던 프리드리히 질부르크(Friedrich Sylburg, 1536~96)는 단명했던 크실란더*가 끝내지 못한 파우사니아스 편집본을 완성했고(1583), 뒤이어 직접 일련의 편집본을 발행하였다. 그는 프랑크푸르트에서 거대한 인쇄업자이자 출판업자인 베헬(Wechel)을 위해서, 그리고 하이델베르크에서는 코멜리누스(Commelinus)를 위해서 교정자로 일했고 또한 하이델베르크에서 보조 사서로 일했기에 매우 주의 깊게, 그리고 크게 성공적으로 그리스·로마의 고전과 교부들의 텍스트들을 출판할 수 있었다.[119]

크실란더는 볼프를 계승하여 비잔티움 작가들을 편집했지만 많은 업적을 남기지는 못하고 오직 케드레노스(Cedrenos)와 프셀로스(Psellos)만을 편집하였다. 그러나 볼프의 제자 다비트 회셸(David Hoeschel, 1556~1617, 1593년부터 성 안나 학교의 교장)[120]은 훨씬 더 많은 작품을 내놓았다. 그의 첫 편집본은 네 개의 좋은 필사본에 근거한 포티오스의 『문고』(*Bibliotheca*)인데, 이 책은 후에 유실될 280개의 그리스 작품에서 이 총주교**가 발췌한 것을 모은 것이다. 그는 포티오스뿐만 아니라 프로코피오

리고 Aulotte(ibid.) pp. 31~34를 보라. 마르쿠스 아우렐리우스의 첫 인쇄본(1559)은 크실란더가 아니라 콘라트의 작품이다. Sandys II 270과 다른 연구자들은 이를 잘못 이야기했다. Marc. Aurel. ed. Farquharson I(1944) pp. xxiiff.를 보라.

118 플루타르코스의 모든 근대어로의 번역은 브루니의 가장 이른 라틴어 번역본에 힘입었다(이 책 53쪽을 보라).

* 홀츠만의 다른 이름.

119 B. A. 뮐러(B. A. Müller)가 W. Kroll, *Geschichte der klass. Philologie*(2nd ed. 1919), *Philolog. Wochenschrift* 46(1926) pp. 1164ff.을 검토하면서 질부르크를 놀라울 정도로 정통하게 다루었다. 또한 K. Preisendanz, 'Aus F. Sylburgs Heidelberger Zeit', *Neue Heidelberger Jahrbücher*, N. F.(1937) pp. 55~77을 참조하라.

120 'Augsburger Humanisten und Philologen', *Gymnasium* 71(1964) pp. 203f.

** 포티오스를 말한다.

스(Procopios)(1607)와 프리니코스(Phrynichos)(1601)의 첫 편집본을 출간할 때 매우 운이 좋게도 스칼리게르가 교정을 보아주고 보충해주었다. 벨저(Welser) 가문이 이 편집본과 또 다른 편집본을 출간하기 위해서 인쇄소 설립에 필요한 자금을 제공하였다. 벨저 가문에서 가장 학식 있는 이 학자는, 스칼리게르와 서신을 주고 받았고 로마에서 무레투스에게 배웠던 마르쿠스 벨저로 1598년 안트베르펜에서 켈티스가 발견한 로마의 『도로안내도』(*Itinerarium*)의 최소한 일부를 출판하였다.[121] 이 안내도는 1618년 편집본에서 최종적으로 『포이팅거 지도』라고 이름 붙여졌는데 이는 거의 맞지 않는 이름이지만 일반적으로 받아들여지고 있다. 푸거가의 재정적 지원으로 1582년 예수회 대학이 설립되었고 야코부스 폰타누스(Jacobus Pontanus)가 그 대학 출신의 저명인사였다. 그는 라틴어 문장을 우아하게 구사하였으며 예나의 신교도 학교에서 일하던 그의 동료들과 함께 비잔티움의 역사 작품과 신학 작품을 편집하였다.

이렇게 살펴본 이름들의 짧은 목록에서 유럽 전역에 명성을 날리던 독일 학자가 더 이상 없다는 것이 명백하다.[122] 학문 연구는 학교와 대학에서, 인쇄소와 도서관에서 조용히 지속되었다.[123] 그것은 축소되었지만 계속 살아남았고, 30년 전쟁도 고대 말기 때만큼이나 치명적인 위기를 초래하지는 않았다.

---

121 이 책 106쪽을 보라.

122 일부는 평화와 학문 연구에 필요한 좀 더 좋은 조건을 찾아서 홀란트로 이주해 갔다.

123 자세한 것은 C. Bursian, *Geschichte der classischen Philologie in Deutschland*(1883) pp. 219~356을 보라.

제11장
리처드 벤틀리와 잉글랜드에서의 고전 연구

17세기를 살펴보면서 우리는 대부분의 대륙 국가들에서 자족적인 박식자들이 고대 텍스트들을 이용하여 엄청난 양의 책을 발행하고 그들의 텍스트 편집본에 지난 두 세기 동안 축적된 주석들을 반복해서 싣는 것이 특징적인 장면임을 살펴보았다. 물론 전통적인 방식을 따라서 혼자 힘으로 천천히 일하는 몇몇 개별 학자들도 있었다. 그러나 학문 연구의 역사에서 이 시기만큼 자극적인 비판주의가 절실하게 필요한 적은 결코 없었다. 바로 그 순간에 잉글랜드에서 비판의 천재인 벤틀리가 등장하였다.

리처드 벤틀리(Richard Bentley, 1662~1742)는 17세기의 마지막 산물이었다. 잉글랜드에서 고전 학문 연구는 결코 새로운 것이 아니었다. 우리는 지금까지의 거의 모든 장에서 포조의 시기부터 고전 연구에서 잉글랜드와 대륙의 선도 국가들의 관계를 살펴보았다.[1] 그러나 이전에 잉글랜드의 고전 연구는 결코 최고 수준에 도달하지 못했다. 그것은 에라스뮈스 시

---

1 포조와 실비오에 대해서는 이 책 100쪽 이하를, 리너커에 대해서는 108쪽, 콜릿에 대해서는 117쪽, 에라스뮈스에 대해서는 118쪽, 토머스 모어에 대해서는 128쪽을 보라.

기에 가장 활발했지만, 이는 그의 영국인 귀족 친구들이 다른 곳에서 볼 수 있는 근면한 학자 집단을 형성했기 때문이 아니다. 오히려 왕가·귀족·성직자 집단이 '로마'*와 결별한 후에도 기독교-인문주의 전통을 계속 유지했기 때문이다. 고전 연구가 전반적으로 권장되었고, 로저 애스컴(Roger Ascham, 1515~68)[2]의 『교사』(Schoolmaster)는 영국의 고전 연구가 특히 케임브리지에서 매우 활발했다는 것을 보여준다. 그는 제인 그레이 부인(Lady Jane Gray)**이 플라톤을 읽고 즐거워했다고 전한다. 그는 또한 엘리자베스의 개인 교사로서 그녀가 왕이 되기 전후에 그녀와 함께 소포클레스, 이소크라테스, 그리스어 신약성경을 읽었다. 그는 위대한 여행가였고, 독일 아우크스부르크에서 히에로니무스 볼프와 함께 7년간 머물렀다.[3] 그러나 그는 이탈리아에서는 인문주의가 쇠퇴하고 있는 것을 발견했다.

영국의 언어와 학문을 풍요롭게 해주는 거대한 양의 번역[4]이 쌓이기 시작했다. 16세기 후반 조지 뷰캐넌(George Buchanan)과 다른 이들이 대륙의 누구보다도 라틴어 시를 더 잘 썼다. 엘리자베스 시대 말기 이후 엄격한 의미에서 학자라고 부를 수 있는 사람들이 연달아 등장했다. 1622년까지 이튼의 교장과 옥스퍼드 머튼 칼리지(Merton College)의 학장(Warden)으로 일했고, 카조봉에게 숙소를 제공했던 헨리 세이빌(Henry Savile)은 요하네스 크리소스토무스의 기본적인 편집본을 여덟 권의 장대한(magnificent) 2절판으로 출간하였고, 다음 세대에게 영향을 주었다. 다음 세대의 대표적인 인물로는 셀던,[5] 존 헤일스(John Hales), 토머스 게이

---

* 교황을 말함.

2 R. Ascham, *English Works*(*Toxophilus; Report of the Affairs and State of Germany; The Schoolmaster*) ed. William Aldis Wright(1904, repr. 1970). 또한 M. L. Clarke, *Classical Education in Britain*, 1500~1900(1959)도 참조하라.

** 헨리 8세의 종손녀로 9일간 잉글랜드 왕으로 집권했으나 반역죄로 처형되었다.

3 이 책 219쪽을 보라.

4 Sandys II 239ff.

터커(Thomas Gataker),[6] 그리고 17세기 후반 체스터의 주교였던 존 피어슨(John Pearson),[7] 아이스킬로스와 칼리마코스 편집자로서 벤틀리의 경쟁자였던 토머스 스탠리(Thomas Stanley),[8] 토머스 게일(Thomas Gale), 존 포터(John Potter), 조슈아 반스(Josuah Barnes) 등이 있다. 그들은 비록 당대 다른 모든 나라들의 학자들을 능가하지는 않았다고 해도 대등할 정도로 상당한 업적을, 특히 그리스 문학 분야에서 올렸다.

그러나 잉글랜드의 가장 독특한 특징은 기독교 플라톤 인문주의가 지속되었다는 것이다. 우리는 이를 케임브리지의 플라톤주의자들의 철학뿐만 아니라 에드먼드 스펜서(Edmund Spenser)의 시에서도 볼 수 있다. 이 것은 홀란트에서 아르미니위스파가 그랬듯이[9] 절제하며 관용하는 중도 노선을 택하여, 한편으로는 청교도 광신주의에, 또 다른 한편으로는 이신론과 '자유로운-사고'(free-thinking)* 에 반대했다. 위에서 언급한 최고의 학자들이 이 전통을 따랐다. 가령 셀던은 그의 좌담에서 고전 기독교 교육의 고귀한 우수성을 논증하였고, 헤일스는 자신의 신학적 논쟁에 참가한 자들에게도 자신의 매력과 인간에 대한 사랑을 심어주었다. 17세기 말에 이신론자들과 '자유로운-사상가'들에 맞서 기독교 전통뿐만 아니라 고전 전통을 강력하게 옹호했던 영국과 아일랜드의 세 성직자, 즉 위대한 풍자가인 조너선 스위프트(Jonathan Swift), 가장 위대한 철학자인 조지 버클리(George Berkeley), 가장 위대한 고전학자인 벤틀리가 서로 매우 달랐음에도 불구하고 모두 이 대의를 추구했던 것은 일견 놀라워 보이지만 당

---

5 이 책 188쪽을 보라.
6 Marc Aurel, ed. Farquharson(이 책 제10장 주 117을 보라)을 보라. 그리고 I pp. xlvff. 그리고 *Journ. of Theol. Stud.* 47(1946) p. 85에 있는 게이터커의 주석서에 대한 G. 준츠(G. Zuntz)의 정당한 평가를 보라.
7 E. Fraenkel, Aesch. *Ag.* I, pp. 78ff.를 보라.
8 이 책 238쪽을 보라, Call. II, pp. xlivf. 그리고 『역사』 [I] 134. 6, 281을 참조하라.
9 이 책 195쪽을 보라.
* 지식과 이성의 검증을 받지 않은 진리를 믿어서는 안 된다는 생각.

연한 일이었다.

우리는 스칼리게르와 같이 종교적 심성을 가진 사람들이 기독교와 고대 세계의 관계를 결코 '문제'로 논의하지 않았다는 것을 살펴보았다. 벤틀리도 마찬가지였다. 그는 자신의 삶과 저술에서 오랜 전통의 절대적 확고함으로 둘 모두 받아들였다. 그의 정신세계에서 새로운 측면은[10] 당시 주도적인 사고방식으로 등장하던 과학의 영향을 크게 받았다는 것이다. 그는 아이작 뉴턴(Isaac Newton)의 출판물에 대해서 잘 알고 있었으며, 앞으로 살펴볼 것처럼 그와 친밀한 친구가 되었다.[11]

1662년에 태어난 벤틀리는 80세까지 살았고, 그의 저술 대부분은 1700년 이후에 등장했다. 그러나 그는 17세기의 생명력을 믿을 수 없을 정도로, 때때로 과도해 보일 정도로 품고 있었다. 17세기의 전형적인 특징은 막대한 양의 독서, 언어와 자료들에 대한 거의 무한한 지식이었다. 그러나 우리는 동시에 정신의 새로운 개선을 볼 수 있는데, 그것은 전통을 분석하고 비판하는 데, 그리고 인간의 마음이 만들어낸 것들 속에 존재하는 법칙적인 질서를 찾아내는 데 이성의 힘을 절대적으로 신뢰하는 것이었다. 이것이 새로운 시대의 추세였다.[12] 벤틀리는 두 시대 모두에 속했고 그것이 그의 낯설어 보이는, 심지어 기이해 보이는 행동 가운데 일부를 설명해준다. 그러나 모든 이러한 외면적 불일치들의 이면에는 확고하게 강한 자의식을 갖춘 성품이 있었다.

벤틀리는 요크서(Yorkshire)의 웨이크필드(Wakefield) 근처 울턴(Oulton)이라는 작은 마을에서 태어났고, 어머니한테서 라틴어를 배웠으며, 웨이크필드 문법학교를 다녔다. 14세에 케임브리지의 성 요한 칼리지에 입학했으며 18세에 첫 학위를 받았다. 그러나 성 요한 칼리지에서 '교

---

10 프랑스의 과학과 학문 연구에 대해서는 이 책 제9장 주 80을 보라(J. J. Scaliger and Pierre de la Ramée).

11 이 책 230쪽을 보라.

12 새로운 시대의 학자들은 발라의 합리주의를 넘어섰다(이 책 70, 121쪽을 보라).

수직'(fellowship)*을 받지는 못했는데 두 명의 요크셔 사람이 이미 그 직책을 맡고 있었기 때문이었다. 따라서 그는 짧은 기간 스폴딩(Spalding) 학교에서 교사로 일한 후에 성 바울 칼리지의 학장(Dean)이었던, 스틸링플리트(Stillingfleet) 박사 아들의 가정교사가 되었고, 런던에서 그의 가족과 6년간 살았다. 스틸링플리트는 그 시대 최고의 개인 도서관 중의 하나를 가지고 있었고, 벤틀리는 이 도서관을 자유롭게 이용하면서 고전·신학·철학·과학에 폭넓은 지식을 확고하게 쌓을 수 있었다. 1690년에 벤틀리는 서품을 받았고, 스틸링플리트는 우스터(Worcester)의 주교가 되었으며,13 벤틀리는 자신의 제자와 함께 옥스퍼드 워덤(Wadham) 칼리지로 갔다. 그는 보들리(Bodleian) 도서관의 보고(寶庫)들을 보고 크게 기뻐했는데, 전하는 바에 따르면14 그 때문에 케임브리지보다 옥스퍼드를 좋아하였고, 자신의 첫 학문적인 기획을 수행할 수 있었다. 그러나 그해 말에 우스터의 주교와 함께 거주하기 위해서 옥스퍼드를 떠나야 했다. 그곳에서 벤틀리는 자신의 친구로 옥스퍼드 성 에드먼드 홀(St. Edmund Hall)의 학장이었던 존 밀(Dr. John Mill)에게 보내는 편지, 즉 『밀에게 보내는 편지』(Epistula ad Millium)를 썼다.15 1691년 이 '편지'를 발표하면서 그는 고전학자로서 명성을 얻었다.

다음 해에 벤틀리는 다른 분야에서 활동하였다. 그 시대 최고 과학자 가운데 한 명이었던 로버트 보일(Robert Boyle)은 이성과 종교가 조화를

---

* 옥스퍼드와 케임브리지에서 급여와 연구실을 제공받고 강의를 비롯한 대학의 운영에도 참여할 수 있는 직책.

13 벤틀리는 근대 미국과 독일의 학문에 그가 '진정 정통파인 …… 미래 우스터의 주교'로 등장하게 될 것을 알았다면 매우 즐거워했을 것이다. A. Koyré, *From the Closed World to the Infinite Universe*(Baltimore, Md. 1957) p. 189를 보라. F. Wagner, 'Neue Diskussionen über Newtons Wissenschftsbegriff', *Sitz. Ber. Bayer. Akad. der Wissenschaften, Philos.-histor. Klasse,* Jahrg. 1968, Heft 4, p. 14가 이 문제를 이어받았다.

14 Monk I 18n(아래 주 32를 보라).

15 1962년 G. P. 굴드(G. P. Goold)가 소개글과 각주를 첨가하여 『밀에게 보내는 편지』를 재간행하였다. A. Fox, *John Mill and Richard Bentley*(1954); 이 책 232쪽 이하를 보라.

이룰 수 있다고 확신하였고, 무신론자·이신론자와 같은 널리 알려진 불신자들에 대항하여 기독교를 옹호하는 여덟 번의 강연을 해줄 사람을 위해서 50파운드를 유증하였다. 이 기금의 수탁자들이 벤틀리를 첫 강연자로 임명하였고, 벤틀리는 1692년 3월부터 12월까지 런던에 있는 성 마틴 교회의 강연단에서 '보일 강연'*을 수행하였다. 그는 '무신론을 논박함'(A Confutation of Atheism)이라는 강연에서 토머스 홉스(Thomas Hobbes)가 이신론자로 위장한 무신론자임을 밝히고자 특별히 노력했다. 벤틀리는 신학자처럼 성서와 성서 관련 서적의 권위에 의지하지 않고 그가 말했듯이, '눈에 보이는 자연의 거대함과 올바른 이성이라는 영원한 법전'(the mighty volumes of visible nature and the everlasting tables of right reason)에 호소하였다. 마지막 세 강연에서 벤틀리는 5년 전에 발표된 『자연철학의 수학적 제 원리』(Principia)에 제시된 뉴턴의 위대한 발견들을 이용하여 현명하고 전능한 창조자의 존재를 입증하고자 했다. 이리하여 '보일 강연'은 저 유명한 『아이작 뉴턴 경의 네 편지』(Four letters from Sir Isaac Newton)를 낳았다.[16] 뉴턴은 매우 기뻐했고 몇 가지의 수학적 오류를 지적했지만 벤틀리의 논증에 전반적으로 동의했다. 벤틀리의 전모가 '보일 강연'에서 드러났다.[17] 그는 성경의 문장을 늘어놓은 것이 아니라 적절한 논증으로 자신의 주장을 입증하는 완벽한 논쟁가였다. 그는 또한 인상적으로 능변을 펼쳤는데, 열변을 토하며 이루어진 마지막 여덟 번째 강연에서 다음의 비교를 제시하였다.[18]

나는 앞에서 베르길리우스의 『아이네이스』 혹은 뛰어난 의미와 훌륭한

---

* 보일이 기금을 낸 이 강연은 지금도 계속되고 있다.

16 R. Bentley, Works, ed. A. Dyce III(1838, repr. 1966) pp. 201ff.

17 나는 함부르크 대학의 영어학 교수이자 내 친구였던 작고한 에밀 볼프(Emil Wolff) 덕분에 이 강연에 대해서 처음 관심을 갖게 되었다. 잉글랜드에 대한 이 장을 쓰는 데에, 기억할 수 있는 것 이상으로 그에게 많은 신세를 졌다.

18 Bentley, Works III, 200.

운율을 갖춘 다른 매우 긴 시들이 단어의 무작위적인 조합으로 이루어질 수 없듯이, 그 수가 셀 수도 없이 많지만 모두 독특한 기능으로 몸 전체의 유지를 위해서 감탄을 자아낼 정도로 뛰어나게 작동하는 부분들로 이루어진 우리 몸이 우연의 산물일 수 없음을 논증하였습니다.[19] 이제 비교를 계속해봅시다.[20] 그런 시들이 어떤 최초의 작가 혹은 진품 없이 계속해서 복사되어 영원히 보존된다는 것은 절대 믿을 수 없습니다. 마찬가지로 그렇게 훌륭하고 신성할 정도의 정교함을 갖추고 있는 우리 몸의 구조는, 또한 이렇게 말해도 될지 모르겠지만, 그렇게 훌륭한 의미와 진정한 구문(syntax)을 갖추고 있으며, 그 구성에 조화로운 운율을 갖추고 있습니다. 그렇게 위대한 우리 몸이 최초의 아버지, 즉 창조자 없이 아버지에서 아들로 이어져 복사된다는 것은 마찬가지로 절대 믿을 수 없고 불가능한 일입니다.[21]

이 논증에서 크게 이목을 끄는 것은 벤틀리가 위대한 고전 시, 즉 『아이네이스』를 완벽한 목적론(teleology)의 지당한 예로, 전체로 보아도 부분들로 보아도 적절하고 합리적인 예로 보았다는 것이다. 그는 유비(analogy)를 매우 엄격하게 펼쳐서 인간의 몸이 시처럼 문법과 운율, 진정한 구문(syntax), 조화로운 선율을 가지고 있고, 텍스트가 필사되는 것처럼 인간 몸의 구조가 아버지에서 아들로 복사된다고 주장했다. 두 경우에 모두 최초의 작자와 진품이 있음이 틀림없다. 고전 학문 연구와 관련해서

---

19 다섯 번째 설교에서, Ibid., pp. 112ff.
20 나는 벤틀리가 직접 종종 이 '비교'를 만들어냈는지 의문을 갖곤 했다. 벤틀리가 그 자신의 비교를 만들어내는 데 영감을 주었을 것으로 생각되는 가장 비슷한 사례는 아우구스티누스 『신국론』 11, 18인 것 같다. "신께서 …… 아름다운 노래처럼 그렇게 세상의 질서를"(ita ordinem saeculorum tamquam pulcherrimum carmen …). E. R. Curtius, *Europäische Literatur und lateinisches Mittelalter*(1948) pp. 401ff. and 441ff.를 보라.
21 이 인용문은 그 내용의 중요성 때문에 살펴볼 가치가 있다. 또한 이는 벤틀리 스타일의 좋은 예이다. 그러나 그의 스타일을 제대로 알기 위해서는 '아멘'으로 끝맺을 때까지 계속 읽어야 한다.

중요한 것은 벤틀리의 논증 이면에 고전 시는 원래 조화, 좋은 의미, 올바른 운율이 있고, 비록 그것이 여러 번 필사되면서 원문이 잘못 전승되더라도 합리적인 비판을 통해서 복원될 수 있다는 그의 믿음이 있다는 것이다. 따라서 이 '보일 강연'은 그가 기독교 신학과 인문주의 학문 연구를 전형적으로 혼합했고, 원리를 확고하게 파악하고 있음을 보여준다.

이 강연 내용은 출판되자마자, 그리고 번역되어 홀란트와 독일로 퍼져나가면서 큰 반향을 일으켰다. 그러나 2년 뒤에 '기독교 옹호'(A defence of Christianity)라는 제목으로 이루어진 그의 두 번째 '보일 강연'은 인쇄되지 않았으며 유실된 것으로 보인다. 그동안 벤틀리는 여전히 우스터의 주교와 함께 살았으며, 1694년에 왕립 도서관들의 관리인(keeper)으로, 1695년에는 왕의 사제(Chaplain)로 임명되었고, 1696년에는 성 제임스 궁정에 왕의 사서를 위한 방을, 장차 블레넘(Blenheim)의 영웅이 될 말버러 백작(Earl of Marlborough) 다음으로 갖게 되었다. 그해 그는 또한 케임브리지에서 신학 박사 학위를 받았고, 그 대학에서 이신론에 맞서서 기독교를 옹호하는 설교를 했다. 1697년의 한 편지[22]에서 우리는 한 무리의 사람들이 성 제임스 궁의 벤틀리 숙소에서 매주 만났다는 것을 알 수 있다. 그들은 그의 진정한 친구로서 존 에벌린(John Evelyn, 이 사람은 벤틀리에게 두 번째 '보일 강연'을 출판하라고 촉구했지만 성과를 거두지 못했다), 크리스토퍼 렌(Christopher Wren), 존 로크(John Locke), 뉴턴이었다.[23] 또한 이 해에 벤틀리는 그의 친구 윌리엄 워턴(William Wotton)이 쓴 책에 부록으로서 『팔라리스의 서간집에 대한 논고』(Dissertation upon the Epistles of Phalaris)*를 썼다.[24] 벤틀리는 1699년 이 논고의 증보판을 간행함으로써

---

22 Bentley, *Correspondence* I(1842) p. 152(21 Oct. 1697).

23 위의 주 13을 보라.

* 팔라리스는 기원전 6세기 시칠리아 지역의 참주로 잔인하기로 유명했다. 벤틀리는 그의 이름으로 되어 있는 148개의 편지가 위작임을 밝혔다.

24 William Wotton, *Refletions upon the Ancient and Modern Learning*(1694, 2nd ed. 1697).

전 유럽에서 확고한 명성을 얻었다.

우연하게도 그해 말경에 케임브리지 대학 트리니티 칼리지의 학장직(mastership)이 공석이 되었다. 왕이 임명한 위원회는 만장일치로 벤틀리를 추천하였고, 그는 1700년 38세로 취임하였다. 그는 다음 해에 결혼했고 또한 대학의 부총장(Vice-Chancellor)이 되었다. 1717년에 그는 예외적인 조치 덕분에 자신이 자신을 투표하는 선거를 통해 디비니티(Divinity) 칼리지의 흠정 교수로 선출되었다.[25] 신학 분야에서 그는 1713년에 『최근 발표된 앤서니 콜린스의 『자유로운 생각에 대한 담론』에 대한 언급』(Remarks[26] upon a late Discourse of Freethinking (of Anthony Collins)[27])을, 1715년에는 『로마 가톨릭에 대한 설교』(Sermon upon Popery)[28]를 발표했고, 1717년에는 「요한 1서」 제5장 7절에 나오는 천상의 세 증인에 대해서 강의하였다. 그는 고전 분야에서는 때때로, 대체적으로 강력한 후원자의 도움이 필요한 순간에 텍스트의 편집본을 발표하였다. 그가 1742년 죽을 때까지 트리니티 칼리지의 학장으로 있던[29] 42년 동안 그 단과대학과 대학이 평화의 황금기를 누렸던 것은 결코 아니다.[30] 벤틀리는 결코 공평무사한 행정가가 아니었으며, 트리니티의 다른 교수 및 구성원들과 지속적으로 대립했던 고압적인 통치자였다. 호메로스의 작품을 두고 벌인 투쟁에 대한 에피소드들은 진실로 섬뜩하고 고전 학문의 영예로운 역사에서 거의 유례없는 것들이었다.[31] 그러나 그것들은 벤틀리의 인생을 설명하는 모든 글에 빠짐없이 자세히 이야기된다.[32]

---

25 Monk(아래 주 32를 보라) II, 8ff.
26 Works III, 287ff.
27 G. Gawlick, Stuttgart 1965(La Philosophie et communauté mondiale (2))가 콜린스의 『담론』을 번역하고, 소개 글을 달아서 재인쇄하였다.
28 Works III, 241ff.
29 벤틀리는 이 대학의 성원들 사이에서 과학 · 수학 · 천문학 · 화학 연구를 증진시키려고 열망하였다.
30 대조적으로 그의 가정생활은 평화롭고 행복했던 것 같다.
31 최소한 이 책 60쪽에서 언급한 발라와 포조의 대립에서처럼 유혈의 위협은 없었다.

먼저 벤틀리의 뛰어난 초기 두 작품, 즉 『밀에게 보내는 편지』와 『팔라리스의 서간집에 대한 논고』를, 그 후에 고대 텍스트와 단편들의 편집본들을, 그리고 마지막으로 그가 혼자서 수행할 수 없었던 거대한 프로젝트들을 살펴보자.

요한네스 말랄라스(Johannes Malalas)의 『연대기』(χρονογραφία, 6세기 후반 시리아 안티오키아에서 서술되었다)의 유일한 필사본이 보들리 도서관에 있었다. 스칼리게르의 작업이 연대기 작가들의 모든 유작들에 대한 관심을 불러일으켰고, 옥스퍼드의 몇몇 학자들이 그 연대기의 필사본을 언급하였다. 심지어 두 명은 편집본을 준비하였지만 인쇄가 시작되기 이전에 죽었다. 따라서 1690년에 벤틀리의 제자였던 스틸링플리트를 대학에서 지도했던 험프리 호디(Humphrey Hody)가 편집을 맡게 되었고 존 밀(John Mill)이 전반적인 감독을 맡았다. 벤틀리의 친구였던 밀은 어떤

---

32 현대에 이루어진 벤틀리의 전기로 만족할 만한 것은 하나도 없다. 아직까지도 표준서는 J. H. Monk, *The Life of Richard Bentley* (1830, 4°, 교정되고 수정된 제2판, 2 vols., 8°, 1833, 재인쇄 1969)이다. 몽크는 1806년에 케임브리지에서 흠정 교수가 되었고, 그 후 글로스터(Gloucester) 주교가 된 고전학자였다. R. C. 제브(R. C. Jebb)의 『벤틀리』(*Bentley, English Men of Letters*, 1882, reprinted 1968)는 좀 더 역량 있고 우아하지만 짧다. 제브는 벤틀리 생애의 자세한 것들보다는 그의 학문 연구와 영국 작가로서 문체에 더 많은 관심을 기울였다. 제브와 대조적으로 *Dr. Bentley. A Study in Academic scarlet*(London 1965)의 저자 R. J. 화이트(R. J. White)는 역사가로서 벤틀리가 살았던 시대에 대해서 잘 알고 있었던 것 같지만, 그리스·로마 고전들에 대한 연구로 뛰어난 업적을 남긴 한 학자에 대한 제대로 된 전기를 쓸 자질이 부족했던 것 같다. 벤틀리에 대한 많은 논문 중에서 가장 가치 있는 것은 *Literarische Analekten* I 1~89와 I 493~99(1816, 그의 *Kleine Schriften* II, 1869, 1030~94에 재인쇄되었다)에 실린 아우구스투스 볼프의 스케치인 것 같다. 알렉산더 다이스(Alexander Dyce)가 편집한 벤틀리의 『작품 모음집』(*Works*)은 3권 이후에 중단되었고 벤틀리 일생의 작품 가운데 오직 소량만을 담고 있다. 벤틀리의 『서신들』(*Correspondence*, 2 vols., 1842)은 크리스토퍼 워즈워스(Christopher Wordsworth)에 의해서 편집되었다(2 vols. 1842). 또한 J. Bernays, 'R. Bentley's Briefwechsel', *Rh. M.* N. F. 8(1853) pp. 1ff.를 보라. 또한 특별한 사람들에게 보낸 편지들의 편집본도 몇 가지 있다. 그가 책의 여백에 쓴 주석 가운데 매우 중요한 많은 것이 다양한 논문과 책, 편집본에서 발표되었다. 참고 문헌은 A. T. Bartholomew, *R.B., a bibliography*(Cambridge 1908)에서 찾아볼 수 있다. 1962년에 벤틀리 탄생 300주년을 기념하여 상당히 많은 논문과 강연이 이루어졌다. 특히 *Proceedings of the Classical Association* 59(1962) pp. 25ff.를 보라. 여기서 J. A. 데이비슨(J. A. Davison)은 아직도 수집되지 않은 벤틀리의 작품들에 대해서 이야기했다.

제안이라도 해달라며 교정쇄를 벤틀리에게 보냈다. 벤틀리는 편지 형식으로 제안을 했고 그 편지는 호디의 편집본에 98쪽에 이르는 부록으로 출간되었다. 말랄라스의 연대기에는 초기 그리스 작가들을 인용한 문구가 다수 있었다. 벤틀리는 아직 출간되지 않았지만 옥스퍼드의 보들리 도서관[33]과 단과대학 도서관들에 있던 필사본들을 이용해서 그 텍스트의 잘못 전승된 문장들을 교정하였다.

벤틀리는 주로 아테네 희곡 작가들에 대한 〔후대의〕 언급들에 관심을 가졌다. 가령 말랄라스 연대기가 『파시파에』(Pasiphae)*를 에우리피데스의 희곡[34]으로 언급했을 때, 벤틀리는 (현대의 수집물이나 참고 문헌 없이) '파시파에'라는 에우리피데스의 작품은 없지만, 그 이야기는 그의 『크레타인들』(Κρῆτες)의 주제라고 이야기할 수 있었다. 벤틀리는 포르피리오스가 인용한 에우리피데스의 단단장격(anapaestic)을 이용하고 있는 한 단편(fr. 472 N.2)이 흐로티위스가 그의 『그리스 희곡 작가들의 발췌집』(Excerpts from Greek Dramatists)에서 이야기했듯이[35] 『크레타 여인들』(Κρῆσσαι)의 일부가 아니라 『크레타인들』의 일부임을 논증하였다. 그는 또한 내친김에 잘못 전승된 텍스트를 교정하였고, 모든 근대 학자들과 근대의 모방물들이 무시하고 소홀히 하였지만 기본적인 법칙인 단단장격의 이보격(dimeter)에 대해서 설명하였다. 가령 흐로티위스는 이 단편을 번역하면서 다른 모든 사람들처럼(스칼리게르와 뷰캐넌을 포함하여) 모든 이보격의 마지막 음절은 '자유 음절'(anceps)**이라고 가정하여 종종 단단장

---

33 가령 벤틀리는 테오그노스트(Theognost)의 『철자법』(Orthography)을 많은 고대의 인용과 함께 발견하였다(Cramer, Anecdota Graeca Oxon. II 1~165, 1835에 처음으로 발행되었다).

* 미노스의 아내.

34 Ioh. Malalas, p. 86. 10 ed. Dindorf(1831). "파시파에에 대해서 극작가 에우리피데스가 작품을 지었다." Eur. fr. 471f. N.², H. v. Arnim, Supplementum Euripideum(1913) pp. 22ff.(Κρῆτες=Berliner Klassikertexte V 2. 73. TGF fr. 472a=P. Oxy. 2461, fr. I. 12, Supplementum ad TGF², ed. B. Snell(1964) p. 9.

35 이 책 199~200쪽을 보라.

** 장음이든 단음이든 마음대로 넣을 수 있는 음절.

격의 끝에 단단단격을 넣었다. 그러나 벤틀리는 단단장격이 마치 전체가 하나의 지속적인 행을 이루듯 파로미아쿠스(paroemiac)*에 따라서 움직인다는 것을, 다시 말해 단단장격이 운율적으로 계속되며 마지막 음이 장음이라는 것을 발견하였다. 그는 그리스의 운율에서 단단장격을 사용한 라틴어 비극 단편들(fragments)로 관심을 돌려 그것들을 바로잡았으며, 심지어 키케로를 인용한 한 시의 새로운 단편을 발견하였다.[36] 그는 몇몇 기독교 작가들에게서 발견되는 소포클레스로부터의 긴 인용[37]이 가짜라는 사실을, 그 가운데 하나(4행 '마음으로 방랑하는 자들' καρδίᾳ πλανώμενοι)가 구약성경에 나타나는 헤브라이즘의 것임을 입증함으로써 밝혔다.

이 연대기의 다른 문장에는 그 텍스트에 있는 희곡 작가 가운데 한 명의 이름을 미노스(Minos)라고 언급했다. 벤틀리는 미노스가 아니라 키오스의 이온(Ion of Chios)이라고[38] 지적하고 그와 그의 작품에 대해서 폭넓은 토론을 첨가하였다. 벤틀리는 또한 헬레니즘 시대의 시(poetry) 단편들, 그리고 헤시키오스(Hesychios)에서 수이다스(Suidas)에 이르는 모든 사전 편집자들과 어원학에 정통하였다. 그의 모든 작품은 언어·재료·운율·문학사에 대한 풍요롭게 넘쳐나는 지식으로 가득 찼고, 그의 문체는 일상생활체로 생기 있고, 설득력 있었으며, 유머가 넘쳐났다.

『팔라리스의 서간집에 대한 논고』역시 벤틀리의 이런 면모를 잘 보여주는 작품이지만 라틴어가 아니라 영어로 씌었고, 이는 고전 연구에서 신기원을 여는 획기적인 혁신이었다.[39] 이 작품의 기원에 대해서 약간의 설명이 필요하다.

17세기 말에 프랑스인들은 근대인이 고대인보다 우월하다고 주장하였

---

* 그리스·로마 운율의 한 형태로 단단장단단장 단장장으로 이루어진다.

36 *Works* II, 276.

37 *Works* II, 256ff. 그리고 Addenda pp. 357f.=(Soph.) fr. 1126 Pearson.

38 *Works* II, 304ff. 이온의 많은 단편들을 벤틀리가 교정한 것에 대해서는 *TGF²* pp. 732ff.를 보라.

39 이 책 174쪽을 보라. 헨리쿠스 스테파누스는 프랑스어로 썼지만 오직 특수한 경우에서만 그랬다.

다.[40] 잉글랜드에서 그에 따른 논쟁이 일어났고, 그 논쟁은 팔라리스의 서간집에 대한 논의의 출발점이 되었다. 뛰어난 정치가인 윌리엄 템플(William Temple) 경[41]이 「고대와 근대의 학문에 대한 소논문」(Essay upon ancient and modern learning, 1692)에서 고대인들을 옹호하였고, 다소 놀랍게도 이솝 우화와 팔라리스의 서간집을 강력하게 찬미하였다. "나는 팔라리스의 서간집이, 근대의 것이든 고대의 것이든 지금까지 내가 본 다른 어떤 것보다 더 유서 깊고 더 뛰어난 정신을 담았으며, 재치와 천재성이 넘친다고 생각한다."[42] 이 찬양의 영향을 받아 많은 사람이 갑자기 '이 고대의 잔혹자'*의 서간집을 찾았고, 옥스퍼드 크라이스트 처치(Christ Church)의 학장이 그의 대학에서 전도유망했던 젊은 젠틀맨으로 로버트 보일[43]의 종손이었던 찰스 보일 경(Honourable Charles Boyle)을 격려하여 새로운 편집본을 만들도록 했고, 그것은 1695년에 출간되었다. 그러는 동안 벤틀리의 친구인 워턴이 그의 『고대와 근대의 학문에 대한 숙고』(Reflections upon ancient and modern learning)에서 템플의 소논문을 조용히 검토하였다. 그는 일종의 중재자로 행동하면서 고대인이 웅변과 시에서 우월하지만 과학에서는 근대인이 우월한데 템플은 이 점을 완전히 무시했다고 지적하였다.

벤틀리[44] 자신은 사적인 대화에서 '서간집'이 위작(僞作)이기에 새로운 편집본을 간행할 가치가 없다고 했고, 1697년 워턴이 『고대와 근대의 학문에 대한 숙고』의 새로운 편집본을 내려고 하자 서둘러서 『팔라리스의

---

40 이 책 210쪽을 보라.

41 템플에 대해서는 H. W. Garrod, 'Phalaris and Phalarism', in *The Study of Good letters*(1963) pp. 123ff.를 보라. 스위프트는 템플을 위해서 '일하였다'. 또한 K. Borinski, , 'Die Antike in Poetik und Kunsttheorie' II=*Erbe der Alten* 10(1924, repr. 1965) pp. 104ff. 'Der Ritter Temple'을 보라.

42 *Works*, new ed. vol. III(1841, repr. 1968) p. 478.

* 팔라리스를 말함.

43 이 책 227~28쪽을 보라.

44 *Works* I, p. ii.

서간집에 대한 논고』라는 제목으로 부록을 썼다. 벤틀리는 보일이 그의 서문에서 벤틀리가 '그의 특출난 인문학 때문에' '왕의 도서관'에 있는 '서간집'의 필사본을 대조해볼 시간조차 낼 수 없다고 비꼬면서 조롱한 것에 격분하였다. 이제 벤틀리는 그 이야기의 진실을 이야기하고 다음과 같은 신랄한 언급으로 끝마쳤다. "그들〔보일과 그의 친구들〕은 인쇄를 감행하기 이전에 먼저 조사해보았어야 했다. 그것은 '어린 아이의 손에 있는 칼'이다." '어린 아이의 손에 칼'이라는 구절은 벤틀리가 만들어낸 것이 아니라 그리스의 격언 "아이에게 칼을 맡기지 말라"[45]를 변용한 것으로, 이 경우에 매우 적절하게 사용되었고 벤틀리의 넌지시 빈정대는 문체를 잘 보여준다.[46] 이 '논고'의 두 번째이자 마지막 간행본을 내면서 벤틀리는 98쪽의 부록을 600쪽에 이르는 많은 분량의 책으로 변모시켰다. 또한 벤틀리는 방어 자세로 출발했지만 논쟁의 열기 속에 빠져들어서[47] 점점 더 공격적인 태도를 취하게 되었다. 이제 벤틀리가 영어로 썼고,[48] 그의 문체가 라틴어로 쓴 『밀에게 보내는 편지』에서보다 훨씬 더 격정적이었기에 많은 독자들이 충격을 받았다. 진실로 작가로서 그는 그의 시대 영국의 가장 위대한 풍자가들에 뒤지지 않았다. 긴 논쟁 가운데서 템플 경을 위해서 일하고 있던[49] 스위프트는 당연히 벤틀리의 적들 편에서 싸우면서 『통 이야기』(Tale of a Tub)와 『책의 전쟁』(Battle of Books)을 썼다. 『책의 전쟁』에 실린 벌과 거미의 우화 한 대목은 살펴볼 만하다. 스위프트는 벌로 하여금 거미에 맞서서 이야기하도록 했다.[50] "당신과 우리는 다릅니다. 우리

---

45 이 언급들은 *Corpus paroemiographorum Graecorum*, edd. Leutsch-Schneidewin(1839) on Ps. −Diogenian. VI 46(Codex Athous에서가 아니라)에 제시되었다.

46 벤틀리의 저술들을 인용문 및 문학적 암시에 대한 전거와 함께 모은 믿을 만한 텍스트를 만들면 좋을 것이다.

47 볼데마 리벡(Woldemar Ribbeck)이 '논문'의 독일어 번역본(Leipzig 1857) pp. xxviii~xxxii에서 양측이 주고받은 팸플릿 전체의 서지 사항을 제시하였다.

48 이 책 234쪽을 보라.

49 위의 주 41을 보라.

50 Swift, *Prose Works*, ed. Temple and Scott(1907) I 172; cf. Borinski(위의 주 41을 보라), p. 105.

는 벌집을 '오물과 독'이 아니라 '꿀과 밀랍'으로 채워서 인류에게 가장 고귀한 두 가지, 즉 '단맛과 빛'*을 제공합니다. 여기서 '오물과 독'은 벤틀리를 가리키고, 이 신랄한 구절은 벤틀리의 저술이 당대인들에게 비쳤던 인상을 잘 보여준다. 문체에 대해서 말해보자면, 스위프트에게는 실례가 될 수도 있지만 양측 모두 '오물과 독'을 사용하였다. 그러나 사실만을 본다면 벤틀리가 절대적으로 옳았고 최종 승리는 그의 것이었다.

팔라리스의 서간들에 대한 벤틀리의 논고는 '고대인과 근대인의 논쟁'이 낳은 가장 놀라운 산물이었다. 템플과 그를 따랐던 모든 사람들은 '고대인들', 다시 말해 그들이 고대 학문의 가장 대표적인 작가들이라고 생각했던 사람들의 편에 섰다. 여기서 반드시 짚고 넘어가야 할 것이 있다. 벤틀리가 '고대파'에 반대했기에 '근대파'의 추종자라고 말할 수 있을 것인가? 그가 뉴턴과 같은 과학자들과 우정을 쌓은 것은 이 결론을 뒷받침하는 것처럼 보인다. 그러나 벤틀리 자신의 글에서 이에 대한 증거는 결코 보이지 않는다. '논고'에서 그의 주요 관심은 팔라리스의 편지들을 철저하고도 체계적으로 점검하고, 에라스뮈스가 올바르게 불렀듯이[51] 이 '소논문'(declamatiunculae)이 위작이라는 반박할 수 없는 증거를 제시하려는 것이었다. 이렇게 하기 위해 벤틀리는 연대기와 특히 언어의 문제들을 조사해야 했다. 그는 또한 피타고라스의 시대, 시칠리아의 역사, 특히 잔클레(Zancle)**와 메세네의 역사, 그리고 시칠리아 화폐에 대해서 조사해야 했다. 그러나 『밀에게 보내는 편지』에서 그랬듯이, 아테네 문학의 위대한 시대에 작성된 비극·희극·사티로스극***에 대한 풍부한 지식이 논증

---

* 밀랍으로 초를 만듦.

51 Bentley, *Works* I, 80(Phalaris) : "위대한 에라스뮈스는 …… 이렇게 말했다. '저 서신들은 작고 빈약한 논문 이외의 다른 어떤 것으로 간주될 수 있겠는가?'" 가령 G. N. Clark, *The Seventeenth Century*(1948) p. 271이 주장하고 있듯이 이것들을 위조라고 불러서는 안 되는데, 고대에 아무도 이것들에 의해서 사기를 당하지 않았기 때문이다.

** 시칠리아에 속하는 도시 메시니의 옛 이름.

*** 고대 그리스에서 3부로 이루어진 비극을 상연한 뒤에 기분 전환을 위해 공연한 풍자적 희극.

에서 핵심을 이루었고 아티카 방언과 아테네 방식을 모방한 것들을 다룬 장이 근본적인 역할을 했다. 그는 이 책에서 이전의 작품에서보다 더 강력한 힘과 성숙함, 그리고 광범위한 학문 지식을 보여주었다.

'논고'를 처음 간행하고 두 번째 출판을 준비하는 동안에 벤틀리가 그라에비우스(Graevius)[52]에게 칼리마코스 단편들의 새로운 모음집을 제공할 수 있었던 것은 거의 믿을 수 없는 일이었다. 그는 그것을 1693년에 처음 약속했고, 1697년에 인쇄를 위한 준비를 마쳤다.[53] 그러나 이런 순수한 학문적인 작업은 오히려 비난을 받았는데,[54] 벤틀리가 스탠리[55]의 주석을 승인 없이 이용했다는 혐의를 받았기 때문이다. 스탠리는 인쇄된 자료들에서 약 250개의 칼리마코스 단편들을 수집했고, 이는 그의 선배들인 불카니우스(Vulcanius)와 파브리(Fabri)가 각각 모두 86개와 53개밖에 발견하지 못했다는 것을 생각하면 존경할 만한 업적이다. 그러나 사실 벤틀리는 성실히 이루어진 스탠리의 수집물을 결코 본 적이 없었다. 벤틀리가 거대한 진전을 이룩할 수 있었던 것은 그가 필사본들에 대해서 비길 데 없이 뛰어난 지식이 있었기 때문이었다.[56] 벤틀리는 칼리마코스에서 인용한 것들을 417개나 확인했고, 때때로 새로운 필사본을 이용하기도 했지만 대부분 때로는 자신의 천재적인 교정 능력을 발휘하여 잘못 전승된 텍스트를 많이 교정하였다.[57] 그의 대담한 추정 가운데 많은 것들이 파피루스에 의해서 완벽하게 확증되었다.[58] 그러나 그의 권위가 너무나 컸기 때문에 그가 실수하면 후대의 편집들은 거의 필연적으로 길을 잃곤 했다.[59] 헨리

---

52 독일에서 태어났지만 홀란트에서 활동했던 학자 가운데 한 명이다(이 책 216~17쪽을 보라).

53 *Correspondence*(위의 주 32를 보라) I, 53, *passim.*, A. C. Clark, 'Die Handschriften des Graevius', *Neue Heidelberger Jahrbücher* I(1891) pp 238ff.

54 야바위꾼이라고 의심받은 것에 대해서는 Call. II, pp. xlivf.를 보라.

55 Thomas Stanley, *The Poems and Translations* ed. G. M. Crump(1962)를 보라.

56 *Ep. ad Millium*(위의 주 15를 보라) pp. 351ff.

57 Call. II pp. xlvf.

58 가령 Call. fr. 64. 8, 13, 14; 178.33;191.10을 보라.

쿠스 스테파누스[60]는 한때 그리스 서정시 단편들의 모음집을 만들려고 했다. 그러나 벤틀리의 칼리마코스가 이 분야에서 최초의 체계적인 작품이었다. 이 모음집은 당시로서는 철저한 것이었고, 단편들을 유실된 작품의 순서대로 배열하고 몇 가지 주의 깊은 재구성을 제시하고자 시도함으로써 후대를 위한 모범이 되었다. 벤틀리는 메난드로스와 필레몬(Philemon)에 대한 르 클레르[61]의 편집본에서 약 300개의 단편들을 교정하는 데 기여했지만 칼리마코스 이후에는 다른 모음집을 만들지 않았다.

벤틀리는 사전 저술가들의 작품을 편집하겠다는 계획을 결코 수행하지 못하였다. 그러나 벤틀리는 이 분야에서 루돌프 퀴스터(Ludolf Küster)의 『수이다스』(Suidas)*에(1705), 그리고 티베리우스 헴스테르하위스(Tiberius Hemsterhuys, 1670~1705)**의 『폴룩스』(Pollux)에 기고하는(1806) 등 홀란트와 독일의 여러 학자들에게 도움을 주었다. 그리고 이런 관심은 그의 후계자들에게 전해졌다. 18세기 네덜란드와 영국의 거의 모든 학자들이 사전 편집자들의 제자이자 비판자들이었던 것으로 알려져 있다. 조너선 투프(Jonathan Toup)의 주요 업적은 『수이다스』에 대한 것이었고, 리처드 포슨(Richard Porson, 1759~1808)은 '포티오스'를 편집했으며, 마지막으로 토머스 게이스퍼드(Thomas Gaisford)는 『수이다스』, 『대어원사전』

---

59 리코프론에 대한 스콜리아에서 칼리마코스가 쓴 한 행(fr. 21. 3)에 대한 벤틀리 방식의 가장 특징적이고 교훈적인 사례이다. 그는 거기서 해독하기 어려운 텍스트를 발견하고 그것을 잘못된 위치에 놓음으로써 해결하려고 했다. 그 결과는 O. 슈나이더(O. Schneider)의 Call. fr. 206에 대한 주석에서 쉽게 추적할 수 있다. 슈나이더는 후대 학자들의 시도와 함께 벤틀리가 구상한 단어들을 충실하게 기록하였다. 나는 필사본에 ἀνήσουσα 혹은 ἀνίσχουσα로 되어 있는 것을 ἀνήσουσα(비탄에 잠겨 있는 그녀)라고 교정함으로써 칼리마코스의 육보격을 올바르게 복원했기를 희망한다.

60 이 책 172~73쪽을 보라.

61 르 클레르에 대해서는 이 책 215~16쪽을 보라.

* 10세기 비잔티움에서 작성된 고대 지중해 세계에 대한 일종의 백과사전이다. '수이다스'는 그리스어로 '요새'를 의미한다.

** 2세기 그리스의 문법학자이자 수사학자로 그리스어 동의어와 구절에 대한 사전을 썼다.

(*Etymologicum magnum*), 『파로에미오그라피』(*Paroemiographi*)*의 편집
본들을 만들었다. 이 작업들은 모두 19~20세기에 이루어지는 공동 작업
의 도움 없이 이루어졌다.

벤틀리가 새로이 편집한 것 가운데 완벽하게 텍스트가 남아 있는 것은
호라티우스(1711, 1869년까지 자주 재인쇄되었다), 파이드루스(Phaedrus)**
와 푸블리리우스 시루스(Publilius Syrus)***의 교정본을 서둘러 냈던 해에
발표한 테렌티우스(1726), 마닐리우스(Manilius)(1739)이다. 그는 호라티우
스의 서문과 주석에서 자신의 '방법'에 대해서 가장 유명한 말을 했는데,
그 말은 두 세기 간 계속해서 인용되었지만 그런 인용이 겪는 전통적인 운
명, 즉 절반만 인용되는 것을 피하지 못했다.[62] 일반적으로(Hor. c. III 27. 15
에 대한 주석으로부터) 오직 "우리는 이성과 사안 자체가 100개의 필사본보
다 중요하다고 생각한다"[63]만을 인용하고, "특히 바티칸의 오래된 지지
[바티칸의 필사본]가 보증되었을 때"는 생략된다. 벤틀리는 최초로 호라티
우스 텍스트에서 가장 오래된 브란디니우스 필사본(codex Blandinius
vetustissimus)의 가치를 인정했고 비판하기 전에 먼저 필사본들을 참고해
야 한다는 것을 매우 잘 알고 있었다.

그러나 그는 자신이 비판적 검토를 통해서 바로잡은 텍스트에 대해서
는 추호도 의심하지 않았다. 오히려 그는 자신의 '예지'(divination)를 완
벽하게 확신하였다. 그는 (호라티우스의) 필사본 c. I 23. 5에서 원문은
'veris'(봄의)로 되어 있지만 그것은 매우 드문 단어인 'vepris'(가시나무 숲

---

* 하드리아누스 황제 시절 디오게니아누스(Diogenianus)가 만든 그리스 격언 모음집.
** 1세기 로마의 우화 작가.
*** 기원전 1세기 로마의 작가.
62 이 책 제7장 주 17(에라스뮈스), 제9장 주 90(스칼리게르)을 보라.
63 에라스뮈스와 편지를 주고받았던 에스파냐 신학자 후안 히네스 세풀베다(Juan Ginéz
Sepulveda)는 200년 전에 해석과 번역에 대해 이야기하면서 '이성'에 대해 비슷한 구절을 사용
하였다(Erasm. *Ep.* 2938. 27f., 1534년 5월 23일, 세풀베다에 대한 다른 언급들과 함께 이 책
151쪽에 인용되었다. 바울의 Gal. 4.:25에 대해서는 특히 *Ep.* 2905. 16ff.을 보라). 이렇게 이성
을 중요시하는 태도가 에라스뮈스와 그의 무리와 많은 연관을 맺고 있다는 사실은 흥미롭다.

의)[64]가 되어야 한다고 추측하면서 이렇게 논평했다. "진실로 무엇도 이 추정보다 확실한 것은 없다. 설령 100권의 필사본에 그렇게(veris '봄의'로) 씌어 있다고 해도 그것은 그 자체의 빛에 의해서 스스로를 입증한다." 그의 이런 태도는 자신의 호라티우스 서문에서 학자들에게 행한 권고에서 절정에 도달한다. 그 권고는 "필사본만을 …… 숭배하지 마라. 오히려 당신 자신을 통해서 판단하는 것을 감행하라"로 시작하여 "오직 이성만이, 날카로운 판단만이, 투쟁적인 비판 정신만이"로 이어지고, '예지'(μαντική)의 필요성을 역설하는 것에서 정점에 도달한다. 그 예지는 노력하고 오래 산다고 얻어지는 것이 아니라 타고난 것이다. 벤틀리는 자신의 예지력을 너무나 강력하게 확신했기에 호라티우스가 했음이 틀림없는 것을 자신이 알고 있다고 믿기에 이르렀다. 그의 생각에 따르면 고전 시인인 호라티우스는 고전 시의 조화로운 운율에 맞지 않는 것은 절대 쓸 수 없었다. 여기서 우리는 위에서 언급했던 '보일 강연' 속의 문장이 학문적 비판주의에 대해서 갖는 의미를 알 수 있다.[65] 진정한 비판가는 복사 과정에서 발생한 오류를 찾아내고 원본의 조화를 복원해야 한다.

벤틀리는 자신의 직관을 이용하여 호라티우스 텍스트에서 700개 이상을 변경했다고 전해진다.[66] 우리는 벤틀리가 사용했던 방법의 약점을 쉽게 알 수 있다. 그것은 원작가의 역사적·개인적 스타일에 대한 검토나 혹은 텍스트의 역사에 대한 검토를 해야 한다는 제약 때문에 제한을 받지는 않는다. 그러나 앞으로 살펴볼 것처럼 역사적 이해는 후대에야 이루어진다. 비록 그가 매우 많은, 그리고 때때로 극단적인 오류를 범하기는 했지만 이전의 누구보다 비판-편집의 표준을 확립하는 데 기여했으며, 언어·문법·문체·운율에 대한 그의 제안을 숙고하는 것은 늘 유익했다. 고전 연

---

64 이 책의 논지에서 고가비우스(Gogavius)가 이를 먼저 예견했다는 사실은 중요하지 않다.

65 이 책 230쪽을 보라.

66 D. R. Shackleton Bailey, 'Bentley and Horace', *Proceedings of the Leeds philosophical and literary society* 10(1962) Part III, pp. 105~15.

구의 역사에서 추정에 의지한 비판가로서 그와 견줄 수 있는 사람은 아무도 없다.

그가 자신의 테렌티우스 편집본(1726)에서 거의 1,000개의 독법을 바꾸었던 것은 주로 운율 때문이었다. 그러나 우리는 16~17세기 학자들이 테렌티우스에서 오직 두 가지, 즉 단장격(iambic)과 장단격(trochaic)밖에 몰랐다는 것을 명심해야 한다. 벤틀리는 테렌티우스 텍스트보다 「테렌티우스 운율에 대하여 : 변칙」(De metris Terentianis σχεδίασμα)을 먼저 발표했는데 이는 테렌티우스뿐만 아니라 라틴 희곡 전반의 운율 체계에 최초로 명백한 빛을 비추었다. 그의 발견은 텍스트의 구성에 대해서 혁명적인 결과를 일으켰다. 우리는 그것 때문에 벤틀리가 약간의 잘못된 판단으로 이끌렸다고 해도 놀라서는 안 된다. 벤틀리는 「테렌티우스 운율에 대하여」에서 라틴 시, 그리고 심지어 그리스 시에서 박자(ictus)라는 까다로운 문제와 불가피하게 직면하였다.[67] 그럴듯한 해결책을 찾으려는 현대 학자들의 노력에도 불구하고 혼란과 오류가 증가하고 있는 것 같은데, 우리가 사안을 명확하게 보려면 1726년 발표된 벤틀리의 「테렌티우스 운율에 대하여」로 돌아가는 것이 좋을 것이다. 여전히 그 책은 매우 어려운 주제들에 대해서 명확하고 만족할 만한 설명을 제시하는 그의 능력을 증명하는 글이다.

또한 이전의 간행물들에서도 명백히 보여주었던 그의 그리스 문법학자들에 대한 뛰어난 지식이 편집본을 만드는 데도 기여하였다. 14세기에 살루타티가 고대 라틴 작가인 도나투스가 테렌티우스에 대한 주석서를 썼다는 것을 알고 있었지만,[68] 벤틀리는 희곡들의 텍스트를 복원하기 위해서 그것을 최초로 적절히 사용하였다.[69] 벤틀리의 마지막 편집본인 1739년[70]

---

67 E. Kapp, 'Bentley's Schediasma "De metris Terentianis" (reprinted by F. Reiske in his edition of Plaut. *Rud.*(1826) pp. 77ff.) and the modern doctrine of ictus in classical verse', *Mnemosyne* Series III 9(1941) pp. 187~94=E. K., *Ausgewählte Schriften*(1968) pp. 311~17.
68 이 책 46쪽 이하를 보라.
69 G. Jachmann, *RE* V A I(1934) pp. 598ff. *passim.*, K. Dziatzko, *Neue Jahrbücher*, Suppl.

의 '마닐리우스'[71]는 비판-편집의 새로운 전환을 보여준다. 그는 170개 이상의 행을 후대에 삽입된 것으로 판정하였다.

그가 편집한 것을 전체로 살펴보면 작지만 비중 있는 작품들도 포함되는데, 수에토니우스[72]의 『황제 열전』(Caesares), 키케로(데이비스Davies의 『투스쿨룸의 논쟁들』 Tusculan Disputations, 1729에 대한 부록의 형태로), 니칸드로스(Nicandros, 1722년 미드Mead 박사를 위하여), 그리고 많은 비문들, 특히 델로스에 있는 '낙소스의 거상'(Naxian colossus)에 새겨져 있는 비문 등이 있다.[73]

벤틀리는 생의 마지막 20~30년 동안 다음 세대의 고전학 연구에 거대한 영향을 끼칠 두 개의 야심찬 프로젝트, 즉 신약성경과 호메로스의 편집에 착수하였다. 그의 친구인 존 밀[74]이 1707년에 신약성경 편집본을 출간하였다. 이때 사용된 텍스트는 당연히 이른바 공인본(textus receptus)이었지만,[75] 밀은 각주에서 이전의 누구보다도 더 많은 다양한 독법을 제시하

10(1878/9) pp. 662ff., 675ff.는 Codex Bodleianus canonicus lat. 95(s. XV) 그리고 벤틀리의 추측을 언급하고 있다.

70 벤틀리는 테렌티우스와 마닐리우스 편집본을 출판하는 사이에 그의 유감스럽고 많은 비판을 받는 편집본인 밀턴의 『실낙원』(Paradise lost, 1732)을 내놓았는데, 이 책은 고전 학문 연구사를 다루는 우리의 관심 밖이다.

71 이 책 185쪽을 보라(스칼리게르).

72 M. Ihm, 'R. Bentley's Suetonkritik', Sitz. Ber. Preuss. Akad. d. Wiss. Jg. 1901, pp. 1677~95.

73 'The image of the Delian Apollo and Apolline ethics', Journal of the Warburg and Courtauld Institutes 25(1952) pp. 20ff.=Ausgewählte Schriften(1960) pp. 55ff. with plates. 벤틀리의 발견에 대해서는 p. 23을 보라. 이 비문은 기원전 7세기에 이른바 낙소스의 거상 오른쪽 기단부에 새겨진 것이다. 17세기에 프랑스 여행가인 식물학자 투르네포르(Tournefort)가 지금도 상당 부분이 남아 있어서 델로스 섬에 있는 아폴로의 테메노스(Temenos)를 방문하는 손님들을 맞아주는 이 비문을 최초로 탁본하였다. 벤틀리는 그것을 다소 조잡하기는 하지만 시이고, 단장격의 삼보격을 사용하고 있다며 "나(아폴로의 조상彫像)의 조상 부분과 기단 부분은 모두 하나의 대리석으로 이루어졌다"라고 해석하였다. 몽포콩(이 책 206쪽을 보라)을 비롯한 당대 최고의 비문 전문가들이 이 행을 해독하고 설명하지 못하였기에(Bentley, Correspondence II 〔1842〕 pp. 589f.; cf. Monk II 160f.), 벤틀리가 성공하자 크게 찬탄하였다.

74 이 책 227쪽을 보라. 밀의 신약성경 편집본에 대해서는 A. Fox(위의 주 15를 보라), pp. 36ff.와 B. M. Metzger, The Text of the New Testament(1968) pp. 107f.를 보라.

75 이 책 172쪽을 보라.

였는데, 그것은 30년간 노력해서 수집한 결과였다. 그 숫자가 3만 개에 달하니 놀라운 일이다. 이 미로에서 길을 찾는다는 것은 불가능한 일이 되어버렸지만, 콜린스가 그의 『자유로운 생각에 대한 담론』에서 그랬듯이 이 신론자들과 '자유로운 사상가들'은 이 3만 개의 독법에서 많은 도움을 얻었다. 벤틀리는 『담론』에 답하면서 콜린스의 주장을 논박했지만,[76] 에라스뮈스 전통의 진정한 계승자처럼 성경에 그 독법들을 적용하는 데에 비판적 연구의 필요성을 역설하였다. 스위스의 젊은 신학자 요한 야코프 베트슈타인(Johann Jacob Wetstein)[77]의 방문을 받은 후에 벤틀리는 계획을 확고하게 세웠다. 그는 공인본에 또다시 모든 시대의 필사본들에서 모은 독법들을 포함해, 출판하지 않고 파악할 수 있는 가장 오래된 본문을 복원하고자 시도할 터였다. 그의 생각에 따르면 이는 4세기, 즉 니케아 공의회 시절의 본문이었다. 그는 불가타의 가장 오래된 필사본들, 동방의 오래된 판본들, 교부들의 저술에서 가장 일찍이 인용된 것들을 참고하면서 가장 오래된 그리스어 필사본들만을 연구하였다. 벤틀리가 말했던 대로 그 편집본은 '전체 기독교 교회의 대헌장'이 될 터였다. 그는 다른 여러 동료들, 특히 프랑스 베네딕투스파 수도사들의 열성적인 도움을 받으며 20년 이상 필사본들에서 자료를 모았다.[78] 문제가 너무나 복잡했을 뿐만 아니라 개인적인 어려움 때문에 벤틀리가 편집본을 완성하고 출간하지는 못했지만,[79] 벤틀리의 작업은 카를 라흐만과 다른 이들의 작업을 1세기나 앞서서 예견하였다.

1726년 여전히 신약성경 편집을 준비하고 있으면서도 벤틀리는 호메로스 편집본을 구상하였다. 1732년에 그는 명백히 준비를 시작했고, 1734

---

76 이 책 231쪽을 보라.

77 Monk I 397; II 120 f.를 참조하라.

78 이 책 206쪽을 보라.

79 그의 조카에게 남겨졌고, 현재 트리니티 칼리지 도서관에 있는 자료를 이용하여 A. A. Ellis, *Bentlei critica sacra*(1862)가 발췌물을 인쇄하였다.

년에는 작업 중에 있었음이 명확하다. 그러나 결코 아무것도 출판되지는 않았다. 『일리아스』 제1~6권에 대한 주석을 포함하고 있는 4절판의 필사본인, 헨리쿠스 스테파누스의 『그리스의 시인들』(*Poetae Graeci*)에 포함된 호메로스 편집본의 본문 여백에 그가 남긴 주석, 그리고 그의 매우 유명한 발견인 디감마(digamma)를 구체적으로 다루는 약간의 주석들만이 남아 있을 뿐이다. 그러나 이 발견의 첫 번째 암시는 콜린스의 『자유로운 생각에 대한 담론』(1713)[80]의 복사본에 이미 나타났는데, 거기서 벤틀리는 지나가는 길에 'δίγαμμα aeolicum οἰνος Fοῖνος vinum'*이라고 언급하였다. 벤틀리는 밀턴의 『실낙원』을 편집하면서(1732) 호메로스를 인용하여 디감마를 라틴어 대문자 F의 형태로 인쇄하였다. 디감마는 호메로스 텍스트의 필사본 전통에서는 어디에서도 발견될 수 없었다. 그러나 벤틀리는 문법학자들의 작품과 비문에서 라틴어 v의 음가를 표시하는 글자가 있다는 것을 알았다. 그는 언어학적이고 운율적인 이유에서 이 문자를 다시 도입했고, 이 발견의 중요성은 매우 컸다. 최초로 알렉산드리아의 문법학자들, 그리고 후기 고대와 중세 시대 그들의 추종자들이 고정한 텍스트를 넘어설 수 있게 되었다.

고전학자들은 선사시대를 숙고해서 꾸며낸 것처럼 보인다며 이를 받아들이려고 하지 않았다. 영국의 대표적인 반대자는 그의 『비판 문집』(*Miscellanea critica*, 1745, 자주 재인쇄되었다)의 제4부에서 벤틀리를 공격했던 리처드 도스(Richard Dawes, 1709~66)였다. 독일에서는 벤틀리를 크게 찬미했으며, 최초로 (호메로스의) 알렉산드리아 텍스트의 복원을 시도했던 아우구스투스 볼프[81]가 이 발견의 의미를 파악하지 못하고 '천재적 재능을 가진 벤틀리가 늙어서 하는 장난'이라며 받아들이기를 거부했다.[82]

---

80 이 책 231쪽을 보라. Monk II 363을 참조하라.

* 디감마는 이올리아 방언의 오이노스(οἰνος) 앞에 생략되어 있는 F이다. 따라서 οἰνος는 원래 Fοῖνοε이고, 이는 포도주를 뜻하고 라틴어로는 vinum이다.

81 위의 주 32를 보라.

82 F. A. Wolf, *Kleine Schriften* II(1869) p. 1070. "너무나 제멋대로 하는 장난의 작품" ibid.

그러나 언어 연구가 발달함에 따라서 학자들이 서서히 그 의미를 이해하고[83] 결국에는 받아들이게 되었다.[84]

1726년 무렵 벤틀리가 호메로스의 새로운 편집본을 구상하기 직전에 알렉산더 포프(Alexander Pope, 1688~1744)가 『일리아스』(1720)와 『오디세이아』(1725/6)를 번역하였다. 그의 번역에 대한 벤틀리의 평가가 유명하다.[85] "매우 아름다운 시 …… 그러나 그는 그것을 호메로스의 작품이라고 불러서는 안 된다." 포프가 호메로스를 매우 주의 깊게 번역했다는 것은 번역 초판에는 물론이고 몇 차례 재인쇄된 그 책에 붙은 폭넓은 주석에 의해서 입증된다. 벤틀리가 자신이 거의 좋아하지 않았을 연속적이고 거대한 양의 주석인 「관찰」(Observations)[86]을 읽었다는 증거는 전혀 없는 것 같다.

벤틀리가 호메로스를 시인으로 생각했다는 것은 흥미로운 일이다. 그가 최초로 디감마를 언급했던, 콜린스의 『자유로운 생각에 대한 담론』에 대한 언급에서 벤틀리는 호메로스가 "영원히 인류를 기쁘게 하고 가르치기 위해서 그의 시를 고안하였다"라는 콜린스의 허세 부리는 주장에 맞섰다.

내 말을 믿어주십시오. 별 볼일 없는 호메로스는 그런 야심 찬 생각을 결코 품지 않았습니다. 그는 축제와 다른 즐거운 날에 약간의 돈을 벌고 환호를 받기 위해서 혼자서 부를 일련의 노래와 '음송 서사시'(rhapsody)를 지

---

83 디감마를 인정하게 되는 데 중요한 단계는 J. W. Donaldson, *The New Cratylus*(1839) p. 118 and appendix, pp. 138ff. 'Extracts from Bentley's MS on the Digamma'에 의해서 이루어졌다.

84 E. Schwyzer, 'Griechische Grammatik', *Handbuch der Altertumswissenschaft* II. Abt. I. Teil, I. vol.(1939) pp. 222ff.를 보라. 내 생각에 이 문제 전반에 대한 가장 좋은 소개 글인 G. Finsler, *Homer in der Neuzeit*(1912) pp 309ff.는 간략하고 이해하기 쉽게 개요를 설명하고 있다.

85 Monk II²(1833) 372.

86 H. J. Zimmermann, *Alexander Popes Noten zu Homer*(1966)는 최초로 포프가 직접 쓴 것을 이용하였다.

었습니다. 『일리아스』는 남자들을 위해서, 『오디세이아』는 여자들을 위해서 지었습니다. 이 엉성한 시들은 500년이 넘어 피시스트라토스(Pisistratos) 시대까지 결코 서사시의 형태로 수집되지 않았습니다.

마지막 문장은 피시스트라토스에 의해서 호메로스의 시가 수집되었다는 후기 고대의 일반적인 전승을 되풀이하고 있다.[87] 호메로스 시의 성격을 논하고 있는 이 견해는 라이프니츠에게서도, 그리고 특히 프랑스에서 '고대인과 근대인의 논쟁'에서 근대인의 편에 섰던 이들의 책에서도 발견된다.

호메로스의 시에 대해 벤틀리가 판단한 핵심은 그가 '보일 강연'에서 『아이네이스』에 대해서 했던 판단과 비교해보면 잘 알 수 있다. 그는 베르길리우스의 고전시에서 찾았던 '뛰어난 감각과 정확한 운율'을 그리스 서사시에서는 전혀 찾을 수 없었다. 이 점에서 벤틀리는 그의 시대를 앞서 나가지는 않았던 것 같다. 그가 견지했던 견해는 17세기의 것이기 때문이다. 반면에 디감마와 호메로스의 언어에서 그것이 차지하는 역할을 발견한 것은 분명히 미래를 지향하고 있었다.

---

87 『역사』 (I) 6f.

제12장
벤틀리의 동시대인과 후계자들

　　잉글랜드에는 고전 교육과 인문주의 사상의 지속적이고 오랜 역사가
있었고, 학문에서 고전 전통 또한 그러하였다. 그러나 잉글랜드의 고전 연
구의 역사를 다룬 앞 장은 상대적으로 짧았다. 잉글랜드에는 다른 나라들
에서처럼 거의 동등한 업적을 쌓은 일련의 학자들이 없었고, 다른 모든 사
람보다 비교할 수 없이 우수한 오직 한 명만의 인물이 있었다. 그의 책과
인품이 끼친 영향은 너무나 컸기에 그는 '근대 고전학 연구'의 창시자라
고 극찬되어왔다.[1] 그러나 이는 역사 과정을 너무나 단순화하는 것 같다.
우리는 지금까지 수많은 학자들이 고전 연구의 중요한 변화를 가져오는
데 기여했고, 그로 인해서 고전 연구가 새로운 형태를 띠게 되었음을 살펴
보았다. 우리가 발라, 에라스뮈스, 스칼리게르의 경우를 돌이켜보면 벤틀
리의 연구가 하나의 역사적 과정의 정점이었음을 알 수 있다. 그렇지만 그
의 위대함은 즉각 감지되었다. 그 시대 영국뿐만 아니라 홀란트와 독일을
비롯한 해외의 선도적인 학자들이 주고받은 편지에서 그들이 벤틀리에게

---

1 *Proceedings of the Classical Association* 59(1962) pp. 25ff.

받았던 깊은 인상이 명백히 드러난다.[2] 벤틀리에게는 뛰어난 제자들이 없었지만, 모든 고전학 연구자들은 그의 비판 정신에서 영감을 받았다. 독일에서는 문헌 비판이 주요 관심사였다면, 영국에서는 텍스트 비판이 주요 관심사였다. 영국의 텍스트 비판은 주로 아테네 시인들에 집중되었는데, 이는 벤틀리가 그의 『밀에게 보내는 편지』와 『팔라리스의 서간집에 대한 논고』에서 지향했던 것이다. 비록 벤틀리는 '학파'를 전혀 남기지 않았지만 그가 죽은 후에도 케임브리지가 계속 고전학자들의 중심지였고,[3] 그 가운데 가장 뛰어난 사람은 리처드 포슨(Richard Porson, 1759~1808)이었다.

포슨의 초기 기획은 아이스킬로스를 편집하는 것이었는데 여러 가지 사고로 좌절되었다. 그러나 그가 1783년 이후 텍스트에 썼고, 후에 그의 친구들이 세상에 알린 주석들을 보면 포슨이 비판-편집 분야에서 놀라운 공로를 세웠고 그의 업적이 도라[4](도라 역시 그의 주석을 스스로 출판하지 못하였다)에 뒤지지 않는다는 것을 알 수 있다. 벤틀리가 그리스어와 라틴어 운율을 학문적으로 다루기 위한 길을 닦았고,[5] 포슨은 최초로 실질적으로 진전을 이루어냈다. 그는 이른바 '포슨의 법칙'(Porson's law), 즉 "어떤 단어도 비극의 단장 삼보격(短長三步格)에서 마지막 음보는 장음의 '자유 음절'(anceps)로 끝날 수 없다"는 것으로 명성을 얻었다.[6] 어떤 의미에서 그는 '요한의 콤마'(Comma Ioanneum)(요한 1서, 5:7~8)에 대한 「트라비스에게 보내는 편지」(Letters to Travis)에서 벤틀리의 족적을 뒤따랐다. 에라

---

2 C. B. Hunt, 'Contemporary References to the Work of R. Bentley', *Bodleian Library Record* 7(1963) pp. 91ff.(18세기 40년대에서 60년대까지).

3 케임브리지에 대해서는 Sandys II 422f.의 훌륭한 서술을 보라(그 또한 케임브리지의 일원이었다).

4 이 책 164~65쪽을 보라.

5 이 책 232쪽 이하를 보라.

6 Eur. *Hec.* ed. Porson(London 1797) on l. 347; Eur. *Phoe.*(1799) on l. 1464 그리고 그 이후의 행들. P. Maas, *Greek Metre*, trans. by H. Lloyd-Jones(1962) pp. 34f.를 보라. 『헤쿠바』, 『페니키아의 여인들』과 함께 포슨이 편집한 것으로 에우리피데스의 유명한 네 작품에는 『오레스테스』(1798)와 『메데이아』(1801)가 포함된다.

스뮈스는 이 구절의 콤마를 삽입된 것이라고 거부했고, 벤틀리도 그랬다.[7] 그러나 트라비스는 그것이 원래 있었음을 입증하고자 했는데, 포슨은 1788~89년의 12개월 동안 쓴 400쪽에 이르는 책(그의 유일한 책이다)에서 매우 상세하게 '요한의 콤마'가 허위임을 밝혔다. 이때 포슨이 보여준 엄청나게 깊은 학식과 날카로운 텍스트 관찰은 기번의 찬사를 받았다.

젊은 시절 포슨은 비록 가난한 집안 출신이었지만 자신의 인생을 펼쳐 나가기 시작할 때는 너무나 운이 좋았다. 부유한 후원자들이 그가 이튼 (Eton)에, 그리고 1778년에는 케임브리지의 트리니티 칼리지에 가는 것을 도와주었다. 1782년에 트리니티의 교수(fellow)가 되었고 1792년에는 그리스어 담당 흠정 교수가 되었다. 그는 결코 강의를 하거나 가르치는 일을 하지 않았지만,[8] 한없이 많은 독서를 했고 비상하게 기억력이 좋았다. 그는 런던에서 살면서 뛰어난 연사로서 대중의 사랑을 받았고, 종종 천재적인 섬광으로 타고난 학자의 자질을 보여주었다. 그러나 정신적·육체적으로 쇠약해진 이후에 무기력하게 희망을 잃고 술고래가 되었다. 이렇게 어두운 그의 인생을 알아야만[9] 그가 노년에 보여준 활동이 왜 그렇게 빈약했는지를 이해할 수 있다. 그렇게 타고난 재능이 낭비되었다는 것은 참으로 '비극적'인 일이다. 그가 전성기 때 끝마쳤던 일들은 즉흥적으로 혹은 성급한 생각으로 이루어진 것이 아니라 주의 깊은 인내력으로 날카롭게 관찰한 결과였다. 많은 사람들이 그를 글자 그대로 이상적인 학자라고 생각했다. 『비망록』(Adversaria, 1812)으로 시작하는 그의 비판적인 주석 대부분은 그가 요절한 후에 그의 헌신적인 친구들에 의해서 출판되었다. 포슨은 벤틀리가 진정한 학자의 가장 중요한 자질이라고 생각했던 예지

---

7 이 책 231쪽을 보라.

8 이 책 277쪽을 보라(베커).

9 J. S. Waston, *The Life of Richard Porson*(1861); M. L. Clarke, *R. Porson, A Biographical Essay*(1937); Denys Page, 'Richard Porson', *Proceedings of the British Academy* 45(1959) pp. 221~36. 페이지(Page)의 논문은 지금까지 가장 역량 있게 포슨을 다루었다.

력[10]이 매우 뛰어났다.[11] 따라서 그가 몇십 년간 그리스 연구를 주도했다는 것은 결코 이상한 일이 아니다.

제임스 헨리 몽크(James Henry Monk),[12] 찰스 제임스 블롬필드(Charles James Blomfield, 1786~1857), 피터 엠슬리(Peter Elmsley, 1773~1825)가 희곡 작가들에 대한 포슨의 연구를 계속했는데, 엠슬리는 옥스퍼드에서 활동하였다. 영국에서 그리스 희곡 시인들에 대한 연구는 벤틀리 이전과 이후에 계속해서 수행되었다.[13] 이미 스탠리[14]가 아이스킬로스를 진지하게 비판하기 시작하였고, 벤저민 히스(Benjamin Heath, 1704~66)는 소포클레스 필사본 전승의 문제를 해소하려고 시도했으며, 조슈아 반스(1654~1712)는 에우리피데스 작품 전체를 한 권의 편집본으로 출간하였다(1694). 뒤이어 새뮤얼 머스그레이브(Samuel Musgrave, 1732~81)가 토머스 티리트(Thomas Tyrwhitt)의 부록을 첨가하여 『에우리피데스 탐구』(*Exercitationes in Euripidem*)를 발표하였고, 그의 명성은 멀리 외국에까지 미쳤다. 피터 도브리(Peter Dobree, 1782~1825)는 아테네 연설가들에 대해서 연구하였다. 제레미아 마클랜드(Jeremiah Markland, 1693~1776)는 벤틀리 이후 영국 고전학자로서는 유일하게 그리스어와 라틴어 모두에 똑같이 뛰어났고, 벤틀리와 대조적이게도 성품이 겸손하고 상냥했다. 도스[15]는 비록 책을 한 권도 완성하지는 못했지만 그의 『비판 문집』(1745)[16]에 주로 그리스어 문법을 다루는 여러 논문을 발표하였다.

18세기 이렇게 창조적이었던 영국 학자들의 면모를 되돌아보면서 우

---

10 이 책 241쪽을 보라.

11 Aesch. *Ag.* 1391f., E. Fraenkel, Aesch. *Ag.* I 46f.를 보라.

12 이 책 제11장 주 32를 보라.

13 벤틀리의 연구에 대해서는 이 책 232쪽 이하와 237~38쪽을 보라.

14 이 책 238쪽을 보라. 『역사』 (I) 134. 6 그리고 독일어 번역본(1970)의 보충물, Exkurs II, p. 339 를 참조하라.

15 이 책 245쪽을 보라.

16 1781년에 새로운 편집본이 나왔고, 그 후 여러 차례 재인쇄되었다.

리는 그들의 저술, 특히 포슨 학파의 저술들에 어떤 섬나라 근성과 협소함이 있다는 바이워터(I. Bywater)[17]의 생각을 받아들이고 싶어질 수도 있다. 그러나 이 시기에 로버트 우드(Robert Wood, 1717~71)가 정치가로서 여행했음에도 불구하고 호메로스를 주머니에 넣고 다니면서 근동 지역, 특히 트로이를 방문했고 고고학과 역사학을 결합한 책인 『호메로스의 독창적인 천재성과 저술에 대한 논설』(Essay on the original genius and writings of Homer)[18]을 내놓았고, 그 책은 원어와 번역을 통해서 널리 읽혔을 뿐만 아니라 고전 연구에 결정적인 영향을 끼쳤다는 것을 기억해야 한다. 심지어 우드의 작품이 나오기 전에도 '아마추어 예술 애호가 협회'(Society of Dilettanti)가 1732년경에 설립되어 그리스 예술 작품들의 스케치를 담은 일련의 책들을 장대한 2절판으로 발표하였고, 그것들은 영국의 고전주의에 매우 중요한 역할을 했다.[19] 물론 그 당시와 그 이후에도 계속해서 가장 큰 반향을 일으켰던 것은 엘긴 경(Lord Elgin)이 '엘긴 대리석'이라고 불리는 진품 대리석 조각들을 아테네의 아크로폴리스에서 대영박물관으로 가져온 것이었다.[20]

18세기 후반 그 세기의 가장 위대한 역사가인 에드워드 기번(1737~94)이 1776~88년 사이에 지금까지 고대 세계를 다룬 책 가운데 가장 감명적인 책들 가운데 하나인 『로마 제국 쇠망사』(The History of the Decline and Fall of the Roman Empire)를 여섯 권의 4절판으로 저술하였다.[21] 그

---

17 Four Centuries of Greek Learning in England, Inaugural lecture of 1894, published in 1919., M. L. Clarke, Greek Studies in England 1700~1830(1945) pp. 48ff.

18 1767년에 개인적으로 인쇄되었고, 유작으로 1775년에 그리고 후에 출판되었다.

19 Lionel Cust, History of the Society of the Dilettanti, ed. Sidney Colvin(1914). 그리고 B. H. Stern, The Rise of Romantic Hellenism in English Literature, 1732~1786(1941, reprinted 1969) 참조.

20 William Saint Clair, Lord Elgin and the Marbles(London 1967).

21 J. B. Bury, 7 vols.(1896~1900)가 표준 판본이다. The Letters, ed. J. E. Norton, 3 vols.(1956). Autobiographies, ed. John M. Murray(1896)를 보라. 제이컵 버나이스(Jacob Bernays)는 불행하게도 기번에 대한 그의 '논설'을 완성하지 못했지만 상당수의 단편들이 Gesammelte Abhandlungen II(1885) pp. 206~54에 보존되었다. David P. Jordan, Gibbon and his Roman

는 로잔(Lausanne) 시절에 그리스와 로마의 책들을 폭넓게 깊이 읽었고, 포슨을 찬미했으며 다른 사람들이 그를 공격할 때 옹호하였다. 포슨은 답 례로 기번의 작품에 대해서 아주 멋진 비평을 썼다.[22] 기번은 또한 벤틀리 를 매우 적절하게도 '기념비적'(tremendous) 인물이라고 평했다.[23] 기번 은 또한 대작을 쓰는 데 고전문헌학의 역사에 정통하는 것이 필수적인 자 질임을 잘 보여주었다.

티리트와 머스그레이브는 개인적으로 그리고 학문적으로 홀란트와 특 별한 관계를 맺고 있었다. 이 시기 홀란트에서는 또한 요한 게오르크 그라 에비우스(Johann Georg Graevius, 1632~1703)가 벤틀리의 단편 모음집의 도움을 받아서 칼리마코스를 편집하였다(1697).[24] 그렇지만 홀란트는 대체 적으로 보수적인 나라였다. 네덜란드 고전학 연구사의 가장 귀중한 자료 인 다섯 권의 4절판 책 『뛰어난 사람들의 편지 집성』(*Sylloge Epistularum a viris illustribus scriptarum*, 1724)을 쓴 피터르 뷔르만(Pieter Burman, 1668~1703)은 벤틀리를 잘 알고 있었지만 계속 박학(博學)을, 그리고 분량 이 많은 '여러 가지 편집본'의 출간을 추구하는 전통적인 경향을 대표했 다. 그의 조카인 피터르(1714~78)도 마찬가지였다. 그러나 네덜란드 학자 들의 연구에서 일찍이 발달했던 엄격한 백과사전주의(encyclopedism)는 벤틀리가 고취한 새로운 비판 정신의 침투로 다소 완화됨에 따라서, 17세 기의 전형적인 학자들과 18세기의 몇몇 학자들 사이에는 상당히 큰 차이 가 생겨났다. 로테르담에서 베스트팔렌 출신의 퀴스터가 벤틀리의 도움 을 받아서 『수이다스』를 출간하였다. 이 책은 1705년 세 권의 2절판으로 출간되었고, 18세기 후반 투프에 의해서 계승되었다. 퀴스터는 또한 헤시

Empire(1971)를 보라.

22 Waston, *The Life of Richard Porson*(1861) pp. 85f.에 재인쇄되었다.

23 이 책 223쪽을 보라. 그리고 Michael Joyce, *E. Gibbon*(1953) p. 65, 'the tremendous Bentley' (without references)를 보라.

24 이 책 238쪽과 아래 주 25를 보라. 'Schola Hemsterhusiana'(1940) pp. 18~27.

키오스(Hesychios)의 인쇄를 준비하였다. 홀란트의 대(大)학자 삼총사인 헴스테르하위스,[25] 발케나에르(L. C. Valckenaer, 1715~85), 다비트 룽켄 (David Ruhnken, 1723~98)[26]은 벤틀리가 촉발시킨 그리스 사전 편집자들에 대한 연구를 이어받은 후계자들이 고대 그리스 사전들의 더 좋은 편집본을 만들어내고, 그리스 특히 아테네의 시인과 작가들이 사용한 관용어법의 특징을 알아낼 수 있었다는 것을 잘 보여주었다. 이런 노선의 연구활동은 19세기에 다니엘 비텐바흐(Daniel Wyttenbach)(출생으로 보면 스위스인이다)에서 코베(C. G. Cobet, 1813~89)로 이어졌고, 20세기에도 지속되었다. 로마 역사와 문학 분야에서는 페리조니우스(Perizonius, 혹은 Jacob Voorbrock)가 그의 『역사의 비판』(Animadversiones historicae, 1685)에서 시대를 앞서가는 비판 정신을 보여주었다.

독일에서 벤틀리의 영향은 즉각 감지되지 않았고, 18세기 말 볼프(F. A. Wolf)와 헤르만 시기까지 명백하게 드러나지 않았다. 고전 연구는 휴지기에 들어갔고, 비록 학식이 깊은 소수의 학자들이 빈·함부르크·라이프치히·괴팅겐에서 활동하고 있었지만 고대 세계에 대한 열정은 뜨겁지 않았다. 그러나 고전 학문 연구의 부활은 이런 학자들로부터 혹은 독일 외부에서 유래하지 않았다.[27] 그것은 한 위대한 천재가, 14세기 페트라르카가 촉발시켰던 새로운 출발과 비교할 수 있을 만큼 완벽하게 새로운 접근을 하면서 이루어졌다.

---

25 J. G. Gerretzen, 'Schola Hemsterhusiana', *Studia Graeca Noviomagensia* I(1940) pp. 77~156.

26 룽켄이 그의 『그리스 연설가들에 대한 비판적 역사』(*Historia critica oratorum Graecorum*, 1768)에서 그리스 작가들의 선택 목록을 작성하면서 '캐논'(canon)이라는 말을 만들어낸 것에 대해서는 『역사』 I 207을 보라. E. Hulshoff, *Studia Ruhnkeniana*(1953) pp. 142ff. 볼프(F. A. Wolf)가 그의 『호메로스 입문』(*Prolegomena ad Homerum*, 1795)을 '비판의 일인자'(princeps criticorum)인 룽켄에게 헌정하였다.

27 나는 영국의 고전주의와 그것이 대륙의 건축에 끼친 영향에 대해서 매우 교훈적인 논문인 Harald Keller, 'Goethe, Palladio und England', *SB der Bayer. Akad.*, Phil.-hist. Kl., Jg. 1971, Heft 6을 언급하고 싶다.

제4부

독일의 신헬레니즘

제13장
빙켈만, 신헬레니즘의 창시자

독일에서 고전 연구는 소멸된 적이 결코 없었지만 17세기 내내 조용히 그리고 평범하게 이루어졌다. 17세기를 과학혁명의 세기라고 부르는 것이 옳다면,[1] 18세기는 인문주의의 혁명의 시대라고 부를 수 있을 것이다.[2] 페트라르카 시기처럼 다시 한 번 고전 문학의 대작들이 인류의 정신을 경이로울 만큼 크게 자극하였다.[3] 그러나 이제 영감의 원천이 베르길리우스나 키케로 혹은 로마의 '매력적인 달콤함 혹은 아름다운 화음'이 아니라 호메로스·소포클레스·헤로도토스·플라톤이었다. 빙켈만 자신의 유명한 말을 빌리자면 그것은 그리스인들의 '고귀한 순박함과 온화한 위대함'이었다.[4]

---

1 H. Butterfield, 'The history of sciences and the study of history', *Harvard Literary Bulletin* 13(1959) p. 346.

2 이 책 261쪽을 보라.

3 이 책 11쪽 이하를 보라.

4 이 책 260~61쪽을 보라. 일반적으로 프리드리히 외저(Friedrich Oeser)(Justi I[2] 322, 아래 주 11을 보라)가 이 말을 처음 만든 것으로 알려져 있지만, 시원지는 아마 프랑스일 것이다. 빙켈만의 프랑스 원천에 대해서는 A. Buck, *Die humanistische Tradition in der Romania*(1968) *passim*. 그리고 Stackelberg, *Gnomon* 42(1970) pp. 424ff.의 버크(Buck)에 대한 검토를 보라.

요한 요하임 빙켈만(Johann Joachim Winckelmann, 1717~68)은 베를린 서쪽에 있는 도시인 슈텐달(Stendal)[5]에서 가난한 구두 수선공의 아들로 태어났다. 젊은 시절 큰 고난을 여러 차례 겪었지만 무한한 열정과 정열로 극복하였다. 그는 어린 학생이었을 때 그리스어 텍스트를 구하는 것도 너무나 힘들었다. 그는 오직 인쇄된 선집과 자기 손으로 직접 쓴 발췌물에 의존해야 했다.[6] 18세기 말에 가서야 볼프와 그의 제자들의 노력에 의해서 쉽게 이용할 수 있는 그리스 텍스트들을 독일의 출판업자들이 대량으로 발행하였기 때문이다.

또한 배움의 장소가 멀리 떨어져 있어서 빙켈만은 그곳까지 걸어가야만 했다. 가장 가까운 곳은 베를린이었는데, 그곳은 1730년경까지는 그렇게 중요한 도시가 아니었다. 그러나 그곳의 가장 오래된 고등학교의 교장이었던, 크리스티안 토비아스 담(Christian Tobias Damm, 1698~1778)은 다른 무엇보다 그리스어를 사랑했고, 심지어 "가장 호메로스적인 사람"(Ὁμηρικώτατος)이라고 불렸다. 그는 호메로스에 나오는 단어들의 어원학 사전을 만들었고, 『일리아스』와 『오디세이아』를 독일어 산문으로 번역하였다(1767). 많은 사람들이 이 책을 읽었으며, 심지어 그는 "지금 나는 우리들 사이에서 그리스 시대가 부활하는 것을 마음의 눈으로 선명하게 보고 있네"라고 예견하였다.[7] 빙켈만은 1742년 베를린 북쪽의 제하우젠(Seehausen)에 교감으로 정착할 때 많은 책을 지니지 못했지만, 있는 책들을 반복해서 읽고 또 읽었다. 그가 읽은 책에는 그리스와 로마의 고전들뿐만 아니라 프랑스 르네상스의 거장들인 스칼리게르와 그의 친구인 드 투, 그리고 그의 제자인 흐로티위스의 작품도 있었다.[8]

---

5 앙리 벨(Henri Beyle)은 빙켈만을 기념하기 위해서 자신을 슈텐달(원문 그대로, 프랑스어로는 스탕달 — 옮긴이)로 불렀다. 이 필명에 대해서는 G. von Wilpert, *Lexikon der Weltliteratur* I(1963) p. 1270을 보라. 독일에서 고전학 연구의 불안전한 상황에 대해서는 이 책 222쪽을 보라.

6 W. Schadewaldt, 'Winckelmann als Exzerptor' in *Hellas und Hesperien*(1960) pp. 637~57.

7 Carl Justi, *Winkelmann und Seine Zeitgenosse*(1898) 34. 2에 인용된 *Program* 1752에서; 'video' in the *Program*, corr. J. K. Cordy.

1734년부터 괴팅겐에서 고전을 가르쳤던 요한 마티아스 게스너(Johann Matthias Gesner, 1691~1761)는 빙켈만을 이끈 사람으로 이야기된다.[9] 그러나 이는 정확하지 않다. 빙켈만은 괴팅겐이 아니라 할레(Halle)와 예나에서 공부를 지속했고, 두 사람 사이에는 개인적인 혹은 학문적인 접촉이 전혀 없었기 때문이다. 그러나 라이프치히에서 그리고 특히 괴팅겐에서 게스너의 수업에 참가했던 학생들은 훨씬 쉽게 신헬레니즘의 이상을 이해하고 받아들일 수 있었다. 사실 빙켈만은 괴팅겐에서 이루어지는 게스너의 세미나에 참석하려고 생각했었다. 그러나 그는 드레스덴 근처에 있었으며 아마 당시 독일에서 가장 큰 개인 도서관이었던, 하인리히 폰 뷔나우(Heinlich von Bünau) 백작의 도서관[10] 직원이 되는 행운을 얻었다. 이는 빙켈만과 같은 열정적인 다독자에게는 너무나 소중한 것이었다. 드레스덴에서(그가 뷔나우를 위해서 일하면서 드레스덴 근처에서 머무는 동안), 그리고 마지막으로 로마에서 그의 관심사는 시와 역사, 고전학 연구사를 거쳐서 그리스 예술 연구로 옮겨갔다. 점점 더 그리스 예술 연구에 심취해 들어갔던 그의 인생은 기묘한 우연으로 가득 찼다. 그는 가톨릭 신자가 아니었기에 처음에는 로마에 있는 주요 예술품에 접근할 수 없었다. 그러나 그 후 그가 여전히 철저하게 그리고 의도적으로 이교주의를 유지했음에도 불구하고 로마 가톨릭 교회는 그를 받아들였고, 뜻밖에 많은 영예를 안겨주었다. 가령 그는 바티칸에서 사서(司書), 그리고 고유물(古遺物) 책임자(presidency)의 직책을 얻었다. 그의 비극적인 죽음은 너무나 충격적이었다. 그는 1768년 빈에서 로마로 가는 중에 트리에스테(Trieste)에서 한 이탈리아 요리사에게 끔찍하게 살해당하였다.

　　빙켈만은 여러 분야의 공부를 마치고 1755년 로마로 가기 이전까지 어떤 것도 출간하지 않았다.[11] 그의 첫 작품은 「모방 : 화가와 건축가의 기술에

---

8 이 책 188쪽을 보라.

9 Sandys III 7이 말하고 있듯이.

10 Justi I² 181ff.를, 그리고 네 권으로 된 빙켈만 편지들(아래 주 11을 보라)의 색인을 보라.

서 그리스 작품들의 모방에 대한 생각」(Gedanken über die Nachahmung der griechischen Werke in der Malerei und Bildhauerkunst)[12]에서 모방(미메시스, μίμησις)이라는 주요 문제를 다루었다. 1755년 발표된 이 작은 팸플릿에서 우리는 탐구자·선각자, 그리고 특히 언어의 대가로서 빙켈만의 면모를 살필 수 있다. 우리는 또한 1742년부터 그가 쓴 편지들을 읽을 수 있다.[13] 빙켈만은 시 분야에서 독일 고전주의 초기에 성장하였지만 직접 시를 짓지는 않았다. 그러나 그는 산문을 마치 시인처럼 썼다. '모방'에 대한 그의 논설에는 그의 특징을 잘 보여주는 생명력 있고 아름다운 구절들이 담겨 있다. "우리가 위대해지는, 진실로 가능하다면, 불멸의 존재가 되는 유일한 길은 고대를 모방하는 것이다."[14] 그는 고대인에 대해서 간단하고 기념비적인 문장을 만들어냈다.[15] "그리스 조각상들의 고귀한 순박함과 온화한 위대함은 그리스의 문학이 최고의 시대에 도달했다는

---

11 *Sämtliche Werke*, Einzige vollständige Ausgabe hg. von J. Eiselein, Donauöschingen 〔sic〕 1825~29, 12 vols.(reprinted 1965). *Werke*, einzige rechtmäßige Originalausgabe, 2 vols.(Stuttgart 1847). 나는 이 판본을 이용하였다. *Briefe*, hg. von W. Rehm in Verbindung mit H. Diepolder, Berlin 1952~57, 4 vols.; in IV 369ff. 'Urkunden und Zeugnisse zu Winckelmann's Lebensgeschichte'. Carl Justi, *Winckelmann und Seine Zeitgenossen*, 3 vols., 1866~72, 2. Aufl. 1898. 나는 이 책의 제5쇄로 1954년 W. 렘(W. Rehm)이 편집했고 유스티와 이전 판본들에 대한 서문이 담긴 판본을 이용하였다. 현재까지의 정선된 서지 사항에 대해서는 W. Leppmann, *Winckelmann*(New York 1970), 특히 W. Rehm, *Griechentum und Goethezeit*(1936, 4th ed. 1968) 그리고 A. Buck, *Die humanistische Tradition in der Romania*(1968) pp. 122ff. and *passim*. 또한 J. von Stackelberg, *Gnomon* 42(1970)의 비판을 참조하라. A. H. Borbein 'Allgemeine Grundlagen der Archäologie' in *Handbuch der Archäologie*, 1969, *Gnomon* 44(1972)의 U. Hausmann에 대해서 비판, 특히 pp. 287ff.에서 이루어진 빙켈만에 대한 비판을 참조하라(서지 사항에는 언급하지 않았지만, E. M. Butler, *The Tyranny of Greece over Germany*(1935) pp. 9~48은 기이한 작품이다. 이는 빙켈만에 적대하는 작품인데, "빙켈만이 태어났다는 것을 유감스러워하는 것은 충분히 자비로운 언급이다"로 끝맺는다).

12 '서신'이 '설명'과 함께 재인쇄되었다. *Werke*(Stuttgart 1847) II, pp. 1~57. Justi I², pp. 351~403, 특히 p. 394를 참조하라.

13 위의 주 11을 보라. 문체에 대해서는 특히 W. Rehm, vol. I, 1952의 편지들에 대한 소개 글을 보라.

14 *Werke* II, p. 6, §6.

15 *Werke* II, p. 13, §88; 위의 주 4를 보라.

것을 입증하는 진정한 표지이다." 빙켈만은 그가 로마로 여행하기 이전 드레스덴 근처 혹은 그 안에서 그의 위대한 친구이자 예술가인 프리드리히 외저(Friedrich Oeser)[16]와 나누었던 대화에 우리가 지금 입증할 수 있는 것보다 더 많이 힘입었을 것이다. 그가 프랑스의 언어와 문학에 매우 정통했기 때문에 몇몇 경우에 그의 말은 원출처가 프랑스였을 것이다.[17]

요한 고트프리트 폰 헤르더(Johann Gottfried von Herder, 1744~1803)는 그의 '현상 당선 논문'(Cassel 1778)*에서 빙켈만의 첫 출판물을 "아마도 영혼을 매우 풍요롭게 하는 책 …… 그리고 향기로 가득 찬 청춘이 넘쳐나는 책"이라고 극찬하였다. 그러나 괴테보다 더 빙켈만을 격찬한 사람은 없었다. 그는 1805년에 쓴 기념 논설들의 제목을 '빙켈만과 그의 세기'(Winckelmann und sein Jahrhundert)라고 지었다.[18] 18세기는 여러 측면에서 위대한 세기였는데, 괴테에게는 빙켈만의 세기였다.

빙켈만이 위대한 예술가가 예술의 신(新)고전주의 작품들 속에서 성취해주기를 희망했던 것을 괴테는 그의 시에서 이룩하였다. 현대는 독창성을 숭배하지만 빙켈만은 그리스 예술과 문학에 대한 모방을 높이 평가했는데 그것이 최고의 전통을 살아남게 한다고 생각했기 때문이다.

오직 앞선 대작들을 본받으려는 노력 속에서 새로운 대작이 만들어질 수 있다. 로마 문화는 이제 기껏해야 그리스 문화를 닮은 것에 지나지 않아 보였다. 이렇게 하여 로마 전통을 계승하는 인문주의와의 단절이 이루어졌고 완전히 새로운 인문주의, 즉 진정한 신헬레니즘이 성장하였다. 빙켈만은 주창자였고, 괴테는 완성자였고, 빌헬름 폰 훔볼트(Wilhelm von Humboldt, 1767~1835)는 이론가로서 언어·역사·교육 분야의 저술을 하였다. 마지막으로 훔볼트가 프로이센의 교육부 장관이 되고, 새로운 베를

---

16 Justi I², 316ff.를 보라.

17 위의 주 4를 보라.

* 1769년 여름 베를린 학술원이 내건 논문 현상 공모에 제출하여 1등으로 당선된 「언어의 기원에 대하여」를 말한다.

18 Goethe, *Sämtliche Werke*, Jubiläumsausgabe, XXXIV 1~48.

린 대학과 새로운 인문주의적인 김나지움을 창설했을 때 그의 이상은 실질적인 효과를 발휘하였다.

빙켈만은 인문주의뿐만 아니라 역사 분야에도 영향을 끼쳤다. 그는 최초로 역사란 유기적으로 파악하여 인류의 성장을 기록하는 것이라고 주장했다. 그의 『고대 예술의 역사』(*Geschichte der Kunst des Altertums*, 1764)[19]는 이집트 · 페니키아 · 페르시아 · 에트루리아, 그리고 마지막으로 그리스와 로마의 예술 발전을 다루었다. 이 책의 가장 뛰어난 부분, 즉 그리스에 대한 부분에서 빙켈만은 그리스 시의 발전에 네 시대가 있다는 스칼리게르의 제안[20]을 받아들였고, 그리스 예술의 네 양식을 그리스 전체의 발전과 조화 속에 이루어진 것으로 파악하였다.

빙켈만의 『고대 예술의 역사』에 유럽 전역이 열광하였다. 르네상스 시대의 인문주의가 초국가적으로 정신의 일치를 이룩하여 유럽이 문화적으로 완벽하게 하나로 묶일 수 있는 토대를 제공하였고, 그때 이루어진 통일이 빙켈만의 시대까지 이어지지 않았다면 그가 이렇게 범유럽적인 성공을 거둘 수 없었을 것이다. 초기 독자들 가운데 가장 뛰어난 사람은 고트홀트 에프라임 레싱(Gotthold Ephraim Lessing)이었는데, 그의 『라오콘』(*Laokoon*, 1766)은 『고대 예술의 역사』에 대해서 풍요로운 토론을 촉발시켰고, 그 토론에서 헤르더는 『비판의 숲』(*Kritische Wälder*, 1769)으로 레싱에 회답하였다.

로마에서 2년을 보낸 후 빙켈만은 나폴리에 가서 3개월 동안 머물렀고 거기서 헤르쿨라네움(Herculaneum)*과 폼페이 발굴지를 방문하였고, 그 후 파이스툼(Paestum)**과 아그리겐툼(Agrigentum)***에 갔다. 빙켈만은

---

19 *Geschichte der Kunst des Altertums*(1764)., vollständige Ausgabe von W. Senff(1964).
20 이 책 188쪽을 보라. 나는 스칼리게르의 비길 데 없는 위대함을 최초로 인정한 것은 니부어가 아니라 빙켈만이라는 사실을 다시 강조하고 싶다.
* 이탈리아 캄파니아 지방에 있던 고대 도시.
** 이탈리아 루카니아에 있는 고대 도시.
*** 이탈리아 시칠리아 섬 남해안 근처에 있는 아그리젠토 주의 주도.

이 방문을 마치고 일련의 소작품을 출간하였다. 그런 작품으로는 『시칠리아 섬 아그리겐툼에 있는 고대 신전들의 건축술에 대한 고찰』(Anmerkungen über die Baukunst der alten Tempel zu Girgenti in Sizilien, 1759), 『스토슈의 서거한 남작이 새긴 돌들에 대한 묘사』(Description des pierres gravées du feu baron de Stosch, 1760), 『고대의 건축술에 대한 고찰』(Anmerkungen über die Baukunst der Alten, 1761), 『예술 작품의 고찰에 대한 기억』(Erinnerung über die Betrachtung der Werke der Kunst, 1761), 『아름다움을 느끼는 능력에 대하여』(Von der Fähigkeit der Empfindung des Schönen, 1763), 『예술 작품 속의 고상함에 대하여』(Von der Grazie in den Werken der Kunst, 1763)가 있다. 그는 1762~63년에 주로 고대 예술의 역사를 완성하는 일에 매진하였고, 그 책은 1764년에 출판되었다. 그는 1767년에 그 책에 더하여 『예술사에 대한 고찰』(Anmerkungen zur Geschichte der Kunst)을 발표하였다. 이 두 책을 내는 사이에, 즉 1766년에 『예술의 알레고리에 대한 시론』(Versuch einer Allegorie der Kunst)을 발표하였다. 그가 죽기 전 이탈리아에 머물면서 쓴 최고의 대작은 두 권으로 된 『미발간 고대의 기념비』(Monumenti antichi inediti)이다. 이 책은 '기념비 신화학'(monumental mythology)을 위한 기반을 닦았다. 그는 남이탈리아 지역에서 눈으로 볼 수 있는 기념비들을 보고 올림피아 지역 땅밑에 존재하기에 여전히 볼 수 없는 보고들에 관심을 두었고, 장차 이루어질 위대한 발견을 머릿속에 떠올리면서 이렇게 말하였다. "나는 이 땅을 정확하게 발굴하면 거대한 빛이 등장할 것임을 …… 확신한다."[21]

초기에 그리스 시에 대한 연구로 영감을 받은 인문주의 연구의 이런 새로운 접근법[22]은 그 후 예술에 적용되었고 레싱, 헤르더, 프리드리히 슐레겔(Friedrich Schlegel)의 작품들에서, 그리고 유럽 다른 국가들의 문학 작

---

21 Max Wegner, Altertumskunde(1951) p. 122. 『미발간 고대의 기념비』 이후 약 100년 후에 독일에서 발굴이 시작되었고, 또다시 100년이 지난 우리 시대에 E. 쿤체(E. Kunze)에 의해서 재개되었다.
22 이 책 257쪽을 보라.

품들에 적용되어 유용한 결실을 맺었다. 다른 어떤 나라에서도 그렇지 않았지만 독일에서는 일종의 복음주의적 인문주의(evangelistic humanism)가 성장했는데 이는 몇 세대 동안 뜨거운 지지와 격렬한 공격을 동시에 받았다. 그것은 빙켈만이 주도한 강력한 운동으로 칸트에서 헤겔에 이르는 주도적인 철학자들의 체계와 어깨를 견주었다. 이런 움직임으로 말미암아 독일에서 고전 연구 활동이 재개되었다.

매우 재능 있는 고전학자인 크리스티안 고틀로프 하이네(Christian Gottlob Heyne, 1729~1812)가 주도권을 물려받았는데, 그는 1778년 헤르더가 그랬던 것처럼[23] 자신의 당선 논문을 빙켈만에게 헌정하였다. 그는 켐니츠(Chemnitz)에서 태어났고, 라이프치히에서 공부했으며, 드레스덴에 있는 하인리히 폰 브륄 백작(Heinrich von Brühl)의 도서관에서 필사가로 활동하기 시작했으며, 그곳에서 빙켈만을 알게 되었다.[24] 하이네가 빙켈만과의 만남에서 얼마나 깊고 지속적인 인상을 받았는지는 1778년 그의 당선 논문에 잘 드러난다. 하이네와 그의 친구들, 그리고 제자들이 당대의 다른 학자들과 구별되는 뛰어난 연구 업적을 쌓았던 것은 바로 빙켈만의 영향 때문이었다.[25]

요한 아우구스트 에르네스티(Johann August Ernesti, 1707~81)는 하이네와 매우 많은 것을 공유했고, 또한 게스너와도 많은 것을 공유한 학자였다. 그는 18~19세기에 매우 뛰어난 많은 학자와 교사를 배출한 슐포르타(Schulpforta) 출신으로 그리스어와 라틴어 텍스트들의 유용한 편집본을 많이 출간하였다. 그의 가문은 위대한 학자를 많이 배출했는데, 그의 조카인 크리스티안 고틀리프 에르네스티(Christian Gottlieb Ernesti, 1756~1802)

---

23 이 책 261쪽을 보라.

24 *Briefe* IV 454.

25 이는 하이네를 다룬 전문 연구들에서 충분히 혹은 전혀 인정되지 않고 있다. F. Leo, 'Heyne', *Festschrift z. Feier des hundertfünfzigjährigen Bestehens der kgl. Gesellschaft der Wiss. zu Göttingen*(Berlin 1901) pp. 153~234., F. Klingner, 'Christian Gottlob Heyne', *Studien zur griechischen und römischen Literatur*(1964) pp. 701ff.

는 특별히 언급할 만하다. 우리가 그리스·로마의 수사학을 연구할 때 지금도 그의 『수사학 용어 사전』(*Lexicon technologicum*)을 사용하기 때문이다. 지금까지 누구도 이를 능가하는 사전을 내려고 시도하지 않았다. 사람들은 근면하고 충실했던 에르네스티 가문 사람들이 큰 대학들의 주요 자리를 차지하는 것을 좋아했지만, 비교할 수 없이 더 위대한 라이스케와 같은 학자들은 그런 호의를 얻지 못하였다.

요한 야코프 라이스케(Johann Jakob Reiske, 1706~74)는 빙켈만이나 새로운 운동 전반과 실질적인 접촉을 전혀 하지 않았고, 뛰어난 국외자로 남아 있었다.[26] 당대의 최고 인물 가운데 프로이센의 왕 프리드리히 2세와 레싱을 비롯한 오직 소수만이 그의 자질을 알아보았지만, 그들도 라이스케가 절실히 도움을 원할 때 그를 조금도 도와주지 않았다. 그는 상당 기간 재정적으로 어려움을 겪은 후에 결국 1758년에 라이프치히에서 니콜라이 슐레(Nicolai-Schule)의 교장이 되었고, 드디어 아테네 연설가들의 텍스트에 대한, 가치를 따질 수 없이 소중한 글을 쓰기 시작하였다. 이 점에서 그는 히에로니무스 볼프의 작업을 계승하였는데,[27] 그는 볼프의 성품과 불운한 인생을 기이하게 빼닮았다. 그는 일정 부분 그가 한 아랍 연구의 결과물로 먹고살아야 했으며, 그리스 연구자 못지않게 아랍 연구자로 뛰어났다고 이야기된다.[28] 라이스케의 전기를 세 권으로 쓰려는 레싱의 계획은 이루어지지 못했지만, 라이스케가 직접 썼고[29] 늘 헌신적이었고 많은 도움을 주었던 그의 아내가 보충한 훨씬 짧은 설명은 남아 있다. 이 시기의 다른 모든 고전학자들은 어느 정도는 빙켈만의 추종자들이었지만, 라이스케는 빙켈만 이전의 고전학 연구의 전통을 계승하였다.

---

26 라이스케가 빙켈만의 저작을 주의 깊게 읽었다는 증거는 전혀 없는 것 같다.

27 이 책 219쪽을 보라. 그리고 특히 그 쪽의 주 111을 보라.

28 Johann Fück, *Die arabischen Studien in Europa*(Leipzig 1955) pp. 108ff.를 보라.

29 *Reiskens von ihm selbst aufgesetzte Lebensbeschreibung*(1783). 그의 편지는 Richard Foerster, *Abhandlungen der philol.-hist. Klasse der k. Sächsischen Gesellschaft der Wissenschaften Bd. 16*(1897) and 'Nachtrag', *ib. Bd. 34. 4*(1917)에 의해서 수집되고 편집되었다.

제14장
프리드리히 아우구스트 볼프

빙켈만의 마지막이자 가장 위대한 추종자는 벤틀리와 빙켈만의 전기를 썼던 프리드리히 아우구스트 볼프(Friedrich August Wolf, 1759~1824)였다.[1] 빙켈만의 영향이 볼프의 연구 방향을 결정해주었다면, 벤틀리의 비판 정신은 그가 인문주의적 열광의 영향을 받으면서도 너무나 공상적으로 흐르지 않게 만들었다.

볼프는 하르츠(Harz) 남쪽 하인로데(Hainrode)에서 포슨과 프리드리히 실러(Friedrich Schiller)와 같은 해, 즉 1759년에 태어났고, 엠슬리와 도브리가 죽기 전 해인 1824년에 죽었다. 그는 노르트하우젠(Nordhausen)에 있는 학교로 진학했고 그곳의 교장은 학식 있는 파브리키우스 가문의 일원으로 세 권짜리 책 『학문의 역사 개요』(*Abriss einer allgemeinen historie der Gelehrsamkeit*, 1752~54)를 집필한 요한 안드레아스(Johann Andreas, 1696~1769)였다. 볼프는 1777년 괴팅겐 대학의 입학 허가를 받

---

1 논설의 형태를 띤 이 두 전기 가운데 하나는 모음집인 *Winckelmann und sein Jahr-hundert*(1805)에 발표되었고, 벤틀리에 대한 다른 하나는 볼프 자신의 정기 잡지였던 *Lit. Anal.* I(1816) pp. 1~89=*Kleine Schriften* II(1869) pp. 1030ff.에 발표되었다. 이 책 261쪽을 보라.

왔다. 그의 입학과 관련하여 전설적인 이야기가 전해지는데,[2] 명확한 사실은 그가 〔학적부에〕 자신을 '고전문헌학에 열중하는 자'(studiosus philologiae)라고 기재하겠다고 강력하게 주장했다고 해도,[3] 그가 최초로 그랬던 것은 아니며 자신이 고전 연구의 새로운 시대를 여는 것이 아님을 알고 있었다. 그는 하이네의 수업에 참가하면서 호메로스에 집중하였고, 또한 플라톤에 집중하여 1782년에 『향연』(Symposium) 편집본을 내놓았다. 그리고 1785년에는 『일리아스』에 대한 자신의 강의를 시작하였다. 시간이 흐르면서 그는 많은 주제를 다루었다. 그는 또한 열정적인 강사로서 고대 문학에 대한 새로운 관심을 불러일으켰고 유능한 조직자로서 학생들을 그의 수업으로 끌어들였다. 그러나 그의 가장 거대한 기획은 호메로스와 플라톤의 새로운 텍스트를 만드는 것이었다. 이는 벤틀리의 두 가지 계획, 즉 호메로스와 신약성경에 대한 거대한 계획을 환기시킨다. 그러나 볼프는 충실한 이교도 고전학자로서 그리스어 성경에 대해서는 관심이 없었고 대신에 플라톤을 연구 대상으로 삼았다. 그는 자신의 기획을 끝마치지 못했지만, 그의 영향력은 거대해서 이후 수 세대 동안 호메로스와 플라톤 문제가 고전 연구의 중심이 되었다. 비록 볼프가 자신이 계획한 것의 일부밖에 성취하지 못했지만 그가 이룩한 것은 매우 중요했다. 그는 분량이 작은 『호메로스 입문』(Prolegomena ad Homerum, 1795)에서 고대 텍스트의 역사를 최초로[4] 체계적으로 그리고 확고한 근거를 바탕으로 다루어서 세계적인 명성을 얻었다. 그의 연구는 장-바티스트 빌루아종(Jean-Baptiste Villoison)이 1788년 베네치아에서 현재 코덱스 베네투스 A(Codex Venetus A)라고 불리는 1차(primary) 필사본을[5] 발견하여 얼마 전에 출판

---

2 Sandys III 52.

3 Edward Schröder, 'philologiae studiosus', *Neue Jahrbücher für das klassische Altertum* 32(1913) pp. 168ff.

4 성경 연구 분야에서 있었던 이전의 시도들에 대해서는 이 책 204~05쪽을 보라.

5 이 필사본에 대해서는 이 책 78쪽과 제5장 주 5를 보라. 또한 Ch. Joret, *D'Ansse de Villoison* (1910)을 보라.

한 『일리아스』에 실려 있는 난외주에 근거하였다. 볼프는 호메로스의 텍스트에 대한 역사 연구를 통해서 필사본들의 가치를 판단하기 위한, 그리고 자신이 출간하려는 텍스트를 구성하기 위한 기반을 마련하고자 했다. 그는 호메로스의 손에서 직접 유래한 텍스트를 재구성하는 것은 불가능하고, '알렉산드리아 텍스트' 다시 말해서 기원전 3세기 알렉산드리아의 문법학자들이 갖고 있던 텍스트를 복원하는 것이라고 결론내렸다.

『일리아스』와 『오디세이아』가 작성된 시대와 그 시들이 알렉산드리아의 도서관에, 즉 알렉산드리아 문법학자들 수중에 있던 시대 사이의 호메로스 텍스트의 역사를 추적하면서,[6] 볼프는 호메로스 시들의 기원을 조사해야 했고 나아가 호메로스 시들의 원작 여부와 단일성 문제를 조사하였다. 볼프는 고전학 세계에 새로운 지평을 열었고 호메로스의 시가 독특한 '역사적' 맥락이 있어서 베르길리우스나 다른 후대의 서사시와 같은 방법으로 연구될 수 없다는 사실을 깨닫게 하였다. 『호메로스 입문』에서 가장 강조된 단어는 자주 반복해서, 그것도 대부분 '역사적인 그리고 비판적인 이성'(historiae et critices rationes)으로 결합되어 등장하는 '역사'이다. 볼프가 여러 해 동안 행한 연구의 결과는 1795년 편집본에 집중적으로 표출되었다. 그는 『호메로스와 호메로스 후계자들의 작품과 유산』(*Homeri et Homeridarum Opera et Reliquiae*)의 서문에서 "우리의 탐구 전체는 역사적이고 비판적이어서, 바라는 것이 아니라 사실에 입각해야 하고 …… 예술은 사랑받아야 하지만 역사는 숭배되어야 한다"(강조는 볼프)고 확고하게 말하였다.[7]

볼프도 관습에 얽매이지 않으면서도 명확하고 아름다운 라틴어를 읽는 것을 늘 좋아하였다. 그러나 그는 벤틀리처럼[8] 자신을 학문 연구의 전통적인 언어〔라틴어〕에 한정하지 않았고, 빙켈만에 대해서 쓸 때처럼[9] 모국어

---

6 『역사』 〔I〕 105ff.를 보라.
7 1804년 편집본(나는 이 편집본을 이용할 수 있었다.) p. xxvi.
8 이 책 236쪽을 보라.

인 독일어 또한 사용하였다.[10] 그는 빙켈만의 독특하게 고귀한 문체를 결코 모방하지 않았고 자신의 매우 단순하고 인상적인 글쓰기 방식을 유지하였다.

볼프는 우리가 갖고 있는『일리아스』,『오디세이아』가 한 사람이 쓴 것이 아니고, 일련의 '음송 서사시'를 모아놓은 것임을 진지하고 정확한 증거로 입증하고자 시도하였다. 그는 '가공하지 않은'(natural) 시와 예술적인 시의 차이에 대한 일반적인 의견과 제안을 제시하는 것에 만족하지 않고, 자신의 의견을 매 쪽마다 확실한 논증으로 입증하고자 노력하였다. 시간이 흐르면서 그의 주장 가운데 많은 것이 철회되었고, 또 많은 것이 반박되었다. 그러나 그의 작품의 지속적인 가치는 비판과 역사를 근본적으로 연계하는 비판적·역사적 탐구 정신에 있다.

『호메로스 입문』은 고전학 세계를 넘어서 선풍을 일으켰는데, 출간 시점이 기묘했기 때문이다. 당시 원작 시, 대중적인 시, 가공되지 않은 시, 나이브한 시라는 개념이 모든 사람들의 입에 오르내렸고, 호메로스는 매우 빈번히 토론되는 시인이었다. 호메로스의 독창적인 천재성에 대한 로버트 우드의 논설은,[11] 특히 괴테를 비롯한 독일 인사들의 열광적인 반응을 얻었다. 헤르더는 제임스 맥퍼슨(James Macpherson)이 그의『오시안』(Ossian)에서, 그리고 토머스 퍼시(Thomas Percy)가 그의『고대 영국 시의 유산』(Relics of Ancient English Poetry)에서 개진한 생각을 일반화하고 대중화했고, 그리스 시에 적용하였다. 반면에『호메로스 입문』이 문학적 '불경죄'라고 선언하는 사람들도 많았다. 그러나 가장 중요한 반응은『호

---

9 이 책 266쪽을 보라.

10 그가 독일어로『백과사전』(Encyclopaedia)(이 책 270쪽을 보라)에 대해서 종종 반복해서 행한 강의들은 1831년에 인쇄되었고, 볼프의『고대에 대한 강의』(Vorlesungen über die Altertumwissenschaft) 제1권의 474쪽에서 쿠이아키우스에 대한 한 문장은 그의 특징을 보여주는 다음 문장으로 끝난다. "그에게는 놀랄 만큼 방탕한 딸이 있다." 이는 틀림없이 강의 중에 우연히 나온 말인데 이에 대해서 상세한 것은 전하지 않는다.

11 이 책 252쪽을 보라.

메로스 입문』이 출간된 직후에 독일 초기 낭만주의자들 가운데 가장 명민했던 비판가인 슐레겔이 완전히 동감하는 어조로 쓴 글이었다. 그는 『호메로스 입문』을 '레싱의 통찰력'을 능가하는 작품이라고 했고, 그 책의 원칙을 문학사 전반에 적용하였다.

『호메로스 입문』이 고전학 연구에 끼친 영향은 다른 어떤 것과 견줄 데 없이 거대했다. 순식간에 이른바 '호메로스 문제'가 주요 문제 가운데 하나가 되었고, 지금까지도 여전히 그렇다. 비록 볼프가 『일리아스』에 대한 비판적 분석서를 출판한 것이 아니라 그런 방향에서 약간의 암시를 발표했을 뿐이지만, 그의 영향을 받아서 수 세대의 학자들이 다른 영역에서뿐만 아니라 서사시 분야에서도 분석적 방법(analytic)을 사용해야 한다는 생각을 품게 되었다. 비판적 방법을 적절하지 못한 주제에 적용하여 발생한 모든 재앙의 책임을 볼프 개인에게 돌리는 것은 부당하다.

고전학의 특정 분야들에서 볼프가 거둔 모든 업적은 그가 제시한 하나의 일반적인 개념에 종속되는데, 그는 이 개념을 설명하기 위해서 '고대학'(Altertumswissenschaft)*이라는 포괄적인 용어를 만들어냈다. 게스너[12]는 자신의 기초적인 강의를 "보편적 박학 입문"(Isagoge in eruditionem universalem)이라고 불렀다. 볼프는 1795년부터 행해진 자신의 기초 강의를 '백과사전적인 문헌학'(Encyclopaedia philologica)이라고 했다. 전하는 바에 따르면 그는 이 강의를 열여덟 차례 반복했고 예나의 패배 이후에 대학이 문을 닫아야 했을때 '고대학: 개념·범위·목적'(Darstellung der Altertumswissenschaft nach Begriff, Umfang und Zweck)이라는 표제를 달아서 최종적인 형태로 완성하였다. 그는 심지어 이를 그의 새로운 정기

---

* 이 말은 말 그대로 '고대학'이다. 그런데 고대를 접근하기 위한 도구 학문들, 예를 들면 문법학, 수사학, 문헌학, 서지학, 사전학, 역사학, 군사학, 철학, 음악학 등 개별 학문들을 망라했을 때 '고대' 세계에 대한 접근이 가능하다는 점을 강조해서 볼프가 이름 붙인 학명(學名)이고, 이는 나중에 빌라모비츠에 의해서 구체화되었다.

12 이 책 259쪽을 보라. Sandys III 59.

간행물인 『고대학지』(*Museum der Altertumswissenschaft*)의 첫 논문으로 발표하였다.[13] 스칼리게르[14]가 고대 세계의 모든 것을 포괄하는 학문을 최초로 구상한 사람이었고, 빙켈만이 최초로 스칼리게르를 이해하고 원칙적으로 그를 따랐다.[15] 매우 많은 점에서 빙켈만에게 의존했던 볼프는 이 개념을 스칼리게르가 아니라[16] 빙켈만에게서 배웠고, 오늘날까지 사용되고 있는 용어를 만들어냈다. 살펴볼 것처럼 그것은 19세기 독일의 '영원한 문헌학'(philologia perennis)이라는 특별한 형태를 적절히 묘사한 것이었다.

볼프는 영향력 있는 작가였을 뿐만 아니라 능력 있는 조직가였다.[17] 그는 고전을 가르칠 교사를 훈련시키기 위해서 창설한 그의 문헌학 '세미나'를 특히 좋아했다. 괴팅겐과 라이프치히에도 (문헌학) 강의뿐만 아니라 수업도 있었지만, 그것들은 비정기적이고 임시적으로 이루어졌기 때문에 볼프가 할레에 만든 영구적이고 체계적인 세미나와 비교될 수 없었다. 나폴레옹 전쟁 중에 발생한 예나의 파국으로 이 대학이 문을 닫은 후 1810년 훔볼트가 베를린에 새로운 대학을 세웠을 때 그는 볼프의 능력과 경험을 이 새로운 기관에 이용하려고 했다. 하지만 불행하게도 볼프의 기력이 너무 쇠약했다. 그러나 그가 할레의 세미나에서 육성한 최고의 제자들인 아우구스트 뵈크와 이마뉘엘 베커(Immanuel Bekker)가 새 대학의 영광이 되었다.[18]

---

13 I(1807) 1ff. *Kleine Schriften* II, 808ff.에 재인쇄되었다.

14 이 책 188쪽을 보라.

15 이 책 262쪽을 보라.

16 나는 볼프의 저작에서 스칼리게르에 대한 직접적인 언급을 찾지 못했다. 그러나 내가 놓친 것일 수도 있다.

17 이 책 267쪽을 보라.

18 볼프의 저서 여러 권이 이 책에서 인용되었다. 그의 논문들은 고트프리트 베른하디(Gottfried Bernhardy)가 1869년에 두 권으로 편집한 *Kleine Schriften*에 모아졌다. Sandys III, 60f.에 Goedeke, *Grundriss* VII², pp. 807~11에 대한 언급과 함께 정선된 서지 사항이 있다. 가장 중요한 간행물은 F. A. Wolf, *Ein Leben in Briefen*. Die Sammlung besorgt und erläutert durch Siegfried Reiter I 1779~1807; II 1807~1824; III Erläuterungen(Stuttgart 1935)이다. *Gnomon*

지금 우리가 살펴보고 있는 독일의 위대한 학자 볼프는 참으로 접근하기 힘든 인물이다. 그 때문에 많은 사람들이 그의 시대와 그 이후에도 그를 개인적으로 혐오했고, 그의 학문적인 업적도 부당하게 폄하하였다. 빌라모비츠는 비록 볼프의 텍스트 비판가와 역사가로서의 업적을 어느 정도 인정했지만 당대에 상황을 이렇게 만드는 데 가장 책임이 큰 사람이었다. 훔볼트보다 볼프를 더 잘 알아본 사람은 없었다. 그는 볼프의 위대함과 부족함을 알아보았다. 그리고 빌라모비츠와 대조적으로 볼프의 위대한 친구였던 괴테조차 할 수 없었을 정도로 끝까지 공정하게 대하였다.

14(1938) pp. 401~10에 실린 비판을 보라. Ergänzungsband I Die Texte(Briefwechsel Wolfs mit Bekker, pp. 1~86, Briefe Wolfs an verschiedene Adressaten, pp. 87~161) 1956. 약속했던 주석서는 아직 출판되지 않았다. 볼프의 생애에 대해서는 'Entwurf einer zweiten Selbstbiographie' in Reiter's edition of the letters II 337~45; 'Entwurf einer zweiten Selbstbiographie', Ergänzungsband I, ed. by Sellheim, pp. 162~66를 보라. 그리고 W. Körte(볼프의 사위), Leben und Studien F. A. Wolfs, des Philologen(2 vols., 1833)을 보라. M. Bernays, Goethe's Briefe an F. A. Wolf(1868) with introduction. Mark Pattison, 'F. A. Wolf', Essays I(1889) pp. 337~414(J. F. J. Arnoldt, F. A. Wolf in seinem Verhältnis zum Schulwesen und zur Pädagogik, 2 vols. 1861/2는 실제로 비판이지만 볼프의 인품과 작품에 대해서 가장 제대로 평가하고 있다).

제15장
볼프의 젊은 동시대인과 제자들

볼프가 까탈스러운 인물이라고 해도 어떤 고전학자도 그렇게 많은 위대한 동시대인들을 자기의 친구라고 부를 수 없었을 것이다. 그에게는 또한 그의 연구를 이어줄 뛰어난 제자들이 있었다. 그의 가장 위대한 업적은 제자들을 육성한 것이라고 말하는 사람조차 있다.[1] 그러나 이 말은 너무 지나친 말일 것이다. 그의 『호메로스 입문』 그리고 그와 관련된 연구와 텍스트들이 의심할 나위 없이 그의 가장 위대한 업적이다.

볼프의 제자와 후계자들에 대한 이야기를 시작하기 전에 제자로서 그의 가르침을 받지 않았던 두 명의 젊은 동시대인을 살펴보자. 독일의 고전학자 가운데 라이프치히 출신 고트프리트 헤르만(Gottfried Hermann, 1772~1848)은 벤틀리를 가장 닮았다. 헤르만은 빙켈만을 따르는 독일의 다른 학자들처럼 그리스 연구가였을 뿐만 아니라 벤틀리가 그랬던 것처럼 초기 언어와 운율 분야에서 라틴어 연구의 위대한 대가였다.[2] 또한 그

---

1 M. Pattison, *Essays* I(1889) pp. 337ff.=*North British Review*, June 1865.

2 E. Fraenkel, 'The Latin Studies of Hermann and Wilamowitz', *JRS* 38(1948) pp. 28~34 참조.

의 비판적인 연구 활동 이면에는 고전 작품을 이상적인 것으로 보며 자신이 학자로서 고전 시인들이 무엇을 말했어야 할지를 안다는 믿음이 작동하고 있었다는 점에서도 그는 벤틀리를 닮았다. 그는 1794년 일찍이 그의 『시작법에 대하여』(*De poeseos generibus*)[3]에서 심미적이고 비판적인 용어의 매우 명확한 체계를 이용하였다. 그의 문법과 운율에 관련된 비판적 저술들 속에 사용된 용어들이 칸트의 선험 분석론(transcendental analytics)의 한 부분에서 가져온 것을 충분히 입증할 수 있을 것이다.[4] 헤르만은 영국 학자들이 일련의 사례들에서 일반적으로 규칙(rule)을 끄집어내는 데 만족한다며 그들에 반대하였다. 헤르만은 이런 경험적 진술은 결코 충분하지 않고, 그런 사례들에 명백히 나타난 법칙(law)을 항상 조사해야 한다고, 이를 테면 이른바 '포슨의 법칙'(lex Porsoni)이라고 불리는 것의 이유가 무엇인지를 탐구해야 한다고 주장했다. 그는 그리스어 관용어에 대한 매우 정교한 감각을 이런 논리적 정밀함과 결합시켰다. 그가 그리스 비극들을 편집하는 데서 포슨과 포슨의 후계자들에 필적했거나 심지어 그들을 능가했다고 말할 수 있는데 특히 아이스킬로스에서 그렇다. 그의 편집본 전체는 그가 죽은 후인 1852년에야 간행되었다. 그러나 그는 그의 긴 생애 내내 그것을 준비하였다. 홈볼트는 자신의 『아가멤논』 (*Agamemnon*) 번역을 계속 교정하여 향상시키면서 여러 해 동안 헤르만과 접촉하고 있었다. 1813년 라이프치히 전투 직후에 두 사람이 『아가멤논』 몇몇 문장의 텍스트를 토론하면서 전장(戰場)을 걷고 있었다. 외교 사절로 있다가 돌아온 지 얼마 되지 않았던 홈볼트가 갑자기 토론을 중단하고 헤르만에게 이렇게 말하였다. "당신이 지금 보고 있는 것처럼 여기서 제국이 무너졌지만, 훌륭한 시는 영원합니다."[5] 홈볼트의 개성이 이 순간

---

3 G. Hermann, *Opuscula* I(1827) pp. 20ff.

4 아마도 『순수이성비판』을 잘 알고 있는 고전학자라면 장과 절을 제시할 수 있을 것이다.

5 Leitzmann, *Festschrift für Judeich*(1929) p. 236을 보라. *Wilhelm und Caroline von Humboldt in ihren Briefen*, hrsg. v. A. v. Sydow(1906~) IV 149, 197을 참조하라.

적인 통찰에 뚜렷이 드러났다.[6]

　헤르만은 자신의 연구 범위를 희곡 작가들에 한정하지 않았다. 그는 서
사시와 서정시 또한 다루었으며, 그의 『오르페우스 송가』(Orphica)에서
서사시 육보격(hexameter)의 역사 전체를 살폈고, 거기서 몇 가지 중요한
발견을 하여 발표하였다. 그러나 앞에서 언급했듯이 볼프를 두드러지게
혐오했던 빌라모비츠가 『오르페우스 송가』의 이 부분을 헤르만의 최고 업
적으로 반복해서 강조했지만 헤르만의 역사적 탐구를 위한 영감은 명백
히 볼프에게서 유래했음을 지적해야 한다. 그리고 헤르만이 『호메로스 찬
가』와 헤시오도스, 궁극적으로 『일리아스』와 『오디세이아』의 텍스트를
분석하기 시작했을 때 그는 볼프의 『호메로스 입문』이 개척한 것과 같은
분야를 탐구하고 있었다. 헤르만은 칸트 이후(post-Kantian)의 모든 관념
주의를, 특히 낭만주의를 싫어하였다. 그는 그리스 고전들은 완벽한 미를
갖추고 있고, 자신이 아름다운 것을 정확하게 규정할 수 있으며 따라서 고
전 텍스트를 설명하거나 복원할 수 있다고 믿었다.

　볼프의 두 번째 젊은 동시대인은 매우 다른 유형의 사람이었고 때때로
헤르만을 적대했던 프리드리히 고틀리프 벨커(Friedrich Gottlieb Welcker,
1784~1868)였다. 그는 훔볼트가 바티칸에 프로이센 대사로 갔을 때 매우
친한 친구가 되었고, 또한 바티칸에서 덴마크의 천재 고고학자 요한 게오
르그 조에가(Johann Georg Zoëga, 1755~1809)를 만났는데, 조에가는 베
르텔 토르발드젠(Bertel Thorwaldsen)의 친구였다. 그는 『고대 로마의 부
조』(Ancient Roman Bas-Reliefs)의 저자였으며, 또한 고대 종교에 대한 저
작들을 내놓았다. 벨커는 그리스의 종교 신화에 매우 심오한 감정을 느꼈
고, 빙켈만 이후에 최초로 시에 대한 진실한 지식과 예술에 대한 깊은 이
해를 결합시켰다.[7] 그의 가장 중요한 목표는 그리스 종교·예술·시에 대

---

6 이는 또한 독일사에서 독특했던 이 시기의 전체적인 특징이다.
7 괴테는 빙켈만 이후 세대들에게 "예술 개념이 없는 문헌학은 애꾸눈에 지나지 않는다"라고 선
　언하였다.

한 일련의 일관성 있는 책들을 쓰는 것이었고, 실제로 일련의 많은 저술을 통해서 계획의 많은 부분을 실행하였다. 그는 세 권짜리 『그리스의 신학』(Griechische Götterlehre, 1851~63)을 완성한 후에 84세 때 눈이 먼 상태로 '그리스 종교의 편안함과 아름다움'에 대한 마지막 논설을 구술하였다.

그는 그리스 정신 전체에 대한 뛰어난 지식과 보기 드물 정도로 깊은 이해로 그리스 시의 유실된 부분을 복원하였다. 그는 『일리아스』와 『오디세이아』 외에 트로이 전쟁을 다룬 서사시인 『서사시 연작』(Epic cycle)(1835~49, 2권),* 아이스킬로스 3부작의 유실된 부분들(1824~26, 2권)을 복원했고, 그리고 다른 희곡 작가들의 유실된 희곡들을 복원한 『서사시 연작과 관련된 그리스의 비극들』(Greek Tragedies in relation to the Epic Cycle)(1839~41, 3권)을 발표하였다. 그가 너무나 상상력이 풍부했다고 비난하는 것은 너무 쉽게 말하는 것이다. 우리가 최근에 발견된 비극 파피루스들에서 반복해서 배우고 있듯이 헤르만의 진지한 회의주의가 늘 좋은 해독제가 될 것이다.[8] 그러나 벨커가 아이스킬로스 비극 3부작의 구성 원리를 재발견할 수 있었던 것은 그가 그리스 신화의 양식(pattern)을 알아보았고 그것들의 주요 생각을 깨달았기 때문이다. 그가 그리스 서정시, 특히 종교 관련 서정시[9]에 관해서 쓴 논문들은 지금까지도 그리스 시의 이 까다로운 단편들에 대한 가장 적절한 연구물이다.

볼프와 헤르만의 제자들, 그리고 다음 세대 제자들은 학파를 형성하기 시작하였다. 그러나 벨커의 경우에 학파의 형성은 상상할 수도 없는 일이었다. 그는 오직 그의 업적만으로 불멸의 인물이 되었다. 여러 학파 사이의 경쟁은 피할 수 없었다. 승리자는 볼프가 창설하였고 그의 뛰어난 제자 가운데 한 명이었던 뵈크가 널리 전파한 '고대학파'였다. 그러나 뵈크는

---

* 트로이 전쟁과 관련된 서사시, 즉 키프리아·아티오피스·소(小)일리아스·트로이의 약탈과 귀환, 텔로고노스의 모음집을 말한다.
8 헤르만과 베커의 오래된 재구성을 새로운 파피루스들의 텍스트와 비교하는 것은 유용할 것이다.
9 특히 그의 Kleine Schriften, vols. I and II(1844)를 보라.

볼프의 '고대학: 개념·범위·목적'을 강력하게 비판하였고, 개인적으로도 볼프를 극렬하게 공격하였다.[10] '고대학'은 '영원한 고전문헌학'의 특별한 형태이다. 헤르만, 벨커, 이마누엘 베커는 주창자에 포함되지 않으며, 여기에 반대하는 고전학자들이 독일 안과 밖에 항상 있었다. 심지어 볼프가 총애했던 제자인 베커도 독자적인 길을 갔다. 그는 역사적 고대학에 대해서 전혀 열정을 갖지 않았고 일생을 바쳐서 고대 텍스트를 놀라울 정도로 많이 편집하였다. 그는 하이네와 볼프의 호메로스에 대한 저작들을 재검토하는 데서 시작해서, 처음에는 볼프가 편집을 계획했던 호메로스와 플라톤 텍스트들을 작업했고[11] 후에는 상당히 많은 다른 이들의 텍스트를 편집하였다. 그는 모든 유럽 도서관에 있는 400개 이상의 필사본을 대조하였고 고대 그리스와 비잔티움 시절 그리스의 텍스트를 거의 100권 이상 출판하였는데, 여기에는 베를린 학술원(Berlin Academy)의 요구로 이루어진 4절판으로 된 아리스토텔레스 표준판 네 권, 그리고 『그리스의 일화들』(Anecdota Graeca)(1814~21, 3권)도 포함되었다. 그는 또한 약간의 라틴어 및 프랑스어 텍스트도 출간하였다. 출판 양으로 본다면 그는 19세기의 스테파누스라고 할 수 있다. 물론 그동안 표준적인 질이 상당히 향상되었다. 베커는 베를린 대학에서 60년간 '정교수'(ordinary professor)직을 가졌지만, 포슨이 그랬던 것처럼[12] 교묘하게 재능을 발휘하여 봉직 기간 동안 거의 내내 강의의 부담을 피할 수 있었다.

뵈크는 1785년 카를스루에(Karlsruhe)에서 태어났고 1867년 베를린에서 작고했다. 그는 할레 대학에서 볼프의 고전학 수업뿐만 슐라이어마허의 철학 수업에도 참석하였다. 그는 철학적 소양이 있었으며 이 점에서 다

---

10 F. K. J. Schütz, *Chr. Gottfr. Schütz, Darstellung seines Lebens nebst Auswahl aus seinem literarischen Briefwechsel* I(1834) p. 13., Böckh to Schütz, 9 Oct. 1812, 'Infamie', 'Schuftige Rolle'.

11 *Homerische Blätter*(=*Carmina Homerica* I. Bekker emendabat et annotabat, vols. III~IV, 1863~72).

12 이 책 250쪽을 보라.

른 고전학자들과 달랐다. 그는 어떤 특정한 체계를 주창하지는 않았지만, 전체적으로 그 시대의 관념(idealistic) 철학과 생동감 넘치는 역사의식이 있었던 낭만주의 운동에 영향을 받았다. 그의 『고전문헌학의 백과전서와 방법론』(*Enzyklopaedie und Methodologie der philologischen Wissenschaften*)은 이렇게 고전학과 철학적 성향이 보기 드물게 결합된 결과물이었다. 볼프가 고대학의 윤곽만을 제시했다면 뵈크는 체계적인 구조를 세워서 해석학(hermeneutic)의 포괄적인 이론에 근거한 확고한 법칙으로 해석의 실무적인 규칙들을 대체하려고 하였다.[13] 이 위험한 총체적인 시도에서 그를 실질적으로 따르는 자가 전혀 없었다는 것은 놀라운 일이 아니다. 반면에 많은 사람들이 운율과 운율학·비문·재정·천문학 혹은 핀다로스와 비극, 혹은 플라톤을 다룬 전문적인 책과 논문의 출판에서는 그를 따르기 위해서 노력하였다. 개별 주제들에 대한 이런 모든 연구 이면에는 늘 고대 세계 전체를 통합적으로 보려는 생각이 깔려 있었다. 그는 또한 볼프와 훔볼트처럼 빙켈만의 영향을 받아서 창조적인 인간의 기본적인 생각들, 그리고 아름다운 것들의 최초의 원형들(patterns)은 그리스인의 성취에서 기원하고 인류는 그들을 본받아야 한다고 확신하였다. 뵈크의 보편적인 역사 개념은 텍스트를 비판적으로 복원하고 해석하는 일에만 의식적으로 머물렀던 헤르만의 생각과 달랐다는 것은 명백하다. 일반적으로 고전 연구의 역사에서 이 시기 이후 19세기를 거쳐 20세기까지 두 학파가 경쟁했는데 한 파는 표현에, 다른 한 파는 내용(things)에 집중했고,[14] 수 세대 동안의 학문 연구가 두 학파 사이의 논쟁을 통해서 이루어졌다고 이야기된다.

아마도 이런 단순한 도식은 1,300쪽 이상 되는 분량으로 1883년에 출판된 『독일 고전문헌학의 역사』(*History of Classical Philology in Germany*)

---

13 이 책 148~49쪽을 보라.
14 고대에 알렉산드리아 학파와 페르가뭄 학파의 대립은 이에 필적한다고 볼 수 있다. 『역사』(I)
172, 237을 보라.

에서 콘래드 번시앤(Conrad Bursian)이 만들어낸 것이다.[15] 그러나 사실 고전 학문 연구는 2,000년이라는 오랜 전통이 있기에 개별 시대정신의 변화에 학문의 다른 영역보다 덜 민감하게 반응했지만 이전 세기에 그랬듯이 19세기에도 시대의 일반적인 지적 발전과 보조를 맞추어서 계속 발전하였다.[16]

---

15 나는 이보다 앞서 간행된 어떤 책에서도 이런 도식을 보지 못했다.
16 R. Pfeiffer, *Philologia Perennis*(1961) p. 22 참조.

제16장

19세기의 시작
―니부어에서 드로이젠에 이르는 독일 고대학

빙켈만의 생각과 저술은 고전 학문 연구의 미래에 결정적인 역할을 했다. 19세기에 이루어진 고전 학문의 발전이 이를 입증한다. 독일에서 주도적인 영향을 행사한 것은 '고대학'이었기 때문이다. 볼프는 종교를 포함한 고대 세계의 모든 측면을 포괄하는 고전 연구에 대한 태도를 이렇게 불렀다. 이는 원래 스칼리게르의 개념이었지만 빙켈만이 최초로 그 중요성을 인식하였다.[1] 그리고 이를 폭넓게 전파한 것은 니부어의 업적 가운데 하나였는데, 그는 단순한 로마사 전문가가 아니었다.

바르톨트 게오르크 니부어(Barthold Georg Niebuhr, 1776~1831)[2]는 코

---

1 이 책 186쪽을 보라. 나는 신인문주의(New Humanism)라는 용어보다는 신헬레니즘(Neohellenism)이라는 용어를 선호한다. 15~18세기까지의 인문주의에서는 종교 문제가 중요한 역할을 하였다. 그러나 18~19세기에는 더 이상 그렇지 않았다. 빙켈만과 홈볼트는 종교에, 특히 기독교에 대해서 전혀 관심이 없었다. 이는 결정적인 변화였다.

2 *Lebensnachrichten über B. G. Niebuhr aus Briefen desselben*(3 vols., 1838/9). J. Classen, *B. G. Niebuhr. Eine Gedächtnisschrift zu seinem hundertjährigen Geburtstag*(1876). H. 니센(H. Nissen)이 전기를 쓸 것으로 기대되었지만, *ADB* 23(1886) pp. 646ff.에 생애를 다룬 짧은 글만 출간하였다. 편지들은 D. 게하르트(D. Gerhard)와 W. 노빈(W. Norvin)에 의해서 편집되었다 (2 vols., 1926~29). 역사에 대한 독일 작가들의 태도에 대해서는 F. Schnabel, *Deutsche*

펜하겐에서 근동 여행가로 유명했던 카르스텐 니부어(Karsten Niebuhr)
의 아들로 태어났고, 킬(Kiel, 1794)과 에든버러에서 고전학과 역사를 공부
했다. 1806년에 프로이센의 관리가 되었고, 1810년에는 베를린 학술원 회
원으로 그 당시 훔볼트에 의해서 막 수립된 베를린 대학에서 고대사 특히
로마사를 강의하기 시작했다. 베를린에서 행한 로마사 강의의 직접적 결
과물이 『로마사』(Römische Geschichte)였다.[3] 그러나 그는 스칼리게르와
볼프의 전통 속에서 로마사를 고대 세계 전체의 배경에서 고찰하였다. 니
부어는 국립 대학의 학문 전통뿐만 아니라 관리로서 실무 경험을 지닌 다
소 복잡한 인물이었다. 초기 로마사에 대한 주요 사료는 물론 '리비우스'
였다. 텍스트 비판이 발라의 리비우스 텍스트에 대한 작품으로 시작했듯
이,[4] 이제 리비우스에 대한 연구에서 역사 비평(historical criticism)이 탄생
했다. 니부어의 태도에서 매우 중요한 요소는 그가 조국의 문명·기원·관
습에 열정이 있었다는 것이다. 그는 북쪽 지역의 농촌 공동체, 즉 그가 잘
알고 있었고 너무나 사랑했던 디트마르셴(Dithmarschen)* 지역과의 유비
(analogy)[5]를 통해서 초기 로마 문명을 이해할 수 있다고 믿었다.

비록 그는 '늪과 황무지'에서 자유로운 농민들과 함께 있을 때 행복하
다고 느꼈지만, 베를린에서 친한 친구들의 무리와 함께 있는 것을 매우 좋
아하였다. 그는 로마법 연구를 위해서 그 친구 가운데 한 명으로 직전에
새로운 재단을 설립하였던 프리드리히 카를 폰 사비니(Friedrich Karl von
Savigny, 1769~1861)에게 의존했다.[6] 그는 또한 독일과 이탈리아 도시들을

Geschichte im 19. Jahrhundert(4 vols., 1929~37)를 보라. 이는 진정한 인문주의 정신으로 씌
어졌다. 또한 니부어에 대해서는 G. P. Gooch, History and Historians in the Nineteenth
Century(2nd ed. revised 1952) pp. 14ff.를 보라.
3 Römische Geschichte I(1811), II(1812). 니부어의 방법과 그의 잉글랜드와 관계에 대해서는 A.
Momigliano 'G. C. Lewis, Niebuhr e la critica delle fonti', Rivista storica italiana, 64(1952) pp.
208~21을 보라.
4 이 책 64쪽을 보라.
* 유틀란트 반도 서쪽 해안에 있는 한 지역.
5 유비(analogy)는 니부어의 논증에서 중요한 역할을 한다.

여행하는 것을 좋아했으며, 그 도시들의 도서관에서 깜짝 놀랄 정도로 중요한 라틴어 텍스트들을 발견하였는데, 그 가운데 가장 눈에 띄는 것은 베로나의 '참사회 박물관'(Capitular Library)에서 발견한 가이우스의 『법학제요』(*Institutiones*)의 재활용 양피지 사본(palimpsest)이다. 그는 또한 바티칸의 한 필사본에서 키케로의 몇몇 연설 단편들을 발견했고, 안젤로 마이(Angelo Mai)가 바티칸의 재활용 양피지 사본을 가지고 키케로의 『국가론』을 편집하는 데 기여하였다. 1823년 스위스를 통해 독일로 돌아오면서 상트 갈렌 수도원에서 이중으로 기록된 어느 양피지 사본의 내용을 확인했고 메로바우데스(Merobaudes)*의 첫 편집본을 출간하였다. 그러나 그는 로마에서 프로이센 대사로 활동하면서(1816~23) 낙담했는데, 그가 그 시대의 로마와 이탈리아를 철저히 싫어했기 때문이다.

훔볼트는 그 시대의 뛰어난 고전학자들 모두와 학문적·개인적인 관계를 맺었다.[7] 또한 그는 프로이센 대사로 바티칸에서 활동하면서(1802~08) 매우 편안함을 느꼈다. 로마에서의 생활에 대한 이런 태도보다 니부어[8]와 훔볼트의 차이를 더 잘 보여주는 것은 없다. 니부어의 태도는 독일 신헬레니즘 시대의 종언을 보여준다. 반면에 훔볼트는 로마를 찬양하면서 이렇게 말했다. "호메로스를 다른 어떤 시인과 비교할 수 없듯이, 로마를 다른 어떤 도시와 비교할 수 없다." 괴테는 빙켈만을 기념하는 그의 책에 이 문장을 인용하였다.[9] 프란츠 보프(Franz Bopp, 1791~1867)가 1823년 베를린 대학에서 '동방 문학과 일반 언어학' 교수 자리를 얻었던 것은 훔볼트의

---

6 인문주의자들과 고전학자들이 행했던 이전의 법 연구에 대해서는 이 책 138~39쪽(이탈리아), 160~61쪽(프랑스)을 보라. 사비니에 대해서는 Adolf Stoll, *F. K. von Savigny*(3 vols., 1927~39) esp. I 38ff., 'Der junge Savigny'를 보라.

* 5세기 로마의 수사학자이자 시인.

7 이 책 271쪽 이하(볼프와 헤르만), 275쪽(벨커)을 보라. 니부어는 본(Bonn)에서 그의 동료였던 벨커를 이해하지 못하고 폄하하는 발언을 했는데, 이는 그의 면모를 특징적으로 보여준다.

8 니부어는 훔볼트의 영향력으로 프로이센 학술원(Prussian academy) 회원이 되었던 것 같다 (Wilamowitz, *Geschichte der Philologie*, 1921, p. 53).

9 이 책 261쪽을 보라.

추천 때문이었다. 보프는 1816년 25세의 나이로 '인도 게르만 언어학'의 기반을 마련하였다. 훔볼트는 초기 저작에서 교육과 역사 분야를 다루었지만, 1819년 외교·행정 분야의 관직에서 은퇴한 후에는 언어 연구에 집중하였다. 훔볼트의 가장 위대하고 독창적인 업적은 이 분야에서 이루어졌다.[10] 보프는 산스크리트가 그리스어·라틴어·페르시아어·독일어와 관계 있음을 발견했는데, 훔볼트는 전 세계에 대해서 폭넓은 관심이 있었기에 그 의미를 파악할 수 있었다.[11]

야코프 그림(Jacob Grimm, 1785~1863)과 훔볼트를 한 집단으로 묶는 것은 역설적인 일로 보일 수 있다. 그림은 개별 관찰을 '언어 연구의 영혼'[12]이라고 여겼고, 훔볼트와 달리 결코 이론을 크게 좋아하지 않았기 때문이다. 그러나 명확하게 드러나지 않는다고 해도 이론들은 그의 마음속에 작동하고 있었고 그가 문법 관련 저술을 하는 데 큰 영향을 끼쳤다. 바로 이 때문에 우리는 그림을 훔볼트 학파의 일원으로 생각할 수 있다.[13]

훔볼트보다 한 해 늦게 태어난 필리프 부트만(Philipp Buttman, 1768~1863)은 프랑스 이민자 가문(부드몽 Boudemont) 출신이었다. 그는 언어 철학이나 비교 언어학에는 관심을 기울이지 않고 순수한 문법학자로 머물렀다. 그는 괴팅겐과 슈트라스부르크에서 공부한 후에 베를린 학술원 회원, 그리고 그곳 도서관의 수장이 되었다.[14] 일찍이 1792년에 자신

---

10 1863년(2nd ed. 1890~91) 뵈크에게 헌정된 H. Steinthal, *Geschichte der Sprachwissenschaft bei den Griechen und Römern*에 대해서는 『역사』⑴ pp. xviii and 59.3을 보라.

11 보프의 증거는 이 언어들의 동사 굴절(inflexion)에 공통점이 있다는 관찰에 근거하였고, 결국 일반적으로 받아들여지고 있다. S. Lefmann, *Franz Bopp, sein Leben und seine Wissenschaft*(2 vols. and 'Nachtrag', 1891~97)를 참조하라.

12 *Deutsche Grammatik* I²(1822) p. vi.

13 비록 이 견해에 동감하고 있었지만, 나는 Brigit Beneš, *W. von Humboldt, Jacob Grimm, August Schleicher. Ein Vergleich ihrer Sprachauffassungen*(Diss. Basel 1958) pp. 41ff.를 읽기 전에는 확신하지 못하였다(나는 내 동료인 마인라트 셸러Meinrad Scheller를 통해 이 논문을 알게 되었다). 독일 고전학 연구의 기원에 대한 전반적인 문제에 대해서는 J. Dünninger 'Geschichte der deutschen Philologie' *Deutsche Philologie im Aufriss* I(1957)을 보라.

14 Konrad Kettig in *Bibliothek und Wissenschaft*, hrsg. von S. Joost, V(1968) pp. 103ff.를 보라.

의 처녀작으로 작은 그리스어 문법책을 냈는데, 이는 시간이 흐르면서 1819년에서 1827년까지 '완벽한 문법서'로 확대되었다. 호메로스의 언어에 대한 가장 영향력 있는 책 가운데 하나인 그의 『사전』(Lexilogus)[15]은 볼프에서 시작된 독일의 호메로스 연구의 위대한 전통에 일조하였다.[16]

볼프는 호메로스 다음으로 플라톤을 좋아하였다. 그의 친구였던 슐라이어마허—그들은 1804년 할레에서 만났다—는 번역본을 간행하였고 플라톤 연구의 증진을 도왔다. 그러나 1798년 플라톤 전집을 독일어로 번역하자고 제안했던 것은 슐레겔[17]이었고, 그는 다른 낭만주의자들보다 철학[18]에 더 많은 관심을 기울였다.[19] 슐레겔은 고전학 연구자이자 볼프의 찬미자로서[20] 활동하던 초기에 자신의 문학적 범주를 고안하였고, 이는 고전학 연구를 넘어서 엄청난 성공을 거두었다. 그는 이 범주를 이용하여 문학과 예술에서 그리스의 창작물이 뛰어나다는 것을 입증하였고 그 창작물들의 역사적 가치와 미래에 끼칠 영향을 조명하였다.

카를 오트프리트[21] 뮐러(Karl Otfried Müller, 1797~1840)는 항상 운 좋은 젊은 학자로 빛나는 인물이었는데, 그가 그토록 사랑했던 그리스에서 요절하였기 때문이다. 그는 정신적으로는 여전히 빙켈만 시대에 속했다. 그는 슐레지엔의 브리크(Brieg)에서 태어났고, 처음에는 브레슬라우

---

15 *Beiträge zur griechischen Worterklärung hauptsächlich für Homer und Hesiod*(1st ed. 1818, 이후 여러 판이 인쇄되었다).

16 이 책 269쪽 이하를 보라.

17 F. Schlegel, *Kritische Ausgabe seiner Werke*, von E. Behler, Hans Eichner u. a.(München-Zürich 1958~) 그리고 별도로 발표된 많은 저작들을 보라.

18 F. Schlegel, 'Philosophie der Philologie', *Logos* 17(1928) pp. 1ff.

19 슐라이어마허는 1808년 6월 18일 뵈크에게 보내는 편지(*Mitteilungen aus dem Litteraturachive in Berlin N. F.* II(1916) 26)에서 슐레겔이 베를린에 있는 친구들을 전집을 번역하는 데 공동 작업자로 참여시켜야 한다고 지나가는 길에 언급했음을 전했다.

20 볼프의 『호메로스 입문』에 대한 슐레겔의 매우 열정적인 논평에 대해서는 이 책 270쪽을 보라.

21 그는 뮐러에게 이 두 번째 기독교식 이름을 1819년에 첨가하였다. *Briefe*, hrsg. u. erläutert von S. Reiter I(1950) pp. 10ff.를 보라(Richard Foerster, *Otfried Müller*, Brelau 1897에 따르면 부트만의 충고에 의해서).

(Breslau)에서 공부하다가 후에 베를린으로 가서, 볼프가 이끌던 뛰어난 고전학자들과 가까이 지냈다. 그는 개인적으로 볼프를 혐오했지만, 볼프의 저작은 그에게, 특히 그가 역사를 숭배하는 데 영구적인 영향을 끼쳤다.[22] 뵈크는 뮐러의 수많은 제자들보다 더 뮐러를 사랑했다(1816/17). 아이기나(Aegina)의 완전한 지역사인,[23] 뮐러의 『아이기나 섬에 대해서』(*Aegineticorum liber*, 1817)는 그가 기념비(monumental) 자료와 문헌 자료를 똑같이 잘 알고 있었다는 것을 입증한다. 그는 1891년에 괴팅겐에서 고대학 교수로 임명되었다. 그는 자신의 여러 저작 가운데 가장 독창적인 작품의 제목을 명백히 호메로스를 다룬 볼프의 가장 유명한 책의 제목을 모방하여 『학문적 신화학 입문』(*Prolegomena zu einer wissenschaftlichen Mythologie*, 1825)이라고 지었다. 신화학[24]에 대한 이 작품의 주요 주제는 그리스의 신화가 그리스 부족들의 가장 이른 시기 역사를 담고 있다는 것이다. 이 책은 그 자체로, 그리고 그것이 불러일으킨 가치 있는 논쟁 때문에 뮐러의 학문적 업적 가운데 가장 중요했다.

신화에 대한 이런 '역사적' 이론에 대한 가장 적극적인 반대를 표명한 사람은 프리드리히 크로이처(Friedrich Creuzer, 1771~1858)였다. 요제프 괴레스(Joseph Görres)의 신비주의 영향을 받은 그는 네 권으로 된 『상징』(*Symbolik*, 1810~12, 이후의 판본들 1819~23, 그리고 1837~43=*Deutsche Schriften* Abth. I Bd. 1~4)에서 종교에 입각해 고대 세계를 해석하였다.[25] 1835년 클래런던 출판사에서 출간된 그의 플로티노스 전집은 이런 연구와 연관되어 있다.

신화의 역사적 중요성에 대한 뮐러의 믿음은 초기 로마 문명에 대한 니

---

22 이 책 268쪽을 보라. "역사는 숭배되어야 한다."
23 정확한 제목들을 담고 있는 서지 사항에 대해서는 *Briefe* II(1950) pp. IXff.를 보라.
24 르네상스 이후, 이전의 신화 서술에 대해서는 이 책 39쪽 이하를 보라.
25 한 학자가 괴레스와 같이 철저하게 무비판적이었던 박학자를 제대로 평가하기 위해서 개인이 겪은 세부적인 것들을 제대로 점검하는 것은 어려운 일이기에 괴레스와 고전 학문 연구 전반에 대한 전문 연구서가 등장할 시점이 된 것 같다.

부어의 태도와 유사하다. 두 경우 모두 낭만주의의 영향이 명백하다. 뮐러 또한 잉글랜드로 갔다는 점도 유사한 점인데, 뮐러는 그의 생애의 마지막 여러 해를 그곳에서 보냈다. 그곳에서 뮐러는 '유용한 지식의 전파를 위한 런던 협회'(London Society for the Diffusion of Useful Knowledge)의 요청으로 그의 가장 성공적인 책『고대 그리스 문학의 역사』(History of the Literature of Ancient Greece)를 썼다.[26] 이 책은 그가 1840년 8월 아테네에서 죽고 콜로노스(Colonos) 언덕에 묻힐 때까지 출간되지 못하였다.

그는『아이기나 섬에 대해서』이후에 선사시대를 다룬 세 작품을 내놓았다.『오르코메노스와 미니에르』(Orchomenos und die Minyer, 1820)*는 보이오티아 지역의 선사시대를 다루었다.『도리스인』(Die Dorier, 1824, 2권)은 역사 이야기이기보다는 도리스인의 모든 것을 인상 깊게 찬양한 것이다. 그리고 1828년에 발표한『에트루리아인』(Etrusker)은 놀랍게도 뮐러가 새로운 분야에 도전한 것이었음에도 불구하고 베를린에서 상을 받았다.

뮐러가 생의 마지막 나날을 보내고 있을 때 하인리히 루돌프 아렌스(Heinrich Ludolf Ahrens, 1809~81)가 그리스 방언에 대한 저술을 출판하

---

26 Karl Otfried Müller, History of the Literature of Ancient Greece, 2 vols. 독일어 원고를 G. C. 루이스(G. C. Lewis)가 번역하였다(London 1840~42). Geschichte der griechischen Literatur bis auf das Zeitalter Alexanders, hrsg. von Eduard Müller, 2 vols.(Breslau 1841, 2nd ed. 1857, 3rd ed. with notes and additions by E. Heitz, Stuttgart 1875~76). 루이스 경(Sir. g. C. Lewis)과 J. W. 도널슨(J. W. Donaldson)이 뮐러의 독일어 원고를 영어로 번역했고, 도널슨이 뮐러의 작업을 계속하여 세 권을 추가하여 A History of Literature of Ancient Greece, 3 vols.(London 1858)를 출판하였다. K. O. Müller, Histoire de la littérature grecque jusqu' à Alexandre le Grand. Trad. et annotée et précédée d'une étude sur O. Müller et sur l'école historique allemande par Karl Hillebrand(2 vols. 1865, 2nd ed. 3 vols. 1866, 3rd ed. 3 vols. 1883). 놀라울 정도로 다양한 주제를 다루었던 뮐러의 논문과 논평은 그의 형제인 에두아르트 뮐러(Eduard Müller)(2 vols. 1847/8)에 의해서 수집·출판되었다. G. Bernhardy, Grundriss der griechischen Litteratur(3 vols., 1836)는 미완성으로 무미건조하게 제목과 연대를 기록하고 있다.
* 오르코메노스는 보이오티아 지방 코파이스 호(湖)의 북서안에 있는, 기원전 3000년경의 신석기·청동기 시대부터 지방의 중심지였고, 미니에르는 그곳에 살던 종족 이름이다.

기 시작하였다.[27] 이 작품은 뮐러의 역사적 저술이 쌓아놓은 기반이 없었다면 불가능했을 것이고(뮐러는 1826년 이후 괴팅겐에서 아렌스를 가르쳤다), 진실로 뮐러의 역사적 저술이 낳은 가장 중요한 결과 가운데 하나로 보아야 할 것이다. 그리스 방언에 대한 연구는 고대나 근대에 소홀히 여겨지지 않았다. 프랑스 르네상스에서도 앙리 에티엔과 클라우디우스 살마시우스 같은 보편주의자들은 이 문제에 깊은 관심을 보였다. 그러나 체계적인 방법을 통해서 방언학 연구를 고전학 연구의 특수 분야로 발전시킨 것은 아렌스였고, 방언학 연구는 오늘날에도 그가 확립한 노선에 따라서 이루어지고 있다(이것이 진취적인 언어학자들을 항상 만족시키는 것은 아니다). 그는 두 번째 권인 『도리아 방언에 대하여』(De dialecto Dorica)를 라흐만에게 헌정하였다. 그의 비판적인 편집본 『테오크리토스』(Theocritos, 스콜리아와 함께), 그리고 좀 더 작은 작품인 『목가 시인들』(Bucolic poets, 1855~59)은 후대 최고의 편집자인 빌라모비츠에게 걸작으로 인정받았다 (1913).[28] 아렌스는 여러 학문적인 직책을 거쳐서 1849년에서 1879년까지 하노버에 있는 뤼케움(Lyceum)의 교장으로 정착하였다. 이 학교에서는 1844~45년에 전통 그리스어 문법을 가르쳤던 뛰어난 교사 라파엘 퀴너 (Raphael Kühner, 1802~78)가 그의 교본을 출판하였다. 아렌스의 『논문 모음집』(Kleine Schriften, 1891)은 고전 작가들과 언어학에 대한 유명한 논문들을 포함하고 있다. 그러나 그는 여기서 의도적으로 훔볼트를 따랐던 언어학자들이 아니라 뮐러의 후계자들 편에 섰다. 보프 이상으로 그의 생각

---

27 De Graecae linguae dialectis(2 vols. 1839)., E. Fraenkel Aesch. Ag. I(1950) pp. 54ff.
28 Schol. 〔Theocr.〕 IV 16a에서 모든 사람들은 빌라모비츠의 교정-제안 '이슬에 젖은' (πρώκιον)(테오크리토스의 텍스트에 '이슬들' πρῶκαι이라는 표현이 있기에, 새로이 만들어 낸 말)을 받아들이고 있지만, Paul Maas, Kleine Schriften(1972) pp. 210f.는 계속해서 필사본의 '지참금의'(προίκιον)라는 표현을 옹호하고 있는데, 이는 스콜리아의 의미와 맞지 않는다. 이와 같은 유사한 예들은 아렌스의 제안 교정에서도 나타난다. 그는 Schol. 〔Theocr.〕 VIII 91에서 여러 코덱스의(γαμηθεῖς, γαμεθεῖσ codd.) 대신에 'ἀμαθεῖς'를 제시하고 있는데 이는 설득력이 있다. 이러한 예는 많다.

에 영향을 끼쳤던 사람은 그림(J. Grimm)이었다.

앞에서 살펴보았듯이 고전학 연구에 역사적 요소들의 중요성은 매우 컸다. 그러나 니부어 이후 독일에는 진정한 역사가가 없었다. 요한 구스타프 드로이젠(Johann Gustav Droysen, 1808~84)[29]은 확실히 역사가였지만, 그도 벨커의 제자이자 친구로서 아이스킬로스와 아리스토파네스 연구로 공부를 시작하였다. 그는 니부어와 달리 위대한 시와 벨커의 학문 연구의 가치를 진정으로 이해하였다. 그는 1840년 이후 처음에는 킬에서, 그후 1849년부터는 예나에서, 1859년 이후에는 베를린에서 근대사를 포함한 역사 담당 직책들을 차지하였다. 베를린에서 그는 멘델스존 가문, 특히 음악가였던 펠릭스 멘델스존 바르톨디(Felix Mendelssohn Bartholdy)와 학문적·개인적으로 매우 우호적인 관계를 맺었고,[30] 멘델스존은 종종 그가 지은 서정시를 음악으로 만들었다. 또한 역으로 드로이젠은 멘델스존이 발견한 것들을, 특히 요한 제바스티안 바흐(Johann Sebastian Bach)에 대해 발견한 것을 아이스킬로스 비극을 더 잘 이해하기 위해 이용하였다. 드로이젠의 아이스킬로스 3부작은 리하르트 바그너(Richard Wagner)가 니벨룽의 반지 4부작을 구상하는 데 상당한 영향을 끼쳤다.

드로이젠의 후기 역사 작품들은 문학적 산문으로서 완벽했기에 많은 찬사를 받았다. 그리스의 비극과 희극을 독일어 운문으로 번역해본 시인만이 그의 『알렉산드로스』(Alexander)와 『헬레니즘』(Hellenismus) 같은 산문 작품을 쓸 수 있을 것이다.

알렉산드로스와 그의 후계자들에 대한 이 책(1836)은 '고전' 그리스 세계의 과거가 아니라 고전 시대 이후의 세기들을 강조하였다. 드로이젠은

---

29 G〔ustaf〕 Droysen 〔Sohn〕, *Johann Gustav Droysen* I: Bis zum Beginn der Frankfurter Tätigkeit(1910). J. G. Droysen, *Briefwechsel*, ed. by R. Hübner, Deutsche Geschichtsquellen des 19. Jahrhunderts 25~6(1929). 드로이젠의 역사 개념에 대해서는 B. Bravo, *Philologie, histoire, philosophie de l'histoire. Étude sur J. G. Droysen, historien de l'antiquité*(1968)를 보라.
30 Felix Mendelssohn-J. G. Droysen, *Briefe*, hrsg. v. C. Wehmer(1959).

이 책에서 이 세기들의 독특한 성격, 새로운 의미, 그 자체의 위대함을 입
증하고 설명하였다. 드로이젠은 그 세기들을 자체의 '역사 원리'(그가 헤
겔과 이야기했듯이)를 가진 시대, 즉 그리스의 정신이 새로운 성취를 향하
여 나아간 시대로 파악하였다.[31] 그는 이 시대를 가리키기 위해서 '헬레니
즘'이라는 새로운 용어를 찾아냈다는 점에서 대단한 행운아였다. 그는 아
마도 부트만의 그리스 문법서(1819)에서 '그리스풍 언어'(Hellenistische
Sprache)라는 표현을 읽었을 것이다.[32] 거기서 부트만은 '그리스풍'이라는
말을 근대의 용법이라고 묘사하였다. 드로이젠은 그의 『헬레니즘의 역
사』(Geschichte des Hellenismus, I, 1836, p. vi) 서문에서 다음과 같이 반대
하였다. "서방과 동방 민족의 혼합을 가리키는 말인 '헬레니즘적'
(hellenistischen)이라는 표현은 고대에서부터 전해온다." 그러나 고대에
그런 전통은 없었다. '그리스식으로 하다'(ἑλληνίζειν), '그리스풍의'
(ἑλληνιστής), '그리스적인'(ἑλληνισμός)이라는 단어가 등장하는 고대의
문장에서 이 전통의 재구성을 시도해볼 수 있다.[33] 그러나 이런 가설적인
재구성만으로 그것이 '고대의 전통'이라고 주장하는 것은 다소 무리가 있
다. 고대의 용법에 대한 증거가 나타나지 않는 한 부트만과 드로이젠의 이
대립은 해결되지 않을 것이다. 그러나 그것이 근대에 생겨난 용법이라고
해도 19세기 이전에 이미 사용된 것에 대해서는 충분한 증거가 있는데, 부
트만과 드로이젠 모두 이를 알지 못했던 것 같다. 17세기 초 스칼리게르의
제자들 가운데서 성경 서술에 사용된 특별한 그리스어 '방언'으로 '헬레

---

31 'The Future of Studies in the Field of Hellenistic Poetry', JHS 75(1955), reprinted in
  Ausgewählte Schriften(1960), p. 151에서 인용되었다.
32 Ausführliche griechische Sprachlehre(1819) 7, n. 12. "그러나 비그리스계 주민들도 그리스식
  으로 이야기하게 되었다. 그렇게 그리스화된 아시아인과 시리아인 등이 '헬레니즘화된 사람들'이
  라고 불렸다. 여기서 새로운 표현이 생겨났는데 사람들은 이런 종족 출신 작가들이 여러 비(非)
  그리스적인 형태와 동방적인 표현법을 섞어 사용하는 정서법을 헬레니즘 언어라고 불렀다."
33 A. Debrunner, 'Geschichte der griechischen Sprache II : Grundfragen und Grundzüge des
  nachklassischen Griechisch', Sammlung Göschen 114(1954, 2nd ed. 1969) pp. 10f.를 보라. 그
  러나 이 재구성은 전혀 설득력이 없다.

니즘적인 언어'(lingua Hellenistica)[34]가 있었는지, 그 의미는 무엇인지에 대해서 열정적인 토론이 있었다.

19세기가 흐르면서, 특히 후반기에 고대 언어 연구가 고대사 연구와 함께 다시 번성하기 시작하였다. 라틴어가 그리스어와 어깨를 나란히 하며 빙켈만 이전에 차지하던 지위를 회복했던 것이 이 시기의 특징이었다. 라흐만이 이런 변화를 이끌었던 것 같다. 그가 "학자들의 아버지"라고 했던 헤르만은 라틴어와 그리스어를 똑같이 뛰어나게 잘하는 학자이자 교사였다. 『프로페르티우스』(Propertius, 1816)(카툴루스와 티불루스와 함께 1819년에 제2판), 『루크레티우스』(Lucretius, 1850)를 비롯한 라흐만의 라틴어 편집물 가운데 『루크레티우스』가 모범적인 작품으로 간주된다. 그는 라틴 애가 시인들을 다룬 후에 루크레티우스뿐만 아니라 고전 시대 밖의 대서사 이야기 시인들까지 다루었다. 몸젠은 그를 언어의 위대한 대가라고 불렀다.

그러나 라흐만은 무엇보다도 텍스트 비판의 방법으로 명성을 얻었다.[35] 그는 필사본들의 '검증'(recensio)은 이른바 '원형'(archetypus)으로 나아가야 하고, 필사본들을 점검하여 확실한 원래의 독법을 찾을 수 없을 경우 '교정'(emendatio)이 필수적이라고 주장하였다. 그는 라틴 시인들에 대한 연구에서 이 방법을 발전시켰고, 신약성경들의 필사본들을 연구하면서 최종적으로 공인본(textus receptus)을 불신할 정도까지 수준을 높였다.

근대 이후 고전 연구의 역사를 다룬 이 책은 페트라르카로 시작하여 이탈리아 인문주의에서 독일의 신헬레니즘에 이르기까지의 모든 변화를 주도했던 이념들을 추적하였다. 우리 논의의 끝 지점, 즉 19세기 중반에 결

---

34 특히 Claudius Salmasius, *De lingua Hellenistica commentarius*(1643)와 무명 작가(서지 사항에는 살마시우스의 작품으로 잘못 기재되어 있다)의 *Funus linguae Hellenisticae*(1643)를 보라. 이 후자의 작품에서 '헬레니즘적 언어'라는 단어가 모든 시대에 있었다는 주장은 거부된다.

35 S. Timpanaro, 'La genesi del metodo del Lachmann', *Biblioteca del Saggiatore* 18(1963)을 보라. 이 책은 1971년에 교정하고 내용을 첨가하여 독일어로 번역되었다. Paul Maas, *Textkritik*(4th ed. 1960)는 심지어 라흐만의 이름조차 거론하지 않았다.

정적인 변화가 있었다. 인문주의가 더 이상 학문 연구의 추동력으로 작용하지 못하였다. 완전히 대조적인 새로운 세계가 등장하였고, 그 세계의 가장 위대한 학자는 테오도어 몸젠(1817~1903)이었다. 그 자신은 여전히 훔볼트의 국가에 대한 이념을 숭배하였지만, 다른 누구보다 더 역사주의와 사실주의의 힘을 증진시켰다.

서양 인문학의 전통과 그 수용 과정

안재원(서울대 인문학연구원 · HK 연구교수)

　이 책의 영어본 원서는 두 책으로 구성되어 있다. 제1권은 호메로스 시대부터 기원전 1세기 헬레니즘 시대까지의 문헌학의 역사를 다루고 있고, 제2권에서는 르네상스 시대부터 19세기 테오도어 몸젠에 이르는 시대에 전개되었던 문헌학자들의 연구를 탐구하고 있다. 이 책은 제2권을 번역한 것이다. 이 두 권의 책은 루돌프 파이퍼(R. Pfeiffer)가 노년에 저술한 텍스트이다. 이 일을 시작하면서 그는 다음과 같은 성경의 말을 인용했다고 한다. "가장 성숙했을 때가 시작해야 할 때이다"(「집회서」 Ecclesiaticus, 제18장 7절). 사실 이 말은 페트라르카가 먼저 인용한 말이다. 고령임에도 연구에 몰두했던 페트라르카의 건강을 염려했던 보카치오가 이제 건강을 염두에 두어야 할 나이라고 조언하자, 지금이야말로 연구와 저술을 본격적으로 해야 할 때라고 했다고 한다. 이와 같은 마음으로 파이퍼는 호메로스 이후 약 3,000년에 걸치는 서양 고전문헌학의 연구사를 저술하겠다는 담대한 도전에 착수한다. 그의 말대로 "거북이걸음"(testudineo gradu)이지만 연구의 한 걸음 한 걸음이 모여서 도달한 저술이 이 책이다. 제1권은 전문적인 심층 연구 논문들을 모은 저술인 반면, 제2권은 르네상스 이후 서양 고전학자들의 연구 업적을 개관하는 저술로 파이퍼가 대가의 뛰어난 통찰력을 보여주면서 비전문가들도 쉽게 읽을 수 있게 쓴 텍스트이다. 첫 번째 책도 빠른 시일 내에 우리말로 번역되어 독자에게 소개되기를 기대한다.

물론 파이퍼의 이 저술이 서양 고전문헌학의 역사를 다룬 첫 번째 텍스트는 아니다. 거슬러 올라가면 1587년 프랑스 고전학자 앙리 엔티엔이 저술한 『그리스·로마 고전들의 문헌 편집자들에 대하여』(De criticis veteribus Graecis et Latinis)가 있다. 이어서 1903년에 영국 케임브리지 대학 출판부에서 출간된 존 E. 샌디스(John E. Sandys)의 『서양 고전문헌학의 역사』가 뒤를 잇는다. 샌디스의 저술은 일종의 자료 모음집적 성격이 강한 텍스트이다. 이 외에도 알프레드 구데만(Alfred Guderman, 1862~1942)의 『서양 고전문헌학의 역사에 대한 개략적인 연구』(Outlines of the history of classical philology, 1902)와 이탈리아 고전학자 지노 푸나이올리(Gino Funaioli, 1878~1958)의 연구가 있다. 이상의 저술들은 서양 고전문헌학의 역사를 일별해주고 묶어주는 통일적인 체계와 이 체계를 아우르는 중심 개념이 결여되어 있다는 것이 결정적인 약점이다. 이러한 약점을 보안하기 위한 의도에서 연구·기획된 저술이 파이퍼의 이 책이다.

물론 파이퍼의 저술에도 흠이 없는 것은 아니다. 헬레니즘 말기에서 르네상스 초기까지의 서양 고전문헌학의 역사에 대한 연구가 다뤄지지 않았기 때문이다. 물론 이에 대해서는, 원래는 이 시대에 대한 연구도 포함시키려 했으나, 조사하고 분석해야 할 문헌의 분량이 너무 방대했기에 후대의 학자들에게 남길 수밖에 없었다고 파이퍼도 밝히고 있다. 이런 의미에서 파이퍼의 흠은 결코 흠이 아닌 셈이다. 새로운 연구 영역(terra incognita)을 개척하고 남긴 셈이기 때문이다. 그가 남긴 새로운 연구 영역은 크게 세 영역으로 구분된다. 한 영역은 키케로부터 페트라르카 이전까지의 라틴 문헌 중심의 서양고전학 역사에 대한 연구 분야이고, 다른 한 영역은 헬레니즘 시대 말기부터 비잔틴 제국의 멸망에 이르는 그리스 문헌 전통에 대한 연구 분야이다. 아마도 이에 대한 연구는 후대 학자들의 몫이라 하겠다. 마지막 영역은 16~17세기에 진행된 서양고전의 동양 수용에 대한 연구이다. 특히 문헌을 중심으로 하는 동서 교류의 연구와 관련해서 17세기는 다른 어느 세기보다 중요한 시기였다. 왜냐하면 16세기 말부터 중국에서는 동양고전과 서양고전의 번역이 우리가 알고 있는 것보다 매우 체계적이고 심도 깊은 동·서양 학자들의 토론과 논의를 통해 이미 이루어졌기 때문이다. 이 시기에 이루어진 번역은 양방향으로 진행되었는데, 하나는 서양고전을 한문으로 번역하는 것이고, 다른 하나는 동양고전을 서양어(특히 라틴어)로 옮기는 것이었다. 전자와 관련해서는 예컨대 아리스토텔레스의 『범주론』, 『니코마코스 윤리학』의 일부, 유클리드의 『기하학』, 키케로의 『우정론』의 일부가 『명리탐』(名理探),[1] 『교우론』(交友論), 『기하원본』(幾何原本)의 도서명으로 한역(漢譯)되었다. 후자와 관련해서는 사서오경(四書五經) 가운데 일부가 『중국의 철학자 공자 혹은 중국의 학문』(Confucius Sinarum Philosophus sive Scientia Sinensis)이란 제목으로 라역(羅譯)되었다. 이 번역 작업의 중심에는 예수회 선교사들이 있었다. 흥미로운 점은 이들이 중국의 대학자들과 토론과 논의를 심도 있게 나누었고, 그 논의를 바탕으로 번역하고 주석했다는 점이다. 예컨대 명나라 말기에 마테오 리치(Matteo Ricci, 1552~1610, 利瑪竇)와 기울리오 알레니(Giulio Aleni, 1582~1649, 艾儒略)와 같은 선교사들이 명나라의 고위 관료이자 학자였던 이지조(李志操, ?~1630)나 서광계(徐光啓, 1571~1630)와 같은 학자들과 학문적 교류를 나누었다는 점이다. 번역 과정에서 서양사상의 근간을 이루는 중핵 개념들과 동양사상의 중심을 차지하고 있는 핵심 개념들이 직접적으로 혹은 간접적으로 맞대응하면서 비교되고 있다는 것도 주목거리이다. 후자와 관련해서 대표적으로 출판된 것이 위에 소개된 책(『중국의 철학자 공자 혹은 중국의 학문』)이다. 이 책은 1687년 루이 14세

---

[1] 이 책의 원전은 Commentarii Collegii Conimbricensis Societate Jesv: In Vniversam Dialecticam Aristotelis Stagiritae, nunc(sic e) primùm in Germania in lucem editi. Coloniae Agrippinae, apud Bernardvm Gualterivm, 1611.

의 칙령으로 왕립 출판사의 지원을 받아 파리에서 출판되었다(Parisiis, Apud Danielem Hortemels, via Jacobaea, sub Maecenate, 1687 cum Privilegio Regis). 이 책의 서문은 중국 학문의 특징, 공자의 생애를 다루는 기록과 『대학』(大學), 『중용』(中庸), 『논어』(論語)를, 마지막으로 일종의 부록으로 중국 역사를 소략적으로 서술한 '중국연대기'를 담고 있다. 사서(四書) 가운데 『맹자』(孟子)는 빠져 있는데, 이것은 공자를 중심으로 중국의 학문을 소개하려 했던 예수회 선교사들의 번역 기획과 관련된 것으로 보인다. 주목해야 할 점은 이 시기에 이루어진 동양고전의 라틴어 번역이 단기간에 진행된 것이 아니라는 사실이다. 예수회 선교사들이 사서의 번역을 시도한 것은 기록상으로는 적어도 1589년 이전이다. 한 연구에 따르면 사서를 처음 번역한 사람은 미셸 루지에리(Michele Ruggieri, 1543~1607, 羅明堅)이다. 그는 1590년에 이를 로마에서 출판하려 시도했다. 이 번역 원문 필사본은 현재 로마의 엠마누엘레 비토리오 도서관에 소장되어 있다(Fondo Gesuitico 1195번). 이후 마테오 리치가 1591~94년 사이에 중국 소주(蘇洲)에서 사서의 번역에 착수했다. 하지만 이 번역은 필사본의 형태로만 전승되고 있다. 책들이 본격적으로 출판되기 시작한 것은 1662년부터이다. 이그나티우스 다 코스타(Ignatius da Costa, 1599~1666, 郭納爵)는 『공자의 생애』(Vita Confucii)와 함께 『대학』을 'Sapientia Sinica'라는 도서명으로 강서성(江西省) 건창부(建昌府)에서 목판본으로 출판했다. 1672년 프로스페로 인토르체타(Prospero Intorcetta, 1626~96, 殷鐸澤)가 『중용』을 'Sinarum Scientia Politico-moralis'의 도서명으로 출판했다. 이들이 번역을 위해서 저본(底本)으로 사용한 원전은 주희(朱熹)가 편집하고 주석을 단 『사서집주』(四書集註)였고, 일부 텍스트를 확인한 결과 주희의 주석과 장횡거(張橫渠, 1020~77)의 『태극도설』(太極圖說)을 참조했을 가능성이 높고, 이 과정에서 명나라의 만력제 신종(神宗) 대의 명재상이자 대학자였던 장거정(張居正, 1525~82)의 『사서직해』(四書直解)를 참조했을 가능성이 높다. 이런 과정을 통해서 번역된 책들이 프랑스 루이 14세와 같은 왕과 정치가를 비롯해 볼테르, 라이프니츠 같은 철학자들에게 큰 영향을 주었다는 것은 잘 알려진 사실이다. 이 시기에 이루어진 번역과 주해 작업은 크게 주목해야 할 사건이다. 왜냐하면 한편으로 동양에서 사용하는 주요 개념들과 용어들이 이 번역 과정을 통해서 탄생했고, 다른 한편으로 서양의 근대가 시작하는 데, 근대 학문들이 시작하는 데 동양의 학문 역시 서양이 동양에 끼친 영향 못지않게 결정적인 영향을 끼쳤기 때문이다. 하지만 17세기에 번역과 주해에 몰두했던 예수회 신부들이 많고 많은 책들 가운데 하필 이 책들을 선택했는지에 대한 이유와 배경에 대해서는 아직 밝혀진 바가 거의 없다. 이와 관련해서 예를 들면 마테오 리치와 니콜라 트리고(Nicolas Trigault, 1577~1628, 金尼閣)의 공저(共著) 『그리스도교 중국 원정』(De Christiana Expeditione Apud Sinas, 1615)이 주목해야 할 저술이다. 왜냐하면 서양 고전문헌학의 관점에서 볼 때에도 이 책은 많은 새로운 사실과 학문적으로 숙고할 만한 정보를 담고 있기 때문이다. 이 저술은 기본적으로 동양의 학문과 제도에 대한 정보를 서양 세계에 소개하는 텍스트이다. 예컨대 이 책의 제1장은 중국의 정치제도, 통치방식, 학문과 사상에 대한 소개를 담고 있다. 아마도 황제라는 절대 권력을 중심으로 편제되어 있는 중국의 중앙집권적 통치체제에 대한 마테오 리치의 관찰과 보고는 루이 14세와 같은 프랑스 왕에게 깊은 인상을 남겼음이 분명하다. 특히 절대왕정의 확립과 관련해서 중요한 관료제 도입이나 중상주의 정책은 당시 중국을 통치한 청나라의 영향이 지대한 것으로 보이는데, 이에 대해서는 보다 자세한 연구가 요청된다. 어찌되었든 루이 14세는 특히 중국의 관료 선발시험인 과거제도에 매우 큰 관심을 보였으며, 또한 중국의 통치체제를 가능하게 하는 교육제도와 그 교육의 실제 내용이었던 '사서오경'을 읽고 싶어 했다. 동양고전이 17세기 말에 서구 유럽에서 선풍적인 인기를 누리면서 퍼지게 된 것도 사실은 루이 14세의 절대적인 후원 덕분이었다.[2]

어찌되었든, 17~18세기에 중국에 온 예수회 선교사들이 번역하거나 저술한 책들을 대략적으로 소개하면 다음과 같다. 먼저 천문학 분야에서는 다음과 같은 책들이 번역 혹은 소개되었다. 마테오 리치의 『건곤체의』(乾坤體義, 1605), 『경천해』(經天該, 1601), 『혼개통헌도설』(渾蓋通憲圖設, 1607), 요아네스 테렌츠(Joannes Terrenz, 1576~1630, 鄧玉涵)의 『측천약설』(測天約說, 1631), 『정구외도표』(正球外度表, 1631), 『황적거도표』(黃赤距度表, 1631), 페르디난트 페르비스트(Ferdinand Verbiest, 1623~88, 南怀仁)의 『의상지』(儀象志, 1674), 사바티노 데 우르시스(Sabatino de Ursis, 1575~1620, 熊三拔)의 『간평의설』(簡平儀說, 1611), 『표도설』(表度說, 1614), 이마누엘 디아스(Emmanuel Diaz Jr., 1574~1659, 陽瑪落)의 『천문략』(天問略, 1615), 자코모 로(Giacomo Rho, 1598~1638, 羅雅谷)의 『측량전의』(測量全義), 『오위표』(五緯表), 『오위력지』(五緯曆指), 『월이력지』(月離曆指), 루도비코 부글리오(Ludovico L. Buglio, 1606~82, 利類思)의 『서력년월』(西曆年月) 등이 아담 샬(Adam Schall, 1591~1666, 湯若望)의 『숭정역서』(崇禎曆書, 1631)에 총서로 묶였는데, 여기에는 135책이 포함되어 있다.

---

2 프랑스 왕실의 후원을 통해 예수회 선교사들이 저술하거나 번역한 텍스트는 아래와 같다. 루이르 콩트(Louis le Comte), 『中國現狀新誌』(Nouveax *mémoires sur l'etat présent de la Chine*), Paris, 1696 / 요아킴 부베(Joachim Bouvet), 『中國現狀誌』(*L'Etat présent de la Chine en figures*), Paris, 1697, 『中國皇帝傳』(*Histoire de l'Empereur de la Chine*), la Haye, 1699, 『耶蘇會書簡集』(*Recueil des Lettres édifiantes et Curieuses*), Paris, 1703~76 / J.-B. 뒤 알드(J.-B. du Halde), 『中華帝國全誌』(*Description géographique, historique, chronologique, politique et physique de l'Empire de la Chine et de al Tartarie Chinoise*), Paris, 1735, 『北京耶蘇會士研究紀要』(*Mémoires Concernent l'historire les arts, les sciences, les usages etc, par les missionnarres de Pékin*), Paris, 1776~1814 / 이그나티우스 코스타(Ignatius Costa), 『대학』(*Sapientia Sinica*), Kien-Chan Kian-si, 1662 / 프로스페로 인토르체타(Prospero Intorcetta), 『중용』(*Sinarum Scientia Politico-moralis*), 『중국의 철학적 공자』(*Confucius Sinarum Philosophus, Sive Scientia Scensis latine exposita*), Paris, 1686~87 / 프랑수아 노엘(Français Noel), 『중화제국경전』(*Sinensis inpesi Libri classlci Sex*), Prague, 1711(이 책은 라이프니츠와 볼프 같은 철학자에게 많은 영향을 주었다). 이외에 클로드 드 비스델루(Claude de Visdelou)의 『역경』(易經) 주해, J.-H.-M. 드 프레마르(J.-H.-M. de Prémare)의 『역경』, 『중용』, 『성리』, 『장자』(莊子), 『노자』(老子), 『회남자』(淮南子) 텍스트 연구, J.-B. 레지스(J.-B. Régis)의 『역경』 라틴어 번역, 마일라(Moyriac de Mailla)의 『통감강목』 라틴어 번역, 장-프랑수아 제르비용(Jean-François Gerbillon)의 『서경』 프랑스어 번역 등이 있다.

다음으로 수학 분야에는 마테오 리치의 『기하원본』(幾何原本, 1607), 『환용교의』(圜容較義, 1608), 로의 『비례규해』(比例規解, 1630), 알레니의 『기하요법』(幾何要法, 1630), 테렌츠의 『대측』(大測, 1630) 등이 저술 혹은 번역되었다. 지리학 분야에서는 마테오 리치의 『곤여만국전도』(坤輿萬國全圖, 1604), 알레니의 『직방외기』(職方外紀), 부글리오의 『서방요기』(西方要紀) 등이 있다. 또한 물리학 분야에는 우르시스의 『태서수법』(泰西水法, 1612), 샬의 『원경설』(遠鏡說, 1626), 테렌츠의 『기기도설』(奇器圖說, 1627) 등이 있다. 아울러 기상학 분야에는 알폰소 바뇨니(Alfonso Vagnoni, 1566~1640, 高一志)의 『공제격치』(空際格致, 1633)가 의학 분야에는 테렌츠의 『인신설개』(人身說槪, 1627)와 로의 『인신도설』(人身圖說, 1650), 페르비스트의 『목사총도』(目司總圖, 17세기 추정) 등이 있다. 또한 예수회 선교사들은 어문학 분야에도 많은 저술을 남겼는데, 예컨대 루기에리의 『포르투갈-중국어 사전』, 마테오 리치의 『서자기적』(西字奇蹟, 1605), 트리고의 『서유이목자』(西儒耳目資, 1625)를 들 수 있다. 마지막으로 철학과 사상 분야에도 많은 저술이 있는데, 대표적인 책을 소개하면 다음과 같다. 루지에리의 『천주실록』(天主實錄, 1593)과 마테오 리치의 『천주실의』(天主實義, 1603), 『교우론』, 『서국기법』(西國記法, 1594), 바뇨니의 『서학수신』(西學修身, 1605), 『서학제가』(西學齊家, 1605), 『서학치평』(西學治平, 1605), 알레니의 『서학범』(西學凡, 1623), 프란시스코 푸르타도(Francisco Furtado, 1589~1653, 傅汎際)의 『명리탐』(名理探, 1631), 『환유전』(寰有銓, 1628) 등이 있다. 이상의 책들이 17세기 중국에서 저술되었거나 번역되어 출판된 대표적인 것들이다.[3]

---

3 이 가운데 중요한 텍스트들을 모아 1629년에 『천학초함』(天學初函)이라는 총서(叢書)로 출판했다. 이 책은 「이편」(理篇)과 「기편」(器篇)으로 구성되어 있는데, 「이편」에는 종교와 윤리관계의 서적 10종이 들어 있고, 「기편」에는 과학과 기술관계 서적 10종이 들어 있다. 총 20종 52권을 수록한 방대한 분량의 중요한 서학서들이 총망라된 서학 총서인 것이다. 조선에서는 유몽인(柳夢寅), 이수광(李睟光), 이익(李瀷), 신후담(愼後聃), 안정복(安鼎福)이 이 책 가운데 『천주실의』, 『교우론』, 『칠극』, 『영언여작』, 『직방외기』 등을 읽고 비평을 가한 것으로 보아

흥미로운 사실은 이 많은 저술들이 당시 유럽에서 활발하게 진행된 담론과 논쟁을 직접 수용하거나 거의 같은 시기에 저술되거나 번역되고 있었다는 점이다. 예컨대 우르시스의 『태서수법』은 아고스티노 라멜리(Agostino Ramelli, 1531~1600, 刺墨利)가 1588년에 저술한 『여러 기계들』(*Diverse et Artificiose Machine*)을 저본으로 참조해서 저술되었다. 또한 라멜리의 책은 테렌츠의 『기기도설』의 저본으로 활용되었다. 이는 아래 두 그림에서 분명하게 확인된다.

왼쪽은 라멜리의 그림(1588)이고, 오른쪽은 테렌츠의 그림(1627)이다. 그런데 테렌츠의 『기기도설』은 조선에서도 건축과 기술 분야에 활용되었던 책이다. 대표적으로 정약용(丁若鏞, 1762~1836)이 수원성을 축조할 때 참조했다. 또한 『기기도설』의 저자인 테렌츠는 당시 서양에서도 손꼽히는 자연과학자였고, 이는 그가 갈릴레오 갈릴레이의 절친한 친구였다는 점에서 확인된다. 어쩌면 갈릴레이의 과학사상이 테렌츠를 통해서 정약용에게 흘러들어 갔을지도 모른다. 어찌되었든 이와 같은 번역과 저술 사정을 고려할 때 이른바 르네상스 운동은 서양에서만 수행된 것이 아니라 사실은 동양에서도 동시에 진행되었다는 점을 지적하고자 한다. 이에 대해서는 보다 체계적인 연구가 요청된다.

다시 파이퍼로 돌아가자. 그가 이 두 저술을 통해서 밝히고자 했던 연

『천학초함』 혹은 개별 텍스트 몇 권은 이미 17세기 초에 조선에도 소개되었던 것이 분명하다.

구 내용을 간략하게 소개하자. 한마디로 그것은 서양 고전문헌학이라는 학문의 방법론적 정체성의 규명이었다. 파이퍼에게 서양 고전문헌학 (philologia)이란 한 문헌이 최초의 원전으로부터 어떤 과정을 거쳐서 현재 우리에게 오게 되었는지를 해명하고, 그 전승 과정 중에 생겨난 오류들을 교정해서 최초의 원전을 복원하려는 학문을 뜻했다. 이러한 학문이 발전하게 된 이유는 간단하다. 전승된 문헌 가운데 원저자의 필체로 기록된 문헌은 거의 찾아보기 힘들기 때문이다. 설령 원저자의 기록이라 하더라도, 원저자의 필체를 알고 있지 못하기에 그것이 원저자의 기록인지 아닌지를 확인할 방법이 없다. 그래서 서양 고전문헌학자들은 전승된 문헌에 대하여 원저자의 기록-저술이 아니라는 가정 아래 작업을 진행한다. 만약 주어진 문헌이 필사된 판본이라면, 최소한 필사-모본이 있었다는 것은 당연한 일이다. 그래서 문헌학자들은 필사-모본을 찾기 위해 문헌을 추적한다. 대개 문헌 추적은 선대(先代)의 모본에만 국한되는 것은 아니고, 필사-손자본도 추적하게 된다. 예컨대 도서관이나 박물관 혹은 고문서 보관소나 문서고를 뒤지다보면 다양한 종류의 판본들을 발견하게 된다. 이러한 과정을 통해서 발견된 문헌(혹은 필사본)들은 처음 보기에는 아무런 연고 없는 고아처럼 보이지만, 조금 자세히 연구하면 어딘가에는 일가친척이 있는 텍스트들이고, 어딘가에는 친척 관계에 있는 다른 텍스트의 내용을 비교해주어야 하는 경우가 대부분이다. 이러한 사정 때문에 서양 고전문헌학자들은 전승된 텍스트를 원전으로 인정하지 않는다. 그도 그럴 것이 전승된 텍스트에는 한편으로 원전이라 보기 어렵게 하는 많은 종류의 오류로 가득 차 있고, 이런 종류의 오류를 교정하려다 원전과는 전혀 다른 모습으로 원문을 바꾸어놓는 경우도 많이 있고, 원문에는 원래 없던 문장을 삽입(interpolatio)한 경우도 비일비재하기 때문이다. 이렇게 전승된 문헌을 의심하면서 교정하려는 노력은 최근의 현상이 아니었고, 멀리는 기원전 3세기 헬레니즘 시대에 이미 시도되었고, 가까이는 르네상스 시대의 인문학자들에 의해서 시도되었다는 점을 밝히자는 것이 파이퍼의 기본 생각이었다.

이와 같은 연구를 통해서 파이퍼는 서양 고전문헌을 다루는 데 요청되는 기초 방법론들이 사실은 약 2,000년에 걸쳐서 축적된 전통이라고 제안한다. 이 제안을 통해서 그는 요컨대 문헌 추적, 판본 전승 조사, 판본 비판 및 텍스트 비교–검증, 텍스트 교정 및 텍스트의 조직, 텍스트 번역, 텍스트 주해와 관련된 여러 방법과 원리들이 역사적으로 어떤 계기와 논쟁을 거치면서 하나의 기초 방법으로 자리 잡았는지에 대한 과정과 서양 고전문헌학이 지향하는 목적은 "전승 문헌에 생기를 불어넣어 문헌을 원래의 모습으로 살려내는 일"임을 밝힌다.

어쩌면 이와 같은 목적을 지향하는 서양 고전문헌학에 대해서 답답하게 느낄 독자도 많을 것이다. 그러나 그 답답함을 오히려 덕성으로 받아들이는 학문이 서양 고전문헌학이다. "거북이걸음"을 중시하는 학문이기 때문이다. 또한 고답적이고 보수적인 학문이기도 하다. 서양 고전문헌학의 일차 목표는 원전의 복원에 있기 때문이다. 사정이 이러하다보니 서양 고전문헌학자들은 전승 자료가 허용하는 것 이상의 해석이나 발언을 하지 않는 것을 덕목으로 삼는다. 이러한 해석이나 발언은 고대 문화의 전체 윤곽이 드러나고 개별 문헌의 당대 역사적 콘텍스트가 확보된 다음에야 가능한 것인데, 아직 고대를 찾아가기에는 시기적으로, 그리고 여건이 아직 갖추어지지 않았다는 것이다. 고대를 이해하기 위해서는 우선 현대적 시각에서 자신이 필요한 입장에 따라 재해석하고 마음대로 평가할 수 있고 이런 시도가 현대에 필요한 고대의 활용이란 점에서는 어떤 의미가 충분하게 있겠지만 고대를 온전하게 고대의 모습으로 드러내주는 것은 아니기 때문이다.

사실 빌라모비츠 당대의 이런 입장은 역사 실증주의(Positivismus)라고 불리는 전통으로 이해되었다. 이 전통의 특징은 자료 실증주의에 갇혀 있는 형국이다. 아울러 너무 고대에만 초점을 맞춘 것도 사실이다. 이러한 경향과 흐름에 대해서 반발하는 학자들이 당연히 나오게 되는데, 그중 대표적인 사람이 그 유명한 프리드리히 니체(Friedrich Nietzsche)다. 니체는 "무엇을 위한 고전이란 말인가?"라는 문제 제기를 한다. 그러니까 니체의 관심은 "어제의 고전"에 있지 않았고, "고전과 오늘"에 있었다고 말할 수 있다. 이 관심의 차이는 나중에 "본(Bonn) 사태"로 확장되고, 니체는 그 싸움으로 끝내 고전문헌학으로 복귀하지 않고 자신이 발견한 새로운 학적 영역의 태두로 활약하게 된다. 21세기 시점에서 보면 니체의 문제 제기는 나름대로 설득력이 있고 중요한 문제 제기라고 할 수 있다. 그렇다고 빌라모비츠의 입장이 틀린 것은 결코 아니다. 사실은 고전문헌학자들이 니체의 입장을 따랐다면 과연 지금의 서양 고전문헌학의 위상과 모습이 가능할 수 있을지에 대한 의심이 들기 때문이다. 물론 당면한 문제에 대해 고전의 재해석을 통해서 분명히 어떤 기여를 할 수 있다. 그런데 문제는 누구나 다 그렇게 한다면 그 많은 전승 문헌들은 누가 살려낸단 말인가? 이를 통해서 고대의 복원을 시도해야 하는데, 그 일의 실행자는 누구일까? 바로 이러한 일을 하는 것이 서양 고전문헌학자 고유의 일인데 말이다. 그러나 당대 문제에 대해서 거리를 두고 묵묵히 뚝심을 가지고 문헌 편집과 서양 고전문헌학에 필요한 개별 방법론들을 세워나간 선대 문헌학자들의 200년에 걸친 작업 덕분에 우리는 "고대학"(Altertumswissenschaft)이라는, 고대로 안전하게 들어갈 수 있는 공동의 지적 사다리를 확보할 수 있었다. 이 사다리를 통해서 21세기의 문헌학자들은 무한정하게 자유롭지는 않지만 고대를 일정 정도는 있는 그대로의 고대로 볼 수 있는 학적 세계를 세워왔고, 그 성과를 번역을 통해서 아니면 논문을 통해서 일반 독자와 대중에게 제공하고 있다. 따라서 이 "고대학"이라는 안전한 학적 세계의 지원을 통해서 이제는 현대에서 고대로의 안전한 여행을 보장하고 있는 셈이다. 필요에 따라서 옛날을 옛날대로 보도록 지원하고, 요청에 따라서는 지금의 당면 문제에 옛날의 지혜를 제공하기도 한다. 이는 서양 고전문헌학의 지속적인 발전을 통해서 세대와 세대를 거친 공동 작업의 결과라 하겠다. 결국 빌라모비츠의 입장이 옳았다는 말이다. 사실 서양 고전문헌학자 고유의 사명이란 고대를 고대답게 볼 수 있도록 해주는 일인데, 이를 수행하는 것도 벅차다. 여기에 이미 앞에서 언급했듯이 고대와 현대를 매개하는 의사소통 체계인 개별 학문의 복합체로서 "고대학"의 완성도 또한 어렵고 힘든 일이다. 사실 이 "고대학" 자체를 완성해주는 일이 어찌 보면 문헌학이 오늘날 현대 사회에 할 수 있는 가장 큰 기여라 하겠다. 니체식 활동이 서양 고전문헌학에 어떤 의미가 있는지에 대해서는 논의가 필요하겠지만, 그러나 서양 고전문헌학은 이름 없이 사라져간 수많은 문헌학자들의 공동 노력에 의해서 세워진 학문이다. 이 문제는 동양학과 한국학을 전공하는 독자들에게도 중요한 문제 제기가 될 것이다. 아마도 현장의 요구에 마음이 많이 동요될 것으로 안다. 그러나 이 대목에서 동양 고대와 한국의 옛날을 접근할 때에 한편으로 그것을 그것답게 볼 수 있게 해주고, 다른 한편으로 우리의 옛날을 현대와 연결해주는 안전한 학적 의사소통 체계가 확립되어 있는지를 물어볼 수 있겠다. 아마도 이에 대해서는 자체적 논의와 방향에 대한 많은 시행착오를 거쳐야 할 것이다. 그렇지만 고전문헌학은 혼자서 하는 것이 아니므로 두려워할 일은 아니다. 세대와 세대를 거쳐서 연장되는 학문이 고전문헌학이기 때문이다. 사실 그 완결이 없는 학문이다. 고전문헌학은 해야 할 일이 무한한 학문이고 '영원한 학문'(philologia perennis)이기 때문이다.

옮긴이의 말

　이 책의 주제는 고전 학문 연구사이다. 그러면서도 서양 인문학 전통에 대한 좋은 안내서이기도 하다. 고대 학문의 큰 분수령을 이루었던 키케로가 그리스·로마 학문의 핵심은 배움을 통해서 인간을 인간답게 만드는 것이라고 파악했고, 거기에서 '인문학'이라는 단어가 나왔다. 따라서 고전 학문 연구사는 바로 인문학의 역사를 연구하는 것이라고 할 수 있다. 한국의 역사학계에서도 정기적으로 연구사라는 것을 쓰는데, 그것은 학문 연구가 어떤 궤적을 밟아왔는지를 파악하고 새로운 연구를 위한 등대를 세우기 위함이다. 따라서 연구사를 쓰려면 우선 연구 주제에 대한 관련 연구를 모두 수합하여 일일이 다 읽어야 한다. 그러고 나서 어떤 학자가 무슨 주제를 선택하여 어떤 자료를 이용하였는지를 정리해야 하고, 그 다음에는 여러 연구를 통합하여 큰 흐름을 읽어내야 한다. 이 작업을 제대로 해내기 위해서는 최고 수준의 통찰력이 있어야 하고, 거기에 긴 인고의 세월이 필요하다. 때문에 대개 이 작업은 최고의 학자들의 몫이다.

　바로 이 점에서 우리는 이 책의 저자인 루돌프 파이퍼의 노력을 제대로 평가해야 할 것이다. 한국의 학자들이 몇 년간의 연구사를 쓰는 것도 힘들어하는데 500년이 넘는 기간의 연구사를 단행본으로 집필한다는 것은 상상을 초월할 정도로 힘든 일이기 때문이다. 1300년에서 1850년까지 서양 고전학 분야에서 중요한 공헌을 했던 학자들은 수백 명이 넘는다. 그들이 누구에게서 배웠고, 무슨 책을 읽었으며, 어떤 책을 썼으며, 그로써 학문의 발전에 어떤 영향을 끼쳤는가를 고찰하는 일은 얼마나 힘들었겠는가? 물론 그렇다고 수백 명의 학자의 이름이 백과사전처럼 나열되어 있을 것이라고 생각해서는 안 된다. 파이퍼는 주요 학자들의 겉을 핥는 것이 아니라 그들의 내면 깊숙이 들어가서 그들의 고민과 인생, 그리고 학문을 역동적으로 되살려내고 있다.

가령 그는 페트라르카의 인생을 살펴보면서 그가 학문에 대해서 가졌던 열정을 감동적으로 보여주었다. 르네상스 시대의 또 다른 거장 보카치오는 페트라르카의 제자이자 동료였는데, 페트라르카보다 열 살 연하였다. 둘은 서로의 사람됨과 자질을 알아보고 평생 깊은 우정과 애정을 나누었다. 물론 둘 다 평생 지독하게 열심히 공부했는데, 페트라르카는 69세에 죽음을 앞두고 보카치오에게 편지를 썼다. 그는 "사람이 끝났다고 생각하는 순간에 그분은 시작하시며, 사람이 쉬어야겠다고 생각하는 순간에 그분은 일을 시작하신다"라는 성경 내용을 인용하며 늙었다는 이유로 공부를 중단해서는 절대 안 된다고 말했다. 이 말에는 학문에 대한 페트라르카의 깊은 애정과 열정이 고스란히 담겨 있다.

이렇게 여러 학자들의 인간됨을 읽어내는 것도 이 책을 읽는 재미이지만, 그보다 더 재미있는 것은 역시 우리의 편견을 깨고 새로운 통찰을 얻어내는 것이다. 파이퍼는 페트라르카의 학문을 추적하면서 르네상스에 대한 우리의 편견 두 가지를 지적한다.

먼저 르네상스가 고대의 부활이라는 상식에 대해서 말해보자. 우리는 흔히 르네상스를 '재생'이라고 부르며 그 재생은 고전고대의 문화를 되살리는 것이라고 말하곤 한다. 이는 상당 부분 옳지만 또 상당 부분은 틀린 이야기이다. 페트라르카가 고대의 작품들을 부활시키기 위해서 유럽의 여러 도서관을 뒤지고 다니고, 키케로와 베르길리우스의 작품을 복원하기 위해서 평생을 바친 것은 분명 맞는 이야기이다. 그러나 페트라르카가 고대 작품들을 재생하면서 진정 새로이 추구하고자 했던 것은 비판 정신이었다. 그는 서사시 『아프리카』를 쓰면서 시적인 영감이나 감성을 앞세운 것이 아니라 '사실에 근거한 글쓰기'를 추구했으며 역사적 정확성을 구하기 위해서 리비우스의 로마사를 철저하게 공부했다. 그가 읽었던 리비우스의 『역사』의 필사본이 지금도 남아 있는데, 리비우스는 그 여백에 수없이 많은 주석을 빽빽하게 썼다. 그가 리비우스를 매우 철저하고도 비판적으로 공부했다는 것을 대변한다. 이런 주석 작업은 텍스트 비판으로 이어졌다. 그는 리비우스 작품의 여러 필사본들을 끈기 있게 대조하면서 다양한 독법(讀法)을 인내심 있게 기록했고 여러 문장을 기교 있게 교정했다. 그의 교정 작업은 1세기 이후에 로렌초 발라의 작업으로 이어져 『리비우스 교정』(*Emendationes Livianae*)이 출판되었다. 그가 이렇듯 단순한 문학가가 아니라 텍스트 비평가였다는 사실은 그의 작품 『위인들에 대하여』(*De viris illustribus*)에서 명확히 입증된다. 그는 이 전기(傳記)물에서 사실과 연대에 대해 비판적인 관심을 기울였다. 가령 오로시우스(Orosius)가 희극 시인인 테렌티우스 아페르(Terentius Apfer)와 테렌티우스 쿨레오(Terentius Culleo)를 혼동하여(IV 19.6) 범했던 오류를 바로잡았다. 그가 이런 오류를 바로잡을 수 있었던 것은 고전 작품들을 방대하게 암기하고 있었고, 고대의 주석서들을 계속 탐독했기 때문이다. 따라서 페트라르카는 단순히 고대 문화를 부활시킨 사람이 아니라 비판적으로 학문하는 자세를 추구했으며, 그것을 통해서 세계를 바라보았던 비평가이다.

르네상스에 대해서 갖기 쉬운 또 다른 편견은 기독교 문제이다. 우리는 흔히 르네상스를 인간의 감성을 억압하던 중세 기독교 세계관을 탈피하여 인간과 자연을 있는 그대로 보려는 것이라고 설명하곤 하는데, 이 설명을 형식적으로 밀고 나간다면 르네상스 시대에 기독교는 심대한 타격을 입었다는 생각에 빠질 수 있다. 그런데 정작 르네상스 시대 사람들은 기독교에 더 가까이 가려고 노력했다. 신교의 종교개혁과 그 후 불어닥쳤던 종교에 대한 열풍이 르네상스 시대와 일치하기 때문이다. 넓게 보자면 종교개혁은 르네상스의 일환이다. 그것은 교황이나 교회가 가르치는 것을 맹목적으로 따르는 것이 아니라 각자의 양심에 따라서 성경을 재해석하자는 것이었고, 그러자면 비판 정신이 필수적으로 필요했다. 때문에 마르틴 루터(Martin Luther)는 에라스뮈스에게 깊은 영향을 받았고 장 칼뱅(Jean Calvin)은 유명한 인문주의자였던 기욤 뷔데(Guillaume Budé)에게 배웠던 것이다.

르네상스가 이렇게 기독교에 더 가까이 가려는 시대였다는 사실을 우리는 페트라르카가 가장 소중히 여겼던 책에서 확인할 수 있다. 페트라르카는 그의 저작에서 아우구스티누스를 천 번 이상 언급했다. 그는 1325년 아비뇽에서 책을 구입할 여유가 생기자 가장 먼저 『신국론』을 구입했고, 늘 『고백록』의 소형 필사본을 가지고 다녔다. 페트라르카는 심지어 1,909미터나 되는 몽방투(Mont Ventoux)에 올랐을 때도 그 책을 가지고 갔으며 정상에 올라서도 읽었다. 그는 또한 암브로시우스와 히에로니무스를 존경했고, 작품을 수집하는 데서도 고전 작가들과 교부들을 차별하지 않았다. 그는 이렇게 기독교적 가치관을 소홀히 하지 않았으며, 그 자신은 늘 하느님의 종으로서 학문을 통해서 선한 사람이 되기를 열망했다. 그는 "하느님의 안내를 받아서 진실로 학식 있는 자가 되기보다는 선한 자가 되기를 더 원했다."

이 책의 가치는 페트라르카에 대해서, 그리고 르네상스의 성격에 대해서 깊이 있고 새로운 통찰을 제공하는 것만으로도 충분할 것이다. 물론 여기에 그치지 않고 발라, 에라스뮈스, 리처드 벤틀리, 빙켈만, 아우구스트 볼프의 학문과 그들의 시대가 고전 학문에 대한 연구의 발전을 중심으로 치밀하게 서술되어 있다. 서양 근대 학문의 발전에 관심을 가진 사람이라면 반드시 재미있게 읽고, 매우 유익한 책이라고 생각하게 될 것이다.

파이퍼가 이 책을 집필하면서 투자했을 시간과 노력은 이루 헤아릴 수 없이 거대할 것이다. 그런 대작을 번역하는 일은 옮긴이에게는 너무나 버거운 일이었다. 수없이 많이 등장하는 학자들의 이름, 그들이 읽고 쓴 책의 이름, 그리고 지명들이 계속 옮긴이를 괴롭혔다. 인명과 지명, 책 이름 하나하나를 사전을 찾아가며 대조해서 정확하게 하려고 노력했다. 물론 그래도 정확하지 않은 것은 있을 것이다. 또한 이 책이 고전문헌학을 다룬 책이기 때문에 때때로 라틴어와 그리스어 원문이 등장하곤 했다. 옮긴이는 고전어를 배우기는 했지만 수준이 일천하여 제대로 그 의미를 파악하는 데 어려움이 많았다. 이런 곤경에서 헤쳐 나오기 위해서 여러 사람의 신세를 졌다. 무엇보다도 오랜 친구인 안재원 박사에게 감사하고 싶다. 그는 청춘의 좋은 날에 나에게 베르길리우스를 가르쳐준 스승이기도 하다. 그는 이 책에 나오는 수많은 라틴어와 그리스어 원문에 대한 번역을 꼼꼼하게 교정해주었다. 또한 그는 문헌학자로서 이 책에서 사용된 전문적인 용어를 바르게 번역하도록 지도해주었다. 그의 도움이 없었다면 번역을 완수하지 못했을 것이다. 아울러 번역 원고를 읽고 틀린 부분과 전문 용어를 바로 잡아준 김진식, 김기영 선생에게도 고마움을 표한다. 훌륭한 역사학자이자 교사인 최재호 선생님에게도 감사드린다. 그는 종교개혁 전문가인데 원고를 꼼꼼히 읽고 교정해주었다. 그리고 깊은 학문성이 있는 책이기에 대중성이 없을 수도 있다는 사실을 알고도 소중한 책이라며 번역을 맡겨준 도서출판 길의 이승우 실장에게 감사드린다. 그는 작업이 자꾸 늦어지는 것을 끈기 있게 기다려주었으며 여러 가지로 번역 작업을 도와주었다.

2011년 5월
옮긴이 정기문

인명 찾아보기

| ㄱ |

가갱(Robert Gaguin) 106, 107
가라몽(Claude Garamond) 169
가린(Eugenio Garin) 37
가스파리노(Gasparino da Barzizza) 74, 91, 94
가이우스(Gaius) 282
갈레노스(Claudios Galenos) 125
갈릴레이(Galileo Galilei) 181
게미스토스(Georgios Gemistos) 95
게스너(Johann Matthias Gesner) 259, 270
게이스퍼드(Thomas Gaisford) 239
게이테커(Thomas Gataker) 225
게일(Thomas Gale) 225
겔레니우스(Sigismund Gelenius) 137
겔링크(J. de Ghellinck) 127
과리노 다 베로나(Guarino da Verona) 63, 74, 88, 102
과리노(Battista Guarino) 89, 94, 104, 118
괴레스(Joseph Görres) 285
괴테(Johann Wolfgang von Goethe) 122, 261, 272, 282
구스타부스 아돌푸스(Gustavus Adolphus) 194, 201
그라에비우스(Johann Georg Graevius) 253, 238
그라티우스(Ortwin Gratius) 144
그레고라스(Nicephoros Gregoras) 220
그레방(Arnoul Greban) 40
그로노비우스(Jacob Gronovius) 203
그로신(William Grocyn) 109
그루터(Janus Gruter) 183
그리네우스(Simon Grynaeus) 136
그림(Jacob Grimm) 283, 288
글라레아누스(Glareanus) 215
기번(Edward Gibbon) 210, 252, 253

| ㄴ |

나바르(Marguerite de Navarre) 101
네로(Nero) 97
논노스(Nonnos) 166
누네스(Hernán Núñez) 107

뉴턴(Isaac Newton) 226, 228, 237

니부어(Barthold Georg Niebuhr) 280, 282, 288

니부어(Karsten Niebuhr) 281

니칸드로스(Nicandros) 166, 243

니콜라우스 5세 60, 67, 84

니콜라스(Nikolaus von Cusa, Nicolaus Cusanus) 68, 69, 105, 106, 114

니콜리(Niccolò Niccoli) 33, 44, 52, 54, 55, 57, 58, 59, 60, 82, 83, 85, 106

| ㄷ |

다네(Pierre Danès) 162

다니엘(Pierre Daniel) 208

다시에(Anne Dacier) 211

단눈치오(D'Annunzio) 40

단테(Alighieri Dante) 15, 43

담(Christian Tobias Damm) 258

데모스테네스(Demosthenes) 125

데오크리토스(Theocritos) 75, 76

데쳄브리오(Pier Candido Decembrio) 30

데카르트(René Descartes) 194

데타플(Lefèvre d'Étaples) 101, 158

도나투스(Aelius Donatus) 18, 242

도라(Jean Dorat) 163, 164, 166~169, 178, 182, 249

도브리(Peter Dobree) 251, 266

도비냐크(Abbé d'Aubignac) 211

도스(Richard Dawes) 245

도우사(Janus Dousa) 187, 202

도팽(Grand Dauphin) 211

돌레(Étienne Dolet) 170, 171

될링거(Ignaz Döllinger) 125

두카스(Demetrios Dukas) 107

드로이젠(Johann Gustav Droysen) 194, 288, 289

(할리카르나소스의) 디오니시오스(Dionysios) 213

디오니시우스 트락스(Dionysius Thrax) 88

디오니시우스(Dionysius Areopagita) 70

디오니지 데 로베르티(Dionigi de' Roberti) 24, 91

디오도로스(Diodoros) 60

디쳄브리오(Pier Candido Decembrio) 102

딜타이(Wilhelm Dilthey) 36

| ㄹ |

라블레(François Rabelais) 40, 163, 179

라스카리스(Janus Lascaris) 89, 101, 142, 162 ~164

라이스케(Johann Jakob Reiske) 265

라이프니츠(Gottfried Wilhelm Leibniz) 200, 247

라티머(William Latimer) 109

라흐만(Karl Lachmann) 172, 244, 287, 290

락탄티우스 플라키두스(Lactantius Placidus) 44

란드리아니(Gerardus Landriani) 58

람볼디(Benvenuto Ramboldi da Imola) 43

람비누스(Dionysius Lambinus) 178, 213

레나누스(Beatus Rhenanus) 133, 134, 135, 136, 137, 197, 215

레브리하(Antonio de Lebrija) 108, 152

레싱(Gotthold Ephraim Lessing) 262, 263

레오 10세 125, 143

레토(Pomponio Leto) 86, 91, 94, 106, 108

렌(Christopher Wren) 230

로렌초(Piero di Lorenzo) 78, 82, 83

로리티(Heirich Loriti) 137

로물루스(Romulus) 18

로바티(Lovato Lovati) 12

로베르투스 스테파누스(Robertus Stephanus) 124

로보르텔로(Francesco Robortello) 78, 176,

212~215

로욜라(Ignatius Loyola) 163

로이힐린(Johannes Reuchlin) 89, 124, 139~
    141, 146, 149, 160

로크(John Locke) 230

롱기노스(Dionysios Longinos) 214

롱사르(Pierre Ronsard) 162~168, 178

루더(Peter Luder) 104

루비아누스(Crotus Rubianus) 144

루이 12세 158, 162

루카누스(Lucanus) 74, 197

루크레티우스(Lucretius) 58, 290

루키아노스(Lucianos) 125

루킬리우스(Lucilius) 188

루터(Martin Luther) 125, 130, 145~148, 159

루푸스(Mutianus Rufus) 144

룽켄(David Ruhnken) 254

뤼에크(Walter Rüegg) 38

르 클레르(Jean Le Clerc) 215, 216, 239

르페브르(Tanaquil Lefèvre) 211

리너커(Thomas Linacre) 108, 109

리누치(Rinucci) 52, 60

리비우스(Titus Livius) 13, 16, 19~21, 43, 64,
    65, 106, 125, 197

리엔초(Cola Di Rienzo) 36, 97

리코프론(Lycophron) 166

립시우스(Justus Lipsius) 196~198, 202, 207

| ㅁ |

마누티우스(Aldus Manutius) 93, 109

마닐리우스(Manilius) 58, 240

마르티알리스(Marcus Valerius Martialis) 44,
    91, 182

마비용(Jean Mabillon) 206

마이(Angelo Mai) 282

마크로비우스(Ambrosius Theodosius
    Macrobius) 28

마클랜드(Jeremiah Markland) 251

막시무스(Valerius Maximus) 198

막시밀리아누스 황제 103, 137, 175

막시밀리안(Maximilian of Bavaria) 217

말랄라스(Johannes Malalas) 232, 233

맥퍼슨(James Macpherson) 269

머스그레이브(Samuel Musgrave) 251, 253

메난드로스(Menandros) 239

메디치(Cosimo de' Medici) 53, 65, 83, 95

메디치(Giulio de' Medeci) 83

메디치(Lorenzo de' Medici) 73, 77

메로바우데스(Merobaudes) 282

메치스(Quentin Metsys) 123

멘델스존(Felix Mendelssohn Bartholdy) 288

멜란히톤(Melanchthon) 141, 146~150, 177,
    218, 219

모스코스(Moskhos) 166

모어(Thomas More) 109, 118, 128

몬테(Piero de Monte) 102

몸젠(Theodor Mommsen) 86, 152, 208, 290,
    291

몽크(James Henry Monk) 251

몽테뉴(Michel Montaigne) 166, 179

몽트뢰유(Jean de Montreuil) 100, 106

몽포콩(Bernard de Montfaucon) 206, 207,
    209

무글리오(Pietro da Muglio) 46

무사토(Albertino Mussato) 13

무수루스(Marcus Musurus) 95, 104, 141

뮈레(무레투스, Marc-Antoine de Muret) 168,
    178, 179, 183, 198, 213

뮐러(Karl Otfried Müller) 284~287

미노스(Minos) 234

미슐레(Jules Michelet) 35

밀(John Mill) 227, 232, 243

| ㅂ |

바그너(Richard Wagner) 288
바로(Marcus Terentius Varro) 44, 106
바르네벨트(Barneveldt) 200
바르바로(Ermolao Barbaro) 109
바르보사(Ayres Barbosa) 107
바를람(Barlaam) 29, 30
(사도) 바울 96, 117, 123, 146, 147
바울로 2세 87
바이워터(I. Bywater) 252
바이프(Jacques Antoine de Baif) 164, 167
바이프(Lazare de Baif) 164
바흐(Johann Sebastian Bach) 288
반스(Josuah Barnes) 225, 251
발라(Lorenzo Valla) 52, 60, 62, 63~71, 97,
    123, 144, 147, 160, 248, 281
발저(Ernst Walser) 36
발케나에르(L. C. Valckenaer) 254
버클리(George Berkeley) 225
번시앤(Conrad Burnsian) 279
베로알도(Filippo Beroaldo) 92, 93
베르길리우스(Publius Vergilius Maro) 12, 15,
    16, 20, 21, 28, 39, 91, 182, 197, 203, 228,
    247, 268
베르쉬르(Pierre Bersuire) 100
베사리온(Bessarion of Trapezus) 66, 84
베이컨(Francis Bacon) 181
베카델리(Antonio Beccadelli) 94
베커(Immanuel Bekker) 271, 277
베토리(Piero Vettori, Petrus Victorius) 212~
    214, 219
베트슈타인(Johann Jacob Wetstein) 244
베헬(Wechel) 221
벤틀리(Richard Bentley) 123, 151, 223, 225~
    228, 230~237, 239~244, 246~251, 253,
    254, 266~268, 274
벨레이우스 파테르쿨루스(Velleius Paterculus)

136
벨저(Marcus Welser) 106, 222
벨커(Friedrich Gottlieb Welcker) 275~288
벰보(Pietro Bembo) 90, 212
보시우스(Gerard John Vossius) 203, 215
보시우스(Isaac Vossius) 203
보이아르도(Boiardo) 40
보이티우스(Boethius) 51
보일(Charles Boyle) 23
보일(Robert Boyle) 227, 235
보카치오(Giovanni Boccaccio) 30, 32, 38~
    47, 49, 83
보퍼드(Henry Beaufort) 58, 102
보프(Franz Bopp) 282, 283
볼테르(Voltaire) 40
볼프(Friedrich August Wolf) 186, 245, 254,
    258, 266~273, 275~278, 281, 284, 285
볼프(Hieronymus Wolf) 150, 218, 219, 224,
    265
봉가르(Jacques Bongars) 207, 208
뵈크(August Böckh) 148, 149, 271, 276, 277,
    285
부뤼만(Pieter Burman) 253
부르다흐(Konrad Burdach) 36
부르크하르트(Jacob Burckhardt) 35~37
부알로(Nicolas Boileau) 214
부온델몬티(Cristoforo de' Buondelmonti) 52,
    86
부트만(Philipp Buttman) 194, 283, 289
불카니우스(Vulcanius) 238
뷔나우(Heinlich von Bunau) 259
뷔데(Guillaume Budé) 107, 159~164
뷰캐넌(George Buchanan) 224, 233
브라치올리니(Poggio Bracciolini) 55
브라헤(Tycho Brahe) 181
브루니(Leonardo Bruni) 32, 34, 50, 51, 52,
    54, 56, 59, 60, 102, 106
브루투스(Brutus) 122

브륄(Heinrich von Brühl) 264

브리(Germain de Brie) 164

블롬필드(Charles James Blomfield) 251

비베스(Juan Luis Vivès) 125, 152, 153

비온(Bion) 166

비온도(Flavio Biondo) 85, 106

비텐바흐(Daniel Wyttenbach) 254

빅토리우스(Petrus Victorius) 176, 178

빌라모비츠 묄렌도르프(Ulrich von Wilamowitz-Moellendorff) 68, 272, 275, 287

빌루아종(Jean-Baptiste Villoison) 267

빔펠링(Jacob Wimpfeling) 134

빙켈만(Johann Winckelmann) 188, 189, 257 ~262, 264~266, 269, 273, 278, 280, 282, 290

| ㅅ |

사바디니(Remigio Sabbadini) 37, 56

사비니(Friedrich Karl von Savigny) 281

산나차로(Jacopo Sannazaro) 94

살(François de Sales) 163, 204

살렐(H. Salel) 211

살루스티우스(Sallustius) 178

살루타티(Coluccio Salutati) 23, 33, 34, 46~ 48, 50, 52, 54, 56, 57, 83, 88, 100, 102, 197, 242

살마시우스(Claudius Salmasius) 188, 190, 192, 194, 287

삼송(Jehan Samxon) 211

샤를 8세 162

샤를 9세 175

샤스테녜르(Louis Chasteigner) 183

선왕 장(Jean le Bon) 100

세네카(Seneca) 13, 74, 123, 159, 197~199

세르비우스(Marirus Servius Honoratus) 12, 20, 28

세이빌(Henry Savile) 224

세이셀(Claude de Seyssel) 158

세퀘스테르(Vibius Sequester) 42

세풀베다(Juan Ginéz Sepulveda) 151

셀던(John Selden) 188, 200, 224, 225

셀링(William Sellying) 108

셰익스피어(William Shakespeare) 179

소크라테스(Socrates) 120

소포클레스(Sophocles) 165, 175, 176, 197, 213, 224, 234, 251, 257

솔리누스(Solinus) 193

쇼펜하우어(Arthur Schopenhaurer) 60

수에토니우스(Suetonius) 18, 125, 161, 191, 243

슈바르체르트(Philipp Schwarzerd) 141

슈투름(Jacob Sturm) 134

슐라이어마허(Friedrich Schleiermacher) 149, 277, 284

슐레겔(Friedrich Schlegel) 263, 270, 284

스위프트(Jonathan Swift) 225, 236, 237

스칼리게르(Joseph Justus Scaliger) 70, 118, 179, 180, 182~184, 186, 188~190, 192~ 194, 199, 208, 210, 215, 217, 222, 226, 232, 233, 248, 271, 281, 289

스칼리게르(Julius Caesar Scaliger) 165, 179

스크리베리우스(Scriverius) 182

스타티우스(Statius) 41, 58, 74

스탠리(Thomas Stanley) 225, 238, 251

스투니카(Jacobus Lopis Stunica) 150, 151

스트라보(Strabo) 191

스펜서(Edmund Spenser) 41, 225

스퐁(Jacques Spon) 209

시게로스(Nicolas Sigeros) 29

시고니오(Carlo Sigonio) 214, 215

시네시우스(Synesius) 207

시몽(Richard Simon) 204

식스투스 4세 87

신켈로스(Georgios Synkellos) 186

실러(Friedrich Schiller) 266
실리우스 이탈리쿠스(Silius Italicus) 199

| ㅇ |

아구스틴(Antonio Agustín) 152
아그리콜라(Rodolphus Agricola) 106, 114, 115
아라토스(Aratos) 166, 199
아렌스(Heinrich Ludolf Ahrens) 286, 287
아르기로포울로스(Johannes Argyropoulos) 140
아르두앵(Jean Hardouin) 212
아르미니위스(Jacobus Arminius) 195, 196
아리스타르코스(Aristarchos) 73, 90, 127
아리스토(Aristo) 40
아리스토텔레스(Aristoteles) 12, 19, 24, 51, 53, 125, 159, 177, 202, 213, 214, 277
아리스토파네스(Aristophanes) 51, 147, 288
아리스티푸스(Henricus Aristippus) 29
아미아누스 마르켈리누스(Ammianus Marcellinus) 136, 137
아미요(Jacques Amyot) 163, 179, 221
아스코니우스(Asconius) 58
아우구스투스(Augustus) 194
아우구스티누스(Augustinus) 25, 28, 126, 145
아우리스파(Giovanni Aurispa) 81, 84
아우소니우스(Decimus Magnus Ausonius) 44, 74
아이스킬로스(Aeschylos) 82, 165, 167, 168, 175, 197, 212, 213, 225, 249, 251, 274, 276, 288
아테나이오스(Athenaeos) 191
아폴로니오스 로디오스(Apollonios Rhodios) 82, 166
아프리카누스(Julius Africanus) 187
안드레아스(Johann Andreas) 266
알렉산드로스(Alexandros) 194

알렉상드르 드 빌르디외(Alexander of Villedieu) 88
알치아토(Andrea Alciato) 139, 152
알폰소(Alfonso) 왕 62, 64, 65, 68, 94
암브로시우스(Ambrosius) 25, 126
앙리 1세 170
앙리 2세 170
앙리 3세 174
앙리 4세 184
애스컴(Roger Ascham) 224
야코포 안티쿠아리오(Jacopo Antiquario) 73
에라스뮈스(Desiderius Erasmus) 23, 37, 67, 88, 89, 90, 93, 94, 107, 108, 115~140, 142, 145~147, 149~151, 153, 158~160, 163, 164, 171, 178, 184, 200, 201, 205, 215, 216, 223, 237, 244, 248, 250
에라토스테네스(Eratosthenes) 161
에르네스티(Christian Gottlieb Ernesti) 264
에르네스티(Johann August Ernesti) 264
에벌린(John Evelyn) 230
에우리피데스(Euripides) 125, 165, 197, 199, 233, 251
에우세비우스(Eusebius) 171, 186, 187
에티엔(Henri Étienne, Henricus Stephanus) 163, 165, 169, 172, 173, 190, 212, 220, 239, 245, 287
에티엔(Robert Étienne, Robertus Stephanus) 169, 170, 171, 172, 175
엘긴 경(Lord Elgin) 252
엘리자베스 1세 175
엠슬리(Peter Elmsley) 251, 266
오로시우스(Orosius) 18
오르페우스(Orpheus) 82
오리게네스(Origenes) 126
오비디우스(Publius Ovidius Naso) 24, 31, 44, 202
오피아노스(Oppianos) 166
올란도 디 라소(Orlando di Lasso) 167

외저(Friedrich Oeser) 261

요하네스 폰 노이마르크트(Johannes von Neumarkt) 97

요한 23세 125

우드(Robert Wood) 252

우르케우스(Codrus Urceus) 92

울만(Berthold Louis Ullman) 38

워턴(William Wotton) 230, 235

위에(Pierre Daniel Huet) 211

유베날리스(Decimus Junius Juvenalis) 92

유스티누스(Justinus) 207

이레나이우스(Irenaeus) 126

이소크라테스(Isocrates) 224

이온(Ion of Chios) 234

이탈리쿠스(Silius Italicus) 58

일리리쿠스(Flacius Illyricus) 148, 149

| ㅈ |

자맹(Amadis Jamyn) 211

제노도토스(Zenodotos) 73

제르송(Jean Charlier de Gerson) 101

조나라스(Ioannes Zonaras) 220

조에가(Johann Georg Zoëga) 275

질부르크(Friedrich Sylburg) 221

짐러(Georg Simler) 141

| ㅊ |

차지우스(Ulrich Zasius) 137, 138, 160

츠빙글리(Ulrich Zwingli) 119

치리아코 디 앙코나(Ciriaco di Ancona) 86

| ㅋ |

카르두치(Giosue Carducci) 40

카를 5세 128, 152

카메라리우스(Joachim Camerarius) 150, 177, 218, 219

카스틸리오니(Castiglioni) 102

카이사르(Julius Caesar) 22, 97

카이쿠스(Appius Claudius Caecus) 50

카조봉(Isaac Casaubon) 187, 190~193, 208, 224

카토(Valerius Cato) 166

카툴루스(Gaius Valerius Catullus) 77, 166, 167, 182, 184

카펠라(Martianus Capella) 199

칸터르(Willem Canter) 168, 197

칸트(Kant, Immanuel) 264, 274, 275

칼레피누스(Calepinus) 170

칼리마코스(Callimachos) 17, 76, 77, 82, 165, 182, 211, 225, 238, 239

칼뱅(Jean Calvin) 159, 163, 195

칼콘딜레스(Chalcondyles) 108

칼키디우스(Chalcidius) 29

캄파냐(A. Campana) 57

캉주(Charles du Cange) 209

케플러(Johannes Kepler) 181

켈티스(Conrad Celtis) 104~106, 222

코니아테스(Nicetas Choniates) 220

코르테세(Paolo Cortese) 74

코메스(Natalis Comes) 39

코베(C. G. Cober) 254

콜럼버스(Christopher Columbus) 99

콜로나(Giovanni Colonna) 91

콜린스(Antony Collins) 231, 244~246

콜릿(John Colet) 109, 117, 118

쿠르티우스(Curtius) 125

쿠이아키우스(Jacobus Cuiacius) 160, 184, 207, 208

퀴너(Raphael Kühner) 287

퀴스터(Ludolf Küster) 239, 253

퀸틸리아누스(Marcus Fabius Quintilianus) 58, 63

크로이처(Friedrich Creuzer) 285

크리소스토무스(Johannes Chrysostomus)
224
크리솔로라스(Manuel Chrysoloras) 50, 88,
89, 102
크리스텔러(Paul O. Kristeller) 37
크세노폰(Xenophon) 53, 125
클라우디아누스(Claudianus) 197, 203
클라크(A. C. Clark) 57
클레멘스(Titus Flavius Clemens) 214
키케로(Marcus Tullius Cicero) 15, 16, 21~
24, 28, 30, 31, 53, 54, 57, 58, 75, 90, 91,
117, 125, 135, 171, 177, 178, 197, 214, 234,
243, 282
키프리아누스(Thascius Caecilius Cyprianus)
126

| ㅌ |

타키투스(Tacitus) 43, 44, 55, 106, 135, 136,
197~199
테렌티우스(Terentius Afer) 18, 125, 240, 242
테렌티우스(Terentius Culleo) 18
테오크리토스(Theocritos) 166
테오프라스토스(Theophrastos) 191
템플(William Temple) 235, 236
토르발드젠(Bertel Thorwaldsen) 275
토르텔리(Giovanni Tortelli) 92
토마스 아 켐피스(Thomas à Kempis) 114
토마스 아퀴나스(Thomas Aquinas) 121
토파닌(Giuseppe Toffanin) 37
투(Jacques Auguste de Thou) 183, 185, 188,
208, 258
투르네브(Turnèbe, Adrianus Turnebus) 164,
175~178, 197, 212
투생(Jacques Toussain) 162~164, 175
투키디데스(Thucydides) 21, 67, 68
투프(Jonathan Toup) 239
트라비스(George Travis) 249, 250

트라야누스(Traianus) 18
트리클리니우스(Triclinius) 175
트리토니우스(Petrus Tritonius) 104
티리트(Thomas Tyrwhitt) 251, 253
티불루스(Tibullus) 184
티사르(François Tissard) 165
틸레몽(Le Nain de Tillemont) 209, 210

| ㅍ |

파렌투첼리(Tommaso Parentucelli) 83
파브리(Fabri) 238
파살리우스(Carolus Paschalius) 197, 198
파스키에(Étienne Pasquier) 166
파울루스 페타비우스(Paulus Petavius) 208
파이드루스(Phaedrus) 240
파테르쿨루스(Valleius Paterculus) 198
팔라리스(Phalaris) 123, 235
퍼시(Thomas Percy) 269
페레스크(Claude Favre Peiresc) 208
페로(Charles Perrault) 210
페로티(Niccolò Perotti) 88, 91
페리조니우스(Jacob Voorbrock Perizonius)
254
페스투스(Festus) 182
페토(Denys Pétau) 187, 207
페트라르카(Franciscus Petrarca) 11~15, 17
~31, 34, 37~39, 42, 43, 46, 47, 49, 51, 54,
58, 63, 64, 81, 83, 90, 96, 97, 100, 114, 117,
134, 157, 159, 254, 257, 290
페트로니우스(Petronius) 59
페퍼코른(Johannes Pfefferkorn) 143
펠리치아노(Felice Feliciano) 86
펠리페 2세 152
포르첼리니(Forcellini) 170
포르피리오스(Porphyios) 214, 233
포슨(Richard Porson) 239, 249, 250, 266, 277
포이크트(Georg Voigt) 34, 35

포이팅거(Conrad Peutinger) 103

포조(Gian Francesco Poggio Bracciolini) 28, 52, 56~58, 60, 63, 83, 85, 101, 102, 144

포터(John Potter) 225

포티오스(Photios) 184, 221

포프(Alexander Pope) 246

폰덜(Joost van del Vondel) 201

폰타노(Giovanni Pontano) 94

폰타누스(Jacobus Pontanus) 125, 222

폴리비오스(Polybios) 191

폴리치아노(Angelo Poliziano, Angelo Ambrogini) 49, 72, 73~78, 93, 96, 102, 107, 108, 160, 165, 182, 197

푸거(Johann Jacob Fugger) 219

푸블리우스 시루스(Publilius Syrus) 240

푸케(Jean Fouquet) 42

풀겐티우스(Fabius Planciades Fulgentius) 44

프란키스쿠스(Franciscus Dousa) 187

프랑수아 1세 158, 162

프로벤(Johann Froben, Johannes Frobenius) 108, 119, 133, 134

프로코피오스(Procopios) 221

프로클로스(Proclos) 82

프로페르티우스(Propertius) 184

프룰로비시(Tito Livio Frulovisi) 102

프리니코스(Phrynichos) 222

프리드리히 2세 265

프리드리히 3세 98, 99

프리드리히(Johann Friedrich Gronovius) 203

프톨레마이오스(Claudius Ptolemaeus) 218

플라우투스(Plautus) 106, 177, 178

플라쿠스(Gaius Valerius Flaccus) 58

플라톤(Platon) 28, 51, 95, 96, 166, 177, 184, 257, 277, 278

플레톤(Plethon) 95

플루타르코스(Plutarchos) 52, 53, 125, 179, 220, 221

플리니우스(Plinius) 125

피르크하이머(Willibald Pirckheimer) 103

피셔(Christopher Fisher) 67

피셔(John Fisher) 128

피어슨(John Pearson) 225

피우스 2세 99

피치노(Marsilio Ficino) 95, 117

피코 델라 미란돌라(Giovanni Pico della Mirandola) 96, 102

피콜로미니(Aeneas Sylvius Piccolomini) 35

피콜로미니(Enea Silvio Piccolomini) 98, 100, 102, 105

피타고라스(Pythagoras) 237

핀다로스(Pindaros) 167, 168, 278

필라토(Leonzio Pilato) 30, 39, 45

필렐포(Francesco Filelfo) 81, 82, 84, 98

필리타스(Philitas) 73

필리프(Philip of Cavaillon) 31

| ㅎ |

하이네(Christian Gottlob Heyne) 264, 267, 277

헤겔(Georg Wilhelm Friedrich Hegel) 264

헤드람(Walter Headlam) 177

헤라클레스(Heracles) 49

헤로도토스(Herodotos) 67, 257

헤르더(Johann Gottfried von Herder) 261, 263, 264, 269

헤르만(Gottfried Hermann) 121, 254, 273, 274, 275, 276, 277, 278

헤시오도스(Hesiodos) 17, 19, 41, 75, 275

헤인시우스(Daniel Heinsius) 188, 202, 203

헤인시우스(Nicolaus Heinsius) 202, 203

헤일스(John Hales) 224, 225

헤히위스(Alexander Hegius) 114

헨리 4세 102

헴스테르하위스(Tiberius Hemsterhuys) 239, 254

호디(Humphrey Hody) 232
호라티우스(Quintus Horatius Flaccus) 167,
    182, 197, 202, 217, 240, 241
호메로스(Homeros) 12, 16, 17, 28, 29, 30,
    39, 45, 46, 51, 64, 75, 82, 123, 146, 165,
    168, 169, 177, 181, 210, 211, 231, 243, 245
    ~247, 257, 258, 268, 269, 275, 277, 282,
    284, 285
홀바인(Hans Holbein) 123
홀츠만(Wilhelm Holtzmann, Xylander) 220,
    221
홉스(Thomas Hobbes) 228
회셀(David Hoeschel) 221
후텐(Ulrich von Hutten) 69, 106, 144
훔볼트(Wilhelm von Humboldt) 261, 271,
    272, 274, 275, 278, 281~283, 287
흐로스비타(Hrosvitha) 105
흐로테(Geert Groote) 114
흐로티위스(Hugo Grotius, Hugo de Groot)
    121, 188, 199, 200, 201, 205, 233, 258
흐루터(Jan Gruter) 193, 217
히메네스(Francisco Ximenes de Cisneros)
    107, 108
히스(Benjamin Heath) 251
히에로니무스(Eusebius Hieronymus) 25, 66,
    113, 118, 126, 186
(프라하의) 히에로니무스(Hieronymus von
    Praha, Hieronymus Pragensis) 59
힐라리우스(Hilarius) 126

| 지은이 소개 |

지은이 **루돌프 파이퍼**(Rudolf Pfeiffer, 1889~1979)는 20세기 최고의 서양 고전문헌학자이다. 독일 아우크스부르크에서 태어나, 뮌헨 대학 오토 크루시우스(Otto Crusius) 교수의 지도 아래 서양 고전문헌학을 공부했고, 1912~21년 뮌헨 대학의 중앙도서관에서 사서로 근무했다. 파이퍼는 제1차 세계대전의 절정이었던 1916년의 베를렁 전투에서 중상을 입었는데, 그때 서양 고전문헌학 연구에 일생을 바치기로 결심한다. 1920년에 휴가를 얻은 그는 베를린을 방문해, 그곳에서 새로 발견된 칼리마코스의 파피루스 고문서를 해독하는 데 몰두하였다. 그리고 당시 서양 고전문헌학의 태두였던 빌라모비츠-묄렌도르프(Ulrich von Wilamowitz-Moellendorff)를 만나게 된다. 빌라모비츠는 그의 학자적 재능을 높이 샀으며, 이 대학자의 지도와 조력에 힘입어 파이퍼는 전도유망한 학자의 길로 들어선다. 빌라모비츠에 대해 파이퍼는 깊은 경외심을 품었고, 스승의 『논문 모음집』(Kleinen Schriften) 편집에 참여하기도 했다.

1921년 에두아르트 슈바르츠(Eduard Schwartz)의 지도를 받아 헬레니즘 시대의 서정시인이자 알렉산드리아 도서관의 관장이었던 칼리마코스 연구로 교수 자격 취득 논문(Habilitation)을 저술한 파이퍼는 1923년 프리드리히-빌헬름 대학의 초빙 교수로 부임했다가, 같은 해에 신생 대학인 함부르크 대학의 서양 고전문헌학 교수로 자리를 옮긴다. 1927년부터 프라이부르크 대학에서 강의를 했고, 1929년부터 1937년까지 슈바르츠의 후임으로 그리고 다시 1951년부터 1957년 정년퇴임 때까지 뮌헨 대학에서 서양 고전문헌학을 가르쳤다. 유대인 여성과 결혼했던 그는 1937년 나치 치하의 독일을 떠나 영국으로 망명한다. 1938~51년에 옥스퍼드 대학의 코르푸스 크리스티 칼리지(Corpus Christi College)에서 연구를 계속하지만, 언어 문제 때문에 1946년에야 서양 고전문헌학의 역사를 강의하는 강사로 위촉받았다. 1948년에 조교수(Senior Lecturer), 1950년에 부교수(Reader)가 되었으며, 그 후에 비로소 정교수로 임명되었다. 험난했던 영국 생활 초기, 그는 옥스퍼드 대학 출판부에 취직할 수 있었는데, 이를 계기로 이후 그의 모든 저서들을 이곳에서 출간한다. 마침내 그는 영국 국적을 취득했고, 제2의 고향이 된 옥스퍼드는 그가 작고할 때까지 그에게 감사의 마음을 표했다. 영국에서의 망명 체류 기간은 파이퍼가 연구자로서 활동을 펼치기에 최고의 시기였다. 탁월한 서양 고전문헌학자들(이 중에는 에두아르트 프렝켈Eduard Fraenkel과 파울 마스Paul Maas 등의 독일인도 있었다)과 함께 작업할 수 있었을 뿐만 아니라, 희귀본들과 파피루스 고문서들이 넘쳐났기에 그의 관심 분야를 연구하는 데 안성맞춤이었다. 그의 연구 영역은 뮌헨 대학 시절에 이미 그리스 문학 전체, 즉 호메로스, 서정시, 비극에 걸쳐 있었다. 그럼에도 그는 자신의 연구 범위를 더 넓혀나갔다. 특히 박사학위 논문에서 다루었던 주제인 서양의 인문주의(Humanismus) 전통과 에라스뮈스에 대한 연구를 더욱 심화시켜 나갔다. 옥스퍼드 시기에 몰두한 연구는 무엇보다 칼리마코스에 관한 분석이었다. 이 주제에 관해서는 일찍이 교수 자격 취득 논문과 또 새로 발견된 고문서를 다룬 책에서 쓴 적이 있었는데 이를 더욱 심화시킨 덕분에 그는 옥스퍼드에서 최고의 자리를 얻을 수 있었다. 새로 발견된 문서를 다룬 글("Meliorem locum unde Callimachus edi possit non invenias")은 1949~53년에 출간되었고, 20세기 출판이 거둔 위대한 성과 가운데 하나로 평가받는다.

1953년 이후부터 파이퍼는 서양 고전문헌학의 역사를 처음부터 서술하는 연구에 착수한다. 이 연구 프로젝트를 수행하는 데 그보다 더 적임인 사람은 없었다. 이 연구를 통해 그는 "문헌학"(philologia)이라는 학문에 "고전"(classical)이라는 형용사를 추가해야 한다고 제안했고, 이렇게 서양 고전문헌학을 부르는 학문 명칭은 고문헌을 다루는 기능적 학문인 "문헌학"(Philology)에서 "고전학"(classical scholarship)으로 바뀌게 되었다(물론 "고전" 개념과 관련해서는 베르너 예거Werner Jaeger와 다른 이해를 가졌지만 말이다. 서양 고전문헌학계의 대가였던 빌라모비츠조차 "고전학" 대신에 "문헌학"(Philologie)이라는 용어를 사용하였다). 그는 이 프로젝트를 마치는 데 성공하였고, 그 결과 가운데 두 번째 권이 바로 이 책 『인문정신의 역사』이다. 현재 그의 유고(遺稿)들은 뮌헨의 바이에른 국립도서관에 보관되어 있다.

그 밖의 저서로는 *Kallimachosstudien; Untersuchungen zur Arsinoe und zu den Aitia des Kallimachos*(1922), *Callimachi fragmenta nuper reperta*(1923), *Humanitas Erasmiana*(1931), *Callimachus 1/2*(1949/1953), *Philologia perennis*(1961), *History of classical scholarship. From the beginnings to the end of the Hellenistic age*(1968), *History of classical scholarship. From 1300 to 1850*(1976) 등이 있다.